河北省社会科学基金项目：乡村振兴背景下河北
农民道德观培育研究（HB19MK016）

新时代农民道德观培育研究

李小梅　王兆云◎著

燕山大学出版社
·秦皇岛·

图书在版编目（CIP）数据

新时代农民道德观培育研究 / 李小梅，王兆云著.
—秦皇岛：燕山大学出版社，2021.6
ISBN 978-7-5761-0141-6

Ⅰ. ①新… Ⅱ. ①李… ②王… Ⅲ. ①农民－社会公德教育－研究－中国 Ⅳ. ①D422.62

中国版本图书馆 CIP 数据核字（2021）第 091037 号

新时代农民道德观培育研究
李小梅 王兆云 著

出 版 人：陈 玉
责任编辑：张 蕊
封面设计：刘韦希
出版发行：燕山大学出版社 YANSHAN UNIVERSITY PRESS
地 址：河北省秦皇岛市河北大街西段 438 号
邮政编码：066004
电 话：0335-8387555
印 刷：英格拉姆印刷(固安)有限公司
经 销：全国新华书店

开 本：700mm×1000mm 1/16 印 张：21 字 数：315 千字
版 次：2021 年 6 月第 1 版 印 次：2021 年 6 月第 1 次印刷
书 号：ISBN 978-7-5761-0141-6
定 价：84.00 元

要》（以下简称《纲要》），对农民道德观的培育提出了更高的要求，指出公民道德建设“要把社会公德、职业道德、家庭美德、个人品德建设作为着力点，推动践行以文明礼貌、助人为乐、爱护公物、保护环境、遵纪守法为主要内容的社会公德，鼓励人们在社会上做一个好公民；推动践行以爱岗敬业、诚实守信、办事公道、热情服务、奉献社会为主要内容的职业道德，鼓励人们在工作中做一个好建设者；推动践行以尊老爱幼、男女平等、夫妻和睦、勤俭持家、邻里互助为主要内容的家庭美德，鼓励人们在家庭里做一个好成员；推动践行以爱国奉献、明礼遵规、勤劳善良、宽厚正直、自强自律为主要内容的个人品德，鼓励人们在日常生活中养成好品行”。《纲要》为农民道德培育提出了具体的要求，指明了道德建设的方向。

《纲要》中虽然没有明确将生态道德与社会公德、职业道德、家庭美德和个人品德列在一起，但在“积极践行绿色生产生活方式”中，重点指出：“绿色发展、生态道德是现代文明的重要标志，是美好生活的基础、人民群众的期盼。要推动全社会共建美丽中国，围绕世界地球日、世界环境日、世界森林日、世界水日、世界海洋日和全国节能宣传周等，广泛开展多种形式的主题宣传实践活动，坚持人与自然和谐共生，引导人们树立尊重自然、顺应自然、保护自然的理念，树立绿水青山就是金山银山的理念，增强节约意识、环保意识和生态意识。开展创建节约型机关、绿色家庭、绿色学校、绿色社区、绿色出行和垃圾分类等行动，倡导简约适度、绿色低碳的生活方式，拒绝奢华和浪费，引导人们做生态环境的保护者、建设者。”这一内容强调了绿色是人民美好生活得以实现的底色，说明了在新时代，生态道德培育也是农民道德培育的题中之义，要引导农民在生产生活实践中自觉遵守并践行尊重自然、保护自然、顺应自然的生态道德规范，做生态环境的捍卫者。

改革开放40多年来，随着农村经济的发展和农民生活水平的提高，农民道德建设取得了很大成就，农民的社会公德、职业道德、家庭美德、生态道德和个人品德有了明显的提升。在农民道德建设中，农民道德观的价值取向，其主流是向上向善的，但也存在着一些不和谐音符。这些不和谐音符虽小但不可忽视，否则不仅会影响农民道德修养的全面提升，也直接影响乡村振兴战略的实施。本书从三个逻辑的角度对新时代农民道德观的培育进行分析。理论逻辑上，新时代农民道德观培育的成效直接关系到农民的全面发展、农村的全面进步和农业的全面升级。农民道德观培育工作是一项实践工作，实践工作就需要科学理论的指导，没有科学理论指导的实践，实效是难以保证的。马克思主义经典作家在唯物史观的立场上，遵循人的全面发展理论，在分析农民道德认知、情感、意志和行为的基础上，提升农民道德素质，引导农民作出正确的道德判断和评价。在我国历史上，农民占全国人口的大多数，在不同历史时期都发挥了重要作用。在革命战争年代，农民与工人结成巩固的工农联盟，成为无产阶级最可靠的同盟军，也是我国革命军队的主力来源。在和平年代，农民在中国共产党的领导下，一直积极参与社会主义建设。在社会主义建设的新时期，农民不仅是积极的建设者，更是我国改革的最早实践者。可以说，农民在我国经济社会发展中的地位举足轻重。但是农民文化水平低也是一个不争的事实，“严重的问题是教育农民”[1]。在中国革命、建设和改革的历史时期，中国共产党就重视对农民的教育，加强精神文明建设。培育农民道德观是中国共产党“三农”工作的重要组成部分。中国共产党在领导中国人民改变历史命运的进程中，积累了丰富的农民道德观培育经验，成为新时代农民道德观培育的历史渊源。对农民道德观的培育体现着新时代的现实逻辑，它既是中国共产党初心与使命坚守的具体体现，也是中国特色社会主义制度坚持和完善的重要举措，又是乡村振兴战略深入实施的现实需要。在理论逻辑、历史逻辑和现实逻辑分析的基础上，以理论为指导，结合历史和现实，分析农民在社会公德、职业道德、家庭美德、个人品德和生态道德等方面取得的成就和存在的问题，从不同角度具体阐述农民道德观的现状及成因；有针对性地提出培育农民道德观的路径。在乡村振兴背景下，农民道德观的培育不能单纯就道德谈道德，要强化物质基础、教育引导、实践养成和制度保障。培育工作坚持以习近平新时代中国特色社会主义思想为指导，必须坚持以社会主义核心价值观为引领，必须坚持农民主体地位，传承发展

[1] 毛泽东 . 毛泽东文集（第 4 卷）[M]. 北京：人民出版社，1991：1477.

提升农村优秀传统文化，“深入挖掘农耕文化蕴含的优秀思想观念、人文精神、道德规范，充分发挥其在凝聚人心、教化群众、淳化民风中的重要作用”[1]。“广泛开展文明村镇、星级文明户、文明家庭等群众性精神文明创建活动；遏制大操大办、厚葬薄养、人情攀比等陈规陋习。加强无神论宣传教育，丰富农民群众精神文化生活，抵制封建迷信活动。深化农村殡葬改革。加强农村科普工作，提高农民科学文化素养。”[2]通过多管齐下，形成完整的动态系统，进而助力农民的全面发展，提升乡村全面振兴之质量。加强农民道德建设，有助于农民整体素质的提升；有助于培育和践行社会主义核心价值观，推动农村乡风文明建设；有助于维护农村社会和谐有序，促进农村经济稳定发展。

社会公德、职业道德、家庭美德、个人品德和生态道德是新时代农民道德观培育的五个维度。其中，个人品德是内在基础，直接影响着其他“四维”的培育效果；社会公德、职业道德、家庭美德与生态道德则是个人品德的外在表现，培育效果如何受个人品德水平高低的影响。“五维”之间相互影响、相互制约，对任何“一维”的培育都会影响到其他“四维”的培育效果；加强新时代公民道德培育，必须是“五维”并举，内外兼修、多方施策、标本兼治。

本书从农民社会公德、农民职业道德、农民家庭美德、农民个人品德和农民生态道德五个章节分析了农民道德观的现状及成因，阐述了农民道德观培育的路径与对策，各章节既有相通之处，又各成体系。

本书是河北省社科基金课题“乡村振兴背景下河北农民道德观培育研究”（项目编号：HB19MK016）的研究成果，是在吸收前人的优秀成果之上融入了自己的观点和创新，也结合了理论研究及自己的教学实践研究，是自己多年实践教学获得的启示和想法的体现。由于时间仓促，部分构思尚未完全成熟，书中的部分研究内容可能不完全充分，也可能与一些学术

---

[1] 新华社 . 中共中央 国务院关于实施乡村振兴战略的意见 [EB/OL].（2018-02-04）[2021-02-28]. http：//www.gov.cn/zhengce/2018-02/04/content_5263807.htm.

[2] 新华社 . 中共中央 国务院关于实施乡村振兴战略的意见 [EB/OL].（2018-02-04）[2021-02-28]. http：//www.gov.cn/zhengce/2018-02/04/content_5263807.htm.

观点存在差异，难免存在一些错误，希望学术界同人多多批评指导。

本书的前言、第三章、第四章、第五章和第六章第一节约 18.7 万字内容由我撰写，第一章、第二章，以及第六章第二节、第三节约 12.8 万字的内容由王兆云博士撰写。

本书的完成离不开众多人的关心、支持和帮助，在这里一并感谢。首先，感谢我的原同事王兆云博士（现供职于天津农学院）的倾力合作，如果没有她的参与和合作，此书恐怕难以顺利完成。其次，感谢我校的各位领导和老师，是他们的关心和鼓励使我坚定信心完成了书稿。最后，感谢河北科技师范学院学术著作出版基金的大力支持。

河北科技师范学院　李小梅

2021 年 2 月于秦皇岛

目　录

第一章　概述 ………… 001

第一节　概念的界定 ………… 001

一、新时代 ………… 002

二、农民 ………… 004

三、道德观和农民道德观 ………… 010

第二节　新时代农民道德观培育的目标与价值 ………… 015

一、新时代农民道德观培育的目标 ………… 015

二、新时代农民道德观培育的价值 ………… 019

第三节　新时代农民道德观培育的理论基础、历史渊源和现实基础 ………… 024

一、新时代农民道德观培育的理论基础 ………… 024

二、新时代农民道德观培育的历史渊源 ………… 032

三、新时代农民道德观培育的现实逻辑 ………… 047

第二章　农民社会公德 ………… 060

第一节　社会公德的内涵与具体要求 ………… 060

一、社会公德的内涵与特征 ………… 061

二、社会公德的具体要求 ………… 067

第二节　农民社会公德的现状与成因分析 ………… 073

一、农民社会公德的现状 ………… 073

二、农民社会公德现状的成因分析 ………… 077

第三节　农民社会公德培育的路径与对策 ………… 084

一、以社会主义核心价值观为价值引领，凝聚社会公德共识 …… 084
二、夯实社会公德的利益基础，构建社会公德利益共同体 …… 088
三、培育现代公民意识和公共精神，坚实新时代农民社会公德培育的思想基础 …… 090
四、自律与他律双管齐下，坚实新时代农民社会公德培育的制度保障 …… 094
五、数字化治理是新时代农民社会公德培育的技术支撑 …… 097

第三章 农民职业道德 …… 100
第一节 农民职业道德的内涵与具体要求 …… 101
一、道德与职业道德 …… 101
二、身份农民与职业农民 …… 102
三、农民职业道德的内涵与要求 …… 105
第二节 农民职业道德的现状及成因分析 …… 111
一、农民职业道德的现状及影响因素 …… 111
二、农民职业道德培育的现状及成因分析 …… 117
第三节 农民职业道德培育的路径与对策 …… 126
一、深刻认识加强农民职业道德培育的意义 …… 126
二、准确把握农民职业道德培育的维度定位 …… 129
三、切实加强农民职业道德培育体系的构建 …… 135
四、全面推进农民职业道德培育相关工作 …… 139

第四章 农民家庭美德 …… 157
第一节 农民家庭美德的内涵与具体要求 …… 158
一、家庭概述 …… 158
二、农民家庭 …… 160
三、家庭美德的内涵 …… 164

四、家庭美德的具体要求 …………………………… 165
第二节　农民家庭美德的现状与成因分析 ……………… 176
一、农民家庭美德建设取得的成就 ………………… 176
二、农民家庭美德建设中存在的问题 ……………… 187
三、农民家庭美德建设存在问题的成因分析 ……… 197
第三节　农民家庭美德观培育的路径与对策 ………… 202
一、培育农民家庭美德观的必要性 ………………… 202
二、农民家庭美德观培育的基本路径 ……………… 208

第五章　农民个人品德 …………………………………… 227
第一节　农民个人品德的内涵与具体要求 ……………… 227
一、个人品德的内涵 ………………………………… 227
二、个人品德的特征 ………………………………… 230
三、个人品德建设 …………………………………… 234
第二节　农民个人品德的现状与成因分析 ……………… 239
一、农民个人品德建设的成就 ……………………… 240
二、农民个人品德建设面临的问题 ………………… 243
三、农民个人品德建设现状的成因分析 …………… 252
第三节　农民个人品德培育的路径与对策 ……………… 261
一、要把握农民个人品德培育的价值维度 ………… 261
二、要明确农民个人品德培育的基本原则 ………… 265
三、要强化农民个人品德养成的内生系统 ………… 268
四、要优化农民个人品德培育的外部环境 ………… 272
五、要完善农民个人品德培育的调控机制 ………… 277

第六章　农民生态道德 …………………………………… 282
第一节　农民生态道德的内涵与具体要求 ……………… 282
一、生态道德培育的基本概念界定 ………………… 283
二、农民生态道德培育的具体要求 ………………… 288

第二节　农民生态道德的现状及成因分析 …………………………… 293
一、农民生态道德现状 ………………………………………… 293
二、农民生态道德现状的成因分析 …………………………… 299
第三节　农民生态道德观培育的路径与对策 ………………………… 305
一、农民生态道德观培育的基本原则 ………………………… 306
二、农民生态道德观培育的对策 ……………………………… 308

第一章 概 述

“三农”问题一直是关系我国发展全局的根本性问题，其核心是农民问题，农民问题的核心是利益问题，包括物质利益和精神利益。利益问题是农民最直接、最现实、最关心的方面。新时代加强农民道德观培育具有重要的实践意义和理论意义。从实践层面讲，既有利于农民精神利益的满足与实现，又是乡村振兴战略深入实施的必然要求，也是我国全面建设社会主义现代化国家的必然要求；从理论层面讲，既可以丰富农民道德观培育体系，又可以进一步坚定农民对中国特色社会主义的道路自信、理论自信、制度自信和文化自信。

第一节 概念的界定

农民问题不只是关系到农民群体的单一问题，它是个复杂问题，既体现了历史与现实的统一、发展与改革稳定的统一，又体现个体与全局的统一，更是物质与精神的统一。越是复杂问题越要从最基本的方面入手。故在新时代研究农民道德观培育问题，需要厘清和界定基本的核心概念。正如恩格斯所言：“必须先研究事物，尔后才能研究过程。必须先知道一个事物是什么，尔后才能觉察这个事物中所发生的变化。”[1]概念的凝练代表着人们对事物的理解与把握已经发展到了新高度。研究最基本的概念，就要研究与之相关的诸多因素。因此对新时代农民道德观培育的研究，需要结

[1] 中共中央马克思恩格斯列宁斯大林著作编译局.马克思恩格斯全集（第4卷）[M].北京：人民出版社，2012：251.

合时代发展要求对“新时代”“农民”“道德观”“农民道德观”等基本概念进行厘清和界定。

一、新时代

做好农民道德观培育工作的基本前提就是从客观实际出发，全面把握当下的国际国内环境和面临的机遇与挑战。当前我国最基本的客观实际就是“新时代”，这是农民道德观培育的基本方位，农民道德观培育要立足于新时代。“经过长期努力，中国特色社会主义进入了新时代，这是我国发展新的历史方位。”[1] 新时代不仅是我国历史发展长河中的一个纵向的时间坐标，更代表着我国发展进入了一个不同于世界上其他国家的横向坐标；不仅代表着我国的经济发展成就进入了新阶段，更代表着政治、文化、社会、生态等其他方面的发展也都表现出质的飞跃；不仅代表着人民美好生活的满足具备了更加充实的基础，更代表着人民美好生活自身质的飞跃。

新时代新成就，新形势新挑战。我们要全面分析农民道德观培育在新时代所面临的机遇与挑战。

从新机遇的角度分析：其一，经济发展成就为新时代农民道德观培育奠定了坚实物质基础。没有相应的物质基础，任何形式任何群体的道德观培育都难以持久。我国经济在保证发展质量的前提下长期保持中高速增长，经济总量已经突破了100万亿元大关。经济结构也在不断优化，人均可支配收入，无论是城镇居民还是农村居民都有了较大进步，反映家庭收入水平高低的恩格尔系数逐年下降。我国经济对世界经济增长率的贡献超过30%，更是在2008年经济危机后率先实现经济正增长的国家。其二，民主法治建设为新时代农民道德观培育提供了良好的政治环境和政治保障。民主政治获得新发展，公平公正理念深入人心，法律体系日益完善，法治体系也迈入新发展阶段，公民的守法尊法用法意识明

[1] 习近平 . 习近平谈治国理政（第 3 卷）[M]. 北京：外文出版社，2020：8.

显提升。其三，思想文化建设为新时代农民道德观培育提供了良好的智力支撑和软环境。思想文化的建设之于道德观培育而言是基础工程，农民思想文化素质的提升有助于道德观培育工作的深入推进。改革开放特别是党的十八大以来，我国的文化事业文化产业都在蓬勃发展。在农村，深入挖掘农耕文化、古村落文明，创办农村书屋等活动如火如荼地开展，这些举措贴近农民生产生活，提升了农民文化水平。农民文化水平的提升为道德观培育工作的深入推进打下了知识基础。其四，各项社会事业的发展为新时代农民道德观培育提供了良好社会氛围。社会事业是与农民的生活、生产乃至生命息息相关的事业，如教育、医疗、住房、社会保障等问题。教育方面，九年义务教育的全覆盖彻底解决了农村孩子上学难的问题，农村合作医疗的覆盖也在很大程度上解决了农民看不上病、看不起病的问题，农村的社会保障体系也在逐渐完善。仅在“十三五”期间就有5575万农村人口脱贫，且返贫率逐年下降。农民最关心最直接、最现实的利益问题得到了很好解决，如此广大农民群众的心就“稳”下来了。其五，农村生态环境的改善为新时代农民道德观培育提供了优美阵地。农民道德观培育的主阵地是农村。美丽乡村建设成就斐然，农民的生态环保意识逐渐提升，绿色生产绿色生活的理念已逐步深入农民的心，绿色已经成为农民美好生活的底色。可见，新时代为农民道德观培育提供了机遇。

然而我们也要认识到，世界正处于百年未有之大变局，我国也正处于实现中华民族伟大复兴的关键时期，各项工作都会面临重大挑战。因此，农民道德观培育也不能置身事外。市场经济的深入发展激发了人们的积极性，积累了大量的社会财富，但不可避免的是其带来的贫富差距增大、两极分化、拜金主义和各种自私自利行为等负面影响，这些现象会阻碍农民的生产积极性，使部分农民认为自身经济利益得不到有效保障，误导了农民在生产生活中的具体行为。诚然，大多数农民是通过诚实劳动、合法经营来提高自身收入的，但也存在少数人因为追求利益而不惜损害他人利益和集体利益的行为。不良社会风气增加了影响农民道德观培育效果的不确定因素，如果这些不良行为没有被及时制止，势必会降低其他大多数农民对社会主义市场经济的认同感。

这些负面现象和问题的存在都是新时代农民道德观培育需要面对的挑战，必须引起足够的重视，不能使其成为农民树立正确科学道德观路上的拦路虎和绊脚石。

新时代新形势要求农民道德观培育要与时俱进。新时代，农民的优势需要已经由解决温饱等基础需要转变为追求真善美、自我实现等高级需要，原有的道德观培育已经不能满足农民的高级精神需要。这就像在经济领域我们要进行供给侧改革一样，农民道德观培育也要进行供给侧改革，这是一个关系农民道德观培育成效的重要时代课题。新时代农民道德观培育要想与时俱进就一定要把握改革开放等时代特征。改革开放是当前中国最鲜明的时代特征，如果故步自封，不联系当代我国发展实际，农民道德观培育就成为没有说服力的道德说教。新时代农民道德观培育一定要有专业性要求，要把握规律性。使人的思想观念发生转变是一件非常复杂的工作，越复杂就越要把握其规律性，越是难做的工作越要充分尊重当事人的主体地位，否则将会以失败告终。对农民道德认知规律的把握是对农民道德观培育的前提。新时代，农民道德观培育更要充分尊重农民的主体地位。农民在其道德观培育工作中的主体地位被接受、被认同，就能激发其在道德培育工作的主体作用。农民的主体性发挥出来，有助于其提升道德认识水平，增强道德情感，坚定道德意志，将理论认识落实到具体的道德实践行为中，并固化为良好的道德行为习惯。这正是我们做农民道德观培育工作的初心和使命。新时代农民道德观培育还要将道德培育与社会治理有机结合起来。因为农民道德观培育从来都不是单纯的教育问题，而是多管齐下、综合施策的社会工作。

二、农民

2021 年 5 月 11 日第七次全国人口普查公报（第七号）显示，“全国人口（全国人口是指大陆 31 个省、自治区、直辖市和现役军人的人口，不包括居住在 31 个省、自治区、直辖市的港澳台居民和外籍人员。）中，居住在城镇的人口为 901991162 人，占 63.89%（2020 年我国户籍人口城镇化率为 45.4%）；居住在乡村的人口为 509787562 人，占 36.11%。与 2010 年第六次全国人口普查相比，城镇人口增加 236415856 人，乡村人口减少 164361984 人，城镇人口比重上升 14.21 个百分点”[1]。农民是不是就一定住在乡村而市民就一定住在城镇呢？还是说有农业户口的就是农民而有城镇户口的就是市民呢？对农民如何理解呢？理论界从不同角度加以研究，至今为止也没有统一定义。本书在借鉴学者研究成果的基础上，进一步诠释了农民是什么。

西方学术界对农民概念的界定也没有统一，往往也是从各自研究领域出发的。美国社会学家埃弗里特・罗吉斯和拉伯尔・伯德格认为：“农民是农产品的生产者和传统定向的乡下人，他们一般比较谦卑，大多是自给自足的，虽然并非完全需要。就是说，他们生产的粮食和其他东西，大部分都是自己消费的。因此，农民和自给自足的农业生产者是一个意思。农民并不是完全自给自足型的，他们至少是部分市场定向的，他们要购买一些消费品和生产资料，需要社会的服务。但是，尽管他们要卖出部分农产品，他们也不是像商业农场主那样把农业作为一个企业。”[2] 在 1989 年出版的《国际社会学百科全书》中对农民的解释是：“农业土地上生活资料的耕种者。”[3] 法国社会学家孟德拉斯认为：“农民是相对城市限定自身的，如果没有城市就无所谓农民。”[4]《新帕尔格雷夫经济学大辞典》对农民是这样作出界定的：“小农是耕种土地的人，……只要他可以得到他耕种的土地，或者具有对土地使用期限的某种保证，他就是一个小农。”[5]《不列颠百科全

[1] 国家统计局 . 第七次全国人口普查主要数据公报（第七号） [EB/OL].（2021-05-11）[2021-07-28]. http：//www.stats.gov.cn/tjsj/tjgb/rkpcgb/qgrkpcgb/202106/t20210628_1818826.html.

[2] 埃弗里特・罗吉斯，拉伯尔・伯德格 . 乡村社会变迁 [M]. 王晓毅，译 . 杭州：浙江人民出版社，1988：321.

[3] 迈克尔・曼 . 国际社会学百科全书 [M]. 袁亚愚，译 . 成都：四川人民出版社，1989：488.

[4] 孟德拉斯 . 农民的终结 [M]. 李培林，译 . 北京：中国社会科学出版社，1991：8.

[5] 约翰・伊特韦尔，等 . 新帕尔格雷夫经济学大辞典 [M]. 北京：经济科学出版社，1996.

书》中对农民的特征描述为："诸如自给自足或小规模生产等特征。"[1] 虽然西方学术界关于农民的定义没有统一起来，但是我们依然可以从这些诠释中归纳出农民的特点：与土地紧密相连，生产和消费都是自给自足。

目前，我国学术界对农民的概念也没有统一起来，本书首先进行不同角度的梳理。

（一）新中国成立以来的相关国家政策文件对农民的诠释

纵观新中国成立以来国家的政策文件，先后出现农民、职业农民、新型农民、新型职业农民等四大概念，尽管每一个概念的提出都与特定的社会时代背景息息相关，但都离不开一个核心词汇"农民"。

基于人口管理的需要，自 1958 年 1 月颁布《中华人民共和国户口管理条例》开始，我国开始实行城乡二元的户籍制度，至此农民是以"传统农民"或"身份农民"的身份存在着。传统观念认为，农民的特点就是落后、封闭、愚昧、贫穷，这些身份特点与社会等级相关。也正因此，西方学术界认为我国的农民不是"Farmer"（职业农民、农场主），而是"Peasant"（传统农民），即农民被认为是一种身份存在而不是职业存在。一提到"农民"二字，不仅城镇居民认为这是低水平、低素质的代名词，就是农民自身也认为低人一等。无论是城镇居民还是农民自身都忽略一点：我国农民在革命、建设和改革中凭借自身优势和特点作出了重要贡献，不仅为我国国家建设提供了生产原料，更为国家建设积累了大量资金。2005 年年底，国家为推进农业产业化与专业化进程，又颁布实施了《关于实施农村实用人才培育"百万中专生计划"的意见》，提出了"职业农民"的概念，这是农民职业化专业化发展的需要。但是农民的身份存在向职业存在这一转变还是没有完成，长期以来形成的固有观念还没有彻底改变。为推进社会主义新农村建设和城镇化建设，2006 年的中央一号文件《关于推进社会主义新农村若干问题的建议》中提出了"新型农民"的概念，这一概念曾经在 1997 年的"跨世纪青年农

---

[1] 中国大百科全书出版社《不列颠百科全书》国际中文版编辑部 . 不列颠百科全书 [M]. 北京：中国大百科全书出版社，2007.

民科技培训工程”的批示和党的十六届五中全会上出现过。此后，《中共中央 国务院关于积极发展现代农业扎实推进社会主义新农村建设的若干意见》、党的十七大报告、《关于加快发展面向农村的职业教育的意见》等政策性文件再次提出新型农民及其培育问题。这反映了党和国家对农民是农村建设主力军地位和作用的深入认识。2012 年基于“四化”同步发展的需要，中央一号文件《关于加快推进农业科技创新持续增长农产品供给保障能力的若干意见》提出了“新型职业农民”的概念。后续又出台《新型职业农民培育试点工作方案》《新型职业农民培育试点工作的指导意见》、“十三五”规划纲要、2013—2018 年“中央一号文件”、《“十三五”全国新型职业农民培育发展规划》等相关重要文件，这代表着新型职业农民的称谓逐渐稳定下来。

不管“农民”的称呼如何变化，都与农业、耕地、农村等要素息息相关，都与解决“谁种地、怎样种地”等根本问题息息相关。谁种地？农民种地。关键是农民具备什么样的素质才能把地种好呢？怎样种地？农民种地是粗放式种地还是科学种地？如果想要科学种地，怎样科学种地呢？这些问题的回答都与怎样定义农民有密切联系。

（二）学术界对农民概念的诠释

“农民”的存在历史悠久，作为概念的“农民”，其内涵因为时代背景变化而嬗变。早在鲁成公元年（公元前 590 元）我国史籍上就有了“农民”这一概念。《春秋·穀梁传》云：“古者有四民，有士民，有商民，有农民，有工民。”这是中国乃至世界上最早的以职业为标准的社会分层。从社会分工角度讲，农民应该是个职业概念。《辞海》解释：“农民是指直接从事农业生产的劳动者——在资本主义社会和殖民地、半殖民地社会，主要是指贫农和中农。在社会主义社会，主要是指集体农民。”[1] 时代变迁，历史进步，《现代汉语词典》的解释是：“长期从事农业生产的劳动者。”[2] 综合以上分析可知，农民从本意上就是一种社会上客观存在的职业。

---

[1] 夏征农，陈至立 . 辞海 [M]. 上海：上海辞书出版社，2010.

[2] 中国社会科学院语言研究所词典编辑室 . 现代汉语词典 [M]. 北京：商务印书馆，2012.

学者们联系社会现实，从不同角度对农民的内涵作了深入研究。高建民从地域角度出发，认为："农民是具有农业户口、在农村生产生活、与土地有着天然联系的社会劳动者。"[1] 严新明从时空角度出发，指出农民是"现阶段将土地作为主要的生产资料并居住生活在农村，长期进行农业及相关的生产经营活动的人们。虽然不在农村居住，并从事非农业生产活动但户口在农村的、同时又与农村及其家属有着密切关系的那部分人"[2]。李守经从地缘关系出发，认为："农民是指在农村地缘关系的基础上，通过各种社会关系和联系而组成的农村社会各类社会集团、群体及社会组织的农村居民。"[3] 虽然学者们的研究角度不同，但都指出农民具备的特点：户籍在农村、居住在农村、生产与经营在农村。

（三）本书关于农民概念的诠释

综合国内外学术界的研究可知，"农民"是一个多向度概念。本书将从历时性与共时性辩证统一的角度来分析"农民"概念。

从历时性角度讲，农民概念的内涵受到不同社会发展阶段的生产力水平的制约。无论哪一社会发展阶段，农民概念都不是抽象存在的，而是一个丰富性与现实性兼有的概念。作为社会历史发展的最终决定力量，在不同的历史发展阶段，社会生产力的要素结构表现为不同的形式，这决定了不同农民形态的存在。把握农民的内涵，首先就要将其放在人类历史发展的时间长河中考察。传统农民几乎是终身制的，是身份与职业的综合代名词，而且身份存在的意义多于职业存在的意义。他们终生居住在农村，从事与农业相关的一切生产，一切生活资料都来源于土地；他们的生产要遵循四季变化规律，几乎是看天吃饭，根本没有其他职业选择的机会；活动范围也主要在农村，和外界的交流较少。随着生产力水平提升，社会发展

[1] 高建民．中国"农民"的概念探析 [J]. 社会科学论坛（学术研究卷），2008（9）：65-68.

[2] 严新明．生存与发展——中国农民发展的社会时空分析 [M]. 北京：中国社会科学文献出版社，2005.

[3] 李守经．农村社会学 [M]. 北京：高等教育出版社，2000.

到了更为高级的阶段。这就对农民的存在形态提出了改变的要求，因为传统农民已经不能适应现代社会发展的需要了，现代社会需要的是高素质的现代农民。现代农民逐步摆脱了终身制的局限，自身素质提升使他们可以有多重职业选择机会，社会分工的精细化给予了他们重新选择职业的机会。另外，现代农民的活动范围也不再局限于农村的方圆十里。新时代新阶段，全面深化改革如火如荼，市场经济体制越来越完善，再加上国家对城乡二元政策的逐步放开，城镇发展和农村发展（主要是农村发展）都需要城乡能够融合发展，于是城乡之间的物质能量信息的交流种类越来越多、范围越来越广、数量越来越大、频率越来越高。社会发展需要推动了农民存在形态的转变；农民由传统形态向现代形态的转变也加快着社会发展的步伐。我国发展进入新阶段，经济、政治、文化、社会、生态等各个方面都体现出质的飞跃。社会发展的精细化、多样化、高品质化为农民提供了更多的与农业相关的其他职业，农民的传统身份已经逐渐被消解，社会越来越多地认同农民的职业存在。本书所研究的是新时代的农民道德观培育工作而不是其他历史阶段的农民道德观培育工作。

从共时性角度讲，农民受到生产生活所在的地理空间的影响。生产力是推动社会发展的最终决定力量，由于自然地理环境的影响而表现为不同形式。这就是不同民族、不同区域农民的生活方式与生产方式不同的主要原因，从而使农民概念具有了空间性特征。就当前国内形势而言，在激烈的市场竞争压力下，农民的勤劳致富愿望日趋强烈。总体上看，农民的生产经营能力、民主参与能力、自主自立能力等有了明显提高，充满着自信自强的情感，创造着社会的物质财富和精神财富。在同一时间，不同区域的，农民其生产生活方式不同，东部地区普遍比中西部先进，东部地区的农民在政治参与程度、文化学识修养、社会治理水平和生态环境保护意识等方面普遍高于中西部欠发达或者落后地区农民，在道德观各个方面的表现也是有差异的。本书所指的农民，泛指生活在我国大地上的农民，是不分区域的整体性概念。所研究的道德观培育，也是将农民作为生活在广大农村地区的整体意义上的农民。

结合我国实际，本书将农民的概念表述为：农民是指户籍在农村的，主要从事农业生产与经营的，并通过各种社会关系而联系在一起的乡村居民。

三、道德观和农民道德观

科学认识道德是有效进行道德观培育的基础，需要对“道德”作全面清晰的解读。

西方文化中的“道德”一词起源于拉丁语“Mores”，指社会的传统习惯、习俗、风气等。显然与目的、意图、决定、活动等不同，功能就是区分人的行为恰当与否，而后引申出规范、准则、品德、修养及善恶评价等意思。

吉福德时代的文化概括了道德的五个特征：第一，道德是关于信仰、态度和行为准则的一个独特而相对自律的领域；第二，道德首先是一种行为准则以及对违反准则的仪式化反应，对别人进行道德谴责，特别是由教父与牧师们进行的道德谴责，对自己进行良心的反省；第三，准则通常是一些消极的禁令，违反和破坏这些准则将会招致谴责与自讼；第四，在当时的文化中，强烈的不适当观念是只对社会生活不同方面的侵犯；第五，也是最后一点，社会的一致性，尤其在实践上、在道德的内容和重要性上，是与大量认知上的分歧共存的。这种分歧与其理性证明的属性相关，故一致与分歧均基于一种共同具有的确信，即人们必定以某种方式将道德理解为合理的且可证明为正当的。[1] 齐格蒙特 · 鲍曼认为：“道德并非人类生活的一种‘自然特性’，而是需要构想并注入人类行为的东西。这也是为什么他们试图制定并强加于人们一种全面的整体性的道德规范——一种能够教给人们，并能强迫人们遵守的依附性的行为规范。”[2]

中国古代，“道”与“德”是分开使用的，但内在联系紧密的指涉不同含义的两个词。根据老子在《道德经》中的表述，“道”是看不见摸不着、孕育宇宙万物的最高层次的法则。“道，可道，非恒道；名，可名，非恒

[1] 麦金太尔 . 三种对立的道德探究观 [M]. 万俊人，唐文明，彭海燕，等译 . 北京：中国社会科学出版社，1999：26.

[2] 齐格蒙特 · 鲍曼 . 后现代伦理学 [M]. 张成岗，译 . 南京：江苏人民出版社，2003：7.

名。无名，天地之始；有名，万物之母。”[1] 老子提出，“道”产生了宇宙万物，是任何语言都无法表达的深奥程度，但是它可以通过从“无”到“有”这个循序渐进的过程来体会。“无”和“有”的无数组合体现和实现着万物的变化多端，所谓“道生一，一生二，二生三，三生万物”[2] 的规则，人是不能左右的。“道”是一种自然的状态，“人法地，地法天，天法道，道法自然”[3]。万物顺应道则会生机勃勃，人顺应道则会使整个社会和睦太平。可见，“道”是生成宇宙万物的基本准则，是事物之所以能千变万化的原因。然而，“道”是无形的，需要作用于有形的“物”，通过物的桥梁来彰显“道”的功能，而“道”显现于物的功能就是“德”。顺应了“道”便是“德”，“德”是推动事物可持续性健康发展的必要条件。从形而上的角度看，“德”与“道”是“二而一”的。“孔德之容，惟道是从。”[4]“道生之，德畜之，物形之，势成之。是以万物莫不尊道而贵德。”[5] 即是说，大德的形态，由道决定。道生成万事万物，德滋养万事万物，物使具体的万物禀形，势使万事万物成长。万事万物都要尊崇道而珍视德。从形而下的角度看，“德”与“道”完全不同，它是治理国家、处理人际关系、修身养性的准则，指品德、德行等。“治大国若烹小鲜。以道莅天下，其鬼不神。非其鬼不神，其神不伤人。非其神不伤人，圣人亦不伤人。夫两不相伤，故得交归。”[6]（“得”通“德”）这句话是说，治理国家好像煎小鱼。用“道”管理国家，鬼神就没有办法伤害人，圣人也不能伤害人。如此，人们就能够享有德的滋养了。统治者因为有德不伤害百姓，百姓就可以安居乐业。同理，百姓为人处世、修养身心也要有德。“有德司契，无德司彻”[7] 是说，有德行的人掌握契约，也不强迫他人偿还，无德行的人强征苛捐杂税，故意为难对方。“善剑者不拔，善抱者不脱，子孙以祭祀不辍。修之身，其德

[1] 老子 . 道德经 [M]. 北京：北京燕山出版社，2009：11.
[2] 老子 . 道德经 [M]. 北京：北京燕山出版社，2009：85.
[3] 老子 . 道德经 [M]. 北京：北京燕山出版社，2009：54.
[4] 老子 . 道德经 [M]. 北京：北京燕山出版社，2009：46.
[5] 老子 . 道德经 [M]. 北京：北京燕山出版社，2009：99.
[6] 老子 . 道德经 [M]. 北京：北京燕山出版社，2009：177.
[7] 老子 . 道德经 [M]. 北京：北京燕山出版社，2009：150.

乃真；修之家，其德有馀；修之乡，其德乃长；修之于国，其德乃丰；修之于天下，其德乃普。”[1] 善于有所作为的，子孙会绵延不断。根据这个原则，从修身、齐家、治国、平天下，德性是不断拓展与应用的。春秋时代的荀子最早将“道”与“德”作为完整概念使用，《劝学篇》：“礼者，法之大分，类之纲纪也，故学至乎礼而止矣，夫是之谓道德之极。”“道德”就代表着规范与行为的合二为一，相辅相成。

此后，“道”与“德”基本沿用了《道德经》中的说法。《古代汉语字典》（最新修订版・大字本）对“道”的字源解释是：“形声字，辶为形，首为声；一说是会意字，由首和辶组合而成，首代表头脑或首领，辶表示行走，合起来的意思是人在行走。本义指道路。”对“道”的释义解释有“名词，路、道路；渠道、途径；方法、手段；道德、道义；道理、规律；政治主张、思想体系、门派学说；有介词，从、经由；有动词，说起、提及、谈论等。”[2]《现代汉语字典》对“道”的解形解释是：“形声字，辶为形，首为声。本义为道路，引申为方向、途径等。”[3]《古代汉语字典》（最新修订版・大字本）对“德”的字源解释是：“会意字，由表示行走的彳，代表眼睛的㥁和表示心脏、人的内心的心三部分组合而成，合起来指眼睛里可以看到的人心的行为；一说是形声字，彳为行，㥁为声。本意指道德、品行，引申为信念、心愿；又指恩惠、恩德；有时用作动词，表示施予恩德或感恩戴德。”对“德”字的释义解释有：“名词道德，品行；恩惠，恩德，好处；动词感谢恩德，报恩等意。”[4]《现代汉语字典》对“德”的解形解释是：“形声字，彳为行，‘德’字去掉为彳的部分为声。本义为登、升。假借为道德。”[5]《现代汉语字典》对“德”的解形解释与《古代汉语字典》（最新修订版•大字本）对“德”的字源解释并无区别。综合各种释义可知，

[1] 老子 . 道德经 [M]. 北京：北京燕山出版社，2009：105.

[2] 古代汉语字典编委会 . 古代汉语字典（最新修订版•大字本）[M]. 北京：商务印书馆，2014：168.

[3] 陆书平，万森，张秋霞 . 现代汉语字典 [M]. 北京：商务印书馆，2014：156.

[4] 古代汉语字典编委会 . 古代汉语字典（最新修订版•大字本）[M]. 北京：商务印书馆，2014：169.

[5] 陆书平，万森，张秋霞 . 现代汉语字典 [M]. 北京：商务印书馆，2014：158.

“道”主要指规律，规定着事物发展的方向，如果事物的演进和人的发展遵循了“道”即是有了“德”，会顺理成章地有所收获。

我国当代的学者们从不同研究角度对道德作出界定。何怀宏认为：“‘道德’与‘伦理学’这两个概念，无论是在中文里面，还是在其西文的对应词里面，一般并不做很严格的区分，它们都是关乎人们行为品质的善恶正邪，乃至生活方式、生命意义和终极关切。”[1] 王海明认为，所谓道德，说到底，也就是关于有利或有害社会与他人以及自己的行为之应该如何规范，简言之，亦即利害人己的行为应该如何规范。[2] 罗国杰、李萍也认为无论中西，“道德”一词都是社会人伦秩序与个体品德修养二者的统一，都包括规范准则、风俗习惯、品质修养、善恶评价等含义。更加宽泛的道德概念指行为规范体系、个人美德、文化精神、社会价值观念形态以及人类生活理想等。[3] 唐凯麟给“道德”下了一个比较完整的定义，指出道德是由一定的社会经济关系决定的，依靠社会舆论、传统习俗和人们的内心信念来维系的，表现为善恶对立的心理意识、原则规范和行为活动的总和。[4] 由唐凯麟的“道德”定义可知“道德”的四个特征：其一，道德是与时俱进的社会意识形态，与时俱进的“时”主要是指社会物质生活条件。恩格斯说：“一切以往的道德归根到底都是当时的社会经济状况的产物。”[5] 其二，道德是自律性的行为规范，是具有软性约束力的规范，推动着行为从“实然”向“应然”的转变。其三，道德的内部结构复杂，不仅包括行为规范，也包括观念、情感、信念、意志等社会心理形式；不仅是一种社会意识形态，又体现了一定社会条件下人们的行为活动方式和生活方式。其四，不同时代的社会道德虽有传承性，更应体现其鲜明的特殊性。

---

[1] 何怀宏 . 伦理学是什么 [M]. 北京：北京大学出版社，2002：9.

[2] 王海明 . 伦理学原理 [M]. 北京：北京大学出版社，2005：67.

[3] 罗国杰，李萍 . 伦理学基础 [M]. 北京：首都经济贸易大学出版社，2004：20-21.

[4] 唐凯麟 . 伦理学 [M]. 北京：高等教育出版社，2001：3.

[5] 中共中央马克思恩格斯列宁斯大林著作编译局 . 马克思恩格斯全集（第 9 卷）[M]. 北京：人民出版社，2009：99.

根据马克思主义对道德的定义，可以从如下方面理解道德。首先，道德不是从来就有的，是人类社会历史的产物。道德只有在人类社会才存在，植物界、动物界的相互捕杀是它们之间的本能行为，不属于道德问题。其次，道德是关系问题。只有在人类社会中，人与人之间在一定的关系中发生的行为才可能产生道德问题，孤立的个人行为是不构成道德问题的。再次，善恶是道德的主要评价依据。一个人的行为对他人、对社会是善的，就是“道德的”行为，这就是“善”；一个人的行为对他人、对社会是恶的，就是“不道德的”行为，这就是“恶”。需要注意的是，“善恶”作为评价依据在不同国家含义不同，在此国家是善的，在彼国家可能就是恶的。最后，道德是有自身特殊性的社会意识形态，与政治、法律、宗教、艺术等社会意识形态不同，政治、法律、宗教、艺术等也不同程度地影响着道德的形成与发展。

总之，古今中外，道德一直是人们特别关注并深入研究的社会重点课题。虽然生产力发展水平、文明发展水平等因素不平衡，对什么是道德的表达方式也不同，但包含着相同的内容。什么是道德呢？道德就是人类具有的特殊的内在道德信念和外在道德准则；是调整人与人之间的关系、人与社会之间的关系的特殊行为规范；是由社会物质生活水平决定并反作用于社会物质生活的社会意识形态；是以促进人的自由全面发展为目的的。

人们对事物形成的不同看法和认识，称之为“观”。“观”是依据社会物质生活条件的变化和人们认识能力的变化而变化的。简言之，道德观就是对“道德”的看法和认识，指由社会物质生活条件决定的，受人们认识能力影响的，对道德现象产生并逐渐形成的系统的认识和看法。在不同形式的道德，即奴隶社会道德观、封建社会道德观、资本主义社会道德观和社会主义社会道德观的演进过程中，不同时代的道德既体现继承性又体现特殊性。不同时代的道德观也是如此，既体现了不同时代演进的承继性，又体现了本时代所具有的社会特殊性。道德观可以继承，体现了道德观的普遍性；与此同时又会体现不同时代的特殊性，道德观正是在普遍性与特殊性的辩证统一中形成与发展的。

“三农”问题的核心是农民问题。解决农民问题的重要途径之一就是提升农民的思想道德素质和科学文化素养。全面提升农民的思想道德素养，不仅有助于家庭和社会的稳定和谐，而且有利于农民在是非善恶面前作出正确的价值判断和行为选择。农民道德观就是在一定历史条件下以农民为主要组成的群体对道德现象的认识与看法。由于社会物质生活条件、自身科学文化水平等主客观因素的影响，农民的道德观还是比较零散的、不系统的、不科学的，零散的、不科学的道德认识和看法还不足以发挥其应有的作用。因此，本书要在马克思主义道德观指导下培育新时代农民道德观，激发农民为实现美好生活而奋斗的意志，助力乡村振兴战略的深入推进，为全面建设社会主义现代化国家作出应有的贡献。

第二节　新时代农民道德观培育的目标与价值

新时代新发展阶段，人们之间的交往呈现出更频繁、更多样化、更广泛等特点。每一个人的思想道德修养不仅是维护自身尊严和幸福的必要条件，也关系到他人的生活品质的提升和对和谐安定的社会秩序的维护，更会影响到国家的整体形象。农民作为实践主体力量，更是解决一切“三农”问题的内在的关键因素。因此，新时代农民道德观培育必须有明确的目标与价值。

一、新时代农民道德观培育的目标

2001 年党中央颁布实施了《公民道德建设实施纲要》，对社会主义市场经济发展一定阶段的公民道德培育作出了具体指导。经过多年建设，公民的整体道德素养提升了，社会主义精神文明建设又上了新台阶。新时代新阶段，新机遇新挑战，公民的思想道德水平已经不能满足经济社会可持续发展的需要了，中共中央、国务院在 2019 年 10 月又印发了《新时代公民道德建设实施纲要》，这既是公民道德建设实践发展和理论认识的阶段性总结，又是新时代如何强化公民道德整体培育的指导性文件。《新时代公民道德建设实施纲要》强调，“要把社会公德、职业道德、家庭美德、个人品德建设作为着力点”[1]，同时必须注意的是绿色已经成为人民美好生活得以实现的底色了。因此，新时代农民道德观培育的目标是将农民的思想道德素养提升至满足经济社会发展需要的水平，具体体现在社会公德、职业道德、家庭美德、个人品德和生态道德等方面。

社会公德培育方面的目标是培育农民在社会生活中做个好公民。生活在社会中的每个人都是个体性与社会性辩证统一的存在，农民也不例外。新时代，农村的综合实力已大幅度提升，农民也越来越认识到自身是独立个体，自身的权利意识和自由意识等明显增强，特别是当自身合法权益受到侵犯时，已逐步学会使用法律手段维护个人正当权益。但与此同时，部分农民没有认识到，独立个体是社会中的独立个体，个体只有寓于社会中才能体现自身存在的价值和意义，才能获得更好的发展。权利意识和自由意识等应该是与义务意识、责任意识、公共意识等相匹配的。但由于各种因素制约，义务意识、责任意识与公共意识水平等还不能满足新时代对农民社会公德素养方面的需要。新时代，农业全面进步、农村全面提升、农民全面发展都需要农民具有自觉维护社会公共秩序和公共利益的责任意识和义务意识。因此，新时代农民社会公德培育的目标就是引导农民在生产生活中自觉遵守并践行文明礼貌、助人为乐、爱护公物、保护环境、遵纪守法的社会公德规范，做一个好公民。

职业道德培育方面的目标是培育农民在职业链条中做个好建设者。农民从本源意义上讲是社会分工链条中的职业存在，应该是职业而非身份。但由于各种因素影响，人们过多重视农民的身份存在而忽视农民的职业存在，农民的职业道德发展也就没有得到相应的重视，农民的职业道德水平普遍不高。这种现状已经不能满足农民自身发展的需要，也与农业发展的需要有一定差距，与市场经济的发展需要也产生了一定的差距。在我国改革开放的不断深化与市场经济全球化的扩大影响中，越来越多的农民认识到自身应该是职业存在而非身份存在，职业道德修养也提高了。职业生活已经成为现代社会的主要生活领域了，职业活动既体现个体性也具备社会

[1] 中共中央，国务院 . 新时代公民道德建设实施纲要 [N]. 人民日报，2019-10-28（1）.

性。单独个体的职业活动实践都需要他人实践自身的职业活动，众多职业活动形成了职业活动网。在职业活动网中需要处理自身与他人、自身与社会的职业关系，处理职业关系的规则就是职业道德规范。遵守并践行职业道德规范的职业活动，既能保证个人正当利益和他人正当利益，又能维持市场秩序的和谐开展。因此，新时代农民职业道德培育就是引导农民在农业生产与经营活动中自觉遵守并践行爱岗敬业、诚实守信、办事公道、热情服务、奉献社会的职业道德规范，做一个好建设者。

家庭美德培育方面的目标是培育农民在家庭做个好成员。作为社会最基本组成单位的家庭，应该满足家庭成员各种不同的需求，物质的、精神的、情感的，等等。但实然与应然还存在一定差距，尤其体现在农民家庭中。家庭是社会的最小组成单位，温馨和谐的家庭生活小到关系家庭成员自身的健康成长，大到关系社会的和谐稳定。家庭生活是否和谐幸福，当然与家庭的物质生活条件相关，但更重要的是用什么样的价值观念来调节家庭生活中各成员之间的关系，长辈和小辈之间，平辈之间都需要调节。家庭生活赋予了每个成员最基础的价值反思与是非判断的能力，这是社会价值意识形成的基础。同时，温馨和谐的家庭生活又能使家庭成员学会选择正确的人生方向，并懂得将满足自身需要与实现自我价值相结合，实现自我价值与实现社会价值相结合，使人生充满着积极向上向善的意义。家庭赋予成员的是科学正确的价值观念，家庭成员在社会生活中就能够作出正确价值判断，并自觉规范自身行为，以使其与社会导向保持基本一致，成为奉公守法的好公民。如果家庭给予成员的是错误的价值观念，家庭成员在面对行为的价值判断时，较大可能作出错误的价值判断，从而误导自身行为。这就是“每一个熊孩子的背后都有一对熊父母”的重要原因。再者，家庭也是个体与社会的纽带，是个体社会化的初始阶段，是引领个体走向社会的桥梁。家庭生活在个体社会化过程中发挥着重要的潜移默化的作用。从这层意义讲，家庭美德就成为个体与社会产生正向联系的润滑剂。当家庭美德与社会公德、职业道德、生态道德趋于基本一致时，个人品德的社会化就能沿着正确健康的道路进步，就能较好地实现个体的社会化转化；反之，当家庭美德培育出现错位，没有发挥应有的作用时，必将影响到个人品德健康社会化的实现。可见家庭美德的培育是非常重要且必要的。因此，新时代农民家庭美德培育就是引导农民在家庭生活中自觉遵守并践行尊老爱幼、男女平等、夫妻和睦、勤俭持家、邻里互助的家庭美德规范，做一个好成员。

个人品德培育方面的目标是培育农民在日常生活和生产中养成良好品行。个人品德建设的重要性不仅体现在它是个人素质结构中的重要组成部分，而且是社会道德建设的基石。就个人素质而言，个人品德是才智等其他素质不断完善的力量支撑，发挥着基础性和前提性作用，正如中国古人讲的“三不朽——立德、立功、立言”中，将“立德”放在首位。个人品德决定着一个人在社会生活和社会实践中的行为选择以及对各种关系的协调和处理。从个体社会化和个人品德的社会性讲，个人品德就是社会道德培育的基石。在新时代公民道德培育过程中，社会公德、职业道德、家庭美德、个人品德和生态道德等形成道德培育的“五维”结构，个人品德是其他“四维”的内在基础，直接影响着其他“四维”的培育效果。如果个体不能养成良好的品德，其他“四维”的培育就都将是虚幻的空中楼阁。社会公德、职业道德、家庭美德与生态道德是个人品德的外在表现，培育效果如何直接受个人品德水平高低的影响；“五维”之间相互影响、相互制约，任何“一维”的培育效果都会影响到其他“四维”的培育效果。加强新时代公民道德培育，必须是“五维”并举，内外兼修、多方施策、标本兼治。我国农民一直以“勤劳淳朴、善良宽厚”的形象立世，但在经济发展的浪潮中也会出现道德失范现象，个人道德失范不仅影响自身形象，也会影响社会整体形象。因此，新时代农民个人品德培育就是引导农民在生活与农业生产经营中自觉遵守并践行爱国奉献、明礼遵规、勤劳善良、宽厚正直、自强自律的个人品德规范，做个品行良好的新时代农民。

生态道德培育方面的目标是培育农民在生产与消费中做个生态环境的保护者、建设者。《新时代公民道德建设实施纲要》虽然没有把生态道德与社会公德、职业道德、家庭美德、个人品德共同作为公民道德建设的具体要求，但根据新时代的发展需要，生态道德培育同样重要。美丽乡村建设是乡村振兴战略的重要内容，而农民是主体实践力量。如果农民的生态道德素养高，美丽乡村建设的成效就拥有了主体保障；反之，如果农民的生态道德素养较低，美丽乡村建设肯定会受到较大影响，取得的成果也很难可持续。诚然，当下农村的发展总体提升，农村的基础设施建设、整体居住环境、物质生活水平、社会保障体系等都今非昔比了，但与之不相匹配的是，农民的精神文化水平还不高，文化素养普遍较低。具体到生态方面的表现就是生态保护意识还不高，生态道德素养还需要提升。在现实生活中，农民既是农村生态环境污染和破坏的受害者，又是农村生态环境污染和破坏的施害者。将加害者、受害者，转变成为保护者、建设者和受益者，就要提升农民的生态道德素养。因此要把乡村建成形美魂也美的新时代美丽乡村，就要引导农民在生产生活实践中自觉遵守并践行尊重自然、保护自然、顺应自然的生态道德规范，做与自然界和谐相处的生态农民。

二、新时代农民道德观培育的价值

2018 年的中央一号文件《关于实施乡村振兴战略的意见》提出："举全党全国全社会之力，以更大的决心、更明确的目标、更有力的举措，推动农业全面升级、农村全面进步、农民全面发展，谱写新时代乡村全面振兴新篇章。"农民是主体实践力量，没有农民的全面发展，农村全面进步、农业全面升级就没有主体力量保证。农村是主阵地，农民全面发展、农业全面升级都需要一个阵地，那就是农村。农村的全面进步可以为农民全面发展、农业全面升级奠定阵地基础。农业是国家基础性产业，其升级与否直接关系到国民经济结构的升级，农业全面升级为农民全面发展、农村全面进步提供了契机。农民全面发展、农村全面进步和农业全面升级是相互影响，相互促进的关系。

（一）新时代农民道德观培育可以推动农民全面发展

农民问题是个复杂系统，其中农民发展问题是个重要方面。如果农民发展问题没有解决好，农村全面进步和农业全面升级就没有了坚强主体力量和可靠主体保障，农村全面进步与农业全面升级肯定不能离开全面发展的农民。如何实现农民全面发展呢？当然，充足的物质基础是必要的，但只有物质条件是远远不够的。因为人不仅是物质存在更是精神存在，要生存和发展就要满足物质需要和精神需要，美好生活的实现不仅需要高水平的物质生活，也需要高水平的精神生活等。道德观培育就是满足精神需要、提升精神生活水平的重要途径之一。无论是在物质基础扎实还是物质基础薄弱的时候，农民道德观培育都是需要的。物质基础扎实的时候，道德观培育可以提醒农民居安思危，戒骄戒躁，继续奋进，取得新胜利；物质基础薄弱的时候，道德观培育可以激发农民的生产热情，并化作具体的行动。新时代，农民道德观培育的物质基础相当充足了。已经实现现代化国家和正在实现现代化国家的建设实践已经证明：改革发展的最终落脚点要落到人的精神层面上，社会转型及全面发展与国民思想道德水平息息相关甚至可以互为因果。

农民的全面发展需要马克思主义的人的全面发展理论指导。新时代加强农民道德观培育对农民的需要、农民的劳动、农民的能力、农民的社会关系发展以及农民的个性发展等提供了动力支持。就农民的需要而言，根据当前我国农村发展现状，随着农民物质需要的逐渐实现，其精神需要逐步提升。就农民的劳动而言，其范围已经由较单纯的物质生产劳动扩展到处理社会关系的劳动和科学文化实践劳动了。就农民的能力而言，体力和智力同样都是农民之需。就农民的社会关系发展而言，其范围已经突破农村区域扩展到城镇了。就农民的个性发展而言，其自主性、能动性和创造性日益在农业生产和经营活动中体现出来。综合以上分析，无论是农民哪个方面的发展，其较高的思想道德素质都是必要因素。新时代提高思想道德素养就要进行新时代的农民道德观培育。

（二）新时代农民道德观培育可以推动农村全面进步

新时代培育农民道德观在推动农村全面进步方面表现在经济、政治、文化、社会和生态五个方面。

在经济层面，新时代培育农民道德观可以提高乡村经济发展质量。这是在发挥道德的能动反作用，其反作用性质取决于道德观培育是否适合经济发展需要。当适合经济发展需要，道德观培育效果良好时，道德推动经济发展的作用就会得以发挥；当不适合经济发展需要，道德观培育效果较差时，道德阻碍经济发展的作用就会发挥出来。法律是强制约束农民行为的规范，道德也以自觉性为特征来约束农民行为，作为市场主体的农民受到法律和道德双重约束，这是有利于市场经济的健康发展的。因为市场经济的本质就是竞争经济，竞争的本质就是利益之争。当市场主体为满足自身利益不惜损害他人、社会的利益时，就需要相应规范去制约错误行为。因为有了法律的强制规范作用，市场主体“不敢”做出损害他人和社会利益的行为；因为有了道德的软性约束作用，市场主体“不想、不愿”做出损害他人和社会利益的行为。各市场主体“不敢、不想、不愿”做出损害他人及社会的行为，以实现市场秩序的良性竞争，从而促进乡村市场经济健康的可持续发展，乡村经济发展的质量就得以提升，如此才能健康可持续。因此，新时代培育农民道德观，使农民适应经济现代化的要求，为我国经济发展提供坚实的道德力量。

在政治层面，新时代培育农民道德观可以增强农民的政治认同。政治认同是指农民对中国共产党领导地位的认同、对中国特色社会主义道路的认同、对马克思主义的认同。政治认同关系到农民的理想信念和奋斗方向。理想信念和奋斗方向正确，事半功倍；理想信念和奋斗方向错误，事倍也未必能功半。首先，新时代培育农民道德观为乡村振兴提供安定有序的氛围。强化农民道德观培育，提高农民的道德现象分析力和分辨力，对营造和谐温馨的乡风文明和秩序井然的乡村环境作用重大。农业、农村、农民呈现出三维立体结构，每一维问题的解决都需要其他两维的支持，因为三维之间是相互交织的，培育农民道德观可以增强其解决问题的自觉性和力量支撑。乡村振兴战略的深入实施需要举全国之力，这对新时代农民的思想道德素养提出了新要求。农民思想道德素养提升了，乡风文明的建设也比较顺利。其次，新时代农民道德观培育可以增强农民的权利意识、义务意识和责任意识。责、权、利是辩证统一的。深化政治体制改革不仅可以保障农民享有广泛真实的权利，同时也要求农民去履行相应的义务和践行相应的责任，将责、权、利三者的关系统一在个人生活中。但现实情况往往比较复杂，责、权、利之间的平衡与理想要求还是有差距的，它们之间存在着一定的张力，张力的大小会影响农民处理三者之间的辩证关系。在现实生活中，部分农民愿意享受权利，但在履行义务和践行责任时却大打折扣。道德观培育与公民教育的同向性使农民在明确自身权利的同时，也提升自觉践行责任和履行义务的意识。最后，新时代培育农民道德观成为全面建设社会主义现代化国家的道德保障。乡村振兴是实现全面建设社会主义现代化国家的基础工程，影响着全面建设社会主义现代化国家的质量和速度。道德素养的提升可以激发农民参与振兴的积极性、主动性和创造性，为全面建设社会主义现代化国家提供道德保障。

在文化层面，新时代培育农民道德观可以增强乡村振兴的文化软实力。乡村如何振兴，不仅需要农民的技术、国家的政策等硬实力，更需要农民道德素养提升的文化软实力。在社会公德培育中，以社会主义核心价值观为引领，将农民多样化的思想意识统一起来，凝聚成思想合力，不仅可以增强农民自觉抵制腐朽思想侵蚀的能力，而且可以提升其道德判断力和执行力。在职业道德培育中，提升其职业认同感，强化农民从事农业生产与经营的认同意识，提升其职业力。在家庭美德培育中，农民在和谐温馨的家庭中汲取前行的力量，较好完成社会化。在个人品德培育中，作为其他四维的外在表现，要满足农民的精神文化需要，以此获得道德认同感和精神归属感。农民的精神文化需要的满足可以从社会主义先进文化、中华优秀传统文化、世代相传的优秀乡土文明融合发展中实现。社会主义先进文化是前进方向，中华优秀传统文化是有益滋养，优秀乡土文明则可增强农民对家乡的认同感。个人品德素养的提升还要清醒认识到封建迷信、馋懒恶、利欲熏心等不良社会风气的负面影响。在生态道德培育中，以习近平生态文明思想为指导，守正创新，引导农民在生产生活实践中践行生态道德责任，与生态环境和谐相处。

在社会层面，新时代培育农民道德观可以增强农民对建设和谐乡村的执行力。和谐乡村既是乡村振兴的目标，更是乡村振兴的方法。在道德观培育过程中，农民将和谐理念融入生产生活中，和谐是调整农民与他人的关系、与社会的关系、与自然界的关系时基本原则，内化于心、外化于行并固化于习。乡村和谐了，乡村振兴也就有前提保障了。乡村振兴的基础当然是乡村经济的振兴，乡村经济的振兴离不开和谐的乡村氛围。农民较高的道德修养是形成和谐氛围的必要条件。氛围和谐，置身其中的农民心情舒畅、精神愉悦，从事生产的热情就高涨，干劲就充足，就会推动乡村经济振兴；反之，就会精神懈怠，影响生产，就会阻碍乡村经济振兴的步伐。“三农”问题中，任何一方面问题的解决都离不开经济发展，同样离不开农民道德素养的整体提升。

在生态方面，新时代培育农民道德观助力打造生态之美。与现代化程度较高的城镇相比，乡村的自然气息浓厚，农民对生态环境的依赖性较高。但由于诸多因素，农村村貌不尽如人意，给城镇居民留下了“脏乱差”的社会印象。部分农民无法抵制物质利益的诱惑，为了增产使用过量的化肥和农药；为了农产品卖相较好，过度使用化学药品。长此以往，土地的自然肥力下降，影响到农作物的品质。长期下去，农民的收入也就受到影响了。个别企业为降低生产成本，将污染严重的生产部门迁移到农村。而有关政府部门打着为农民增收的旗号实际是为了政绩，不但批准污染企业迁到农村，而且对其污染农民生态环境的作为视而不见。乡村振兴进程中的农民道德观培育，就是要将美丽观念融入农民生产生活中，并引导农民践行美丽观念，自觉抵制为了利益而放弃生态的行为。在“美丽”观念培育过程中，农民终究会理解“绿水青山就是金山银山”的道理，营造农村生态美丽、农民心灵美丽的乡村环境。

（二）新时代农民道德观培育可以推动农业全面升级

农业发展历来是国民经济发展的基础环节，也是经济发展、社会稳定的重要基础。农业更是安天下、稳民心的战略产业，关系到我国现代化建设和中华民族复兴的伟大事业，其战略地位任何时候不能动摇和削弱。党的十九大报告指出，当前我国主要矛盾已经转化为人民日益增长的美好生活需要与不平衡不充分发展之间的矛盾。供给侧结构性改革是解决发展不平衡不充分的主要途径。不只是城镇、工业需要供给侧结构性改革，农村、农业也是需要的。农村经济供给侧结构性改革的目的就是使农业全面升级，发展优质、安全、高效、生态的农业。实现农业全面升级的主体关键因素就是高素质的农民，不要让部分素质低的农民成为制约科技推广的最后一公里和农业升级换代的短板。农业现代化关键因素就是实现农民现代化。农民要完成自身实践主体和价值主体的任务，就要充分发挥自身主体性，全面提升自身素质。新时代农民已不再单纯满足于种地等生产活动，在自我尊重、社会价值等方面的需要也日益提升。培育农民道德观就是全面提升农民素质的重要途径，不仅对农民硬素质的提升具有推动强化作用，更是农民软素质的重要组成部分和题中之义。总之，只有当软硬素质俱佳的农民充分发挥自身主体性，农业全面升级才能够实现。

第三节　新时代农民道德观培育的理论基础、历史渊源和现实基础

新时代农民道德观培育是一项复杂的实践工作，需要科学理论的指导。农民道德观在新时代的培育不是无源之水、无本之木，需要在继承成功经验的基础上创新发展。我国农民道德观培育工作已积累提炼的丰富经验成为新时代农民道德观培育的历史渊源。新时代不仅代表着我国取得了历史性成就，更意味着我国各方面建设面临着新形势、新问题、新挑战。新时代为农民道德观培育奠定了经济、政治、文化等各方面的坚实基础，也使农民道德观培育的深入推进面临一系列挑战与考验。在新时代，深入推进农民道德观培育工作取得实际成效，梳理其理论基础、历史渊源和现实基础是非常重要且必要的。

一、新时代农民道德观培育的理论基础

新时代农民道德观培育的成效直接关系到农民的全面发展、农村的全面进步和农业的全面升级。归根到底，农民道德观培育工作是一项实践工作，实践工作就需要科学理论的指导，没有科学理论指导的实践，实效是

难以保证的。马克思主义经典作家在唯物史观的立场上，全面联系动态地分析农民道德状况，主张在分析农民道德认知、情感、意志和行为的基础上，提升农民道德素质，引导农民作出正确的道德判断和评价。在分析农民道德观方面，马克思主义经典作家在坚持唯物史观基本原则的基础上，也高度重视人的全面发展理论。

（一）唯物史观是分析新时代农民道德观的基本原则

唯物史观一直是马克思主义经典作家分析社会现象和社会问题的基本立足点。“物质生活的生产方式制约着整个社会生活、政治生活和精神生活的过程。不是人们的意识决定人们的存在，相反，是人们的社会存在决定人们的意识。”[1] 只有站在唯物史观的基本立场上，才能对农民道德现状作出深刻全面的分析。

1. 道德归根到底是由社会存在决定的社会意识

在考察这个问题时，马克思恩格斯把“现实的人”而不是“抽象的人”作为人类社会存在与发展的第一个历史前提。“全部人类历史的第一个前提无疑是有生命的个人的存在。”[2] 人们为维持自身的生命存在，就需要最基本的生活资料，生活资料的满足建立在人与人之间的各种物质联系上。当基本物质生活资料得到满足后，人们便会产生新的精神文化生活的需要，精神文化生活需要的满足就要建立物质联系基础上的思想联系。“思想、观念、意识的生产最初是直接与人们的物质活动，与人们的物质交往，与现实生活的语言交织在一起的。人们的想象、思维、精神交往在这里还是人们物质行动的直接产物。表现在某一民族的政治、法律、道德、宗教、形而上学等的语言中的精神生产也是这样。”[3]

[1] 中共中央马克思恩格斯列宁斯大林著作编译局 . 马克思恩格斯文集（第 2 卷）[M]. 北京：人民出版社，2009：591.

[2] 中共中央马克思恩格斯列宁斯大林著作编译局 . 马克思恩格斯文集（第 1 卷）[M]. 北京：人民出版社，2009：519.

[3] 中共中央马克思恩格斯列宁斯大林著作编译局 . 马克思恩格斯文集（第 1 卷）[M]. 北京：人民出版社，2009：524.

马克思从社会物质生活条件出发为普鲁士农民辩护。在19世纪40年代，普鲁士农民由于生活所迫不得不采集和砍伐林木，受到普鲁士政府的处罚。马克思为其辩护，认为这种盗窃行为是在贫困与破产条件下的被逼无奈的行为，这种盗窃是为满足基本生活需要，不是道德意义上的故意为之。在《第六届莱茵省议会的辩论（第三篇论文）·关于林木盗窃法的辩论》一文中，“马克思对历史上和普鲁士国家的法律问题以及现存的半封建的法律关系和法律观点进行了深入的分析和研究，抨击了封建等级的代表所持的观点，第一次公开地站在贫苦群众一边维护他们的物质利益”[1]。此后，马克思坚持从农民生活水平出发，深入挖掘农民道德产生的物质条件。《莱茵报》驻摩泽尔记者彼·约·科布伦茨因撰写了两篇关于反映摩泽尔地区农民贫困状况的文章遭到莱茵省总督冯·沙培尔的强权威压，马克思再一次站在唯物史观立场上为其辩护。恩格斯在分析农民道德状况时同样坚持唯物史观的原则、立场和方法，同时也用唯物辩证法的方法，既发现了农民淳朴善良、勤劳勇敢的个人美德，又同样注意到农民的道德观念和意识的落后，如“感觉迟钝、目光短浅，对城市、工业和商业的种种关系毫不了解，对政治盲目无知，对本村以外的一切东西妄下判断，用农民关系的尺度去衡量复杂的历史关系”[2]。

列宁针对俄国具体情况，运用唯物史观的原则、立场和方法，以农民的经济地位为研究的出发点，指明了农民道德的两面性是由其经济地位决定的。在其著作《无产阶级专政时代的经济和政治》中，列宁全面分析了农民的经济地位，既指出了农民“是由劳动者要求摆脱地主资本家压迫的共同利益联合起来的、人数相当多的（在落后的俄国是极多的）劳动群众”[3]，又指明了农民“是单独的小业主、小私有者、小商

[1] 中共中央马克思恩格斯列宁斯大林著作编译局.马克思恩格斯全集（第1卷）[M].北京：人民出版社，1995：1018.

[2] 中共中央马克思恩格斯列宁斯大林著作编译局.马克思恩格斯全集（第5卷）[M].北京：人民出版社，1958：564.

[3] 中共中央马克思恩格斯列宁斯大林著作编译局.列宁专题文集——论社会主义[M].北京：人民出版社，2009：162.

人"[1]。农民经济地位的双重性就决定了其道德的两面性。也就是说，农民既是劳动者又是小私有者的双重经济地位决定了农民既有勤劳勇敢的革命品质，又有贪婪狭隘自私的道德缺陷的两面性。农民作为劳动者，深受剥削和压迫之苦，作为革命潜在的支持力量，和无产阶级具有一致的道德要求，就是推翻剥削阶级的统治，这是农民的革命性。农民作为小私有者，又有自己不想被剥夺的利益，希望得到属于自己的土地，无法做到与剥削阶级彻底决裂。因此这一面的道德意识与无产阶级不同，从某种程度上会阻碍无产阶级利益的实现，最终农民自身利益也得不到保障。这是农民的狭隘性。列宁明确指出，"这样的经济地位必然使他们在无产阶级与资产阶级之间摇摆不定"[2]，并且强调，当"无产阶级和资产阶级的斗争尖锐化的时候，一切社会关系遭到非常急剧的破坏的时候"[3]，农民会因为习惯的力量，在无产阶级和资产阶级之间"摇摆不定，反复无常，犹豫不决"[4]。以农民经济地位的双重性为根据，列宁既发现了农民与无产阶级道德要求一致的方面，这是农民群体道德积极性的一面，也清醒地认识到农民作为私有者无法克服的道德缺陷，这是农民道德消极性的一面。列宁坚持运用唯物史观的原则、立场和方法分析农民的经济地位，克服了某些思想家离开经济地位分析阶级特性的局限。经济决定一切，离开经济谈论其他，都是不可想象的。

虽然经典作家对农民道德观作出阐释和评价的社会历史条件已经发生变化了，但其基本的唯物史观立场依然是新时代客观分析我国农民道德观的基本立场。这是因为人类发展的客观规律始终发挥着决定人类社会发展方向和前途的作用，社会历史条件的变化并不意味着人类社会发展的客观

[1] 中共中央马克思恩格斯列宁斯大林著作编译局．列宁专题文集——论社会主义[M]. 北京：人民出版社，2009：162.

[2] 中共中央马克思恩格斯列宁斯大林著作编译局．列宁专题文集——论社会主义[M]. 北京：人民出版社，2009：162.

[3] 中共中央马克思恩格斯列宁斯大林著作编译局．列宁专题文集——论社会主义[M]. 北京：人民出版社，2009：162.

[4] 中共中央马克思恩格斯列宁斯大林著作编译局．列宁专题文集——论社会主义[M]. 北京：人民出版社，2009：162.

规律的实质也变化了，只是外在的表现形式发生了变化。新时代新阶段，我国经济发展的质的飞跃决定了社会其他方面发展的进步，这恰恰证明了社会存在决定社会意识的客观事实。无论社会意识的能动反作用力量究竟多强大，都不能超出社会存在对它决定作用的范围。因此，我们要坚持唯物史观基本立场，客观全面分析新时代下农民道德发展变化状况，提升新时代农民道德观的培育实效。

2. 道德是社会历史发展进程中的道德

“历史的每一个阶段都遇到一定的物质结果，一定的生产力总和，人对自然以及个人之间历史地形成的关系，都遇到前一代传给后一代的大量生产力、资金和环境，尽管一方面这些生产力、资金和环境为新一代所改变，但另一方面，他们也预先规定新的一代本身的生活条件，使它得到一定的发展和具有特殊的性质。”[1] 物质生产是能且只能在前人基础上进行的，作为物质生产反映的精神生产同样需要在继承前人成果的基础上进行。即是说，任何道德形式都具有历史继承性，都是在前人基础上发展的。因而，我们在研究道德时就需要研究其历史性，研究在历史性因素中的决定性方面和非决定性方面。在诸多因素中，经济因素是决定性方面，发挥着决定其他方面的作用；其他因素是非决定性方面，对经济发挥着重要影响。因此要从根本上把握对农民道德产生决定性影响的经济条件，同时，对其他条件也给予重视。另外，需要特别重视社会意识的相对独立性和相对稳定性，与社会存在的变化相比，有一定的滞后性。社会存在即使发生变化，在一段时期内，社会意识也不会改变或者说改变不明显。这就可以理解为什么在新时代农民的道德观念中仍然含有不适应新时代发展要求的成分。我们应该根据新时代发展水平和农民所处环境的变化，引导农民逐步将原有道德中落后的一面抛弃，将原有道德中积极的一面根据时代条件的变化加以发展，成长为更加符合现代社会发展要求的道德观念。农民用适应现代社会发展要求的道德观念和价值观念指导生产生活实践，会事半功倍。

[1] 中共中央马克思恩格斯列宁斯大林著作编译局. 马克思恩格斯文集（第 1 卷）[M]. 北京：人民出版社，2009：544-545.

同时，还要注重提升农民的科学文化水平，“不但要识字，还要有文化，有觉悟，有学识”[1]，将文化学识等潜在力量转变成改变自身经济状况的现实力量，扬弃旧生产生活状态，完成向新生产生活状况的转变。

简言之，马克思主义经典作家分析农民道德状况坚持的唯物史观原则、立场和方法，就是坚持道德是社会存在决定的，坚持道德是在社会历史进程中不断发展的。在分析农民道德现状时既要体现历史继承性又要体现其时代特殊性。

（二）人的全面发展理论是新时代农民道德观培育的基本遵循

人的全面发展问题不是新问题。在马克思主义产生之前，思想家们已经从不同角度进行探讨了，也取得一定成果，但是由于时代局限性和阶级局限性，都没有从根本上揭示人的全面发展的本质。人的全面发展理论是马克思主义的重要内容，其产生发展也经历了较长的历史过程。在 1845 年的《在爱斐特的演讲》一文中，恩格斯首先提出了“人的全面发展”观点。资本主义经济的发展带来日益严重的劳动异化现象，马克思和恩格斯开始关注个人在现实社会中的全面发展问题。在唯物史观确立的前提下，马克思和恩格斯全面系统地考察了人与社会的关系，并科学阐述了人的全面发展本质，揭示了人的全面发展规律。

人的全面发展理论在我国理论上得到拓展，并在实践中运用。毛泽东认为实现人的全面发展的重要途径就是参加劳动。改革开放后，人的全面发展理论从思想和实践中进一步拓展。邓小平针对改革开放初我国对人才的需要，提出了“四有新人”的思想和“三个面向”思想，认为培养社会主义的合格建设者和可靠接班人要坚持“面向现代化、面向未来、面向世界”原则，以“有理想、有道德、有文化、有纪律”为培养方向。江泽民根据我国现代化建设和时代发展需要，提出了人的全面发展是社会主义现代化事业的根本要求，社会主义现代化事业的发展需要全面发展的人才。

---

[1] 中共中央马克思恩格斯列宁斯大林著作编译局 . 列宁专题文集——论社会主义 [M]. 北京：人民出版社，2009：162.

胡锦涛根据世纪之交我国面临的新形势、新问题，提出了“以人为本”的科学发展观。要实现每个人的全面发展，就要去了解人们的实际需要，满足人民的各种需求，使人们的利益得到有效的保障。每个人都能在经济社会的发展中受益。人们只有把劳动当作需要，才可能获得更好更全面的发展。人的发展方向必须和社会发展方向保持一致，并且融入社会发展进程中，从而推动社会进步；社会的全面进步对人的全面发展具有保障作用，为人的发展提供各种条件。所以，应该大力加强和谐社会的建设。新时代，习近平总书记创新升华了人的全面发展思想，指出社会主义核心价值观是人的全面发展实践的价值遵循。

由马克思和恩格斯在继承和批判前人理论基础上创立的、与我国国情结合并不断得到深化与拓展的人的全面发展理论，包含以下四个方面。

1.“人的需要”的全面发展

需要是人的本能活动。每个生活在社会中的个体都会从自己的需要出发，与他人和社会产生一定的联系，从事的一切活动都是满足自身需要的本能活动。无论是马斯洛的需要层次理论还是马克思主义的需要理论，都认为满足人们生存需要的物质需要是低层次的，还必须满足精神需要等高层次需要。低层次需要的满足是基础条件，高层次需要的满足才是目标。在当下进行农民道德观培育不仅是适应新时代新形势的客观需要，也是农民自身全面发展的需要。道德观培育对于不同层次需要的满足都会发挥相应的作用。

2. 人的能力的全面发展

人的能力是在处理主客体关系的社会实践中形成发展并表现出来的。随着高科技对人类生产生活影响度的深化，人的能力又影响着活动的广度和深度，活动范围的广度和深度又反过来推动着人的能力得以全面发展。马克思说，要使全面发展得以实现，“能力的发展就要达到一定的程度和全面性”[1]。又进一步强调，能力是人的全面发展的重要内容，而且“任何

[1] 中共中央马克思恩格斯列宁斯大林著作编译局．马克思恩格斯全集（第30卷：上册）[M]. 北京：人民出版社，1995：112.

人的职责、使命、任务就是全面发展自己的一切能力”[1]。因此，人的能力的全面发展也是人的全面发展的重要要求。

3. 人的社会关系的全面发展

人只有在社会关系中才能生存与发展，人的能力的全面发展也必须在一定的社会关系中进行。社会关系使单独个体得以社会化，赋予个体以独特的社会品质。人的存在从根本上表现为社会的存在。从现实性而言，人的全面发展就是社会关系的发展。马克思说：“个人的全面性不是想象的或设想的全面性，而是他的现实关系和观念关系的全面性。”[2] 因此，社会关系的全面发展也是人的全面发展的内容，“社会关系实际上决定着一个人能够发展到什么程度”[3]。

4. 人的个性的自由发展

从人类发展的历史长河看，人类一直在追求自由，这构成了人类发展史的重要内容。人的全面发展的终极目标就是个性的自由发展。从内容上分析，个性的自由发展是指个人的兴趣、志向、信仰、需要等的展现和满足，个人的体力、智力的激发，气质和性格的完善，社会形象的优化以及各种个性要素相互协调等。从本质规定性上分析，其一是个体的主体性全面提高，即人的自主自觉性、能动创造性等的全面发展；其二是个体的特殊性的增加和丰富。个体的主体性的全面提高可以保障个体特殊性的丰富，个体特殊性的丰富又可以凸显出个体的主体性。在人才培育过程中，不仅要尊重个体的主体性，激发其潜能，而且要尊重其合乎时代发展要求的特殊性，打破标准化、统一化、定型化的培养模式，为社会发展培育出特色鲜明、人格形象丰富和社会能力健全的人才。

---

[1] 中共中央马克思恩格斯列宁斯大林著作编译局. 马克思恩格斯全集（第 3 卷）[M]. 北京：人民出版社，1960：330.

[2] 中共中央马克思恩格斯列宁斯大林著作编译局. 马克思恩格斯全集（第 46 卷）[M]. 北京：人民出版社，1980：36.

[3] 中共中央马克思恩格斯列宁斯大林著作编译局. 马克思恩格斯全集（第 3 卷）[M]. 北京：人民出版社，1960：290.

二、新时代农民道德观培育的历史渊源

我国农民在不同历史时期都发挥了重要作用。农民在革命时期一直是主力军，在和平时期也一直积极参与国家建设。农民是积极的建设者，更是我国改革的先头兵。农民之所以能够在我国革命、建设和改革中发挥重要作用，除去农民自主发挥积极性外，中国共产党非常重视“三农”工作是主要原因，农民道德观培育就是中国共产党“三农”工作的重要组成部分。中国共产党在领导中国人民改变历史命运的进程中，积累了丰富的农民道德观培育经验，成为新时代农民道德观培育的历史渊源。

（一）以毛泽东同志为核心的党的第一代中央领导集体的道德实践

在半殖民地半封建社会的中国，农民被压迫被剥削程度较深，革命性也比较彻底。当时农民占我国总人口约 80%，其力量是十分庞大的。中国共产党认识到必须将广大农民有效组织起来，使其成为我国革命主力军，赢得了广大农民的支持也就赢得了革命的胜利。农民工作成效直接影响到中国革命的发展。这段时期，中国共产党做了大量农民工作，积累了丰富经验，为新时代农民道德观培育奠定了实践基础。

1. 关于农民问题的必要性和重要性

在半殖民地半封建社会的旧中国，农民表现出了阶级的两重性，一方面由于受到“三座大山”的剥削与压迫程度较深，革命性比较彻底；另一方面，农民的封闭性也表现明显，这主要是自给自足的自然经济造成的，农村的社会生活达到了“民至老死不相往来”状态。封闭无交流的生产生活空间使自私、散漫、狭隘等落后思想在农民身上鲜明体现。基于此，对农民进行教育是非常必要的。因为农民具有革命性，对其进行教育使其成为我国无产阶级最可靠、最坚实的同盟军是具有可行性的；因为农民的自由散漫性，对其进行教育使其不影响中国革命的发展，这是必须做的。中国共产党在革命过程中逐渐认识到农民的阶级两面性，并积极主动向农民学习。毛泽东指出在革命工作中要重视农民，“我从前在做学生时，回乡看见农民反对‘洋学堂’，也和一般‘洋学生’‘洋教习’一鼻孔出气，站

在洋学堂的利益上面，总觉得农民未免有些不对。民国十四年在乡下住了半年，这时我是一个共产党员，有了马克思主义的观点，方才明白我是错了，农民的道理是对的”[1]。在新民主主义革命初期，党对农民在革命中的作用还没有达成共识，出现了忽视农民作用的右倾机会主义，阻碍了中国革命的发展。毛泽东强调：“农民问题乃国民革命的中心问题，农民不起来参加并拥护国民革命，国民革命不会成功。”[2] 农民是我国工人阶级最可靠的同盟军，农民是否坚定支持革命，直接影响到革命进程的顺利开展。纪念五四运动 20 周年时，毛泽东在讲话中再次强调：“只有动员占全国人口百分之九十的工农大众，才能战胜帝国主义，才能战胜封建主义……中国的知识青年和学生青年们，一定要到工农群众中去，把占全国人口百分之九十的工农大众，动员起来，组织起来……革命或不革命的或反革命的最后的分界，看其是否愿意并且实行和工农民众相结合。”[3] 为纪念中国共产党成立 28 周年，毛泽东撰写了《论人民民主专政》：“严重的问题是教育农民。”[4] 随着中国革命形势的推进，中国共产党对农民所起的作用已经达成共识：中国革命的中心问题就是农民问题，农民的中心问题就是土地问题。在新中国成立前，中国共产党分别在土地革命战争时期、抗日战争时期和解放战争时期领导农民发起了土地改革，都在不同程度、不同角度调动了农民的革命积极性，成为革命战争胜利的重要保证。华东野战军司令员陈毅曾深情地说：“淮海战役的胜利，是人民群众用小车推出来的。”新中国成立初，毛泽东说：“在我国的 4 亿多人口中，有 3 亿多农民，他们无论在革命中和建设中都是一支最伟大的力量，我们工人阶级只有依靠这个伟大的同盟军，把他们的积极性和创造性充分地调动起来，才能取得胜利。”[5] 农民在社会主义改造中也发挥了重要作用，毛泽东对其给予了高度肯定：“过去打仗主要是依靠农民。现在我国城市资产阶级很快地服从社会

[1] 毛泽东 . 毛泽东选集（第 1 卷）[M]. 北京：人民出版社，1991：4.
[2] 毛泽东 . 毛泽东文集（第 1 卷）[M]. 北京：人民出版社，1993：37.
[3] 毛泽东 . 毛泽东选集（第 2 卷）[M]. 北京：人民出版社，1991：564-566.
[4] 毛泽东 . 毛泽东选集（第 4 卷）[M]. 北京：人民出版社，1991：1477.
[5] 毛泽东 . 建国以来毛泽东文稿（第 7 册）[M]. 北京：中央文献出版社，1992：177.

主义改造，也是因为农民组织起来了。”[1]

2. 关于对农民教育的内容

毛泽东强调从整体上提升农民素质。他从思想教育、文化知识教育、科技教育等方面概括农民教育内容，并对每一种教育提出了具体要求。在思想教育方面，强调农民教育的方向性和长远性。毛泽东强调，要有效发挥农民在革命中的作用，“在于以共产主义的精神来教育广大的劳苦民众”[2]。在文化知识教育方面，针对农民素质普遍较低，毛泽东强调农民教育的基础性和普及性，引用了列宁的话来强调扫盲的重要性：“‘在一个文盲充斥的国家内，是建成不了共产主义社会的。’而我国现在文盲这样多，而社会主义的建设又不能等到消灭了文盲以后才去进行，这样就产生了一个尖锐的矛盾。”[3] 识字是农民学文化的基础，也是做好农民工作的前提，可以提升农民的领悟能力。毛泽东主张：“边区的经济发展了，农民也要求有文化。我们要使边区所有的老百姓，每人识 1000 字，搞它 10 年 8 年，如果能识 1500 字、2000 字、3000 字，那更好。我们至少要做到识字，每村要有一个冬学。”[4] 在科学知识方面，强调农民教育的常识性和有效性。毛泽东在延安时期主张边区的小学和中学开展农业常识课，又要求教育工作人员要针对农业常识课的需要而编写相应的教材，还要对农民进行农业技术教育。农民掌握了农业技术，就可以提高生产率，增加粮食产量，就可以更好地服务于革命工作了。

3. 关于农民教育的方法

为了保证农民教育效果，毛泽东也提出了方法建议。其一，满足农民切身利益。毛泽东说：“我们要胜利，一定还要做很多的工作。领导农民的土地斗争，分土地给农民；提高农民的劳动热情，增加农业生产；保障工人的利益；建立合作社；发展对外贸易；解决群众的穿衣问题，吃饭问题，

[1] 毛泽东 . 毛泽东文集（第 6 卷）[M]. 北京：人民出版社，1999：457.
[2] 人民教育出版社教育室 . 毛泽东　周恩来　刘少奇　邓小平　论教育 [M]. 北京：人民教育出版社，1994：11.
[3] 毛泽东 . 毛泽东文集（第 6 卷）[M]. 北京：人民出版社，1999：455.
[4] 毛泽东 . 毛泽东文集（第 3 卷）[M]. 北京：人民出版社，1996：154.

住房问题，柴米油盐问题，疾病卫生问题，婚姻问题。总之，一切群众的实际生活问题，都是我们应当注意的问题。假如我们对这些问题注意了，解决了，满足了群众的需要，我们就真正成了群众生活的组织者，群众就会真正围绕在我们的周围，热烈地拥护我们。同志们，那时候，我们号召群众参加革命战争，能够不能够呢？能够的，完全能够的。”[1] 毛泽东列出的这些问题都是与农民切身利益相关的问题。毛泽东强调，要想得到农民的真正拥护就必须解决他们的实际问题。“一切群众的实际生活问题，都是我们应当注意的问题。假如我们对这些问题注意了，解决了，满足了群众的需要，我们就真正成了群众生活的组织者，群众就会真正围绕在我们的周围，热烈地拥护我们。”[2] 其二，开展文化生活教育。开展文化生活教育是为了提升农民自我解放的意识。农民的小生产者特点，使他们的政治眼光受到限制，“只有渐次地设法提高农村文化程度，才能消除迷信宗教伦理及落后的道德观念”[3]。强调农民的自我教育，“识字要成为群众性的识字运动，单靠我们下去教‘一、二、三、四’，‘人、手、刀、牛、羊’，那是不行的，老百姓里头有识一百字的就可以教别人”[4]。新中国成立后，毛泽东还强调要把农民培育成“新型劳动者”，他说：“公社要逐步把社员培养成为有社会主义觉悟、有文化、有技术、有全面才能的劳动者。”[5] 其三，用民主方法做好农民工作。小生产者思维方式充满农民群众的头脑，要改变将会需要漫长过程。毛泽东主张“用民主的方法，教育自己和改造自己，使自己脱离内外反动派的影响。这个影响现在还是很大的，并将在长时期内存在着，不能很快地消灭，改造自己从旧社会得来的坏习惯和坏思想，不使自己走入反动派指引的错误路上去，并继续前进，向着社会主义社会

---

[1] 毛泽东 . 毛泽东选集（第 1 卷）[M]. 北京：人民出版社，1991：136-137.

[2] 中共中央宣传部 . 毛泽东、邓小平、江泽民论思想政治工作 [M]. 北京：学习出版社，2000：86.

[3] 腾纯，轩辕物，蒋伟志 . 毛泽东教育活动记事 [M]. 长沙：湖南教育出版社，1993：67.

[4] 毛泽东 . 毛泽东文集（第 3 卷）[M]. 北京：人民出版社，1996：154.

[5] 毛泽东 . 建国以来毛泽东文稿（第 7 册）[M]. 北京：中央文献出板社，1993：345.

和共产主义社会前进"[1]。毛泽东还强调："我们应该长期地耐心地教育他们，帮助他们摆脱背上的包袱，同自己的缺点错误作斗争，使他们能够大踏步地前进。"[2]"必须根据农民的生活经验，很具体地很细致地去做，不能采用粗暴的态度和简单的方法。"[3]其四，注重调查研究。和农民交朋友是做好工作的必要方式，这就需要深入农村，和农民不断交流。毛泽东指出："要争取和依靠农民，就要调查农村。方法是调查一两个或几个农村，花几个星期的时间，弄清农村阶级力量、经济情况、生活条件等问题。"[4]与此同时，毛泽东同志还强调知识分子出身的领导干部和文艺工作者必须在思想感情上与文化素质相对较低的广大农民群众打成一片。对此他指出："我们知识分子出身的文艺工作者，要使自己的作品为群众所欢迎，就得把自己的思想感情来一个变化，来一番改造。"[5]

总之，以毛泽东同志为核心的党的第一代中央领导集体非常重视农民道德观培育，基于我国革命形势发展的需要和社会主义改造、建设的需要，根据农民特点，从重要性、必要性、内容和方法等方面论述了农民道德观培育，奠定了我国关于农民道德观培育的基础。

（二）以邓小平同志为核心的党的第二代中央领导集体的道德实践

以邓小平同志为核心的党的第二代中央领导集体结合改革开放发展的需要和我国现代化建设的需要，继承和发展了毛泽东同志关于农民教育的思想成果。

1. 道德建设要建立在物质文明基础上

邓小平指出："我们要在建设高度物质文明的同时，提高全民族的科学文化水平，发展高尚的丰富多彩的文化生活，建设高度的社会主义精神文

[1] 毛泽东 . 毛泽东选集（第 4 卷）[M]. 北京：人民出版社，1991：1476.
[2] 毛泽东 . 毛泽东选集（第 3 卷）[M]. 北京：人民出版社，1993：849.
[3] 毛泽东 . 毛泽东文集（第 6 卷）[M]. 北京：人民出版社，1999：450.
[4] 毛泽东 . 毛泽东文集（第 7 卷）[M]. 北京：人民出版社，1999：133-134.
[5] 毛泽东 . 毛泽东选集（第 3 卷）[M]. 北京：人民出版社，1991：851.

建设的若干意见》（中发〔2007〕1号）中指出：“加强农村精神文明建设，开展以‘八荣八耻’为主要内容的社会主义荣辱观教育，引导农民崇尚科学、抵制迷信、移风易俗。”[1]这是对农村道德培育工作的丰富和充实。胡锦涛同志在2008年与小岗村干部群众的座谈会上讲道：“希望乡亲们齐心协力，努力把农业生产搞上去，把文化生活搞上去，把村庄环境搞整洁，使日子过得一天比一天更好。”[2]这对农村经济、政治、文化等方面发展提出了新要求，为农民道德观培育工作提供了强有力的保障。

十七届三中全会通过的《中共中央关于推进农村改革发展若干重大问题的决定》提出，占领农村文化阵地的应该是社会主义先进文化，在满足农民日益增长的物质需要的同时，满足日益提升的精神文化需要，提升农民的思想道德素质。我国文化发展是不平衡的，主要表现为中西部的不平衡，特别是中西部地区的农村文化水平尤其落后。党中央就从文化建设、文化基础设施、公共文化资源培育等方面出台了倾斜政策，这为中西部文化发展提供了契机，对于改变以往农民的思想道德状况也带来了空前机遇，这也增强了农民道德培育的实效性。

总之，以胡锦涛同志为核心的党中央领导集体非常重视农民道德观培育工作，将农民道德观培育工作融入社会主义新农村建设之中，将农民道德观培育和农民可以看得见的“实惠”结合起来，并着重整体提升农村教育质量，把农民道德观培育工作向前推进一大步。

（五）以习近平同志为核心的党中央领导集体的道德实践

党的十八大以来，以习近平同志为核心的党中央，坚守中华传统美德立场，立足当代中国现实和国际形势，继续推进公民道德建设向前发展，助力实现中华民族伟大复兴的中国梦。这段时期形成的创新性道德建设理论，为新时代农民道德观培育提供了根本指导。

---

[1] 新华社．中共中央 国务院关于积极发展现代农业扎实推进社会主义新农村建设的若干意见[EB/OL].（2006-12-31）[2021-02-28]. http：//www.gov.cn/gongbao/content/2007/ content_548921.htm.

[2] 江淮金秋话农事——胡锦涛总书记在安徽农村考察纪实[N].光明日报，2008-10-01（1）.

1. 社会主义核心价值观引领社会主义道德建设

社会主义核心价值观是当代我国最核心、最基本的价值准则，是引领我国人民追求高尚道德目标的价值遵循。在党的十九大报告中，习近平强调："发挥社会主义核心价值观对国民教育、精神文明创建、精神文化产品创作生产传播的引领作用，把社会主义核心价值观融入社会发展各方面，转化为人们的情感认同和行为习惯。坚持全民行动、干部带头，从家庭做起，从娃娃抓起。"[1] 人民群众是社会主义道德建设的主体力量，以社会主义核心价值观为引领，将其内化为自身素质。社会主义核心价值观可以将人民力量凝聚起来，积极参与到道德建设工作中。

2. 全面提高农民道德素质是基本任务

提升全民的道德素养是社会主义道德培育工作的基本任务。习近平强调，要重视和加强道德培育工作，就要"推进社会公德，职业道德，家庭美德，个人品德教育，倡导爱国，敬业，诚信，友善等基本道德规范，培育知荣辱、讲正气、作贡献、促和谐的良好风尚"[2]。这为深入推进社会主义道德培育工作提供了行动指导。值得注意的是，习近平对党员干部的要求更高，要求他们培育克己奉公精神。习近平指出："一切国家机关工作人员，要克己奉公，廉政勤政，关心人民疾苦，为人民办实事。……全体共产党员特别是党的领导干部，要坚定理想信念，始终把人民放在心中最高的位置，弘扬党的光荣传统和优良作风，坚决反对形式主义、官僚主义，坚决反对享乐主义、奢靡之风，坚决同一切消极腐败现象做斗争，永葆共产党人的政治本色，矢志不移为党和人民事业而奋斗。"[3]

3. 农民道德观培育的载体要刚柔并济

习近平指出，"要切实把社会主义核心价值观贯穿于社会生活方方面

---

[1] 习近平 . 决胜全面建成小康社会 夺取新时代中国特色社会主义伟大胜利 [M]. 北京：人民出版社，2017：42.

[2] 张烁 . 深入开展学习宣传道德模范活动 为实现中国梦凝聚有力道德支撑 [N]. 人民日报，2013-09-27（1）.

[3] 习近平 . 在第十二届全国人民代表大会第一次会议上的讲话 [M]. 北京：人民出版社，2013：7-8.

面。要通过教育引导、舆论宣传、文化熏陶、实践养成、制度保障等，使社会主义核心价值观内化为人们的精神追求，外化为人们的自觉行动”[1]，为我们道德观培育提供方法指导。其中，教育引导是基础方法，习近平强调：“要从娃娃抓起、从学校抓起，做到进教材、进课堂、进头脑。要润物细无声，运用各类文化形式，生动具体地表现社会主义核心价值观，用高质量高水平的作品形象地告诉人们什么是真善美，什么是假恶丑，什么是值得肯定和赞扬的，什么是必须反对和否定的。”[2]道德培育工作的方法是刚柔并济，其中舆论宣传、文化熏陶等是“柔性”方法，为公民道德培育工作营造稳定和谐的良好氛围；实践养成、制度保障等是“刚性”方法，为公民道德培育工作提供根本性、全局性条件。对农民道德培育工作而言，“柔性”方法和“刚性”方法都是必需的。

4. 农民道德观培育要融入增加农民收入等具体工作中

习近平要求将农民道德培育工作与农民致富结合起来，强调不断增加农民收入是实现道德培育目标的物质保障。并指出：“小康不小康，关键看老乡。中国要强，农业必须强；中国要美，农村必须美；中国要富，农民必须富。”[3]习近平强调：“要更加重视促进农民增收，让广大农民都过上幸福美满的好日子，一个都不能少，一户都不能落。”[4]习近平同志高度重视农民的多方面价值需求，特别是增收致富方面。为了适应新时代发展需要，党中央提出把农民培育成为新型经营主体的目标。党的十九大指出，要“培养新型农业经营主体”，“实现小农户与现代农业发展的有机衔接”[5]。实质就是促进农民的全面发展，这也是农民道德培育目标现代转型的主要思路。新时代农村道德观培育工作还要“强化农村基层党组织领导核心地位，

[1] 习近平．习近平谈治国理政（第1卷）[M]. 北京：人民出版社，2018：164.

[2] 习近平．习近平谈治国理政（第1卷）[M]. 北京：人民出版社，2018：164-165.

[3] 中共中央文宣传部．习近平总书记系列重要讲话读本 [M]. 北京：学习出版社，人民出版社，2014：68.

[4] 霍小光，王骏勇．主动把握和积极适应经济发展新常态推动 改革开放和现代化建设迈上新台阶 [N]. 人民日报，2014-12-15（1）.

[5] 习近平．决胜全面建成小康社会 夺取新时代中国特色社会主义伟大胜利——在中国共产党十九次全国代表大会上的报告 [M]. 北京：人民出版社，2017：32.

创新组织设置和活动方式，持续整顿软弱涣散村党组织，稳妥有序开展不合格党员处置工作，着力引导农村党员发挥先锋模范作用”[1]。这在客观上有利于培养一批可以做好农民道德观培育工作的队伍，他们爱农业、爱农村、爱农民，可以凭借自身优势传承“三农”工作的价值理念和我国优秀的农耕文明，使其成为滋养农村社会的精神食粮。

5. 农民道德观培育内容要与时俱进

新时代农民道德培育除去中华优秀传统美德和中国革命道德等传统内容外，更要根据社会发展需要和农民自身发展需要增添新内容。包括：一是中国梦教育。习近平在执政之初提出了中国梦的执政理念。中国梦是每一个中国人的梦，将千千万万中国人梦想的实现汇聚成中国梦实现的力量。中国梦与每一位农民的梦相结合。每一位农民要把个人梦融入中国梦实现的进程中，主动将中国梦的价值理论融入自身生产生活实践中。二是五大发展理念教育。“创新、协调、绿色、开放、共享的发展理念，是管全局、管根本、管长远的导向，具有战略性、纲领性、引领性。”[2] 五大发展理念是农民道德观培育工作的指导，创新重点指思路要创新；协调强调农民与自然界的协调；绿色强调农民要养成绿色消费和绿色生产的习惯；开放是指道德培育不要局限于道德领域内，要和社会发展的其他方面结合；共享指农民道德观培育的成果不只是农民自己的，更是整个时代的。三是社会主义核心价值观教育。党的十八大报告中所提出的社会主义核心价值观，为新时期农村社会的乡规民约提供了规范和指导，有利于农民将旧有的乡规民约与符合当代中国特色农村社会发展的价值观念相结合。四是生态文明教育。道德培育为农民传递生态文明理念，为当今农村的生态建设提供思想引领。保护农村生态环境，每一位农民都有责任，要在环境保护方面突出农民主体作用。五是脱贫攻坚精神教育。在 2021 年 2 月 25 日的全国脱贫攻坚总结表彰大会上，习

[1] 新华社 . 中共中央 国务院关于实施乡村振兴战略的意见 [EB/OL].（2018-02-04）[2021- 02-28]. http：//www.gov.cn/zhengce/2018-02/04/content_5263807.htm..

[2] 中共中央宣传部 . 习近平总书记系列重要讲话读本 [M]. 北京：学习出版社，2016：133.

近平总书记庄严地向世人宣告："经过全党全国各族人民共同努力，在迎来中国共产党成立一百周年的重要时刻，我国脱贫攻坚战取得了全面胜利，现行标准下 9899 万农村贫困人口全部脱贫，832 个贫困县全部摘帽，12.8 万个贫困村全部出列，区域性整体贫困得到解决，完成了消除绝对贫困的艰巨任务，创造了又一个彪炳史册的人间奇迹！"[1] 在脱贫攻坚战中，我们锻造了伟大的"上下同心、尽锐出战、精准务实、开拓创新、攻坚克难、不负人民"[2] 的脱贫攻坚精神，这是新时代农民道德观培育的重要内容。我们要在农民道德观培育中发扬脱贫攻坚精神，使农民道德观培育工作从胜利走向新的胜利。

总之，以习近平同志为核心的党中央领导集体时刻坚持以人民为中心的发展思想，以社会主义核心价值观为价值引领，全面提高农民的思想道德素养，在培育载体上注重刚柔并济，并把农民道德观培育工作融入增加农民收入等具体工作中，同时注重培育内容的与时俱进。新时代农民道德观培育工作扎实推进，成效显著。

三、新时代农民道德观培育的现实逻辑

新时代农民道德观培育工作之所以能够全面深入展开并取得显著成效，不仅因为具有马克思主义的科学指导，还因为这是中国共产党的光荣传统，具有深厚的历史渊源，更重要的是因为农民道德观培育体现着新时代的现实逻辑。下面从中国共产党的初心与使命、中国特色社会主义制度的完善、乡村振兴战略的实施三个方面进行分析。

（一）中国共产党初心与使命的坚守是新时代农民道德观培育的方向引领

习近平总书记第一次提出"不忘初心"的概念是在中国共产党成立 95 周年纪念大会的重要讲话中。在党的十九大报告中，他把初心和使命第一

[1] 习近平 . 在全国脱贫攻坚总结表彰大会上的讲话 [N]. 人民日报，2021-02-02（1）.
[2] 习近平 . 在全国脱贫攻坚总结表彰大会上的讲话 [N]. 人民日报，2021-02-02（1）.

次明确阐释为“为中国人民谋幸福，为中华民族谋复兴”[1]。在中国共产党与世界政党高层对话会上，习近平作了题为《携手建设更加美好的世界》的主旨讲话，拓展了初心与使命的内涵，他说：“中国共产党所做的一切，就是为中国人民谋幸福、为中华民族谋复兴、为人类谋和平与发展。”[2]继2019年开展的“不忘初心，牢记使命”主题教育活动后，中共中央宣传部印发了《习近平新时代中国特色社会主义思想学习纲要》，“初心与使命”内涵明确为“为人民谋幸福、为民族谋复兴、为世界谋大同”[3]。至此，“初心与使命”的三层逻辑内涵基本确立。

1.初心与使命的基本逻辑内涵

“初心与使命”的逻辑内涵是个丰富的整体，虽然表述简单但内容丰富，可以从人民层面、民族层面与世界层面等三个不同层次理解。

从人民层面分析，中国共产党的初心与使命就是为人民谋幸福。

中国共产党是我国政党发展史上第一个提出全心全意为人民服务的政党。诞生之初，虽然没有“初心与使命”的表述，但一直在践行为人民服务，将革命重心放在为劳动人民谋求自身解放上。1922年，毛泽东指出要“注意到劳工的三件事：一、劳工的生存权，二、劳工的劳动权，三、劳工的劳动全收权”[4]。生存权、劳动权和劳动全收权是由低级到高级的权利形式，生存权是最基本的权利，如果没有生存权，其他权利就无从谈起；劳动权从本质上也属于生存权，不劳动就没有收益，那么生存也就谈不上了；劳动全收权是更高级的权利，就当时我国情况来看是无法实现的。1925年毛泽东在阐述中国革命的目的时，明确提出了“为了使人民得到经济的幸

[1] 中共中央党史和文献研究院中央“不忘初心、牢记使命”主题教育领导小组办公室．关于“不忘初心、牢记使命”论述摘编[M].北京：中央文献出版社，党建读物出版社，2019：11.

[2] 中共中央党史和文献研究院中央“不忘初心、牢记使命”主题教育领导小组办公室．关于“不忘初心、牢记使命”论述摘编[M].北京：中央文献出版社，党建读物出版社，2019：14.

[3] 中共中央宣传部．习近平新时代中国特色社会主义学习纲要[M].北京：学习出版社，人民出版社，2019：10.

[4] 毛泽东．毛泽东文集（第1卷）[M].北京：人民出版社，1993：8.

福”[1] 这一重要论断。人民幸福的基础就是经济上的幸福，具备了经济上的幸福才能实现其他方面的幸福。在长期的革命实践、社会主义改造与建设实践中，毛泽东多次提出人民就是我们的上帝，我们是人民的小学生，要求全党要树立全心全意为人民服务的思想。改革开放后，从邓小平提出的“三个有利于标准”到江泽民提出的做事要注意一个标准——“人民拥护不拥护，人民赞成不赞成，人民高兴不高兴，人民答应不答应”[2]，再到胡锦涛提出的“以人为本”的科学发展观，这些重要论断在中国特色社会主义现代化建设事业中，一次又一次实践着中国共产党为人民谋幸福的初心与使命。新时代，习近平总书记多次强调要坚持以人民为中心的发展思想，时刻将人民利益的实现放在一切工作的首位，提出了“人民对美好生活的向往就是我们的奋斗目标”[3] 的重要论断。他多次表达：“我是人民的勤务员，让人民过上好日子是我们共产党人的初心、宗旨。”[4] 可见，中国共产党无论是幼年时期还是成熟时期，都时刻在践行着初心与使命。

从民族层面分析，中国共产党的初心与使命就是为民族谋复兴。

中国开始沦为半殖民地半封建社会以后，中国的一部分先进分子通过认真思考，认为要想救中国，必须学西方，并为此进行了艰辛的探索。由于多方面因素的影响，这些探索一直没有成功。农民阶级、洋务派、维新派和资产阶级革命派，一次接一次探寻国家出路，虽然都发挥了推动社会发展的作用，但由于阶级局限性和社会条件的不成熟最终都以失败结束了。在中华民族的十字路口，年轻顽强的中国共产党以幼小的肩膀扛起实现中华民族伟大复兴的重任。李大钊作为我国共产党的最早创始人，很早就看到中华民族的问题是“再生”“再造”和“复活”的问题，他提出“新中华

---

[1] 毛泽东 . 毛泽东文集（第 1 卷）[M]. 北京：人民出版社，1993：21.

[2] 江泽民．论党的建设 [M]. 北京：中央文献出版社，2001：193-194.

[3] 中共中央党史和文献研究院中央“不忘初心、牢记使命”主题教育领导小组办公室．关于“不忘初心、牢记使命”论述摘编 [M]. 北京：中央文献出版社，党建读物出版社，2019：5.

[4] 中共中央党史和文献研究院中央“不忘初心、牢记使命”主题教育领导小组办公室．关于“不忘初心、牢记使命”论述摘编 [M]. 北京：中央文献出版社，党建读物出版社，2019：15.

民族主义”，以“青春中华”来比喻中华民族的复兴。毛泽东在建党初期就提出革命是为了“使中华民族得到解放”，新中国成立时他在天安门城楼上庄严宣告：“占人类总数四分之一的中国人从此站立起来了。……我们将以一个具有高度文化的民族出现于世界”[1]。从诞生之初，中国共产党就将扭转民族的命运融进了初心与使命。改革开放后，邓小平、江泽民、胡锦涛面对国内形势和国际形势的风云变幻，始终站在时代发展和世界发展的高度将中华民族的命运置于一切工作的重要位置。我国进入新时代，发展进入新阶段，比历史上任何时期都更加接近中华民族的伟大复兴，中国共产党也比任何时期更有能力更有信心带领人民实现伟大复兴。中国共产党深知，新时代我国面临的新挑战、新问题也会更多，这需要自身具有更强的执政能力和执政水平。要想提升执政能力和执政水平就要敢于向自己开刀，正视问题分析原因找出对策，就要全面从严要求自己。

从世界层面分析，中国共产党的初心与使命就是为世界谋大同。

早在中国共产党酝酿时期，李大钊就曾经提出反映区域联合的“新亚细亚”模式以及“世界联邦”的大同思想，呼吁共同抗击日本军国主义，他充分肯定了俄国十月革命的伟大世界意义，称之为“庶民的胜利”，要构建“赤旗的世界”。毛泽东在 1925 年明确说：“本人信仰共产主义。”[2] 在共产主义的指引下，无数中国共产党人前赴后继。以毛泽东为主要代表的中国共产党人带领中国人民取得了新民主主义革命的胜利，缔造了新中国，开启了中华民族的新纪元。改革开放之初，邓小平综观国际国内形势，作出了“和平与发展是世界两大主题”的科学判断，并为世界和平积极努力。中华民族赢得了宝贵的和平发展时间，国际地位和国际影响力日益提升。江泽民、胡锦涛也一直在走和平发展道路。我国在实现大发展的同时一直积极参与到国际事务中。新时代，习近平总书记站在世界和平发展的高度提出构建人类命运共同体的理念。人类命运共同体理念体现了中国共产党的全球视野和世界情怀，也是对

[1] 毛泽东 . 毛泽东文集（第 5 卷）[M]. 北京：人民出版社，1996：343-345.
[2] 毛泽东 . 毛泽东文集（第 1 卷）[M]. 北京：人民出版社，1993：18.

霸权主义和强权政治的有力反击，更为国际经济政治新秩序的重新建立积极努力。构建人类命运共同体、为世界谋大同、为人类谋和平与发展，体现了中国共产党将自身命运与全人类命运的融合，是对全人类的关心和维护。人类命运共同体理念只有实践才能显示其强大的融合力和感召力，“一带一路”倡议的顺利实施就是证明。“一带一路”倡议从提出就坚持共商共建共享的原则，在充分尊重沿线国家主权的基础上积极帮助沿线国家发展经济，发展社会事业。构建人类命运共同体虽由我国提出，但需要世界各国的认同和践行。

2. 坚守初心与使命的中国共产党是新时代农民道德观培育的政治保证

纵观我国农民道德观培育工作的历程，中国共产党以其自身的责任与担当始终发挥着政党的主体引领作用。农民道德观培育不是一个自然过程，而是一个蕴涵着内在规律性的“事在人为”的过程。这就要求人们必须充分发挥主观能动性和创造性去发现、认识和利用规律。先进主体的引领作用是必需的，中国共产党以其先进性和人民性成为农民道德观培育工作的引领者。作为一个马克思主义政党，中国共产党一经诞生就非常重视发挥农民在革命、建设和改革中的主体性，这是中国共产党为人民谋幸福的初心与使命的具体体现。与此同时，广大农民对中国共产党的认同度提升，是中国共产党“能”引领农民道德观培育工作的可靠前提。

中国共产党对其初心与使命的坚守与农民道德观培育历程具有内在的一致性，几乎是同步进行的。新时代农民道德观培育就在中国共产党追求“人民幸福、民族复兴、世界大同”的目标进程中。在人民性和先进性的价值追求和制度规定下，中国共产党始终坚守着初心与使命，始终不忘初心、牢记使命、砥砺前行。坚守初心与使命意味着“不变”与“变”是辩证统一的。“不变”的是人民性和先进性。中国共产党从诞生之日就始终将人民利益放在心上，始终严格要求自身，全面从严加强自身建设，提高自身的领导水平，并根据不同时代人民的不同需要来调整执政逻辑，以更好地满足人民需要。从另一角度看，中国共产党的初心和使命又体现着“变”的特点，这与人民需要相关。社会历史发展阶段不同，人民需要就不同；相同社会发展阶段，不同群体的需要不同；相同群体，人民需要的层次不同。

简言之，人民需要是从低级向高级发展，从一方面需要向多方面需要发展。农民道德观培育就是要满足农民的高级需要、多方面需要。农民道德观培育从新中国成立前到新时代，经历了多个历史发展阶段，不管处在哪个历史阶段，中国共产党始终站在农民立场，想其所想，急其所急，全面提升农民的思想道德素养。如此，中国共产党的初心与使命在农民道德观培育进程中得到磨砺与坚守，农民道德素养在不同历史阶段得到质的提升。在新时代培育农民道德观更要继续坚持并加强中国共产党的领导，在中国共产党的引领下，将广大农民前所未有的整合力、凝聚力和发展力落实到乡村振兴战略深入实施进程中，落实到中华民族伟大复兴战略性全局中。

（二）中国特色社会主义制度的坚持与完善是新时代农民道德观培育的制度引领

农民道德观培育需要制度保障，最根本的制度就是中国特色社会主义制度，以其可以集中力量办大事的优势，体现着社会主义的优越性。

1. 新时代农民道德观培育需要中国特色社会主义制度的保障

农民道德观培育不断取得新成效，充分证明了中国特色社会主义制度对培育工作的保障作用。如果说，社会主义制度为我国农民道德观打开了全新思路，那么中国特色社会主义制度则为农民道德观培育效果的全面提升提供了更为广阔的、正确的打开方式。社会主义制度不会自动转化为农民道德观深化培育的客观力量，只有依靠具体体制机制和治理体系才能实现理论向现实的转化，才能显示其制度优势。中国共产党带领人民在长期实践中建立、坚持和完善了中国特色社会主义制度，形成和发展了涉及党的领导制度体系和社会主义基本经济制度、政治制度、文化制度及民生保障制度等多个方面的制度体系，并不断推进深化国家治理体系和治理能力的现代化。中国特色社会主义制度是一个复杂的系统，其优势的内涵也十分丰富，分为根本制度、基本制度、重要制度等几个层次，这些制度可以从不同角度保障新时代农民道德观培育的实效。

任何社会发展阶段的任何制度从产生、发展到成熟、定型，这是一个随着时代发展需要而与时俱进的动态的系统过程。一方面，系统内部各个层次的制度之间相互影响、相互制约、相互促进，以达到取长补短、共同保障的实效。因此，各个层次制度的成长过程不仅要考虑到自身发展需要，还要全面思考与其他层次制度之间的互动联系，使每个层次都得以良性发展。另一方面，整个制度系统要和外界进行互动。制度的成长来源于外界秩序稳定的需要，外界秩序的稳定也同样需要制度长久性、根本性地发挥其保障作用。因此，整个制度系统和外界也应该是良性互动的。同理，具有高度制度自觉性的中国共产党，在带领中国人民完善中国特色社会主义制度和国家治理体系、治理能力现代化的过程中，深刻认识到表面上制度是以静态形式呈现在时代面前，实则制度是需要根据我国不同发展阶段的不同特点逐步完善的动态过程，是以动态形式在运转着。新时代，更好地发挥制度保障作用尤为重要，只有不断完善的制度才能保障经济社会高质量的发展，才能保障人民高品质生活的实现。中国共产党领导下的中国特色社会主义制度体系综合国际形势、国内形势发展及两者的相互作用，不断将其完善，中国人民的制度自信越来越坚定，制度优势越来越得以体现，治理效能也越来越强。

2. 中国特色社会主义制度保障作用的具体体现

中国特色社会主义制度对新时代农民道德观培育工作的制度保障作用体现在：其一，夯实了基本土地制度。早在新民主主义革命时期，中国共产党就认识到：我国革命的问题就是农民问题，农民问题就是土地问题。土地自古以来就是农民的命根子，是农民的定心丸。不能离开物质利益空谈道德观培育，也就是说不能离开土地空谈农民道德观培育。《中共中央国务院关于保持土地承包关系稳定并长久不变的意见》指出："在农村实行以家庭承包经营为基础、统分结合的双层经营体制，是改革开放的重大成果，是农村基本经营制度。"[1] 这是农村改革成功的关键和取得巨大成果的法宝。基本土地制度稳定了，物质保障充实了，农民的心就稳了；农民的心稳住了，奔向美好生活的积极性就足了，道德素养的提升就具备了内生动力基础。其二，夯实了基本产业制度。土地稳民心，产业富民心。农业

[1] 新华社 . 中共中央 国务院关于保持土地承包关系稳定并长久不变的意见 [EB/OL].（2019-11-26）[2021-02-28].http：//www.gov.cn/zhengce/2019-11/26/content_5455882.htm.

升级、农村进步和农民发展都需要以土地作为载体，土地不仅是农民的命根子，也是农业升级、农村进步的阵地基础。因此，需要处理农民、农村、农业与土地的关系，根本上讲就是处理人与地的矛盾问题。当前，城乡发展不平衡成为现代化建设的短板，也正因为这块短板，城乡的融合发展才拥有了契机。城乡融合发展需要建立相关的机制体制和政策体系，保证城乡之间物质、信息和能量的交流，也就是各种生活要素和各种生产要素能够自由流动并且实现平等交换。保持土地承包关系稳定并长期不变，就是稳定产业结构的制度选择，对发展乡村产业、稳定民心、搞活家庭经济等都有重大作用。其三，夯实了基本社会制度。在农村，人地关系的矛盾顺利解决就决定着其他社会矛盾的顺利解决。经济基础无论什么时候都会决定上层建筑。基本社会制度的稳定就为农村创造了和谐、有效的社会治理环境。农村土地承包制度，是中国特色社会主义制度的重要内容和具体体现，也是社会主义制度优越性在基层的鲜明表现。农村土地承包制度稳了，乡村社会稳定的基石也就坚定了。

（三）乡村振兴战略是新时代农民道德观培育新的发展引领

十九大报告首次提出乡村振兴战略，并强调："农业农村农民问题是关系到国计民生的根本问题，必须始终把解决好'三农'问题作为全党工作重中之重。"[1] 新时代，"三农"问题依然是党和国家各项事业中的重中之重。在十九大之后的中央经济工作会议、中央农村工作会议和2018年中央一号文件中对乡村振兴战略又进一步作了规划和部署，新时代我国乡村振兴的战略序幕就此拉开了。这为农民道德观培育提供了新的发展引领，农民道德观培育则是乡村振兴战略深入实施的重要保证。

1. 乡村振兴战略的内涵要求

乡村振兴战略是以习近平新时代中国特色社会主义思想为指导，为推动农村现代化发展、缩小城乡差距的重要举措。乡村振兴战略是在农村发

[1] 习近平. 决胜全面建成小康社会 夺取新时代中国特色社会主义伟大胜利——在中国共产党十九次全国代表大会上的报告 [M]. 北京：人民出版社，2017：32.

展取得一定成就的基础上，着眼于中国特色社会主义现代化发展大局，针对城乡发展不平衡这块短板提出的。乡村振兴战略的着眼点是农村发展，要在农村发展基础上实现城乡融合发展。要补齐城乡发展差距这块短板，就必须改变过去的以城市为主导、以农村为依附的发展思路，将发展重点放在提升农村发展质量上。乡村振兴战略回答了“乡村振兴什么”“乡村怎样振兴”等根本问题，围绕着这些根本问题构建了乡村振兴体系。

乡村振兴战略首先回答了“乡村振兴什么”的根本问题。我国要建成社会主义现代化强国，没有农村的强盛是不可能实现的。综合我国发展现状，发展重点必须在农村，农村是呈现发展不平衡的短板。乡村振兴战略体现了党和国家为解决“三农”问题，在新时代提出的新思路，体现了党的初心和使命，体现了社会主义集中力量办大事的优势。强调要将发展资源向农村倾斜的战略思想，包括政策、资金、技术、信息等。乡村振兴是系统的振兴，包含着五维一体的发展要求。习近平总书记将其归结为“乡村产业振兴、乡村人才振兴、乡村文化振兴、乡村生态振兴、乡村组织振兴”[1]五个方面。从产业经济基础、人力资源、组织动员，到文化氛围、生态环境等软性因素，建立了“振兴什么”的内容的系统性规定：产业振兴是物质基础，人才振兴是主体保证，文化振兴是知识保证，生态振兴是环境保障，组织振兴是领导保障。这五个方面相互联系，相互促进，构成乡村振兴的完整系统。可见，乡村振兴的五方面振兴体现了内容自洽性和逻辑必然性的辩证统一，即乡村振兴战略的内容体现了客观现实性，其实施路径体现了必然逻辑性，是客观现实性与必然逻辑性的辩证统一。还需注意，乡村振兴与新型城镇化在发展方向具有内在一致性。“实施乡村振兴战略，并不是放弃城镇化，更不是在现阶段总体上推进以城镇人口向乡村迁移为标志的逆向城镇化。乡村振兴和新型城镇化是解决我国‘三农’问题缺一不可的两股重要驱动量。”[2]

---

[1] 新华社．习近平李克强王沪宁赵乐际韩正分别参加全国人大会议一些代表团审议 [N]. 人民日报，2018-03-09（1）.

[2] 李国祥．实现乡村产业兴旺必须正确认识和处理的若干重大关系 [J]. 中州学刊，2018（1）：32-38.

乡村振兴战略在回答“乡村振兴什么”的基础上又回答了“乡村怎样振兴”的根本问题，是乡村振兴的战略方针。党的十六届五中全会根据现代化发展全局需要提出的“生产发展、生活富裕、乡风文明、村容整洁、管理民主”的战略要求，推动社会主义新农村建设获得长足发展。以此为基础，乡村振兴战略又根据新时代农村发展需要提出了“产业兴旺、生态宜居、乡风文明、治理有效、生活富裕”[1]的战略要求。社会主义新农村建设的战略要求和乡村振兴的战略要求是前后相继逐步提升的，在具体要求上体现了内在的一致性。从“生产发展”到“产业兴旺”，既充分肯定了我国农业发展取得的成果，又进一步明确了新时代农业发展的新目标。近年来，在新发展理念的指导下，农业科技和农村产业发展的融合度日益提高，农村一二三产业发展质量提升，而且实现了较好的融合发展，农村各个产业发展活力进一步得到释放，在整合资源、因地制宜走现代化发展道路上，农村呈现质的飞跃，这为农业提升打下坚实基础。在新发展阶段，“产业兴旺”是农民现代化更高的新要求，农业发展将会迈上新台阶。从“村容整洁”到“生态宜居”，对农村生态文明建设、农民生态道德培育都提出了标准更高、更加全面的要求，也更加“符合绿色是人民美好生活的底色”的理念。这不仅是中国特色社会主义时刻将农民切身利益放在心上的立意原则，也体现了中华优秀传统农耕文明蕴涵的人与自然界和谐相处的理念。“乡风文明”的要求在乡村振兴战略和社会主义新农村建设要求中字面保持一致。这并不是说社会主义新农村建设中“乡风文明”没有得到发展，而是体现了“乡风文明”这一要求在新时代的重要性。提升农民教育科学文化水平需要“乡风文明”；充分发挥精神文明建设在新时代农民发展、农村进步和农业升级中的重要作用需要“乡风文明”；彰显新时代中国特色社会主义的文化自信需要“乡风文明”。虽然前后两者在字面表达上没有变化，实际上具体要求和发展目标都更上一层了。从“管理民主”到“治理有效”，从重视村民自治的单一治理模式发展到更加强调自治、法治和德治

[1] 习近平 . 决胜全面建成小康社会 夺取新时代中国特色社会主义伟大胜利——在中国共产党十九次全国代表大会上的报告 [M]. 北京：人民出版社，2017：32.

相结合的治理模式，新治理模式的系统性、科学性、合理性和有效性更能够满足农村治理发展的需要，这也是依法治国与以德治国相结合在农村的具体运用。从“生活宽裕”到“生活富裕”，体现了乡村振兴战略对农民美好生活需要的正面回应。从“宽裕”到“富裕”，这是经济发展水平上从低级到高级的两个层次，“宽裕”包含着足够的意思；而“富裕”则是强调不但足够而且富余，不仅可以满足自身的生存需要和享受需要，更能满足获得进一步的发展需要。反映人民生活水平高低的基尼系数也将大幅度下降。产业兴旺、生态宜居、乡风文明、治理有效、生活富裕，从经济、政治、文化、社会和生态等五个方面建构了“乡村怎样振兴”的立体体系。因此，乡村振兴战略既是满足新时代农民高品质生活的需要，又是保卫脱贫攻坚成果进而推动发展更上新台阶的必然选择。

2. 新时代农民道德观培育是乡村振兴战略深入实施的重要保证

乡村振兴实质是“通过共同发展的路径来破除多元因素间的对立，有效达成各个因素间的顺利衔接，实现一体化共生的常态关系格局”[1]。城乡发展差距是经济社会发展全局的短板，其中农民道德观培育成为我国道德培育的短板。我们就是要正视短板的存在，并分析短板存在的原因，并找到补齐短板、优化短板的具体对策。乡村振兴战略中的发展新思路为新时代农民道德观培育的开展开拓了思路并提供了新的发展路径。

新时代农民道德观培育要加强党在农村的全面领导。在乡村振兴进程中，党的领导就是各项工作的灵魂，贯穿到农村的各项工作中，为各项事业发展保驾护航。农村基层党组织作为党的神经末梢，以时间最短、速度最快等特点掌握着农民道德观培育状况的第一手资料，发挥着将党的各项发展战略在农村高质量地落地生根的作用。因此，坚持党的全面领导，要“加强农村基层党组织对农村社会各领域社会组织的政治领导和思想引领，树立和强化农村基层党组织在农村重大事项、重要问题、重要决策、重要工作等方面的领导权威和最终决定权”[2]。为更好地发挥党的领导在乡村振

[1] 武小龙.共生理论的内涵意蕴及其在城乡关系中的应用[J].领导科学，2015(10)：7-10.

[2] 霍军亮，吴春梅.乡村振兴战略背景下农村基层党组织建设的困境与出路[J].华中农业大学学报（社会科学版），2018（3）：1-8，152.

兴进程中的作用，必须加强党的建设特别是基层党组织的建设，只有如此，党在各项工作中的领导作用才能更好地发挥出来，也更有利于培养一批懂农业、爱农村、爱农民的新时代农民道德观培育的专兼职、数量足够、品质优化的工作队伍。

新时代农民道德观培育要注意整合乡村振兴的各种资源。乡村振兴是全面振兴，必须要整合各种农村发展资源，并加大农村发展资源必须优先满足的宣传力度，以做到城乡融合发展与农村“四化”建设的同步。乡村振兴战略的发展重心在农村，为切实保障农民的根本利益，更好地满足农民的实际需要，就要坚持整合资源和农村优先使用资源的原则，并将此原则真正落实到农民生产生活实践中。这样农民在乡村振兴战略实施中的积极性、主动性和创造性就会被激发出来。乡村振兴战略中的城乡协调发展理念和融合发展理念，实际上就是要将阻碍农民全面发展的各方面因素祛除，实现城乡之间要素的有效双向流动，城镇的积极性被调动起来会带动农村的积极性，农村积极性的提高也会刺激城镇更好发展，形成两者良性互动的发展局面。乡村振兴的融合发展、协调发展对新时代农民道德观培育的启示就是：农民道德观培育的格局和资源要从注重农村、农民和农业扩大到城乡之间，在平衡协调融合中利用一切可利用因素，在突出农村优先发展地位的同时，肯定农民的主体性。

新时代农民道德观培育必须坚持尊重农民主体地位，这是乡村振兴战略中提到的基本原则。农民主体性的发挥直接关系到道德观的培育效果，也直接关系到乡村振兴战略深入实施的持久性。乡村振兴战略带给农民道德观培育更多的是新机遇，同时新挑战和新问题也是客观存在的。因此，乡村振兴战略深入实施中充分尊重农民主体地位首先就是给予农民更多的自主权、主动权，突出农民的主观能动性，使农民在快速发展的节奏中找准定位，积极响应国家号召为自身争取更多的发展空间，这就是授人以鱼不如授之以渔的道理。同时也要注意，城乡的竞争关系造成了人为的社会分层，城乡的融合发展则意味着城乡各要素逐渐走向平等。从竞争到融合的过程就是对农民的公民权的再塑造过程，提升农民的公民意识、责任意识等，正是体现了社会发展对农民的尊重。乡村振兴中的农民道德观培育必须引导农民做好一切准备：迎接乡村全面快速发展的思想准备、达到乡村振兴发展要求的素质准备、与党和国家发展思路保持一致的行动准备。如此乡村振兴战略举措才能落到实处。

新时代农民道德观培育也要做好时间的规划部署。任何道德观培育都需要规划，科学的规划可以有效保障培育的实效。对于乡村振兴而言，在经济社会发展全局中，党和国家根据发展阶段的需要作出了具体安排。在实现中华民族伟大复兴的历史进程中，有三个重要的时间阶段：2020 年，是全面建成小康社会之年；2020—2035 年，是全面建设社会主义现代化国家阶段；2035—2050 年，是建设社会主义现代化强国阶段。对应此规划，党和国家也将乡村振兴的具体规划制定为三个逐级递进的阶段，分别是："制度框架和政策体系基本形成""农业农村现代化基本实现""乡村全面振兴，农业强、农村美、农民富全面实现"[1]。在不同发展阶段，农民道德素养的要求也是不同的，农民道德观培育自然也分为不同阶段，这就需要制定不同发展阶段的规划部署。

总之，新时代农民道德观培育工作要坚持唯物史观的立场、观点和方法，在马克思主义人的全面发展理论的指导下，在中国共产党深厚的农民道德观培育的历史基础上，坚持中国共产党的领导，在中国特色社会主义制度的保障下，找到与国家、社会发展要求的契合点，深入推进。这不仅要求有理论上的创新，更要在实效性上与时俱进。

---

[1] 《中共中央 国务院关于实施乡村振兴战略的意见》编写组 . 中共中央 国务院关于实施乡村振兴战略的意见 [M]. 北京：人民出版社，2018：48.

第二章　农民社会公德

社会进步和时代发展推动私人生活和公共生活产生分化，个人生活领域有了私人领域与公共领域之分。私人领域的关系与公共领域的关系适用于不同的原则和规范，处理私人领域关系的原则和规范被称为私德，处理公共领域关系的原则和规范称为公德。私德体现了个人道德水平的高低，公德是衡量社会文明程度高低的重要维度。社会公德水平要和新时代经济社会发展需要相适应，这就对新时代农民的社会公德培育提出新要求。社会公德是农民思想道德建设的基础工程，对提升农村的精神文明水平至关重要。诚然，新时代农业农村发展取得很大成就，农民整体思想道德水平也已提升。但农民的活动领域早已走出农村，交往对象也日益复杂多样，农民社会公德水平还存在不尽人意的地方。因此要根据新时代的发展要求，加强农民社会公德培育，提升农民社会公德素养。

第一节　社会公德的内涵与具体要求

人是不能离开社会公共生活独自生存发展的。在以自给自足为特点的自然经济的传统社会中，人的社会性表现相对隐蔽，人们的活动范围仅限于家庭的狭窄领域，和外界产生联系的可能性较小，公共生活的领域就相对狭小了，处理公共生活关系的原则的重要性就式微。现代社会的生产力发达，人们的活动空间从以私人领域为主转为以公共生活领域为主，公共生活领域的重要性就日益凸显出来。人们只有融入广阔的社会公共生活领域才能更好地生存、发展和享受。在公共领域中生活，人的社会性就表现突出，人就需要妥善处理与他人之间的关系。这就需要体现公共理性的规范来调节和约束，否则社会公共生活领域的秩序就难以良性运转。这种规范就被称为社会公德。

一、社会公德的内涵与特征

一般认为，“公德”是“公共道德”的简称，强调“公”与“私”的区别。随着个体主体性增强和公共生活领域的扩大，个人利益与集体利益之间关系的协调需要遵循一定的原则和规范，不能用私德代替公德来处理。社会公德是在“公德”内涵与外延不断丰富的过程中提炼出来的，对此学界已经达成共识。“公德”本是西方概念，在漫长的历史进程中，“社会的变化不仅使曾经是社会所接受的一定类型的行为成了问题，而且也使得那种在特定社会结构中得到清晰界定的道德观念发生变化”[1]。即是说，人们的公私观念的变化、公私领域的划分、社会结构和生活方式的变迁等在不同历史发展阶段表现出了特殊性，“公德”概念及其内涵在实际生活中也处于不断的嬗变状态。因此，新时代对社会公德内涵与特征进行科学界定是培育社会公德的基础前提。

1. 社会公德概念的界定

日本启蒙思想家福泽谕吉把“公德”界定为“一切显露在社会生活中的德行……与外界接触而表现于社交行为的，如廉耻、公平、正直、勇敢等叫作公德”[2]。“公德”作为学术概念首次出现在公众视野中。福泽谕吉认为，道德有公德与私德之分，日本和中国所讲的传统道德仅适用于以个人为中心的周边狭小地方。在福泽谕吉的用法中，“公德”的指涉范围更加宽泛了，泛指社会中的一切德行，同时他认为适用范围的差别是公德与私德的最大不同，“道德的原则如能凭借现代知识技术获得普遍的实现，就可算是公德了”[3]。

“公德”概念在中国首次出现于梁启超的《新民说》中。他认为：“中

---

[1] 麦金太尔 . 伦理学简史 [M]. 北京：商务印书馆，2003：28.
[2] 福泽谕吉 . 文明论概略 [M]. 北京编译社，译 . 北京：商务印书馆，1959：73.
[3] 福泽谕吉 . 文明论概略 [M]. 北京编译社，译 . 北京：商务印书馆，1959：73.

国所以不振，由于国民公德缺乏，智慧不开。”[1] 梁启超认为公德具有社会伦理角度和政治伦理角度的双重内涵，并对其进行了解读：“人人独善其身谓之私德，人人相善其群谓之公德。”“公德者何？人群之所以为群，国家之所以为国，赖此德以成立者也。”[2] 公德是“人群之所以为群”根本，要求人们要有“公共心”或“公益心”，这是从社会伦理角度而言的；又认为公德是“国家之所以为国”的根本，就会要求人们要有“爱国心”或“国家观”，这是从政治伦理角度而言的。梁启超基于国家救亡图存的需要，认为当务之急是培育国民的爱国心和国家利益观，侧重于强调公德的政治伦理维度。但对于普通百姓而言，公德的社会伦理维度和政治伦理维度是分不开的，现实公共生活中经常表现出来的是社会伦理维度的公德。关于公德的作用，梁启超明确指出：“公德者，诸德之源也。有益于群者为善，无益于群者为恶。此理放诸四海而准，俟诸百世而不惑者也。”[3] 这句话蕴涵的道理至今仍然适用。

台湾学者陈弱水的社会公德分类说也很典型，他从性质上将社会公德分为消极性社会公德和积极性社会公德。消极性社会公德是指“有所守”的社会公德，如遵守交通秩序、爱护公共财物、保持公共卫生等规范，不要求人们具体做什么，倡导人们不去做什么。此处的“消极性”没有负面意思。积极性社会公德是指“有所为”的社会公德，要求人们积极行动，以促进社会公共秩序的和谐稳定，如助人为乐、尊老爱幼、公共参与等。消极性社会公德与积极性社会公德对社会公共秩序的和谐稳定都非常重要。现代社会要求我们“有所为、有所不为”，一件事情对社会稳定和发展有利时，我们就应该积极“有所为”；一件事情对社会稳定和发展有害时，我们就应该及时“有所不为”。在社会生活中，由于某些事情会涉及个人利益，“有所不为”反而成为一件比较难的事情。消极性社会公德与积极性社会公德虽然性质不同，但要求都是普遍的。

20 世纪 80 年代末，我国著名马克思主义伦理学家罗国杰教授率先从

[1] 丁文江，赵丰田 . 梁启超年谱长编 [M]. 上海：上海人民出版社，1983：272.
[2] 梁启超 . 新民说 [M]. 沈阳：辽宁人民出版社，1994：16.
[3] 梁启超 . 梁启超选集 [M]. 上海：上海人民出版社，1984：216.

广义和狭义角度分析社会公德的内涵。"从广义来说，凡是与个人私生活中处理爱情、婚姻、家庭问题的道德，以及与个人品德、作风相对的反映阶级和民族共同利益的道德，通称为公德。从狭义上说，社会公德就是人类在长期社会生活实践中逐渐积累起来的最简单、最起码的公共生活准则。"[1] 可见，罗国杰教授关于广义社会公德的界定内含了政治维度与社会维度两个层次，而狭义社会公德是一般指社会维度的公德。随着我国社会结构的变化和专家学者研究的不断深入，这一区分也被逐渐认可，独立的社会公德概念基本确立。

狭义社会公德与广义社会公德的分开与合用，不光体现在学术文献和人们的日常生活中，同时也体现在重要的政治文献中。以时间顺序进行历史梳理，从合用逐渐发展为以狭义为主。1949 年中国人民政治协商会议正式通过的《中国人民政治协商会议共同纲领》，以临时宪法的高度规定了"提倡爱祖国、爱人民、爱劳动、爱科学、爱护公共财物为中华人民共和国全体国民的公德"，这就从法律角度规定了以"五爱"为主要内容的公德规范，推动了社会公德培育深入发展和公民公德素养的提升。《中国人民政治协商会议共同纲领》对"五爱"内容的规定没有区分社会公德的政治维度和社会维度。1954 年颁布的宪法和 1982 年颁布的宪法同样没有对社会公德的政治维度和社会维度进行区分，也没有狭义与广义之分。1982 年颁布的《宪法》对"五爱"内容进行了调整，明确规定"国家提倡爱祖国、爱人民、爱劳动、爱科学、爱社会主义的公德"。1986 年的《中共中央关于社会主义精神文明建设指导方针的决议》，提出了加强公共生活领域道德建设的建议，但依然没有明确狭义社会公德概念。1996 年的《中共中央关于加强社会主义精神文明建设若干重要问题的决议》首次将社会公德与职业道德、家庭美德并列，同时首次提出具体要求是"文明礼貌、助人为乐、爱护公物、保护环境、遵纪守法"，依然没有对社会公德概念作出解释，强调的社会公德的社会维度多于政治维度。2001 年颁布实施的《公民道德建设实施纲要》指出："社会公德是全体公民在社会交往和公共生活中应该

---

[1] 罗国杰 . 伦理学 [M]. 北京：人民出版社，1989：217.

遵循的行为准则，涵盖了人与人、人与社会、人与自然界之间的关系。在现代社会，公共生活领域不断扩大，人们相互交往日益频繁，社会公德在维护公众利益、公共秩序、保持社会稳定方面的作用更加突出，成为公民个人道德修养和社会文明程度的重要表现。要大力倡导以文明礼貌、助人为乐、爱护公物、保护环境、遵纪守法为主要内容的社会公德，鼓励人们在社会上做一个好公民。"[1] 这不仅解释了狭义社会公德的概念，也沿用了1996年的《中共中央关于加强社会主义精神文明建设若干重要问题的决议》中社会公德的具体要求。2018年修订的《中华人民共和国宪法》中，"五爱"的内容仍沿用了1982年宪法中的提法。新时代，我国发展进入新阶段，需要重新对道德建设作出指导性规划，2019年的《新时代公民道德建设实施纲要》正式颁布，偏重于社会公德的狭义方面，强调"全面推进社会公德、职业道德、家庭美德、个人品德建设"，"要把社会公德、职业道德、家庭美德、个人品德建设作为着力点"，"群众性精神文明创建活动要突出道德要求，充实道德内容，将社会公德、职业道德、家庭美德、个人品德建设贯穿创建全过程"[2]，等等。从对政治重大文献关于社会公德的历史梳理中，我们可以简单总结，作为道德建设顶层设计的政治文献，社会公德的政治维度和社会维度不管是合用还是单用，都是道德建设和国家社会发展的需要。在具体实施过程中，公民的社会公德素养也在逐步提升，并且体现质的飞跃。

本书研究的新时代农民道德观培育仍旧沿用2001年颁发的《公民道德建设实施纲要》中规定的社会公德的内涵，社会公德适用范围广，包括人与人的关系、人与社会的关系，还延伸到人与自然界的关系。

2. 社会公德的基本特征

在现代社会的个人生活中，公共生活比重越来越多。快速便捷的交通工具和丰富多样的社交App大幅度增加了社会交往的频率，社会公共生活的领域也更加多样化和虚拟化，交往对象也向复杂化和国际化发展，社

---

[1] 中共中央 国务院. 公民道德建设实施纲要 [N]. 人民日报，2001-10-25（1）.

[2] 中共中央 国务院. 新时代公民道德建设实施纲要 [N]. 人民日报，2019-10-28（1）.

会公德的内涵更加丰富，外延更加宽广，尽管社会公德是“数百年来人们就知道的、数千年来在一切处世格言上反复谈到的、起码的公共生活规则”[1]，但也表现出多样化的时代特征。

从横向角度分析，社会公德是人类文明千百年来的积累，与职业道德、家庭美德、生态道德和个人品德等类型的道德比较，表现出如下特点：首先，从适用领域讲，社会公德适用领域最宽广，群众基础最广泛。职业道德侧重于个人的职业生活领域，主要调节和规范个人与同事的关系；家庭美德侧重于个人的家庭生活领域，主要调节和规范家庭成员之间的关系；生态道德侧重于生产领域，主要调节人与自然界的关系；个人道德主要侧重于个体生活领域，主要调节和规范自身行为。职业道德、家庭美德、生态道德、个人品德相对于社会公德而言，适用范围相对较小，社会公德是调节和规范所有社会成员之间关系的。其次，从内容上讲，社会公德具有最大程度的继承性和延续性。这与社会公德适用的人群和范围有关。社会公德不是某一时代文明成果的积累，而是前后相连的多个时代的人们处理人与社会关系的一般道德规范，此种道德规范在不同的社会发展阶段都存在，内容相对来讲变动较小。再次，从涉及人群数量来讲，社会公德代表的人数最广。社会公德是社会公共精神的体现，不仅代表着个人意志，更代表着公共意志。如果破坏社会公德，不是个人或少数人的利益受到损害，而是社会中绝大多数人的利益受到损害。因而，社会公德培育效果的好坏是最能得到大多数人关心的，这也在客观上要求新时代要加强农民社会公德培育。从这层意义上讲，社会公德培育相对其他类型道德的培育，是比较容易被认同的。最后，从具体要求讲，对社会成员都是无差别的、无条件的。社会公德对所有人，不分能力、职业、地域、年龄、性别等，具体要求都是一样的。每个人都应该无条件、无差别地遵守公德，践行公德。

从纵向角度分析，每一时代的社会公德都体现出不同于前一时代社会公德的特点。新时代的社会公德具有基准性、普适性、公共性和广泛性等

[1] 中共中央马克思恩格斯列宁斯大林著作编译局 . 列宁选集（第 3 卷）[M]. 北京：人民出版社，1960：247.

一般性特征，与此同时还体现出了鲜明特质。首先，自律性与他律性相统一，自觉性与强制性相统一。马克思曾经指出，“道德的基础是人类精神的自律”[1]，社会成员就要“努力做到使私人关系间应该遵循的那种简单的道德和正义的准则，成为各民族之间的关系中的至高无上的准则”[2]。社会公德的落脚点是维护和保证广大人民群众的共同利益，当然就会需要人民群众的自觉、自律，并且自为。同时，社会公德还是保证社会公共生活秩序和谐运行的“应然之则”，要求人们应该按照相应规范处理社会公共生活中的关系，带有一定程度的他律性和强制性。例如，如果某个人不爱护公物、不保护环境、不遵纪守法等，此人不但会受到人们言语上的谴责，更会因为损害公物、破坏环境、违纪违法等行为受到应有的惩罚。此时，社会公德的强制性就表现得非常明显了。其次，消极性与积极性相统一。所谓消极性，是指社会公德对人们的“不作为”或“有所守”的行为要求。所谓积极性，是指社会公德对人们的“有作为”或“主动作为”的行为要求。新时代社会公德对公民的要求不是仅仅停留在消极性层面，更要强化对个人积极性、主动性、自觉性行为的要求。《新时代公民道德建设实施纲要》中提出的五组社会公德规范都在一定程度上体现了消极性要求与积极性要求的统一。既要求人们守住文明礼貌的底线，不要漠视陌生人的求助、不要损坏公物、不要破坏环境、不要违纪违法等“不为”，也要求人们主动讲文明礼貌，乐于助人，积极保护公物，主动保护环境，自觉遵纪守法等“有为”。当然，这几组规范要求各有侧重，前两者以积极性要求为主，后三者以消极性要求为主。最后，物质性与精神性相统一。马克思主义没有单纯地以道德谈论道德，强调：“思想一旦离开‘利益’，就一定会使自己出丑。”[3]“人们自觉或不自觉地，归根到底总是从他们阶级地位所依据的实

[1] 中共中央马克思恩格斯列宁斯大林著作编译局．马克思恩格斯全集（第1卷）[M]．北京：人民出版社，1995：119.

[2] 中共中央马克思恩格斯列宁斯大林著作编译局．马克思恩格斯选集（第2卷）[M]．北京：人民出版社，1972：135.

[3] 中共中央马克思恩格斯列宁斯大林著作编译局．马克思恩格斯文集（第1卷）[M]．北京：人民出版社，2009：286.

际关系中……吸取自己的道德观念。”[1] 人类社会的道德体现着物质特性与精神特性的双重属性，尤其是以维护社会公共秩序和利益为价值目标的社会公德。新时代社会公德规范必须要体现经济领域和思想领域的双重要求。其中，文明礼貌、助人为乐更多体现了对人们精神层面的要求，倡导人们成为具有高雅文明素质和高尚道德品行的社会主义国家公民；爱护公物、保护环境、遵纪守法则更多是出于维护公共利益而对人们提出的直接要求，规定人们在追求自身物质利益的时候，不得损害他人的合法利益和社会公共利益。

二、社会公德的具体要求

新时代深入推进乡村振兴战略，全面建设社会主义现代化国家，都需要提升农民道德素养，都需要强化社会公德培育作为基础工程。根据《新时代公民道德建设实施纲要》的要求，“推动践行以文明礼貌、助人为乐、爱护公物、保护环境、遵纪守法为主要内容的社会公德，鼓励人们在社会上做一个好公民”[2]。

1. 文明礼貌

文明礼貌反映的是个人在处理与他人、与社会关系时的一种态度，既是个人道德水平和行为习惯的反映，又是国家整体素养的体现。尤其是当下，陌生人之间交往频率的日渐增加就更需要在进行交往互动时注意从语言到行为的文明礼貌。我国自古就崇尚“礼”，重视“礼”的作用，“不学礼，无以立”[3]，“礼之用，和为贵”[4]。平时也总说：礼让一小步，文明一大步。在现代社会生活和社会交往中，每一独立个体都是社会关系网络中的一个环节，社会秩序的良好运行需要个体做到文明礼貌。一方面，文明礼

[1] 中共中央马克思恩格斯列宁斯大林著作编译局.马克思恩格斯选集（第3卷）[M].北京：人民出版社，2012：133.

[2] 中共中央，国务院.新时代公民道德建设实施纲要[N].人民日报，2019-10-28（1）.

[3] 论语·季氏[M].张铭一，注译.北京：海潮出版社，2016：322.

[4] 论语·学而[M].张铭一，注译.北京：海潮出版社，2016：10.

貌体现了尊重他人与自尊自爱的统一。尊重他人就是要尊重其人格、尊严和价值；自尊就是要爱惜自我形象和声誉。现代社会的人不仅要活着，更要有尊严地活着，内心都希望得到他人的认同与尊重，深知只有尊重他人才能赢得他人尊重。我国古代关于尊重他人、礼让他人并赢得他人尊重的经典案例诸多，如程门立雪、孔融让梨、王泰让枣、将相和、六尺巷等。他们的宽广胸怀值得后人学习传承。另一方面，文明礼貌体现了对他人理解与宽容的更高境界，是一种“躬自厚而薄责于人”[1]的精神境界。在社会生活和社会交往中，如果与他人产生矛盾、摩擦甚至误会，如果我们都能够站在对方立场，设身处地为对方考虑，理解对方的处境，宽容对方的错误，就可以有效化解矛盾和争执。可见，文明礼貌不只是个人私事，更是社会公事；不只是个人小事，也是社会大事。现代社会，人们的学习、生活和工作的节奏加快、压力增大，容易产生烦躁情绪，经常发生因为一件小事而争执的现象，更甚者，因为缺乏文明礼貌而将小摩擦演化为大矛盾，直至酿成大祸造成无法挽回的后果。

我国农民历来是淳朴可爱的，为我国革命、建设和改革也都贡献了自身力量。在社会生活生产中，大都懂得文明礼貌。受市场经济的冲击，农村虽然发展但城乡差距依然较大，部分农民就会在物质利益的刺激下，在面对争执的时候忘记要文明礼貌而表现出一些过激行为，从而造成巨大损失。因而，非常有必要深入挖掘传统文化中的经典案例，以通俗易懂的方式润物无声地向农民传递文明礼貌的重要性。

2. 助人为乐

助人为乐简单讲，就是在以自身能力帮助他人的过程中体会到的精神愉悦感和价值体现感，进而获得精神满足感。助人为乐是中华民族的传统美德，“君子成人之美”“为善最乐”“与人为善”“博施济众”等谚语广为流传。“中国好人”雷锋就是助人为乐的模范，从他的行为中提炼的雷锋精神更是感召着后人，使人们积极践行着助人为乐的可贵品质。以郭明义、庄仕华、孙茂芳等“当代雷锋”为代表助人为乐的模范，在日常生活和工

[1] 论语 · 卫灵公 [M]. 张铭一，注译 . 北京：海潮出版社，2016：296.

作中践行着雷锋精神，以自身平凡却伟大的行为引领着向上向善的社会风尚。助人为乐精神不仅是对中华优秀传统美德和革命道德的继承与发展，更是对志愿精神、社会主义核心价值观的承继，也是对党的全心全意为人民服务宗旨的契合。新时代的我们仍旧要倡导助人为乐，一方面，每一独立个体只是社会关系网中的一个环节，能力和时间等有限，都会发生因为主客观条件制约而陷入困境的情况。当在生产生活中处于弱势地位，是需要他人的关心和帮助的。尽力帮助困境中的人，使他们感受到关爱和温暖，进而将这种关爱和温暖传递下去。如果越来越多的人自觉加入关爱与温暖的行动中，我们的社会就会变得温馨美丽并生机蓬勃。最值得一提的就是在抗击新冠疫情的过程中涌现出来的各条战线的抗疫英雄和全国人民，以实际行动再次书写了中华民族守望相助的优良传统。另一方面，多数情况下，助人无须花费太多时间和精力，对于施助人来讲，只是轻而易举的事情，但对于受助人来讲，不是锦上添花而是雪中送炭。这就是孔子所赞扬的“惠而不费”[1]。当然在某些时刻，需要施助者付出较大代价，才能切实为受助者提供帮助。新时代，助人为乐、见义勇为的传统美德还需要继续传承下去。将其融入法治建设中，能够更好地保障施助者的利益。十三届全国人大三次会议通过的《中华人民共和国民法典》中专门设置了相关条款，目的就是保护和支持见义勇为的人，使人们在面对需要帮助的人时，敢扶、敢救、敢帮，不再面对选择的两难境地。

对农民进行助人为乐的继续教育，把中华民族的优良传统传承下去，重拾纯朴礼让与通情达理的社会优良传统，帮助农民树立讲诚信、讲道义的农村社会交往的新风气，以真诚和团结互助的乡风文明促进集体经济以及农村各项事业的健康、积极、科学发展。

3. 爱护公物

爱护公物反映出每个公民对公共财物应采取的一种态度，这是珍惜、爱惜的态度。这不仅是集体主义原则在社会公德领域的应用，更是衡量社会文明程度水平的重要标尺。一方面，爱护公物是对他人劳动成果的尊重。

[1] 论语 · 尧曰 [M]. 张铭一，注译 . 北京：海潮出版社，2016：370.

从现象讲，爱护公物是直接体现人与物的关系；从本质讲，人与人的关系隐藏在了人与物的关系背后。公物分为物质的和精神的，物质的通常有公共场所的建筑物、基础设施、交通工具等，街边的路灯、井盖、护栏、花坛、草坪、垃圾桶、公共厕所，地铁、高铁、水电气暖线路、通信设施、卫生消防设施等；精神的通常包括文物古迹、文化资料、名胜古迹、博物馆里的文物、图书馆里的图书资料和音频视频资料等。公物是公有财产，都是劳动人民的劳动成果。珍惜爱护公物就是对劳动人民的尊重，反映的是独立个体与劳动人民的道德情感。另一方面，爱护公物不仅是公民的道德责任，还是每个公民应尽的法律义务。爱护公物不仅需要道德的软性约束作用，也需要法律的强制规范作用。2018 年修订的《中华人民共和国宪法》明确规定："社会主义的公共财产神圣不可侵犯。国家保护社会主义的公共财产。禁止任何组织或者个人用任何手段侵占或者破坏国家的和集体的财产。"[1] 我们要像爱惜自己财物一样爱惜公共财物，这是义务。如果侵占、损坏公物，甚至损公肥私，把公物占为己有，那就是没有尽到法律义务，这就是违法甚至犯罪行为，那就应该受到法律的制裁。另外，爱护公物是对集体利益的维护，是每个公民的社会责任。有些人认为社会公共财物和自身没有关系，损坏又如何？这种观点是极其错误的。因为损害公物不仅要考虑短期利益和局部利益，更要考虑长远利益和全局利益。从长远看、全局看，保护公共财物就是维护自身利益。如果随意侵占社会整体利益，从自身狭隘范围看好像是没有受到任何损失；但将其放大到整个社会关系网，从长远看，自身利益必将受损。

对农民进行爱护公物教育，是社会公德培育的重要内容。近些年，农村基础设施日益完善，公共服务机构日渐增多，基础设施和公共服务机构等都是为了满足农民的物质文化生活需要。乡村振兴背景下的社会公德培育，就是引导农民自动克服小农思想的限制，正确处理个人利益与集体利益的关系，培育公德心，提高爱护集体财产的意识，构建农村良好公共秩序。

---

[1] 中华人民共和国宪法 [M]. 北京：人民出版社，2018：12.

4. 保护环境

保护环境指在尊重自然规律的前提下合理改造自然，使其更加符合人类发展需要，实现人与自然界的和谐共生。保护环境包括保护自然环境和人文环境两个部分，从长远看保护环境就是保护人类自身。一方面，人类需要的一切生产生活资料都直接或间接来源于自然界。虽然随着生产力发展，人类从自然界中分化出来，但也无法离开自然界独立存在。另一方面，人与自然界是荣损一体的。从短期看，损害自然好像没什么问题；但从长期看，损害自然界的后果终将反噬到人自身。恩格斯早就警告过人类："我们不要过分陶醉于我们人类对自然界的胜利。对于每一次这样的胜利，自然界都对我们进行报复。每一次胜利，起初确实取得了我们预期的结果，但是往后和再往后却发生完全不同的、出乎预料的影响，常常把最初的结果又消除了。"[1] 当今全球出现的各种气候异常现象、各种生态危机事件、各种人类怪病等一再证明着人与自然界的荣损一体的关系。这都在警醒我们：必须保护环境，刻不容缓。另外，保护环境是人类在处理自身与自然生态关系时的科学态度。对待自然，要尊重爱护，体现了人类在地球生活的生态自觉；如果任意破坏自然生态，不仅损害自身利益更是对子孙后代不负责任的一种表现。在处理局部利益与全局利益、当前利益与长远利益时，既要有"前人栽树、后人乘凉"的对自然生态的感恩之心，又要避免"吃祖宗饭，断子孙路"的生态尴尬。还有，保护环境不仅是每个公民应尽的道德义务，同时是企业和国家的共同责任。"保护环境，人人有责"。保护环境体现的是人对自然界的义务，这种道德义务是绝对的、无条件的。每个公民要有树立社会主义生态文明观的自觉，助力人与自然界和谐发展，为保护生态环境作出应尽的努力。企业、政府和国家等都应该是环境保护的主体力量，如果环境遭到破坏，没有任何国家和地区可以独善其身。

在农村倡导保护环境，就是对农民进行生态道德培育，引导农民提高认识、提升情感、锻炼意志和践行行为。

---

[1] 中共中央马克思恩格斯列宁斯大林著作编译局．马克思恩格斯文集（第9卷）[M]．北京：人民出版社，2009：559-560．

5. 遵纪守法

遵纪守法要求人们要自觉遵守纪律和宪法法律，这是社会公德最基本的行为准则，是维护公共利益安全和保障公共秩序运行的重要条件。“没有规矩，不成方圆。”任何组织的运行都必须有行为准则，否则组织将无法运行，就像繁忙的马路没有设置交通信号灯，交通肯定陷入瘫痪一样。一方面，纪律是维护社会秩序良好运行的必要保障。任何组织任何人在任何社会形态中活动，如果没有纪律的约束作用，一切都无从谈起。中国共产党从革命年代起就非常重视纪律的作用，革命年代的“三大纪律，八项注意”；改革初期的“四有”新人标准中的“有纪律”；反腐就要把“把纪律和规矩挺在前面”；“使纪律真正成为带电的高压线”等。在集体组织中自觉遵守纪律，就是对多数成员的尊重，也有利于保护集体利益和个人利益。有纪律是自身公德修养高的表现，是社会文明程度高的表现。另一方面，法律对社会公德培育的保驾护航是依靠国家强制力进行的。国家通过科学立法和民主立法，将部分基本道德规范转化为法律规范，发挥法律规范的强制作用。如制定的《英雄烈士保护法》《民法典》中专门设置的见义勇为不担责条款，都体现了道德运行需要法律的保障。社会秩序正常运行、社会风尚日益文明等都是法律在为道德培育提供强的有力保障。另外，还要划定法律红线，约束机会主义思想的泛滥。在生产生活中，要用法律的强制力倒逼人们敬畏、认同、践行社会公德规范，约束铤而走险的行为，自觉在行动上遵守法律。近些年，关于文明出游、公共场所禁烟、醉驾处罚、地铁禁食、禁食野生动物等内容被纳入法律法规相关条款，通过强制性规范来约束人们的行为，严格惩罚违法行为，使人们有所不为，压缩不文明行为的生存空间，确保每个人坚守社会公德底线。

遵纪守法是对所有社会成员的普遍要求。对农民进行遵纪守法教育，就要将明哲保身、以邻为壑等小农社会的落后思想从农民心中除去，自觉以法律纪律为准绳。每个人都应遵纪守法，小到维护自身利益，大到维护公共利益。维护公共利益就是维护自身利益。

第二节 农民社会公德的现状与成因分析

诚然在乡村振兴战略深入推进过程中，农民的社会公德素养提升较大，对乡村全面振兴发挥了一定的助力作用；但是与乡村全面振兴的要求和全面建设社会主义现代化国家的要求相比，农民的社会公德水平还是有一定差距的。要想进一步挖掘农民社会公德素养提升的空间，更大程度发挥其助力作用，就要采取科学有效的举措强化农民的社会公德培育。制定科学有效措施的基础就是全面客观分析新时代农民的社会公德现状以及成因。

一、农民社会公德的现状

党和国家一直重视农民的道德培育，也取得了较大成就。在社会公德方面，总的说来表现为：农民的社会公德认识渐深，但稍显淡漠；社会公德情感增强，但不够深厚；社会公德意志提升，但不够坚定；社会公德认识与行为偶尔不一致等。具体表现为以下方面。

1.语言文明成为意识主流，但公共礼仪意识不强

近些年，农民的科学文化素养普遍提升。伴随着科学文化素养的提升，语言文明、知耻明礼等越来越成为农民的意识主流。反映现代人的道德修养高的一个重要表现就是语言文明、知耻明礼，这也是现代人在社会公共生活中应该遵循的基本要求。当回答“是否接受说话时带点儿脏话”这个问题时，大部分的农民表示反感粗俗语言、粗俗举止等恶习。语言文明、行为文明已经逐渐成为农民愿意遵守的行为准则，说明其社会公德素养极大提高了。与此同时，我们要注意的是，由于长期生活恶习的影响，仍然有少部分农民认为说话时夹杂一些脏话没什么问题，尽量选择合适场合就可以了。这又说明农民的社会公德素养还是有待于继续提升的。农民的主体意识提升了，但没有相应地尊重他人的主体意识，一个表现就是公共礼仪意识不强，从对一个问题的回答中略见一斑。在面对“私下谈论一下别人家的丑事很正常，别让他家人知道就行”这个观点时，表示赞成或中立态度的人较多，虽然其中部分人表示只是出于好奇并没有恶意，部分表示

纯粹关心。这都表明了农民的公共意识还是需要继续提升的，特别是在尊重他人隐私方面。因为没有处理好私人生活领域与公共生活领域的关系，就没有了界限意识。现代文明社会要求人们不仅要保护个人隐私，更要尊重他人隐私，这是基本的行为规范。保护隐私是个双向度问题，不仅要求保护个人隐私，同时也要尊重他人隐私。保护个人隐私就是要求他人尊重“他人”的隐私，尊重他人的隐私就是对个人隐私的变相保护。当前虽然农民整体素质已经大幅度提升，由于没有处理好私人生活领域与公共生活领域的关系，在公共礼仪方面的意识还较欠缺，往往出现单方面要求他人尊重自己的隐私，遇到需要尊重他人隐私时却表现出极大的好奇心和探索欲。

2. 助人意识增强，但助人行为较弱

助人为乐是我国的优良传统，自古流传下来的“一个篱笆三个桩，一个好汉三个帮”“帮人帮到底，送佛送到西”等有关助人为乐的谚语依然为世人津津乐道。农民群体助人意识是从总体上看好的，而且日益增强。大多数农民对拾金不昧、帮扶弱者的行为持积极态度，也愿意帮助需要帮助的人，同时也为有能力帮助他人却不帮的行为感到羞耻。但也有少部分农民表示，帮助他人应该获得相应报酬。对观点“我捡到了别人不小心丢的东西并还给了他，他应该给我一些好处费”持支持态度的人虽少但也占有一定比例。这部分人是以利益作为衡量是否帮助他人的标准的。在各种思想观念的冲击下，个别农民在进行道德选择时表现出“独善其身”的倾向，除农民自身素质等因素外，报道的负面影响特别是真实存在的某些老人“碰瓷”的现象，使部分农民在面对处于困境中的人时，不是“不想帮”而是“不敢帮”，担心被“敲诈”。因此他们秉承“多一事不如少一事”的态度直接选择不去帮助他人，以免给自己惹不必要的麻烦。但要注意，在社会关系网中，帮助他人就等于帮助自己。

“熟人社会”的农村，村民之间几乎都是“亲戚连着亲戚”的，这是他们社会交往的基础。由于受到物质经济利益的负面影响，邻里关系逐渐冷漠。冷漠是小事，但其弥散性的坏影响是较大的。一个典型表现就是原来邻里间的“帮工”逐渐演变为“换工”。改革开放后，农村的生产生活领域逐渐扩展，扩展的中心仍是以家庭为单位的利益主体。在市场经济环境下，农民的个体意识和自我利益意识明显增强，在帮助他人时常常会考虑到是否与自身物质利益有关，有利则帮，有害则弃。因此总体看来，农民在思想上是愿意帮助他人的，但主要由于利益因素，在实施助人行为时有所顾忌。

3. 公共责任观念渐强，但利己倾向显现

在新农村建设进程中，农村公共服务设施日益完善，这就需要村民对其珍惜和爱护，这是村民应尽的社会责任和道德义务。珍惜和爱护公共财物不仅衡量着个人的道德水平，也衡量着社会的文明程度。自觉维护社会公共秩序和公共利益的责任意识是现代社会发展完善的客观需要。大部分农民认同并践行集体主义的道德原则，在实践中也尽力将国家利益、集体利益和个人利益统一起来，也明白如果集体利益和国家利益得不到保障，个人利益就会受损。对于农村的公共服务设施，大部分农民的自觉爱护意识加强，对随意破坏的行为表示可耻。另外，农民公共意识增强还体现在对村庄管理上要求民主，并积极、乐于参与其中。每当村里发生需要集体投票解决的事情时，参与其中的人数明显比前几年增多了，发表个人意见和建议的人数也增多了，发表的意见和建议也多是从集体角度出发，发牢骚的只占少数。也需要注意，农民的个体意识和自主意识在市场经济体制发展中明显增强了，但集体主义和公共意识略有弱化。也有少数人对公共活动热情不高，公共参与意识不强，更谈不上社会责任感。如果涉及不到自身利益，就认为和他们没有任何关系了。从纵向角度看，农民的权利意识和自由意识明显增强，但与之匹配的责任意识和公共意识还没有发展成熟。如乱丢垃圾、扰乱交通秩序、挤占公共用地等影响公共卫生和公共秩序的事情还是时有发生。也有少数村民表示不想参与公共事务，更别提帮助陷入困境的陌生人了。另外，新型城镇化建设确实促进了农民的主体意识和自我意识的觉醒，但是不少人的边界意识却没有相应提升。这主要表现在对自我与他人的权利边界、公与私的界限没有清晰地界定与区分，最严重的表现就是为满足自己的私利而不惜牺牲、侵犯他人利益或公共利益。

4. 环保意识增强，但环保行为不够稳定

农民的环保意识增强了。农村的卫生状况已经得到极大改善，“垃圾靠吹、污水靠晒”的脏乱状态已经成为历史。在生产中，大部分村民不会随意丢弃农药瓶、塑料薄膜等垃圾，焚烧秸秆等也只为土地积肥，还会考虑到在农业生产中对农药、化肥的科学使用。对于生活垃圾的处理，现在大部分农村都设有专门的投放点，每天垃圾清运车会定时清理，大部分农民已经习惯这种方式，村容整洁已经慢慢成为村民的共同追求。对公共区域的卫生管理，如大街、广场等，有些村设有专门的清理人员来保持干净，即使没有专门人员清理也有附近村民愿意清扫干净。大部分村民都能够自觉爱护环境，“我不管，自然有人会管，我何必累着”的“搭便车”行为已经从多到少了。部分农民已经学会将垃圾分类处理，并形成固定投放的习惯。但也有少数村民因为垃圾分类麻烦、垃圾分类的标准记不住。而不对生活垃圾分类。也有少部分农民因为集中垃圾倾倒点离自家较远而随意倾倒垃圾。有些村子，排水排污系统不完善，生活污水随意排放，这不仅影响了村里环境，还对农民自身健康造成恶劣影响。另外，由于村民乱砍滥伐导致的水土流失，也打破了生态系统的平衡，破坏了生态环境，最终也会影响到生活质量。

5. 守法意识增强，但法律知识基础薄弱

维护社会公共生活秩序稳定是现代社会发展的客观要求，需要每个公民遵纪守法。当正常的社会公共秩序受到严重威胁甚至破坏时，就必须用法律和规则去规范和保障。近些年，政府加强普法教育的开展并加大了法治宣传力度，大部分农民的法治观念提高了，遵纪守法逐渐成为其内心的信念，特别是在大是大非面前。当出现矛盾和冲突时，即使自身不懂得具体法律条文，也会第一时间想到找专业人士比如律师来解决。法治国家、法治社会的建设离不开法治农村的建设，法治农村的建设需要农民法治意识的全面提升。由于之前法律知识的宣传教育不到位，农民的法律基础知识还有待于强化。仍有部分农民对违法行为存在着认知错误，不知道什么行为是违法的，这主要是由于其法律基础知识水平的有限以及村里人情关系的影响。对“如果村里有人犯罪，我也会推脱不说实情，毕竟一个村的，不帮也别害人家”这一观点大部分人会选择实话实说，但也有人表示赞成或者采取中立态度，这说明重法治轻人情与重人情轻法治在农村都是有市场的。轻法治重人情的人认为法律再大也大不过人情，同时也没有重视民主法治的重要性，更说明农村的法律宣传工作还需要贴近农民生活实际，需要加大宣传力度，进一步提升农民的法律意识。由于法律知识的基础薄弱，部分农民对自身的行为是违法而不自知，对“家里缺几棵树苗，别人家有很多，不用打招呼直接去别人家挖两棵用”的观点，有少部分农民采取赞成的态度，认为没什么大不了的，不就是几棵树吗。这说明这部分农民没有正确认识到，不经过允许就私自挖他人树苗是侵犯私人财产的行为，属于盗窃行为。也有少部分农民从自身利益出发，错误地认为公共财产既不是我的也不是你的，破坏或偷盗公物也无所谓，这属于“不占白不占”的贪小便宜思想，这种行为也是违法的。甚至有些村民为了蝇头小利不惜做出破坏国家交通、通信等重要基础设施的行为，他们根本不知道国家基础设施的重要性。这些法律意识淡薄、盲目犯法等行为，小则影响邻里关系，大则影响农村的社会治安。如果农村的社会治安不好，社会氛围就不好，农民的安全感就得不到保障，正常的生产生活实践就难以开展。

二、农民社会公德现状的成因分析

我国自古就是文明古国、礼仪之邦，规范人们行为的是与农业文明时代相适应的传统道德。改革开放后，工业化、信息化速度加快，推动了社会转型的加速发展，旧的社会矛盾没有解决，又出现了新的社会矛盾。新旧社会矛盾交织，冲击着农民社会公德素养的提升，表现出与时代发展要求不适应的一面。其中暴露出来的问题既有社会快速转型中诱发的增量，也有由于历史惯性造成的不能消解的存量。造成存量不能消解，增量被诱发的原因是多方面的。

1. 农民自身素质存在着局限性

一般讲，社会公德是自身素质的外在表现，自身素质是社会公德的内在基础。也就是说，农民有了较高的整体素质，社会公德素养的提升就具有良好基础。但目前农村的实际情况却不容乐观，农民文化素质、科技素质等较低，阻碍了农民自身素质的整体提升，也就阻碍了农村社会公德培育。思想上的模糊不清会导致行为上的摇摆不定，容易发生知行脱节、知行不一的现象。农民自身素质较低主要由以下情况导致。首先，教育体系不完善，素质提升和道德养成机制与城市相比仍有较大差距。农村社会公德培育的落后不仅是在学校教育阶段，进入社会后农民也缺乏再次接受教育的机会，而且很多农村青年在九年义务教育阶段结束后不再继续学习，不再继续提高了。如果农村大学生毕业后可以回到农村，肯定会将知识、文明等带回来。但事实是，当农村大学生毕业后，父母会因为农村整体条件较差而不希望他回到农村，希望他留在各方面条件较好的城镇工作、定居。部分大学生也是这样选择的。从整体看，城乡教育的差距越拉越大，直接影响到农民社会公德素养的提升。其次，部分农民学习知识的主动性、积极性也不高。即使有机会学习，有些农民也不重视。在农村开展的文化科技卫生“三下乡”的活动中，很多农民只是以一种看热闹的方式，以围观者的心态面对各种优质文化，多数抱有“热闹就是好”的态度。在农闲选择休闲活动时，他们为消磨时间更多会选择消遣娱乐型，很少选择可以充实提高自身的思想知识型。只希望满足自身一时的感官愉悦而不追求知识的丰富、精神境界的提升。部分农民不但自身学习的积极性不高，也放弃了孩子接受教育的机会。不少农村的孩子甚至连九年义务教育都没有完成，就被逼辍学外出打工。这些孩子知识基础低、能力弱，做的工作都是简单艰苦的工作，所得劳动报酬也就相对较少。再次，科学素质较低，封建迷信思想泛滥。农村建寺、修庙等现象非常严重，不少村民在村里盖庙时出手大方，但在村里修路、修整学校时却不愿意集资。这说明中国特色社会主义先进文化没有完全占领农村文化阵地。中国特色社会主义先进文化必须占领农村文化这块阵地，如果不主动去占领，落后腐朽的文化就会毫不犹豫去占领。能不能获得经济利益仍然是一部分农民思考问题时的主导理念，金钱往往是衡量一个人在家庭中的地位或一个家庭在村里的地位的标准。“谁富谁英雄”，“谁穷谁狗熊”。致富的愿望是好的，但如何致富才是关键。最后，农村法治教育落后导致农民法律意识淡薄。仍然有部分农民依然不懂得如何利用法律维护自己的正当利益，甚至是因为“太麻烦”、面子等问题不愿意通过法律途径解决。遇到纠纷时，胆小的忍让逃避，胆大的动手动刀。有时候简单的矛盾纠纷被扩大为双方呼朋唤友打群架，造成严重后果，严重影响农村社会安定。

2. 多元化利益格局的存在

马克思曾明确指出：“利益是整个道德的基础。”[1] 道德作为社会生活的精神存在，始终是社会物质生活条件的产物，即使对社会物质生活具有能动反作用，但也不能超出社会物质生活条件的决定范围。“这一‘道德的’表明……就这些影响（首先是经济的）以‘道德的’形式存在而论，它们始终是派生的，第二性的，绝不是第一性的。”[2] 也就是说，道德具有双重属性：物质性和精神性，物质性是根本性的、第一性的，居于决定地位，发挥决定作用；精神性是派生性的、第二性的，居于从属地位，发挥重要反作用。可见，马克思从没有单纯就道德谈道德，而是结合社会物质基础探讨道德，将道德从虚幻的“彼岸世界”拉进现实社会的“此岸世界”，体现了马克思主义道德观鲜明的现实性和实践性。

由此可见，以维护公共利益为价值的社会公德能够被农民普遍接受并在生产生活中主动践行，不但与农民自身思想道德素质有关，更与支撑社会公德被广泛认同和主动践行的物质利益基础密切相关。从这层意义讲，如果没有共同物质利益作为基础，道德共识、共同道德观是难以形成并被共同遵守的。新时代广大人民群众的根本利益是一致的，但现阶段整个社会已经形成了复杂化和多元化的利益格局，城乡之间有差别，同一乡镇不同村落之间有差别，同一村落不同家庭有差别。社会主义市场经济体制尚需要进一步完善，市场经济本质是竞争经济、逐利经济，在唤醒个体的自主意识和权利意识的同时，也容易导致个体物质利益至上思想的蔓延。各利益主体之间存在着事实上的不同程度的矛盾和张力，矛盾和张力会在一定程度上消解了形成道德价值共识的物质基础。某些个体就会为实现个人物质利益最大化而漠视或公然违反社会公德，突破社会公德的底线和原则，

---

[1] 中共中央马克思恩格斯列宁斯大林著作编译局．马克思恩格斯全集（第2卷）[M]. 北京：人民出版社，1956：167.

[2] 中共中央马克思恩格斯列宁斯大林著作编译局．马克思恩格斯全集（第1卷）[M]. 北京：人民出版社，1956：646.

作出造假卖假、欺诈哄骗、肆意破坏环境、损害公共利益等行为。市场经济极大解放了农村生产力，为我国传统农耕文明带来新活力，更是推动了农村经济的大发展。与此同时，市场经济引发的负面效应也要深入研究。如社会贫富分化，特别是不当致富、失德致富、为富不仁等现象的存在，严重影响着普通农民对社会公德的坚守与信仰。如果上述问题没有得到及时解决，“破窗理论”所产生的负面效应就不可避免地向社会公德领域呈现蔓延之势了。简言之，多元化利益格局必然会导致价值取向的多元化，价值取向的多元化对社会公德共识的形成是具有负面作用的。因此，打破多元化利益格局的存在，寻找共同利益基础，是形成社会公德共识的必要工作。

3. 现代公德与传统私德的关系存在着模糊性

现代公德与传统私德的关系要正确理解，两者不是绝对对立的，而是辩证统一在现代社会发展进程中。传统私德形成于以自给自足为特点的自然经济社会，这与以血缘关系为纽带的较封闭的熟人社会相联系。传统私德主要用于调节家庭成员间的关系，范围主要限于家庭中。人们习惯于在以私人为中心的圈子中生活、交往，对亲朋好友会自觉多尽道德义务，而半径越大，关系越远，关心关爱就越少，甚至对陌生人持怀疑、排斥乃至敌视态度。处理事情以个人及家庭利益为中心，奉行个人利益至上原则，不愿意对他人和公共利益尽义务、负责任等。我国传统社会一向是轻私德重公德的。梁启超曾精辟地指出：“吾中国道德之发达，不可谓不早也，虽然，偏于私德，而公德殆阙如。”[1] 当然，我们不能对传统私德秉持一刀切的态度。传统私德中的优秀成分被传承下来，经过创新性发展和创造性转化，至今仍体现出积极意义和借鉴价值。

现代社会是由传统社会过渡来的，与传统社会是上下相承的关系。调理社会关系的规范自然也会过渡，从以传统私德为主过渡到以现代公德为主。现代社会是市场经济的产物，社会关系以陌生关系为主。市场经济越来越要求人们突破以个人为中心的圈子，到圈子外去交往、生活，由原来

[1] 李华兴，吴嘉勋 . 梁启超选集 [M]. 上海：上海人民出版社，1984：213.

重私人生活领域转变为私人生活领域与社会公共生活领域并重，甚至某些时刻必须以社会公共生活领域为主的生活状态。人们的生活领域发生了一定变化，处理社会关系的道德规范也会发生相应的变化。再者，人作为社会关系的产物，其社会性的本质属性在现代社会越发显现出来，要求人们在处理问题时要遵循社会公德的相关规范。

在社会转型过程中，旧体制到新体制的过渡还没有完全实现，人们的私人生活领域与公共生活领域的关系还难以处理好。处在转型期的农民的思想意识和道德观念阵地就会处在新旧交织的矛盾状态中，不平衡的多样化的思想道德观念往往纠缠交错。当农民无法作出判断和选择时，容易形成农民思想阵地的真空地带。农民由于主客观条件限制未能从固有的人际交往观念中转变过来，没有及时适应现代社会相要求的交往观念，出现了暂时的迷茫。但当前传统私德的惯性依然强大，制约着新时代社会公德的共识形成和行为践履，而现代社会又要求农民用现代公德去处理各种社会关系。这种矛盾性容易造成农民在道德判断和道德评价上变得模糊不清。会出现“此时是合理的，彼时又是不合理的”的现象。再加上农民自身素质不高，不能对道德理念作出正确判断，分不清哪些合理哪些不合理，就难以形成思想道德观念的有效整合，不能完成传统私德向现代公德的过渡，也就弱化了社会公德的调节功能。

4. 农村基层政府的重视程度不够

农村基层政府的重视程度不够是导致农民社会公德素养不高的重要原因。其一，基层政府在农村的文化建设上表现出领导力较弱甚至缺失的状态。在物质基础比较薄弱的年代，乡镇等基层政府的工作重点是农村的经济发展。农村的经济发展获得了质的飞跃，农民收入也相应增加了，这是值得肯定的，但发展思路也是需要根据需要转化的。当社会物质条件发展到一定程度，农村的政治建设、文化建设等也要求跟上。当前农村的基层民主政治建设步伐也在加快，基层民主化程度也在逐渐提高，农民的民主意识也在提升。但某些基层政府对文化建设不够重视，没有对文化建设推动经济发展的作用有足够认识。在社会进步中，经济建设、政治建设和文化建设本是一个系统，任何要素的欠缺都会成为阻碍社会进步的短板。当下，某些农村的文化建设确实已经成为短板。甚至有些基层政府片面理解和谐，认为只要收入增加了社会自然就会和谐。诚然，物质收入增加表示社会和谐的物质基础坚实了，但社会和谐不会自动实现。有些基层政府对影响社会和谐的因素不闻不问，这种默许在一定程度上助长了歪风邪气。其二，基层政府的资金投入也是不足的。国家税制改革后，乡镇基层政府的可支配财力相比之前不足，因为它不再拥有财政收支的权力。大多数的村级组织也缺乏集体收入的来源，也无法保证社会公德培育的资金投入。有些地方政府已经认识到文化建设的重要性，也希望通过文化建设、公德培育等推动经济发展再上新台阶，但一时难以改变心有余而财力不足的现状。有些基层政府不愿将有限资金投入其中的重要原因在于他们认为社会公德培育效果的显现周期较长，与其把有限资金投入到见效慢、周期长的道德培育上，不如投入到见效快、周期短的经济建设上。其三，基层政府还没有建立完善的社会公德培育的长效机制。社会公德培育的长效机制建立需要多方因素支持。社会公德培育在我国基础较浅，短时期内难以改变低水平现状，特别是在落后的农村地区。一是缺乏公德教育机制。在农村教育体系中，各要素是不平衡的，幼儿教育多于成人教育，文化知识教育多于道德养成教育。二是缺乏公德创建机制。城市对社会公德活动比较重视，会定期开展多种多样的活动；相比之下，较为落后的农村的社会公德活动就较少了，而且覆盖面不广，影响力不大，农民参与度也不高。三是公德模范机制不完善。经常出现在电视节目和公益宣传片中的道德模范往往是突出城市，与农村农民实际情况相差较远。对农民而言，距离感较大，示范性和可参考性相对较低，道德模范的榜样力量就发挥不足。其四，基层政府的组织者和领导者的作用没有发挥出来。农村社会公德培育的主体是农民，而组织者和领导者是基层政府。基层政府没有深入基层贴近群众，没有广泛宣传动员群众，也没有重视农民在社会公德培育过程中的主体力量，社会公德培育活动的影响力和号召力较弱。这些意味着基层政府的领导作用和组织作用没有发挥出来，既没有将农民凝聚团结起来，也没有将农民组织起来，缺乏全民动员激励机制，不能激发广大群众的积极性，导致了社会公德培育的群众基础较差，难以形成全民广泛参与的生动局面。

5. 法制保障的力度不到位

在社会秩序运行中，道德发挥软性约束作用，法律发挥硬性强制作用，二者应是相辅相成的。社会公德作为维护公共秩序和公共利益的基础性道德，特别需要借助法律和制度的强制力。基于新时代社会公德具有消极性和积极性的双重属性要求，相关法律、制度需要包含正向奖励和负向惩罚两类条款：正向奖励可以鼓励、固化人们选择正确的公德行为；负向惩罚可以规范人们的错误公德行为，降低负面效应。从立法角度看，在目前的《中华人民共和国民法总则》《中华人民共和国环境保护法》《中华人民共和国交通法》《中华人民共和国治安管理处罚法》中，关于社会公德的规定是有一些，但这些涉及社会公德的条款主要是惩罚性的，对助人为乐、见义勇为等行为的奖励和保障性条款相对欠缺，只有惩罚没有奖励势必影响公民践行社会公德的积极性。另外，这些社会公德规定一般是原则性的，缺乏在社会公共生活中的可操作性。而且将违反社会公德行为与违法犯罪行为放在同一层面，往往导致对前者的惩罚失之于宽、松、软，惩戒力度不够。违反社会公德者往往只会一时受到社会舆论批判或者轻微行政处罚，只需要承担短时性心理压力和轻微利益损失，不足以使他们形成对社会公德的敬畏之心。因此，需要制定既有原则性又有可操作性的《社会公德法》。另外制度建设也是必需的。国家相关部委及各级地方政府出台的《中国公民国内旅游文明行为公约》《市民文明公约》《乡村文明公约》等法规基本是原则倡导性的，违反文明公约的具体处罚性规定缺失。即使有配套的处罚规定，又由于存在监管不到位、处罚权遭到质疑等问题，在实际执行起来困难重重，收效甚微。因此，要强化制度层面的可操作性的奖惩机制。可操作性强的法律和制度规范的建设，有利于保障道德的软性约束作用的发挥。

第三节　农民社会公德培育的路径与对策

新时代农民要具备与新时代发展要求相适应的社会公德素养，那就要进行社会公德培育。新时代农民社会公德培育的基本对策，既要体现新时代社会公民道德建设的基本路线，又要体现新时代社会公民道德建设的战略布局。新时代农民社会公德培育是个动态的系统工程，在此系统中，要以社会主义核心价值观为价值引领。物质基础上，夯实社会公德的共同利益基础；精神条件上，培育农民的现代公民意识与公共精神；法治保障上，提升法律执行力；组织保证上，充分发挥政府的主导作用。物质、精神、法治、组织等多管齐下、共同施策，才能提高新时代农民社会公德培育的实效性。

一、以社会主义核心价值观为价值引领，凝聚社会公德共识

我国已经进入新发展阶段，并处于两个大局的交织期：世界百年未有之大变局和中华民族伟大复兴全局。新发展阶段不仅代表着机遇多，也意味着会有更多的风险和挑战。从国际形势分析，时代主题依然是和平与发展，科技对社会生产与生活的广度和深度的影响都已今非昔比，人类命运共同体理念逐渐深入人心。另外，我们更应该注意到，不稳定、不确定、不可控因素在国际形势中没有减少。国际形势的错综复杂，一方面为我国带来重大发展机遇，另一方面诸多不可控因素和不可预知因素也阻碍着我国的发展。综合看，我国发展处在重要战略机遇期。就国内形势而言，我国正处于“三期叠加”的复杂状况中，即发展关键期、改革攻坚期和矛盾凸显期，既有社会的整体性变迁，也夹杂着局部性变革，整体性变迁和局部性变革交织进行着。社会存在决定社会意识，在错综复杂的社会形势中，人们的思想也会变得多元多样多变。我国幅员广阔，地域发展不平衡，信息文明、工业文明、农业文明等多种社会发展样态并存，人们的价值观必然多样化。另外，深处于全球化潮流的中国，难以完全挡住异国他乡的价

值观侵入。普通人的价值观不但表现出城乡差别，也体现出地域差别；不但受到我国传统文化的影响，也受到世界其他文化的影响；不但要维护马克思主义意识形态的主导属性，更要防范“普世价值”的渗透。因此，我国当前如同进入了价值观的大熔炉，各种价值取向交织在一起，相互影响、相互作用。而置身其中的普通百姓，当面对价值选择时会本能地选择有利于自身的一面，放弃不利于自身的一面。因此在众多的价值取向中，需要有特质的优秀价值观发挥其吸引力和感召力，最大限度地将不同价值取向凝聚在一起，形成价值观合力。

中国的开放不但没有因为错综复杂的国际形势停下脚步，反而更加扩大开放了。这就需要在旧有价值观受到冲击的时候一定要坚守初心，积极引入符合时代发展要求的新精神文化要素，并根据社会发展和时代进步要求创立新的核心价值观，即社会主义核心价值观。社会主义核心价值观在充分继承中华优秀传统文化的基础上，融汇现代文明的发展成果，既内含了中华民族的价值追求，又展现了中国面向全球的世界情怀；既体现了历史继承性，又是时代创新的结果；既体现了中华民族的特殊性，又表现出中国文化与世界文化共生共荣的一面。正是因为这样的特质，社会主义核心价值观可以将来自不同地域、不同时期的多样化价值取向融合在一起，表现出优秀价值观的吸引力、凝聚力和向心力，使其在诸多价值观中因其优质取向和优越辨识度居于核心统领地位。社会主义核心价值观的正确价值导向，可以帮助人们辨是非、知荣辱；不但体现着鲜明的文化表达和精神追求，而且具有多元复合性特点，使其能够在复合时空中运作，从而表现出强大的适应性、覆盖面和影响力。因此，社会主义核心价值观是我国的文化新标志。社会主义核心价值观，既可以防范西方“普世价值”的渗透、坚定中国文化自信，又可以黏合社会撕裂、整合族群、聚合能量。需要注意的是，正因为与西方所谓的“普世价值”存在着根本不同的逻辑体系，社会主义核心价值观可以有效抵制“普世价值”的影响，并结束在价值领域的“西强我弱”局面。从宏观层面分析，社会主义核心价值观的价值统领作用，不但为处于思想快速变迁潮流中的人们指明了思维方式、价值选择的前进方向，更为抵制来自四面八方的利益诱惑、社会变迁的异常筑起思想堡垒，同时也是激发社会前进的精神动力。从微观层面分析，社会主义核心价值观是作用于主体的精神领域的，为人们的实践选择提供行动指导。价值观是行动的先导。无论是抽象理论上的提升凝练还是具体实践中的实际操作，都需要价值内核来规定方向，需要精神灵魂来凝聚力量，需要价值追求来规范标准。习近平总书记 2014 年 5 月 4 日在北京大学师生座谈会上指出："如果一个民族、一个国家没有共同的核心价值观，莫衷一是，行无依归，那这个民族、这个国家就无法前进。这样的情形，在我国历史上，在当今世界上，都屡见不鲜。"[1] 同理，农民社会公德共识的形成既需要理论指导又需要实践养成。通过以上分析得知，社会主义核心价值观当之无愧要承担这一历史任务。在新时代农民社会公德培育过程中，必须将社会主义核心价值观的弘扬与培育贯穿始终，使农民的社会公德共识的凝聚有方向，社会公德的培育有引领。

1. 深入研究、紧密联系农民思想道德特征，找准切入点

农村的阶层结构比较复杂，主要表现在分化为不同的利益主体。不同利益主体必须使用不同的培育内容和方法，还要注意选择合适时机。如：外出打工者的着力点是诚信意识、爱岗敬业、家庭孝道等方面；留守人员的重点放在乡规民约、生态文明、乡村振兴等方面；农村少年儿童首要任务就是熟记、熟背社会主义核心价值观的基本内容，使其精华融入思想，践行在行动，同时引导他们心中有榜样，凡事从个人做起、从小事做起，注重积累，在学习生活中养成好品德。

2. 扩大并坚实社会主义核心价值观培育的载体

在农村培育社会主义核心价值观需要贴近农村、贴近农民、贴近生活的载体，如农村公共文化设施的建设、农民喜闻乐见的文艺作品的创作、农民喜爱的培育队伍的创立、通俗易懂的书籍报刊等，目的就是使社会主义核心价值观接地气，实现乡土化，容易将其精神实质潜移默化地融入农民的生产生活中，在生产生活中逐渐达到真正入脑、入心、入行、成习。

---

[1] 习近平 . 青年要自觉践行社会主义核心价值观——在北京大学师生座谈会上的讲话 [N]. 中国青年报，2014-05-05（1）.

3. 农村干部特别是党员干部要做好践行表率

在农村社会主义核心价值观的落地生根必须重视政府的表率作用。即使受到多元文化的冲击，在农村的传统文化中，政府的权威性一直都存在。在农民的内心，农村干部特别是党员干部就是党和政府在农村的代言人，直接代表着党和政府的形象。无论基层干部是否在实际工作中践行社会主义核心价值观，都将成为农民效仿的对象。如果基层干部真正践行，榜样的力量就是正面的；如果基层干部不能践行，社会主义核心价值观在农村的培育与践行将成为一句空话，更不要说号召力和影响力了。因此，农村干部只有从自身做起，将社会主义核心价值观的践行落实到自身行动中，才能发挥正面示范效应，从而带动普通农民践行并养成习惯，政府公信力也会因此大大增强，其他方面的工作也就容易完成了。

4. 完善社会主义核心价值观培育的农村保障体系

社会主义核心价值观在农村的落地生根需要建立完善的保障体系，以打通理论与现实的动态联系。其一，将抽象理论融入农村的各项建设之中，要使农民切身体会到社会主义制度的优越性和精神追求，社会主义核心价值观的践行力在涉农的政策和法律法规中体现出来。其二，要构筑社会制度体系，包括政策扶持、制度保障、经济支撑和社会支持等方面，使社会主义核心价值观的培育在经济上有基础、在政治上有方向、在文化上被推崇、在法律上有依据，形成较为完善的保障体系。另外，还需要建立农村社会的扬善体系，健全的扬善体系向农民传递着真善美的信息。

5. 要树立农村道德典型，发挥榜样示范作用

榜样在我国革命、建设和改革进程中一直发挥着重要示范作用，唤起人们的革命热情、鼓舞人们的革命斗志、激励着人们无私奉献等。在道德培育过程中，道德模范的作用同样重要。道德模范往往体现着时代精神，是时代的共同回忆，是学习的标杆。每年“感动中国”评选出的道德模范，他们在各自平凡的岗位上践行着社会主义核心价值观，使高高在上的思想理论得以具体化、形象化、生动化，散发出强大的生命力和感召力，真正做到了平凡铸就伟大。当前，我们需要寻找农民身边的道德模范，没有距离感的模范更能够激发农民效仿的积极性。

二、夯实社会公德的利益基础，构建社会公德利益共同体

马克思主义对道德与物质的辩证关系作出过明确表述，认为道德是物质决定的社会意识。从最终意义上讲，物质利益是人类社会发展的最终决定因素，是人类道德形成和发展的物质基础。人既是物质性存在也是精神性存在，新时代社会公德培育不仅对人的行为规范和精神风尚提出了明确要求，更以保护公民的共同利益为目的。进一步说，人们最终是否愿意接受和践行社会公德，主要取决于人们是否形成了真正坚实的利益共同体，牢固的道德共同体必须建立在坚实的利益共同体基础之上，薄弱的利益共同体不可能产生牢固的道德共同体。因此，要增强培育社会公德的实效性，就要处理好保护个人正当利益与培育社会公德的关系。“不讲多劳多得，不重视物质利益，对少数先进分子可以，对广大群众不行，一段时间可以，长期不行……革命精神是非常宝贵的，没有革命精神就没有革命行动。但是，革命是在物质利益的基础上产生的，如果只讲牺牲精神，不讲物质利益，那就是唯心论。”[1] 邓小平将马克思主义的物质与意识辩证关系原理应用到具体实践中，明确了进行道德培育需要重视精神力量，但绝对不能忽视道德培育需要的物质基础。没有物质基础的道德培育是不可想象的，更是难以持久有效的。故而，新时代以维护共同利益为价值的农民社会公德培育绝对不能离开物质基础而空谈道德培育，必须要注意维护和保障个人的正当物质利益。否则，社会公德培育就成为无源之水、无本之木，它的培育就是不可想象的。

1. 坚持以经济建设为中心，夯实农民社会公德培育的物质基础

自改革开放后，党和国家一直将经济建设放在中心位置，不管我国发展到哪个阶段，以经济建设为中心是千万不能动摇的。在保证经济发展质量的同时，及时调整经济发展速度，使其可持续地健康发展。如果经济建设搞不好，其他方面的建设就没有物质基础，就会沦为空谈。改革开放的 40 多年，我国综合实力日益增长，城市和乡村都获得不同程度的发展。

[1] 邓小平 . 邓小平文选（第 2 卷）[M]. 北京：人民出版社，1994：146.

特别是农村，在我国各项改革中一直发挥着先行兵作用，农村的综合实力也与日俱增。但必须注意，这种增长以粗放式增长居多。这主要受到农民自身素质较低、农村自然条件复杂、交通条件不便等主客观条件的制约，农村经济难以实现可持续发展，而且城乡发展的不平衡成为影响全面建设社会主义现代化国家的最大短板。在全国仍然坚持以经济建设为中心，提升经济发展质量，把长板继续做长做优的同时，也要将短板拉长、补齐。党和政府自 20 世纪 80 年代以来就组织了大规模的扶贫行动，成绩巨大。尤其是党的十八大之后，以习近平同志为核心的党中央始终不忘初心、牢记使命，将人民利益放在心上。农村贫困人口的脱贫致富就是底线任务，把脱贫攻坚作为影响全面建成小康社会大局的大事来抓，为此实施精准脱贫战略，同心同德、群策群力，采取超常规举措，全面向贫困开战。在 2021 年 2 月 25 日召开的全国脱贫攻坚总结表彰大会上，习近平总书记发表重要讲话，向世界庄严宣告：我国的脱贫攻坚战取得了全面胜利。实践已向世界证明，这条中国式扶贫开发道路是以人民为中心发展思想的具体落实，是完全正确的道路。同时，我国为联合国扶贫开发工作也作出了重大贡献。

习近平总书记在党的十九大报告中庄严宣告，我国进入新时代，依据之一就是社会主要矛盾已经转化为人民日益增长的美好生活需要和不平衡不充分发展之间的矛盾。为了巩固新时代、新矛盾下精准脱贫成果，以习近平同志为核心的党中央提出了“乡村振兴战略”，作出了振兴乡村发展的重要部署，继续巩固和升级精准脱贫成果，深入推进乡村振兴，实现城乡融合发展、协调发展、可持续发展。乡村振兴战略深入实施 3 年来，农村发展表现出质的飞跃，这里主要说两个方面：其一，农业生产有了质的飞跃。坚持饭碗要牢牢端在自己手中的原则，粮食产量连年稳中有升；产业结构不断优化，发展的可持续性增强；生产的科技含量增高，生产效率提升。其二，农民的可支配性收入有了质的飞跃，生活质量有所提升；农村的就业规模大且形式日益多样化；城乡收入的差距在持续缩小；农民的消费水平提升；农村的低保标准稳中有升。拥有了坚实的物质基础，农民的思想就稳定了，新时代农民社会公德观培育也就拥有了农民稳定的“心”。

2. 物质利益基础壮大的同时更要注意处理好分配与公平的关系

在物质基础夯实的同时，必须处理好分配与公平的关系。以按劳分配为主体，多种分配方式并存的分配制度是我国实现共同富裕的基础制度前提。按劳分配为主体是社会主义的本质要求，有利于消除两极分化，实现共同富裕。贫穷不是社会主义，平均主义不是社会主义，贫富两极分化更不是社会主义。收入分配制度应该是既能促进生产力发展，调动劳动者的积极性和创造性，又能保障公平，防止贫富两极分化，逐步实现共同富裕。如果不能促进生产力发展，物质基础就会薄弱；如果不能保障公平，造成严重两极分化，就会影响社会稳定。因此，在分配中，既要注重效率又要兼顾公平。在社会主义初级阶段，农村的劳动、资本、土地等有形生产要素日益发挥重要作用，同时知识、技术、管理、大数据等无形生产要素已然日益融入生产中，其作用也是越来越被重视。因此，为了调动各方面的积极性，使所有生产要素的活力竞相迸发，让创造财富的源泉充分涌流，就要保证各种生产要素参与到收入分配中，并获得相应的收益。如此，各种生产要素的作用才能充分发挥，资源配置的效率才能提高，农村经济发展的潜力才能充分释放。如果没有处理好收入与分配的关系，出现不劳有得、少劳多得等现象，势必会打击农民的生产积极性。

坚持以经济建设为中心不动摇，提升农村经济发展质量，夯实物质基础，构建农民的利益共同体。处理好收入和分配的关系，兼顾公平与效率，使农民的利益共同体得到质与量的多倍提升。如此，农民群众的获得感成色更足、幸福感更可持续、安全感更有保障。利益共同体形成了，社会公德的共识也就容易形成了，新时代农民社会公德培育的凝聚力、感召力和向心力才能不断增强。

三、培育现代公民意识和公共精神，坚实新时代农民社会公德培育的思想基础

在社会转型期，传统私德的惯性依然很强大，依然影响着农民在生产生活中处理各种社会关系的思维方式和具体方法。现在的社会转型是按照

现代社会的发展要求进行的。现代社会，农民的公共生活领域不断扩大，交往对象日渐增多，交往频率日益提高，利益交汇点日益复杂。如此，社会交往需要遵守社会公德规范，需要农民具备现代公民意识和公共精神。公民意识是社会意识的一种形式，指生活在国家中的公民对个人地位的自我认知。公民意识是较为高级的自我意识，是和现代社会发展相适应的现代意识，包括人格意识、自由意识、责任意识等。从农民社会公德培育角度来看，主要是培育农民的主人公意识和社会责任意识。公共精神相较于公民意识更为高级，是公民在参与社会公共生活时产生的公共理性，反映了社会成员的精神风貌和深层次的精神文化心理。公共精神的内涵十分丰富，从农民社会公德培育角度讲，主要是指利他精神和责任精神。公民意识和公共精神不是单独而存在的，是在现代社会公民不断全面把握个人与社会关系的过程中相伴而生的，两者是密切相关的。

1. 培育农民的公民权利与义务意识

权利与义务是现代公民概念的核心要素，我国宪法就明确规定了公民的基本权利与义务。美国著名教授雅诺斯基认为：“公民是个人在一民族国家中，在特定平等水平上，具有一定普遍性权利与义务的被动及主动的成员身份。”[1]权利与义务是公民身份的基本象征，那么公民概念的实在意义又在什么情况下成立的？那就是国家以法律形式承认公民身份的有效性，而且公民也意识到自身身份存在并努力争取自身权利、主动承担相应义务、履行相应责任。在新型城镇化推进中，农民的权利与义务意识已经觉醒并提升，这说明农民已经认识到自身公民身份的存在。随着乡村振兴战略的深入实施，农民的权利和义务成为实现政治民主化和农业现代化的重要表现，也是农民身份向公民身份转变的标志。

长期以来，许多农民为了生存和发展离开家乡到城市去打拼，成为“农民工”的一员。他们常常从事着城市中最为繁重、最为辛苦、环境最恶劣的工作，但没有享受到与城市居民同等的权利，如择业就业权利、子女

[1] 托马斯·雅诺斯基. 公民与文明社会 [M]. 柯雄，译. 沈阳：辽宁教育出版社，2002：21.

受教育权利、医疗保险和社会保障权利等。更为严重的是，在一些工作环境恶劣的地方，他们连基本的人身安全都得不到保障。权利与义务意识比较薄弱的农民往往对此采取隐忍的态度或自愿放弃自身正当权利。加强农民的权利与义务的意识教育，可以使农民明白：权利是他们作为国家合法公民的基本权利，是生存的必要条件，是作为公民的本质规定，任何人都不能剥夺。加强农民的公民意识教育，就在于使农民体验到作为公民应该享受到和城市居民一样的权利，如平等就业权、劳动和社会保障权、教育和发展权、政治参与权、话语表达权和基本公共服务权，等等。同时，强化公民的权利与义务教育，还要使农民认识到：每个公民的权利与义务是统一的，争取自身权利的同时不能损害他人权利，在享受自身权利的同时必须对他人、社会和国家履行相应的义务。

2. 培育农民的责任意识

责任意识是新时代农民社会公德培育的重要内容。在社会公德领域，一些失德失信失范行为之所以屡禁不止，其重要原因就是这部分人没有对社会公共生活的责任心。正因为没有责任心，他们只关注个人利益，不关心社会利益是否受到侵犯。尽管每个人都希望自己生活的社会和谐安定有序，但有部分人总是愿意享受成果却从来不愿意为之付出努力，心中没有“守护公德，人人有责”的意识。他们认为社会公德是小事，可有可无；认为社会公德培育是他人的事情，与自己没有关系；认为为维护社会公德而放弃个人利益是很傻的事情。总之，诸如此类关于社会公德的错误言论存在的根本原因是误读了个人与社会的辩证关系。社会由单独个体组成，个体只有在社会中才有价值和意义。首先，社会公德表面看是小事，但不积小善就成就不了大德。“海不辞水，故能成其大；山不辞土石，故能成其高”，无数小善定能筑起牢固的社会公德长城。正如习近平总书记在给郭明义爱心团队的回信中所指出的：“积小善为大善，善莫大焉。”[1] 只有从平凡的小事做起才能塑造高度的社会文明。同理，“千里之堤，溃于蚁穴”。实

[1] 习近平 . 习近平给“郭明义爱心团队”的回信 [EB/OL].（2014-03-04）[2021-02-28]. http：//politics.people.com.cn/n/2014/0304/c70731-24527574.html.

际上，社会公德没有小事，因为社会公德是关系社会全体成员的道德规范，如果处理不好就可能发生惨痛的悲剧，社会生活中发生的类似教训必须铭记。其次，个人与社会的关系就是细胞与有机体的关系。细胞是组成有机体的要素，无法脱离有机体单独存在；有机体是成千上万个细胞组成，没有细胞存在也就无所谓有机体了。一个细胞被致癌因子激活转化为癌细胞，如果不及时治疗，它有可能扩散从而破坏整个有机体的健康。所以社会公德不是对一部分人的个别要求，而是需要全体公民的共同遵守。最后，每个人都是社会有机体的细胞，个人利益和社会利益不可分割。如果为了绝对的个人利益，切断与外界的联系，最终会作茧自缚。没有绝对的个人利益，对社会利益的漠视最终肯定会伤害自身的利益。正如恩格斯所说的，文明已经教我们懂得“只有维护公共秩序、公共安全、公共利益，才能有自己的利益”[1]。只有每个农民都真正领悟个人与社会的辩证关系，才能突破社会公德培育的瓶颈，自觉履行社会责任，共同守护好社会文明。更进一步讲，人之所以为人，是因为人具有社会属性，任何人不能离开公共领域而真空式存在；人之所以为文明人，是因为现代社会的人具有高度的自我约束性和相应的社会约束性。

无论是培育农民的主人公意识和社会责任意识，还是培育农民的利他精神和责任精神，都需要加强乡村的文化建设，为新时代农民社会公德培育塑造向上向善的乡村文化氛围。其一，做好乡村文化创意设计工作。创意工作的第一步就是进行资源的调研与整合，深入掌握乡村文化的所有情况，本着传承优秀传统文化的原则，深入挖掘乡村优秀的农耕文明中蕴涵的社会公德培育资源，并根据时代发展需要赋予其新的内涵，体现本土性与时代性的统一，乡土性与现代性的统一，历史性与实用性的统一。与此同时，还应注意满足农民的物质消费需要和精神消费需要。新时代，农民的消费需要多样化、多层次化，对文化创意产品的要求也日益提升，因此要深入农民群体汲取民间智慧。另外，更要注重传承与保护。在这里主要

[1] 中共中央马克思恩格斯列宁斯大林著作编译局 . 马克思恩格斯全集（第 2 卷）[M]. 北京：人民出版社，1957：609.

指非物质文化遗产的传承，比如说剪纸艺术。在有的村子，剪纸的技术已经失传了，主要原因除经济价值比较小外，还与剪纸所反映的内容有关。剪纸艺术做得好的村子，其共同做法是将时代发展特点融汇到剪纸中，既传承又保护。要传承就必须反映时代特点，才能够被越来越多的人接受。这样的乡村文化创意产品才会具有魅力。传承下去就是最好的保护方法。其二，坚持正确政治方向，加强乡村思想文化建设。引导农民认识乡村文化的价值，重拾文化自信，形成文化认同，树立文化强村的意识。乡村文化建设的主体是农民，举办任何文化活动必须依靠农民。另外，要积极推动城乡文化的相互交流。城乡融合发展不是单纯指经济发展，应该包括文化方面。乡土文化带给城市文化“根”的智慧，城市文化带给乡村文化时代的气息，达到增强乡土文化向心力和感召力的作用。其三，加大文明乡村的创建力度。农民社会公德培育要融入文明乡村创建过程中，两者应是相辅相成的。农民社会公德培育效果好可以提升文明乡村创建主体也就是农民的践行能力，文明乡村创建好，就可以为农民社会公德培育提供新载体，使乡风文明深入农民生产生活的各个方面，使讲文明成为农民的行为遵循。

四、自律与他律双管齐下，坚实新时代农民社会公德培育的制度保障

知行统一是高尚道德人格的基本要求。农民在践行新时代社会公德规范时，有时会出现知而不行、知行不一等知行脱节的现象。知行脱节既与外在约束、教育、引导等不力相关，又涉及个体的道德真知程度，还与个体道德真知的内化程度有关。一方面，社会对公民社会公德行为的监管、评价等存在不足，另一方面，部分农民对社会公德规范的践行能力不够。因此，知行合一既需要内在的自律也需要外在的约束和引导。农民的整体素质相对较低，社会公德意识相对薄弱，再加之农民特殊的生产生活环境和古老传统，在社会公德培育中既需要发挥乡规民约的自律作用，也需要发挥相关法律法规的他律作用，二者彼此配合，共同发力。

1. 新时代农民社会公德培育要注重乡规民约的自律作用

农民社会公德培育要发挥自律作用，农民提升自身素质可以有效发挥自律作用，更要发挥历史悠久、影响深远的乡规民约的自律作用。“村规民约孕育于中国传统社会之中，彰显着我国传统法律文化‘诚’‘信’‘善’的内涵。它反映着国家法律的精神，蕴含着国家文化的精神实质，支撑着乡民社会的亘古信念。”[1] 社会公德培育，就要将乡规民约融入相关道德规范中，形成中国特色新时代农民社会公德观培育。《乡村振兴战略规划（2018—2022）》中也强调指出：“让德治滋养法治，涵养自治，让德治贯穿乡村治理的全过程。”这不仅符合现代公民社会公德培育的客观要求，也与农村社会所特有的乡规民约精神相符合，可以在农村社会风俗和现代社会道德要求的融合中进行社会公德培育。乡规民约是乡村治理中的一种非正式的治理制度，是对法治的补充，对人们的行为具有软性约束作用。加强农村社会公德观培育，要善于发挥乡规民约的道德教化功能。首先，要根据时代发展的要求扩大乡规民约的调节和约束范围，对社会生活中法律没有约束到的方面进行补充，如禁止村民占用公共资源、保护乡村环境卫生、爱护公共设施、拒绝大办酒席铺张浪费等，将法治和德治相结合。其次，要增强乡规民约的规范性。社会主义市场经济体制在农村不断发展，激发了农村经济发展活力的同时，各种新矛盾新问题也随之出现。乡规民约中的有些成分不适应时代发展要求，需要进行规范。怎样规范？一方面，农民的主体意识需要增强。农民是乡规民约的制定者、执行者和受益者，在规范乡规民约过程中要充分尊重农民表达自身利益诉求的权利，倾听农民的意见，得到大多数农民的认同和支持，这样的乡规民约才能落地生根，也有利于农村社会秩序的稳定。另一方面，乡规民约的制定程序需要规范。乡规民约要适合农村的实际，不能犯“依照葫芦画瓢”的错误，要体现农村的特殊性。同时，制定程序也要科学民主。在制定过程中，要将党的群众路线贯彻其中，要经过广泛的民主的群众讨论，集中群众最关心的问题，

---

[1] 李旭东，齐一雪 . 法治视阈下村规民约的价值功能和体系构建 [J]. 中央民族大学学报（哲学社会科学版），2013（2）：90-96.

确保制定程序的公开性和公平性，制定出符合本村实际特色的乡规民约。与此同时，乡规民约的内容也需要规范。乡规民约的内容不能与国家和地方法律法规相冲突，要围绕农民关心的热点问题，制定贴合农民切身利益的制度规定，并定期对相关内容进行补充和修订。还要建立健全乡规民约的实施保障机制，监督村规民约的制定和执行，建立相应的奖惩机制，表扬高尚道德行为，批评制止不道德行为。

2. 新时代农民社会公德培育也要发挥法律规范的他律作用

农民社会公德培育需要构建惩恶与扬善相结合的法制保障体系。正如罗纳德·英格尔哈特所言："人们信任制度并不是相信制度本身，而是信任制度内在指向的价值规范和道德模式。"[1] 因此，社会公德法制化，相关法律、制度应该是社会公德的共识化凝结，必须把内含于社会公德的公平正义、扶危济困、文明向善等价值元素和伦理精神融入法制规范之中。社会公德法制化的过程是社会公德从自为立法转向强制性规约的过程，即借助法制的震慑与激励作用促使人们将社会公德要求内化于心、外化于行、固化于习的过程，必须体现奖惩并重、赏罚严明、执行有力的特征。除了《中华人民共和国宪法》中的相关法律规定，颁布和实施专门针对社会公德培育的专项法律是最理想方案。如果时代发展条件不允许，社会公德法又难以马上制定，中央文明委员会要进行顶层设计，牵头并联合具有行政执法权的部门，建立完善维护社会公德的制度保障体系。但制度保障体系并不等于制度执行力，再加上农村与城市又有不同，因此组建专门的制度执行队伍和监督队伍、细化制度奖惩细则等具体方式，更容易强化制度执行力度，充分彰显制度的感召力与威慑力，使农民普遍对社会公德产生敬畏之心与敬仰之情。再者，在社会主义市场经济体制还不完善的现阶段，个人利益与集体利益还是存在不同程度的张力和矛盾的。在某些特殊时刻，践行社会公德规范往往意味着短期内个人利益得不到满足，甚至会遭受损失，通过立法建制、加大执行力度的方式发挥法律的强制性他律作用和功

[1] 罗纳德·英格尔哈特 . 信任、幸福与民主 [M].// 马克·E 沃伦 . 民主与信任 . 吴辉，译 . 北京：华夏出版社，2003：114.

能就显得尤为重要了。习近平总书记明确强调："要运用法治手段解决道德领域突出问题……要加强相关立法工作，明确对失德行为的惩戒措施……要加大执法力度，让败德违法者受到惩治、付出代价。"[1] 如果不严厉惩治失德行为，就会无意间扩大失德行为的生存空间，就会发生"劣币驱逐良币"的恶性循环。

3. 提升农民法律素养有助于社会公德的相关法律规范发挥实效

社会公德相关法律规范的执行力的保障单纯依靠相关部门是远远不够的，还需要提升农民法律素养，以利于相关法律规范的落地生根。农民法律素养提升是他们获得相应权利的基本条件，法律素养的提升可以帮助保障农民享有与城市居民同等待遇的权利，如就业、择业、参与城市管理、参与利益分配等权利，并获得医疗、保险、工伤、养老等机会。向农民传授法律知识是提升农民法律素养的基础前提，包括法律保护意识、权利意识、责任意识、规范规则意识、契约意识、法治意识等，并培育其适应社会主义市场经济发展需要的理性精神和法治方式，并养成学法、用法、尊法、守法和护法的习惯，学会理性地运用法律去解决在生产生活中遇到的问题，适应现代社会的发展需要。

五、数字化治理是新时代农民社会公德培育的技术支撑

随着技术革新，人类逐步从农业文明发展到工业文明，再发展到信息文明，直到当前的数字文明。互联网、大数据、物联网、云计算、人工智能、区块链等新技术成为数字文明时代到来的标志。数字文明深刻地改变着人们的生活方式和生产方式，同时深刻变革着社会治理的方式。党的十九届四中全会明确提出，要运用新技术创新社会治理方式，并完善其制度规则。[2] 数字化治理因为万物互联化和数据泛在化的优势成为社会治理的新技术，代表了社会治理发展的新趋势，可以节约成本，提高社会运行

[1] 习近平 . 习近平谈治国理政（第 2 卷）[M]. 北京：外文出版社，2017：134-135.
[2] 新华社 . 中共中央关于坚持和完善中国特色社会主义制度推进国家治理体系和治理能力现代化若干重大问题的决定 [N]. 人民日报，2019-11-06（1）.

效率。

新时代农民社会公德培育需要新技术的融合，发挥数字化优势，提升农民社会公德培育的实效。据中国互联网络信息中心（CNNIC）发布的第45次《中国互联网络发展状况统计报告》显示，2020年我国农村网民规模增至2.55亿，农村互联网普及率达46.2%。农民通过互联网在各种平台进行直播，销售农产品、宣传当地风土人情等，农村特色产业经济搞活了，农民旅游经济也搞活了。因此数字化治理可以作为新时代农民社会公德培育的技术支撑。当前，网络已经成为农民重要的社会生活活动的崭新领域，为农民的社会公德培育提供契机，但也使农民社会公德培育面临着一些新的实践问题。网络上的实践问题就必须依靠网络来解决。怎样使用数字化治理优势呢？利用网络的便捷性，丰富网络道德实践活动，壮大网络公益力量，以重大节日为契机，开展形式多样的网络公益活动，形成全民参与互联网公益的活泼局面。拓展“互联网+”的各种公益模式，促进人们参与公益的主动性，逐步形成明德修身、服务社会的品德修养。如清明节的网上祭奠活动的形式，是一种既可以寄托我们对亲人的怀念和哀思，又可以节约资源、保护环境的文明方式。

新时代农民社会公德培育的数字化，需要与新时代我国的信用体系建设相结合。目前，一些发达国家和地区已经利用新技术建立了比较完善的社会信用体系，较好地规范和约束了人们在社会公共生活中的行为，已经有效形成了阻断社会失德失信行为再发生的局面。我国社会信用体系的建设起步较晚，2020年年初上线的第二代个人征信系统虽然被称为我国“史上最严”的征信系统，但也只是针对个人在经济领域的消费行为，失信者也只是限制其消费行为。迄今为止，我国还没有建立起规范社会公共行为的信息系统。个体失范行为的成本过低，低到违反社会公德规范的人们毫不在意，以至于失德失范行为很快被淹没在节奏快速的社会生活中。一些失德失信行为也没有及时得以矫正，向人们释放出社会公德不重要、社会公德规范可以不遵守的信号。农民的主要生产生活区域都在人口密度相对较低的农村，好像没有太多的公共问题需要处理，但也必须遵守社会公德。那就需要借助新技术手段，把包括个人征信系统在内的个人资源数据库进行整合，建立我国公民的公共行为规范信息系统，记录公民的社会公德状况，成为“信用通行证”。在信息系统中，不但要记录个人的失德失信行为，特别是“惯犯”，更要记录个人自觉遵守社会公德的行为。记录个人的失德失信行为，给予相关的严厉处罚，既规范了失德失信行为，提高了失德失信行为的成本，也挤压了失德失信行为的生存空间，降低了失德失信行为的再发生概率。记录个人自觉遵守社会公德的行为，要及时给予表扬，以精神表扬为主，并给予适当的物质奖励，向社会传播向上向善的正能量。建立同时记录个人失德失信行为和遵守社会公德行为的信息系统，最终目的不是惩罚也不是表扬，而是为了在社会上形成失德者寸步难行、守德者畅行无阻的局面，社会秩序得以良好运行。

新时代强化农民社会公德观培育的原因复杂多样，可以归结为一个词，那就是“需要”。需要是天性，需要是本能。新时代农民道德观培育是乡村振兴战略深入实施的重要任务，是一个系统工程。其中，农民社会公德是农民整个道德体系的基础，提高农民社会公德素养是强化农民道德观培育的重要一步。社会公德相对于职业道德、家庭美德、生态道德和个人品德而言，是调节范围最广、涉及人群最多的，其培育难度也应是最大的。目前在社会公德领域呈现出积极健康向上的良好态势，但不可回避的问题是，农民社会公德水平还不能满足“需要”，不能满足良好国家形象的塑造需要，不能满足新时代社会公德观念及功能弱化的应对需要，不能满足社会变迁和生产方式的快速变革需要，不能满足农村优秀传统文化的传承需要，不能满足中国特色社会主义的发展需要。新时代社会公德规范的内容丰富、特色鲜明，当前形成农民社会公德现状的原因复杂又特殊。因此，培育农民社会公德观，既要采取一般社会公德的原则和方法，也要根据当前我国基本国情和农村的历史传统，找到体现农村特色的具体途径。新时代农民社会公德培育是提升农民社会公德素养，进而实现农民道德自治的重要途径。因此，在培育过程中要以尊重农民的个人权利为前提，德治既是对个人权利的充分肯定，也是对他人权利的充分尊重。在正常的社会秩序运行过程中，毫无节制地利己和毫无底线地利人对于农民的德治而言都将是一场没有结果的闹剧。

第三章　农民职业道德

作为新时代公民道德建设的着力点，职业道德建设事关中国特色社会主义道德体系的整体构建，事关中国特色社会主义精神文明建设的整体进程。随着社会主义新农村建设的不断深化，特别是乡村振兴战略的全面推进，我国农业农村现代化进程日益加快，农民越来越从过去的“身份”实现向“职业”的转变。而实现这一转变的“新型职业农民”，正逐渐成为新时代推动农业农村发展的带头人、实现乡村全面振兴的主力军和推进农业农村现代化的核心力量。同样，新型职业农民自身综合素质的高低直接影响着农业农村经济发展的质量，直接关系着农业农村现代化的水平。因此，中共中央、国务院高度重视农民职业教育。2012 年，中央一号文件首次明确提出“大力培育新型职业农民”。之后连续 10 年，中央一号文件都对新型职业农民培育工作进行了部署。2020 年，中央一号文件中更进一步提出，要“加快构建高素质农民教育培训体系”。新型农民职业培育的内容，不仅包括提高农民生产技能和经营管理能力，而且包括农民综合素质的提升。2017 年，农业部印发的《“十三五”全国新型职业农民培育发展规划》提出，“围绕提升新型农民综合素质、生产技能和经营管理能力，科学确定相应培训内容。在综合素质方面，重点设置职业道德素养、团队合作、科学发展等内容”，从而明确把“职业道德”纳入农民综合素质培训的重要内容。

第一节　农民职业道德的内涵与具体要求

一、道德与职业道德

（一）关于道德

“道德是社会学意义上的一个基本概念，属于上层建筑与社会意识形态的范畴。所谓道德，就是由一定的社会经济基础所决定，以善恶为标准，以法治为保障，依靠大众舆论和内在信念来维系人与社会之间行为规范的总和。”[1] 就是说，道德首先体现为个体内在的心理品质，表现为人们内心的情感、意志、信念、价值观等；同时，道德又体现为个体外在的行为原则与规范。道德可以通过系统的学校教育、传统文化传承、社会舆论引导、规章制度约束等途径养成。

马克思曾指出：“一切以往的道德论归根到底都是当时的社会经济状况的产物。”[2] 就是说，道德要受到一定社会历史阶段、经济基础、社会关系、文化传统和社会习俗等综合因素的影响。不同的时代、不同的阶级有不同的道德观念，随着时代发展与社会进步，道德也随之发生相应的变化来顺应社会的发展，没有任何一种道德是永恒不变的。

（二）关于职业道德

职业道德既属于道德范畴，又与特定的职业活动密切相关，是一般道德在职业行为中的具体反映。“所谓职业道德，就是人们在长期的职业实践活动过程中形成的符合其所从事职业要求的心理准则、行为意识和行动规范的总和。”[3] 它“涵盖了从业人员与服务对象、职业与职工、职业与职业之

[1] 陈忱 . 农民职业化进程中职业道德建设研究 [D]. 福州：福建农林大学，2017.
[2] 中共中央马克思恩格斯列宁斯大林著作编译局 . 马克思恩格斯选集（第 3 卷）[M]. 北京：人民出版社，2012：471.
[3] 陈忱 . 农民职业化进程中职业道德建设研究 [D]. 福州：福建农林大学，2017.

间的关系”[1]。从社会层面看，职业道德强调对个人的规范性和约束性，是一定职业实践活动所应遵循的外在职业道德规范；从个人角度看，职业道德强调个人对外在规范要求的内化于心、外化于行，是一定职业者内化的职业道德品质和外化的职业道德行为。

“职业由于分工而独立化。”[2]随着社会生产的不断发展、科学技术的不断进步，社会分工越来越细，职业化分也越来越呈现出多样性、时代性特点。“在实际当中，每一个阶级，甚至每一个行业，都各有各的道德。”[3]因此，每一种职业都有各自的职业道德，每一个职业者都应该遵守其所属职业的职业道德规范。当今社会，人们已经进入了一个以职业生活为中心的时代。作为一种社会活动，人们职业活动条件的满足、职业活动实践的进行、职业活动成果的实现都离不开整个社会的支持，离不开其他社会成员的配合。从而在人与人的接触过程中，在社会各个领域的协调发展中，自然会涉及对个人职业活动的道德规范要求。从而，职业道德的重要性在人们生产、生活中的地位越来越凸显出来。

二、身份农民与职业农民

（一）关于身份农民

“农民”这一概念的产生，原本是古代社会生产发展到一定阶段，人们社会自然分工的结果。所以，《说文解字》上说：“农者，耕也、种也。”《汉书·食货志》也说：“辟土植谷者曰农。”《现代汉语词典》对“农民”的解释为“长期从事农业生产的劳动者”。这些释义都是侧重农民是一种职业的定义。但是，无论国内还是国外，“农民”在相当长的时间内，并不是作为一种职业存在，而是作为一种身份、阶层存在。

---

[1] 中共中央　国务院．公民道德建设实施纲要 [N]. 人民日报，2001-10-25（1）.

[2] 中共中央马克思恩格斯列宁斯大林著作编译局．马克思恩格斯选集（第 1 卷）[M]. 北京：人民出版社，1995：135.

[3] 中共中央马克思恩格斯列宁斯大林著作编译局．马克思恩格斯选集（第 4 卷）[M]. 北京：人民出版社，1995：236.

在西方，“农民”一词最早是用“peasant”来表述。“该词源于古法语，由古拉丁语‘pagus’派生而出，该拉丁词意为‘异教徒、未开化者、堕落者’，带有强烈的贬义，是对卑贱者的贬称。”[1] 从词源和词意上来看，“peasant”一词与农业生产活动并没有直接的关系，而是带有明显的身份歧视色彩。

在我国古代，虽然有“古者有四民，有士民，有商民，有农民，有工民”[2] 的论述，但是，在长期以来形成的等级制度观念下，“农民”更多侧重这一群体的社会阶层属性，同样带有更多的身份色彩，凸显农民在社会关系中的地位。“1958 年 1 月，《户口管理条例》实施后，农民与农村户口紧密相连，固定为户口意义上的农民，为农民紧紧贴上了身份上的标签。”[3]

综上所述，“身份农民”更多是指，在户籍制度体系下，“具有农业户口、在农村生产生活、与土地有着天然联系的社会劳动者”[4]。这一语义下的“农民”，不是自主择业的结果，而是子承父业的继承性产物。谈起农民，人们的脑海中会不自觉地浮现出他们“面朝黄土背朝天”，大汗淋漓地在田间劳作的场景；会闪现出他们思想保守、崇尚迷信、节衣缩食、不思进取的形象。于是乎，“农民”成为一种标明身份和社会等级的特殊符号，成为一种保守落后、乡土文化的代表，成为一种封闭、愚昧、穷苦生存状态的象征。

（二）关于职业农民

改革开放以来，随着科技的进步和时代的发展，为适应经济和社会发展的需要，我国农民结构发生了变化，农民正逐步由传统农民向现代农民转变，农民的身份属性日渐淡化，职业属性逐渐凸显。“农民群体中既有传统农民的存在，也出现了新的职业性农民，按照职业划分成农民工、农业

---

[1] 刘吉双 . 从身份农民到职业农民：居村农民市民化演进路径 [J]. 经济研究导刊，2014（27）：43-44.
[2] 春秋谷梁传 [M]. 顾馨，徐明校点 . 沈阳：辽宁教育出版社，1997：75.
[3] 刘吉双 . 从身份农民到职业农民：居村农民市民化演进路径 [J]. 经济研究导刊，2014（27）：43-44.
[4] 高建民 . 中国“农民”的概念探析 [J]. 社会科学论坛（学术研究卷），2008（9）：65-68.

生产者、农民企业家、科技型农民等农民群体。”[1]

2006 年，《中共中央 国务院关于推进社会主义新农村建设的若干意见》提出：“提高农民整体素质，培养造就有文化、懂技术、会经营的新型农民。”这是中央一号文件首次提出“新型农民”的概念。新型农民显然是与传统户籍农民相对而言的。2012 年，中共中央、国务院印发《关于加快推进农业科技创新持续增强农产品供给保障能力的若干意见》，又进一步提出“大力培育新型职业农民”。“新型职业农民”与“新型农民”的本质是一致的，区别在于新型职业农民更强调其职业性，强调要“以提高科技素质、职业技能、经营能力为核心”，通过掌握科学文化知识、农业生产技能、经营管理手段等，将农业生产和农业产品经营作为主要职业，并从中获得经济收益，同时服务国家、服务社会。2017 年，农业部印发的《“十三五”全国新型职业农民培育发展规划》为“新型职业农民”做了明确的定义，即“以农业为职业、具有相应的专业技能、收入主要来自农业生产经营并达到相当水平的现代农业从业者”。

从“新型农民”到“新型职业农民”，两字之差彰显的是国家对农民的重新定位，代表着我国农民从身份向职业、从兼业向专业、从传统向现代的华丽转型。“职业农民”取代“身份农民”，意味着“农民”成为一种自由选择的职业，而不再是一种被赋予的身份。

关于职业农民的特征，不同学者有不同的认识。学者朱启臻、闻静超认为，职业农民既要符合农民的基本条件，即占有一定数量的生产性耕地，大部分时间从事农业劳动，以农业生产和农业经营收入为主要经济来源，长期居住在农村；又要具备新型农民的特点，即成为市场主体，具有高度的职业稳定性，具有高度的社会责任感。[2] 学者郝丽霞、委玉奇认为，职业农民必须具备四个基本条件，即自我择业、充分就业并自由流动、取得社会平均收益、得到公正的社会待遇。[3] 学者洪仁彪、张忠明认为，职业农

[1] 崔妍 . 新型职业农民的职业道德培育研究 [D]. 哈尔滨：东北农业大学，2016.

[2] 朱启臻，闻静超 . 论新型职业农民及其培育 [J]. 农业工程，2012（3）：1-4.

[3] 郝丽霞，委玉奇 . 农民职业化的制约因素及对策分析 [J]. 农业经济，2010（12）：80-81.

民与传统农民相比，具有限定性、商业性、技术性、稳定性、多样性的特征。[1]学者郭智奇、齐国和杨慧等认为，新型职业农民应该“具有较高的科技文化素质、专业生产技能和职业道德素养，具有较强的自我发展能力和市场竞争意识，具有稳定的工作岗位和收入来源”[2]。

综上所述，新时代职业农民，是指长期从事农业生产和经营，具有现代生产经营理念、较高科技文化素质、相应专业技能和职业素养、稳定可靠的经济收入的现代农业从业人员。

三、农民职业道德的内涵与要求

（一）农民职业道德的内涵

农民职业道德，是指农民在从事农业生产经营的实践中所应该遵守的道德准则和规范的总和。新时代农民职业道德是中国特色社会主义职业道德的重要组成部分。作为一种社会意识，它是调节农民与农民之间、农民与其他职业者之间、农民与社会之间、农民与自然之间关系的行为规范的总和；作为一种道德行为准则，它是评判新时代农民行为是否符合农业行业要求的一般标准。它对新时代农民的职业行为起着约束、规范、教育、引导、调整的作用，不仅有利于促进农民自身综合素养的提高，而且对于促进中国特色社会主义精神文明建设、对于推动社会主义新农村建设和实现乡村全面振兴有着重要的作用。

（二）农民职业道德的具体要求

2019 年，中共中央、国务院印发了《新时代公民道德建设实施纲要》，提出：“推动践行以爱岗敬业、诚实守信、办事公道、热情服务、奉献社

[1] 洪仁彪，张忠明 . 农民职业化的国际经验与启示 [J]. 农业经济问题，2013（5）：88-92.

[2] 郭智奇，齐国，杨慧，等 . 培育新型职业农民问题的研究 [J]. 中国职业技术教育，2012（15）：7-13.

会为主要内容的职业道德，鼓励人们在工作中做一个好建设者。”[1]“爱岗敬业、诚实守信、办事公道、服务群众、奉献社会”，这五项道德规范是新时代职业道德的最基本要求。新时代农民的职业道德不仅要具备职业道德的一般要求，而且应该具有新时代“农民”这一职业的特殊要求。

1. 政治信仰

政治信仰是新时代农民的政治属性。“人民有信仰，民族有希望，国家有力量。”[2]建设富强民主文明和谐美丽的社会主义现代化强国，实现中华民族伟大复兴的中国梦，离不开中国共产党的坚强领导，离不开全国各族人民的共同努力。过去，在新民主主义革命和社会主义革命时期，广大农民作为革命的主要依靠力量，在中国共产党的领导下，建立了人民当家作主的新中国，确立了社会主义基本制度；在社会主义建设初期和改革开放以来，农民作为社会主义建设的主要依靠力量，在中国共产党的领导下，坚持解放和发展生产力，全面推进社会主义经济、政治、文化、社会和生态建设，创造了极为丰富的物质财富和精神财富。“一切向前走，都不能忘记走过的路；走得再远、走到再光辉的未来，也不能忘记走过的过去，不能忘记为什么出发。”[3]进入中国特色社会主义新时代，在全面建设社会主义现代化强国、实现中华民族伟大复兴的进程中，广大农民仍然是主要依靠力量，必须不忘初心、继续前进，必须始终坚持中国共产党的领导、坚定马克思主义信仰、坚定中国特色社会主义理想信念。

2. 热爱农业

热爱农业是新时代农民的道德前提。作为新时代农民，必须首先热爱农业、积极投身农业。这是“爱岗敬业”的具体体现。一是把农民作为社会分工的一种，与工人、商人、教师等职业同等看待，树立职业平等观念，不因农业生产辛苦、农业收入不高，而看轻农业、歧视农民。二是自主自愿将农业生产经营作为自己养家谋生的主要手段、作为成就事业发展的主要途径，并持久投身其中。三是积极采用现代化生产经营理念、先进的科

[1] 中共中央　国务院 . 新时代公民道德建设实施纲要 [N]. 人民日报，2019-10-28（1）.
[2] 习近平 . 习近平谈治国理政（第 2 卷）[M]. 北京：外文出版社，2017：323.
[3] 习近平 . 习近平谈治国理政（第 2 卷）[M]. 北京：外文出版社，2017：32-33.

学技术和管理知识，不断改善农业生产结构，提高农业生产经营效益，能够在农业生产发展和农村经济提升以及农民自身成长过程中产生归属感、获得感、满足感、荣誉感。

3. 勤劳致富

勤劳致富是新时代农民的应有传承。“功崇惟志，业广惟勤。”[1] 中华民族历来有勤劳致富的优良传统。传统农民起早贪黑、精耕细作，秉承祖辈勤劳俭朴、踏实肯干的良好品德，一切只为吃饱穿暖，日子过得富裕。改革开放以来，随着农业科技的进步、农业机械化的推广、农村城镇化的推进，广大农民致富途径多种多样，生活水平有了极大提升。一部分农民开始变得心理浮躁，幻想着一夜暴富，忘掉了勤劳致富的传统。有的开始变得懒散，坐等机遇临头、天上掉馅饼；有的开始投机取巧，通过不正当、甚至非法的手段谋取利益。其结果，固然不乏“中彩”之人，但绝大多数就此沉沦、走向失望。所以，无论时代如何变化，勤劳致富、勤俭节约的传统不能丢。正如习近平总书记在中央扶贫开发工作会议上所说的“扶贫不是救济，而是要引导和支持所有有劳动能力的人，依靠自己的双手开创美好明天”,[2] “幸福不会从天而降，好日子是干出来的。脱贫致富终究要靠贫困群众用自己的辛勤劳动来实现”[3]。

4. 崇尚科学

崇尚科学是新时代农民的基本素质。“工欲善其事，必先利其器。”[4] 农业现代化的关键在于农业科技进步。随着农业现代化的深入推进，科学技术在农业生产中的地位和作用越发明显。因此，提高科学文化水平、增强农业生产技能、掌握先进生产方式，已经成为新时代农民成长发展的关键。要像习近平总书记强调的那样：“努力使农民成为具有新理念、新思想、新

[1] 冀昀 . 尚书 [M]. 北京：线装书局，2007：228.

[2] 中共中央文献研究室 . 习近平总书记重要讲话文章选编 [M]. 北京：中央文献出版社，2016：290.

[3] 中共中央文献研究室 . 习近平总书记重要讲话文章选编 [M]. 北京：中央文献出版社，2016：301.

[4] 论语 [M]. 刘兆伟，译注 . 北京：人民教育出版社，2015：362.

知识、新文化、新精神、新技能、新素质、新能力的新型农民。”[1] 作为新时代农民，要深刻认识到科学文化、科学技能在农业生产经营过程中的重要意义，认识到提高自身科学文化素质对农业生产经营的积极作用，从而主动提升自身科学文化素养，提高自身综合素质，努力学习科学生产技能、掌握先进生产方式，丰富自身经营管理知识，提升接受新信息、新知识的能力，充分发挥先进科学技术对现代农业生产经营的作用。

5. 市场意识

市场意识是新时代农民的必备素养。2016 年，习近平总书记在安徽凤阳县小岗村主持召开农村改革座谈会时指出：“中国要富，农民必须富。”农民要富，就必须改变传统的靠天吃饭的历史，真正做到“有文化、懂技术、会经营”。有文化，才能解放思想、拓宽视野；懂技术，才能提高农业科技含量、提升农业生产效益；会经营，才能转变发展方式，实现农产品利益最大化。作为一种独立职业，新时代农民不仅要从事农业生产，而且要参与农产品加工、经营。与传统农民仅为满足温饱而从事农耕不同，新时代农民要努力成为农业生产、加工的决策者和农产品经营的管理者。这就要求新时代农民必须具有市场意识。一是要有市场参与意识，要改变过去自给自足的小农思想，勇于走向市场，推动农产品交换；二是要有市场竞争意识，培养洞察市场供求变化和价格行情的能力，主动把有限资源投向有需求、产量高、效益好的农业项目，提高农产品竞争力，提高农业经济效益；三是要有市场规范意识，要自觉遵守市场规则、规范市场行为，坚持诚信守法经营，杜绝以次充好、制假贩假，杜绝违约生产、违法经营。

6. 进取精神

进取精神是新时代农民的成长动力。志当存高远，敢为天下先。新时代农民必须适应新形势、新条件的变化，把握市场经济发展的规律和要求，改变传统“小富即安”的保守观念，勇于解放思想、开拓进取、创新发展，善于根据社会需求变化，树立新目标、采用新方式、探索新途径，努力在乡村全面振兴中建功立业，实现自己的人生价值。正如习近平总书记早期

[1] 习近平 . 之江新语 [M]. 杭州：浙江人民出版社，2007：198.

在宁德任地委书记时就提出的“扶贫先扶志”，即淡化贫困意识，强化对摆脱贫困的坚忍不拔的进取精神。当前，我们欣慰地看到，在我国全面脱贫攻坚过程中，有一部分农民主动关注市场行情，积极发展多种经营，从传统农业生产模式中走出来，逐步成为真正有技术、会经营的新时代农民，成为地方科技致富、脱贫致富的领头人。但是，市场经济的风险性、农村家庭的脆弱性、农民思想的保守性，往往使相当一部分农民不敢迈出创新经营、创新发展的步子，从而在农业农村现代化进程中掉了队。因此，必须加强对农民的职业培训和组织引导，提升农民的职业技能，降低农民经营风险。同时，要大力普及推广农村义务教育、医疗保险、养老保险，从根本上解决农民的后顾之忧，从而增加农民敢于创新的勇气和底气、增强农民开拓进取的信心和决心。

7. 法治观念

法治观念是新时代农民的道德底线。“法律是底线的道德，也是道德的保障。”[1]“法安天下，德润人心。法律有效实施有赖于道德支持，道德践行也离不开法律约束。”[2]因此，加强社会主义公民道德建设必须与推进社会主义法治建设相结合，做到两者相互补充、互相促进、协同发力。作为社会主义现代化建设的重要力量，新时代农民必须树立法治观念，自觉做中国特色社会主义法治的崇尚者、遵守者、捍卫者。一是要主动学习法律。特别是要学习关于农业生产经营、农民权益保护等方面的法律法规，学会运用法律思维来分析问题、解决问题。二是要强化遵规守法意识。俗话说“国有国法，行有行规”。新时代，农民作为一种职业，既要遵守国家基本法律，又要遵守行业法律法规，尤其要重视遵守诚信经营、公平竞争、安全生产、生态保护等方面的法律法规。三是要坚持依法维权。作为社会中相对弱势的群体，广大农民在遵法守法的基础上，还要切实增强依法维权的意识，学会运用法律武器，维护自己的合法权利，保护自己的合法利益。

[1] 习近平 . 习近平谈治国理政（第 2 卷）[M]. 北京：外文出版社，2017：134.
[2] 习近平 . 习近平谈治国理政（第 2 卷）[M]. 北京：外文出版社，2017：133.

8. 珍惜土地

珍惜土地是新时代农民的守护底线。土地是农村最基本的生产资料，是农民最根本的生活保障，失去了土地，农民也就失去了生存的根本。所以新时代农民必须珍惜土地，特别是要守住耕地红线。正如习近平总书记所指出的：“保护国家粮食安全的根本在耕地，耕地是粮食生产的命根子。农民可以非农化，但耕地不能非农化。”[1]要像习近平总书记多次强调的那样：“保护耕地要像保护文物那样来做，甚至要像保护大熊猫那样来做。”[2]珍惜土地资源，就要树立“绿水青山就是金山银山”的绿色发展理念，强化生态环境保护意识，严守耕地保护红线，严格土地用途管制，合理开发利用土地，杜绝过度开垦开发，避免因追求一时利益而破坏土地；要坚持科学生产，注重循环经济发展，追求资源的可持续发展。这也是新时代农民最基本的职业道德。

9. 社会责任

社会责任是新时代农民的共有品格。“国家兴亡，匹夫有责。”[3]一代人有一代人的使命，一代人有一代人的担当。作为美丽乡村建设的主体，新时代农民肩负着巩固拓展脱贫攻坚成果、全面推进乡村振兴、加快农业农村现代化的历史重任。稳定粮食生产，确保粮食安全，对国家负责；发展绿色农业，生产安全放心的农产品，对消费者负责；强化生态观念，遵循相关法律法规，科学生产，对生态环境负责；保护土地资源，推进循环发展、持续发展，对子孙后代负责。这是新时代农民共同的社会责任。新时代农民必须勇挑重担，在大力发展生产，实现个人富裕、个人发展的同时，也要善于从全局出发、从长远出发，维护国家利益、集体利益，考虑社会效益、生态效益。要在推进乡村全面振兴、推动农业农村现代化的大局中，实现个体的人生价值，并从中提升个人获得感、幸福感、成就感。

---

[1] 中共中央文献研究室 . 十八大以来重要文献选编（上）[M]. 北京：中央文献出版社，2014：662.

[2] 中共中央文献研究室 . 十八大以来重要文献选编（上）[M]. 北京：中央文献出版社，2014：663.

[3] 许苏民，许广民 . 日知录一百句 [M]. 上海：复旦大学出版社，2011：129.

第二节 农民职业道德的现状及成因分析

一、农民职业道德的现状及影响因素

（一）农民职业道德的现状

随着我国农村改革的不断深入、农业现代化的不断推进，农民传统的价值观念和价值追求也在逐渐转变，农民的职业道德观念已经初步形成和确立。表现在：一是参与农业经营，市场竞争意识显著增强。新时代农民逐渐摒弃了传统农民原有的“靠天吃饭”、被动适应农村市场的行为，开始以多样化的身份参与到农业生产、加工和经营的全过程。如以“生产经营”为主的现代农场主，通过开展规模化生产、集约化经营，参与农业商品的生产和销售；以“社会服务”为主的农村信息员，通过收集、整理、分析农业信息，为更好地开展农业生产提供参谋、服务。二是树立法治观念，市场规范意识有所提升。随着全面依法治国的深入推进，我国农村法治建设不断加强，广大农民法治观念大幅增强，农民在进行农业生产、加工和经营的过程中，不仅能够积极学习与市场经济有关的政策、法律知识，并在学法懂法的基础上，主动守法经营，有序参与市场竞争；坚持依法维权、尽力维护自身合法利益。三是重视科技创新，科技兴农得到普遍认可。当前，广大农民普遍重视农业科技创新，逐步改变原来效率相对较低的“老经验、土方法、旧模式”，转而利用现代科学技术发展农业生产、开展农业经营，向科技要产量、向创新要效益已经成为新时代农民的主要生产方式。四是坚持勤劳致富，开拓进取精神得到发扬。广大农民能够客观对待、理性认识既成的城乡二元差距，没有自怨自艾、一蹶不振，而是积极利用国家扶贫助农政策，大力配合农业产业化发展，主动投身乡村振兴战略，努力在国家的扶持下，通过自己不屈不挠的进取精神、勤劳肯干的务实态度，实现自身脱贫摘帽、增收致富。五是坚持勤俭节约，艰苦奋斗精神得到传承。广大农民继承了中华民族勤俭节约、艰苦奋斗的传统美德，在农村基层党组织的带领下，积极开展乡村振兴工作，在发挥种植业、养殖业独特优势基础上，积极开发、经营特色产业，如发展乡村旅游、开办农家乐、体验式项目、特色产品销售等，通过自身的辛苦奋斗，提高自身生活水平，推动农村经济向前发展。

进入新时代，党中央对“三农”问题更加重视，农民职业化培训力度不断加强，农民职业道德培育成效明显，广大农民职业道德积极、向好发展。但是，我们也必须看到，农民职业道德仍存在诸多问题和不足。表现在以下方面。

1. 农民职业道德意识普遍薄弱

（1）农民职业信念相对模糊

现实生活当中，固然有一部分农民从“身份农民”的传统观念中突围出来，认可现代的“职业农民”观点，也愿意从事“农民”这一职业。他们本着对土地、对农业的热爱之情，积极投身农业生产，并从中发现自身的价值。但是，有相当多的农民，仍然囿于农民“身份”的思想樊笼。他们虽然也从事“农民”这一职业，但往往不是出于主观自愿，而更多是“不得不”选择的结果。例如：有一些农村生源的大专院校毕业生，许多志在通过学习走出农村，留在城市，但是由于在外求职不顺、多次被拒，迫于无奈，不得不回到农村，响应国家号召、投身农业生产；也有一部分传统农民意识到，职业农民能够得到更多的国家政策扶持，看到掌握更多的科学技术、经营技能，有利于获取更多的实实在在的经济收益，于是顺势转型，成为职业农民。这些人最初的职业选择并不明确，作为“农民”的职业信念并不坚定。

（2）职业道德认知相对匮乏

在传统语境下，因为农民的“身份”定位，我国大多数农民虽然从事农业生产活动，但是头脑中并没有“职业”的概念，更没有职业道德的相关内容。随着农村改革的不断深化，一些农民率先转型，逐渐走上了职业农民的轨道，但是因为没有经过系统的教育培训，许多新型职业农民并不具备相关的职业知识。新农村建设推进过程中，国家虽然提出培养新型农民，但培训内容主要是科学知识和劳动技能，缺乏相关职业道德方面的内容。综上，无论是传统农民，还是新型职业农民，他们当中大多数并不明晰作为“农民职业”应该具备的职业道德，缺乏相关职业道德认知。而且即使参加职业教育培训，相对而言，他们也更愿意接受那些对自身经济利益有直接影响的相关职业技能和政策法规培训，而不认可自身的职业道德缺陷，不愿意参加相关职业道德方面的教育培训。

（3）职业责任意识相对不强

职业本身是社会分工不断细化的产物。因此，每一种职业都必然承担着各自所涉行业的特定社会责任与义务。在我国社会主义现代化进程中，广大农民承担着推动农业产业更好更快发展、维护国家耕地和粮食安全、实现乡村全面振兴、推进农业农村现代化的社会责任和义务。与社会上其他职业者相比，传统农民受个人思想观念等的局限，更多关注个人和家庭责任，而缺少担负社会责任的自觉。新型职业农民因职业信念模糊、职业道德认知不强，对自己的职业责任同样缺少清醒认识，因而也很少把履行职业责任变成个人职业道德自觉。

2. 部分农民职业道德行为失范

（1）利益优先，违规生产时有发生

受市场经济功利性影响，仍有部分农民为追求利益最大化，在生产过程中，存在着严重道德不规范行为。比如：为加快粮食作物生长，不按剂量规定，超量滥用化肥，而不考虑过量化肥对土壤、对环境造成的破坏；为减少作物病虫害，大量使用高浓度、高残留的农药，而不考虑残留农药对粮食安全的影响，进而严重危害广大消费者的食品安全和身体健康；为了获取短期效益，对自然资源进行过度开发、甚至掠夺性开发，从而对生态环境造成不可逆的影响和破坏；为加快家畜、家禽生长繁殖，大量喂食激素，不尊重动物生理规律，造成畸形成长、甚至危害肉蛋制品安全；等等。当前，一些违规生产事件、食品安全问题频频曝光，其实是部分农民缺乏责任意识、职业道德败坏的表现，严重影响了广大农村的社会风气。

（2）失信经营，不遵守市场经济规则

部分农民在参与农业经营过程中，随着自主意识的增强，自私自利观念也逐渐显现。一些人为满足个人利益、眼前利益，开始投机取巧，钻市场规则漏洞、甚至违反市场规则，做出见利忘义、甚至违法犯罪的失范行为。比如在农村市场经营过程中，出现的以少充多、以次充好，掺杂造假、制假贩假，虚假信息、招摇撞骗，违背约定、不守诚信等现象。一方面打破了市场经济规则，扰乱了农村市场秩序；一方面严重影响了农民的整体形象，影响了农村经济发展。在王娟等学者的调查中，出于对利益的追逐，将近 30% 的农民对于“制假售假”采取默认的态度，将劣质农产品投入市场以谋取眼前私利，将以投机取巧的手段获利视为赚钱的本领。[1] 这说明，农民中职业操守弱化、诚信意识缺失的人还占有相当的比例。

（3）盲目决策，把握市场能力较弱

由于广大农民参与农产品经营的时间相对较短，市场意识相对较弱，对国家相关政策和市场信息把握不及时，所以在农业生产经营决策时，难免有盲目跟风现象。对农民而言，最简单的判断标准就是能否获得实实在在的利益。于是许多农民由于缺乏经营管理知识、缺乏市场判断能力，往往根据市场价值导向，看哪些农作物市场行情高，就种哪些农作物，而不考虑供求变化、市场饱和度等因素的影响，盲目生产、盲目扩张，不注重国家或地方的宏观调控，不顾市场价值规律的客观影响，给个人造成损失的同时，也影响国家和集体的利益，影响农产品的供需平衡。甚至有部分农民为了个人利益，变得自私、狭隘，人与人之间互相排挤、打压，从而造成市场秩序混乱，严重影响农产品市场健康发展。

（二）农民职业道德的影响因素

1. 农民传统思维的影响

思维方式决定人们的思想观念，并进而影响人们的行为活动。随着市场经济的发展和农村改革的不断深化，广大农民的思想观念发生了很大变化。但是中华民族几千年来形成的传统思维方式在广大农村仍然根深蒂固，并在很大程度上影响着农民的思想和行为。这种影响有积极的方面，比如传统农民广泛继承了中华民族勤劳、朴实、善良、正直等传统美德；也有

---

[1] 王娟，王文涛．乡村振兴战略视阈下的农民道德观培育研究——以湖北省为例 [J]. 湖北省社会主义学院学报，2018（2）：84.

消极的方面，比如表现为封闭保守、安于现状、目光短浅、盲目从众的“小农意识”仍有残留。而正是这种“小农”思维方式在很大程度上影响着农民职业道德的养成。一是具有保守性，影响农民思想解放。我国广大农村地域相对闭塞、教育相对落后，古代封建文化的影响深远，封建宗法制度长期占据乡村文化的主导地位。广大农民习惯了遵循祖辈传承、按照惯例做事，具体表现为安于现状、沉于宿命、墨守成规。从而缺乏进取意识，不愿融入市场、参与市场竞争。二是具有依附性，影响农民的思想创新。由于农村生活范围限制、农民思维视野相对狭窄，他们更倾向祖辈流传下来的经验教训，更愿意依赖身边有地位、有学识的人的“指点”，而缺少独立思考、自我发展的意识。从而在现代农业生产经营中缺乏开拓创新精神，容易因循守旧、盲目跟风。三是具有顽固性，影响农民思想转型。封建文化在广大农村的根深蒂固，造成了传统“小农意识”在农民头脑中的顽固不化。这在很大程度上束缚了农民的思想观念，影响了农民的职业化进程，制约了农民职业道德的养成，阻碍了农村生产发展和农民自身发展。

2. 市场经济趋利性的影响

物质决定意识。随着市场经济在农村的不断发展，广大农村日益由封闭走向开放，广大农民在逐渐摆脱贫穷与落后、生活条件好转的同时，原有的价值取向、道德观念也发生了较大变化。这种变化有积极向好的一面，也有消极落后的一面。而市场经济这种消极影响严重制约了农民职业道德的提升。表现在：一是市场经济趋利性的消极影响。市场经济往往以最大化获取经济利益为目的，从而容易产生拜金主义、功利思想。由于农村市场经济法律法规尚不完善，政府部门的监管相对弱势，加上市场经济引起的贫富差距加大，致使部分农民心态发生变化，开始怀疑国家政策的合理性，不再相信勤劳致富的传统，只关心个人利益的得与失、多与少。甚至有个别农民为了一己私利，不讲职业道德、不顾违反法律法规。二是市场经济自发性的消极影响。市场经济的自发性，是指市场本身能够对商品进行自我价格调节。也就是说在市场经济中，农民可以根据市场供需的实际情况来自发调整农产品的价格。而受市场经济趋利性的影响，部分农民为了自身利益，盲目利用这种自发性，不讲诚信、不讲规则，一切以金钱为重，私自涨价落价、私下销售伪劣农产品，在违反职业道德的同时，还扰乱了市场秩序。三是市场经济盲目性的消极影响。市场经济本身具有盲目性，当宏观调控不到位，这种盲目性就会被放大。因为每个生产者或经营者都不可能全面掌握相关市场信息，所以没有人能够完全预测和控制市场经济的走势。农民作为市场经济中的弱势群体，这种预测和判断能力相对更弱，往往只看到眼前利益，而忽视市场规律和长远发展。从而在生产、经营决策时，容易出现盲从、跟风现象，进而导致产品积压后，开始不讲职业道德，不顾市场规则，低价倾销，引起不正当竞争。

3. 多元化价值观的影响

随着经济全球化的发展，改革开放不仅引入了市场经济，也促进了与外来文化的交流，输入了多元化的社会思潮和价值观念。价值观的多元化，有利于传统农民的思想解放，有助于推进农村现代化进程，但同时也给处于转型期的广大农民带来了不利的影响。尤其是我国传统农民正处于向职业农民转型的过渡期，新时代职业农民的价值取向和道德目标尚未定型，很容易受到多元价值观的引导，而偏离社会主义核心价值方向。市场经济的引入，释放了人们的创造潜力，也释放了人们对物质享受的渴望。比如：受西方功利主义、享乐主义的影响，部分农民变得只求经济效益，忽视社会效益、生态效益；只重利益竞争，不顾规则约束、职业道德。受西方利己主义、极端个人主义的影响，部分农民变得极端自我，只求个人利益最大化，不顾他人、集体和国家的利益。更有极少数农民为了获得更大的个人利益，不惜触犯法律，生产假烟假酒、制售有毒奶粉，等等，严重损害他人的合法权益，危害社会公共安全。可谓是诚信丧失、道德丧尽，严重破坏了农民职业道德体系，阻碍了农村精神文明建设。

4. 不良文化环境的影响

文化环境对人们的价值观念、思想道德具有潜移默化的影响。所谓“近朱者赤，近墨者黑”，不同文化环境对个人思想道德的形成会产生不同的影响。在我国广大农村，文化基础设施相对落后，农民精神文化生活相对贫乏。传统农民的竞争意识、进取精神普遍不足，加上传统自给自足的生活方式、安于现状的思维方式，都助长了农民的惰性和“等靠”思想。因此，农

合一、德技并修，完善激励机制，增强劳动者对职业理念、职业责任和职业使命的认识与理解”，要“加强职业素质培育，将职业道德、质量意识、法律意识、安全环保和健康卫生等要求贯穿职业培训全过程”。三是在考核评价导向上，2018 年，国务院《关于推行终身职业技能培训制度的意见》中提出：“建立技能人才多元评价机制。健全以职业能力为导向、以工作业绩为重点、注重工匠精神培育和职业道德养成的技能人才评价体系。”2019 年《国家职业教育改革实施方案》中提出：“以学习者的职业道德、技术技能水平和就业质量，以及产教融合、校企合作水平为核心，建立职业教育质量评价体系。”同时强调，要“推进职业教育领域‘三全育人’综合改革试点工作，使各类课程与思想政治理论课同向同行，努力实现职业技能和职业精神培养高度融合”。将农民职业培训纳入国家职业教育体系，重视职业道德培育，强调立德树人、德技并修的教学理念，根本上改变了传统农民培训“重技轻德”的现象，从而有助于新时代农民职业道德的养成。

（3）农村良好的社会道德环境正在形成

随着农村精神文明创建活动的大力开展，农村思想道德建设的不断加强，广大农村社会风气日益好转，良好的社会道德环境正在形成。一是中国特色社会主义和“中国梦”宣传教育、社会主义核心价值观教育全面展开。在一些主流媒体和自媒体平台上，以社会主义核心价值观为主题的影视文化作品大量推出；在广大农村，一些以“中国梦”和社会主义核心价值观为主题的宣传教育活动广泛开展。这些通俗易懂的影视作品，贴近生活、贴近实际的文化活动，既有助于职业农民主流社会思想和正确道德认知的形成，也有助于社会主义精神文明的构建、良好社会道德风尚的形成。二是全国道德模范评选表彰活动形成了广泛的示范效应。自 2007 年以来，中宣部、中央文明办等 6 部门开始举办全国道德模范评选活动，评选围绕“助人为乐、见义勇为、诚实守信、敬业奉献、孝老爱亲”五个主题展开，而“诚实守信、敬业奉献”两种职业道德规范被纳入参评标准，有力彰显了国家对职业道德的重视。而当选的道德模范中不乏农民身边人、身边事，从而对农村道德风尚的形成，对农民职业道德的养成具有巨大的示范带动作用。三是“中国农民丰收节”的设立，极大地增强了农民的职业自信，提升了农民的职业自豪感。经党中央批准、国务院批复，我国自2018年起将每年农历秋分设立为“中国农民丰收节”。这是第一个在国家层面专门为农民设立的节日，体现了我们党对农民的高度重视与深切关怀。通过开展节日文化活动，有助于涵养广大农民对农业的热情，增强农民的幸福感、获得感和荣誉感，从而让农民这一职业变得更有底气、更有活力、更有价值，有利于促进农民自觉提升职业道德素养，致力献身农业农村发展。

（4）农民自身的职业能力和道德素质有所提高

近年来，通过广泛参与农村思想道德建设、精神文明创建等活动，通过主动参加农民职业教育培训，广大农民的职业技能和道德素质正在不断提高。一是农民的职业认知逐步形成。相当一部分农民逐渐改变过去“以农为耻”“低人一等”的观念，开始认识到农业和其他行业一样都是社会分工的产物，农民只是一种“职业”的称谓，而不是“身份”的符号，同样肩负着社会发展的责任。特别是近年来随着一大批退伍军人、大中专毕业生等新生力量加入职业农民的队伍，随着农业科技的进步和农业现代化的推进，农业的未来将更具吸引力、影响力。二是农民的职业意识有所增强。随着科学文化素质的提升、思维视野的开阔，通过系统的职业道德培育，广大农民越来越认识到：参与农业生产不只是一种谋生手段，而且是社会发展和民族振兴的使命所系、职责所在。从而带动他们以最真诚的态度保护土地资源、以最积极的热情发展农业生产、以最守信的行动参与农业经营。三是农民的职业行为变得坚定。职业道德作为一种公益性的意志品质，具有明确的引导性、强大的渗透性，有利于促进农民职业良心和职业责任的增强。同时，职业道德作为一种评判性的规范标准，对农民的职业行为具有普遍约束和激励作用，能促使职业农民主动对照职业规范，强化农业生产技能、提高农业生产质量、提升农业经营效益，推动广大农民积极投身现代农业，促进农业产业化、规模化、现代化发展。

2. 农民职业道德培育存在的问题

（1）培育理念滞后

农业现代化的发展需要具备高素质的农民。这里的“高素质”，既包括较高的文化知识水平、农业生产技能、经营管理能力，也包括高尚的职业道德素质、健康的心理素质等因素。但是从目前看，我国大多数地方在对农民进行职业培训的过程中，并没有树立促进农民全面发展的理念，只注重农民职业技能的提高，不注重农民职业道德的培养。农民职业道德培育是新时代农民职业培训的重要一环，是人的全面发展理论的重要体现。近年来，国家在大力培育新型职业农民方面，颁布了许多重要的文件制度，都明确提出要全面提高农民素质，为解决“三农”问题提供政策保障。但是在一些地方、基层并没有得到有效落实。这与基层政府只注重经济发展指标，而对文化、道德建设重视不够有关，也与广大农民更重视生产技能、经营管理能够带来的实实在在的利益，而忽视个人文化水平提升、职业道德养成有关。这种滞后的道德培育理念，必然影响政府对农民道德建设的投入，影响农村对农民道德建设的积极性，从而不利于农民整体道德的提升，也会使农民职业道德教育受限。

（2）培育力量不足

当前，我国农民职业道德培育的主要力量是农职院校的教师和农村基层干部队伍。而在农职院校，德育教师不足是个普遍存在的问题。一是职业教育在人才培养上更突出专业性、技术性、应用性，具有“短、平、快”的特色，所以在师资队伍建设上，更重视专业技术人才的引进。因而在德育教师队伍建设上投入不足，特别是缺少专业的职业道德教师。加上前些年，职业教育的不景气，许多院校的专业教师数量都不达标，就更不用提德育教师了。因此对于技术上的专业教师来说，在职业道德教育上自己也仅属于“半路起家”的人。二是职业院校的德育教师兼具教学管理性质，许多德育教师不属于专任教学人员，学校在教师培训上，更愿意将经费投入到专业技术教师身上，而不是德育教师身上。特别是在我国职业教师培训课程体系中，很少涉及职业道德内容的课程。三是许多职业院校担任职业道德教育的教师是兼职教师，本身对职业道德教育缺少研究，经验不足，加上学校不重视、学生没兴趣，因而大多是抱着完成任务的心态去教学，教学效果可想而知。此外，农村基层干部队伍作为农民职业道德培育的社会力量，其主要是发挥道德价值引导和道德教育的组织功能。而我国农村基层干部队伍普遍人员不足、素质不高、能力不强的现实，也在一定程度上制约了农民职业道德教育的成效。

（3）培育方式不当

当前，农民职业道德培育的主要方式仍然是开展各种培训、组织各种宣讲，主要方法是传统的理论灌输，而缺少直观性、体验性的教学。这种单一灌输式的说教，对于年轻的学生来说缺乏吸引力，对于文化素养参差不齐的成年农民来说，更是难以接受。其实，道德教育最有效的方式，就是教育对象在道德实践中，通过自己的亲身体验，来感悟道德认知、丰富道德情感、磨炼道德意志，从而形成自己的道德品质。职业道德教育也是如此，只有让农民在农业生产或经营的实践中，亲身体会职业道德的运用、对个人职业实践的影响，才能提升农民的学习兴趣，加深农民对职业道德的印象，从而主动掌握职业道德规范、自觉践行职业道德行为、养成自身职业道德品行。然而，在大多数农民职业培训实践中，教师们更多关注学员对实践技能的掌握、对生产技术的应用，很少关注职业道德的运用，尤其缺少对农民职业道德的考核评价，从而很难调动农民参与职业道德培育的积极性，也就很难达到职业道德培育的预期。

（4）培育效果不高

具有现代农业生产技能、现代市场经营管理知识以及良好的职业道德是新型职业农民的必备素质。2002 年，劳动和社会保障部《关于在职业技能鉴定工作中开展职业道德培训鉴定试点的通知》（劳社培就司函〔2002〕107 号）规定，“在职业培训中加强素质教育，培养劳动者基本道德规范，增强劳动者职业道德素质，将职业道德培训和考核纳入到职业技能鉴定工作中”，“职业道德考核方式，采取书面闭卷方式，考试时间安排在理论知识考试后，时间为 30 分钟。职业道德试卷满分为 100 分，60 分及格，不及格则视为理论知识考试成绩不合格”。此举真正确立了职业道德在职业培训中的地位。截至 2017 年，我国“新型职业农民总量已突破 1500 万人”，但“仅有 7.5% 的新型职业农民获得了国家职业资格证书”。[1] 这其中不仅

[1] 于静.《全国新型职业农民发展报告》出炉，新型职业农民总量已突破 1500 万人 [J]. 现代农业装备，2018（6）：69-71.

有新型职业农民科学技术知识水平不高的因素，还有其自身思想道德素质不高、职业道德不达标的原因。由此也可以看出，我国农民职业道德培育的效果还不明显，农民职业道德培育任重道远。

（二）农民职业道德培育现状的原因分析

1. 对农民职业道德培育的重视程度不够

职业道德培育是农民职业培训的重要一环，是提高农民思想道德素质的主要途径。但是，我国目前的农民职业化还处在过渡阶段，真正的职业农民占比还很低。农民作为一种职业虽然得到广泛认可，但在大多数人看来，农民显然与其他职业不在同一层次。所以农民职业培训，特别是职业道德培育并没有得到足够的重视。一是乡镇基层政府重视不够。一些地方政府虽然也提出要加强农村社会主义精神文明建设，要提高农民思想道德素质，但在落实上，大多只是走走形式，象征性地搞些活动，思想上仍然坚持经济挂帅，认为只要经济搞好了，农民思想素质、文明水平自然就提高了。在资金投入上，更多倾向农业技能培训以及各种基础设施，而缺少对职业道德培育的专项投入；在人力投入上，乡镇基层政府工作人员相对不足，且职责分工不清，许多乡镇没有专人负责精神文明建设，即使有也经常被抽调从事其他工作。基层政府对职业道德培育的重视不够、领导不力，会直接影响职业道德教育在农职院校的开展，进而影响农民对职业道德的认知、影响农民职业道德品质的提高。二是农职院校重视不够。农业职业院校是我国农民职业培训的主要力量，农民职业道德教育的任务也主要是由农业职业院校来承担的。但是实际培训过程中，许多职业院校并没有对职业道德教育给予足够的重视，不仅人力、物力、财力投入不足，在学时安排上也相对不足，仅有的几个学时也大多采取集体授课、集中讲解的方式，而缺少与专业课程、实践实训课程的互动，教学效果很难保证。

2. 农民职业道德培育的制度体系尚不完善

近年来，我国在农民职业培训方面出台了不少政策、制度，也建立了较为完整的农民培训体系。但是，职业农民在我国仍然属于新型职业。因此，与发达国家相比，我国农民职业培训的制度体系还需要进一步细化，特别是在农民职业道德规范、农民职业道德培育标准等方面还需要完善。一是缺乏具体的农民职业道德规范。我国许多职业都有明确的职业道德规范要求，如教师职业道德规范、导游人员职业道德规范等。但是在农民职业道德方面，还没有制定具体的农民职业道德规范，也缺乏系统的政策性规定和要求。在缺少职业道德规范标准的情况下，自我约束能力本就不强的农民，即使想遵守职业道德，但是没有明确的规范指导，也会影响职业道德行为的表现，这也是农民职业道德行为失范的重要原因。二是缺乏农民职业道德培育方面的制度保障。与农业发达国家相比，我国关于农民职业道德方面的法律规范寥寥无几，更没有保障农民职业道德培育的相关法律。作为农民职业道德教育的主要平台，政府对农业职业院校的考核制度，缺乏农民职业道德培育方面的硬性指标。在对地方农民职业培训的绩效考核中，也缺少对农民职业道德素质方面的要求。三是缺乏农民参与职业道德培育的激励机制。除了国家职业技能鉴定，在许多地方，农民职业道德没有全部纳入地方机构的认定条件，即使有所涉及，所占比例也相对较小、甚至可以忽略不计。同时，相关机构对农民违反职业道德的行为惩处力度不大、把握尺度不严。这些都在一定程度上降低了广大农民参与职业道德培育的积极性、主动性。

3. 农民职业道德培育主体地位缺失

农民职业道德培育的主体，是指在农民职业道德培育过程中对培育对象——职业农民有针对性地施加影响、进行培育的组织或单位。当前，我国农民职业培训的主体应该包括地方政府、职业院校、农村基层组织。它们在农民职业道德培育过程中起着组织和引导的作用，处于主导地位。然而在实际运行过程中，这些主体的职责任务划分并不十分清楚。比如政府的农业管理部门，其职能中包含农民培训的内容，但也只是负责培训任务的发布、培训经费的落实，而不承担具体的组织培训工作，一般委托给各类学校或社会上的培训机构。而且在培训内容、培训方案的要求上，大多没有具体要求和标准，其中很少关于职业道德方面的内容，从而没能很好发挥农民职业道德培育的主导作用。而一些职业院校的教育教学计划，更多针对学生未来就业的岗位技能需求，许多教师本身缺乏岗位实践精神，对职业道德作用的理解不深刻、认识不到位，从而缺乏对学生职业道德方面的教育引导。农村基层组织固然离农民最近，但是对农民的道德教育更多倾向思想政治、社会公德、家庭美德方面的宣传引导，而对职业道德方面重视不够，甚至很少关注，从而也很难担起职业道德培育主体的主导地位。

4. 农民职业道德自我培育的能力不足

道德是自律性和他律性的统一。在"他律"的角度，农民是职业道德培育的客体，是被职业道德约束、规范的对象；而在"自律"的角度，农民同样可以成为道德培育的主体，可以通过自我培育、自我约束来提升职业道德品质，规范自身职业道德行为。但是，在现实生活当中，农民职业道德的自我培育能力明显不足。一是大多数农民文化水平相对较低。人的思想道德素质与科学文化素质在某种程度上是互相促进、互动提升的。也就是说科学文化素质的高低在一定程度上会对人的道德意志、道德品质产生积极或消极影响。目前，我国职业农民的大多数仍然源于传统农民。虽然近几年，我国农村教育条件有了很大改善，农民受教育程度、受教育层次都有了较大提高，但是农民整体文化水平仍然不高。由于文化水平的限制，农民自身学习能力不强，因而现代市场意识、经营理念、管理经验以及法治意识等都相对落后，从而容易造成农产品种类、质量等不符合市场多样化的需求，进而会导致部分农民为了自身利益不惜违背职业道德，扰乱生产规律、市场秩序。二是大多数农民自我培育的主动性不够。职业道德的自我培育过程实际上是道德主体化的过程，也是道德个性化的过程。但是，对于大多数农民来说，相对知识化、理论化的职业道德怎么看都是"虚的"，远不如实实在在的物质利益来的"实惠"。因此，职业农民即使自我学习，也愿意追求那些能够带来实际效果和经济效益的科学技术，而不是看不见摸不着的职业道德。换句话说，就是农民在自我培育过程中，同样存在着"重专业技能、轻文化道德"的现象，缺乏职业道德自我培育的积极性、主动性。

5. 农民职业道德培育的经费不足

相对城市，我国广大农村经济发展水平较低、基础设施落后。体现在农民职业培训上，就是培训经费不足、培训条件较差，这在一定程度影响了农民教育培训工作的开展、影响了农民培训的效果，迟滞了农民职业化进程，影响了农业农村农民现代化的发展。特别是在乡镇一级，有些政府财力较差，教育经费有限，仅有的教育经费也大多投在基础教育上，用于农民培训的经费很少，更缺少农民职业道德培育的专项经费。教育经费的不足，造成农村学校教学条件简陋、文化设施不足，从而不利于农民学习科学文化知识、农业生产技能、经营管理技术，更没有人愿意学习农民职业道德规范要求和相关法律法规知识。

第三节　农民职业道德培育的路径与对策

一、深刻认识加强农民职业道德培育的意义

（一）要深刻认识加强农民职业道德培育的必要性

1.是促进农民从“身份”向“职业”转变的必要条件

进入新时代，我国农业从“传统”向“现代”转型的速度进一步加快。现代农业的发展需要大批具有现代化理念、职业化意识、专业化技能的高素质农民。因此，农民现代化是农业农村现代化的前提，而农民现代化必然要求农民首先实现从“身份”向“职业”的转变。职业道德作为衡量农民“职业化”的重要指标，是农民实现现代化的首要素质。通过农民职业道德培育，树立广大农民的职业信念、道德意志，增强农民对农业的责任感、归属感，从而促进我国传统农民职业化、现代化的进程。职业农民与“身份”农民相比，在经济层面除了具备较高的农业生产技能、市场参与意识、经营管理能力，更具有较强的创新进取精神、市场竞争意识和经营风险意识；在政治层面上更多注重人人平等、公平竞争的原则，能够与其他市场主体一样，坚守诚信交易，坚持遵纪守法，愿意履行应有的社会责任、承担应尽的社会义务；在生态层面上注重采用先进发展理念、先进的生产技术，推行绿色生产，注重环境保护，争取实现农业资源的循环利用。这

些都同社会主义职业道德的基本要求相适应。因此，农民职业道德既能促进其个人道德品质的“社会化”，又有助于推进传统农民的“职业化”。

2. 是加强新时代农村思想道德建设的重要内容

2018年，中共中央、国务院出台的《关于实施乡村振兴战略的意见》提出，要“加强农村思想道德建设，推进社会公德、职业道德、家庭美德、个人品德建设”。明确职业道德建设作为新时代公民道德建设体系的重要一环，是农村思想道德建设的重要着力点，是农村社会主义精神文明建设的重要组成部分。作为一种道德准则，农民职业道德水平的高低直接影响其职业行为的好坏。良好的职业道德，可以帮助职业农民正确认识自身的社会义务和社会责任，从而在农业生产、经营过程中规范自己的职业行为；作为一种精神力量，农民职业道德操守的好坏直接影响农村社会风气的好坏。良好的职业道德，可以规避农业生产和经营中的重利轻义、信用缺失等现象，从而有利于规范农村市场秩序，进而推动农村精神文明建设、促进社会风气整体好转。因此，对新型职业农民进行职业道德培育，不仅会提高新型职业农民的业务水平，而且加快了农村思想道德建设，推动了农村精神文明建设。

3. 是保证国家粮食安全、农产品质量的内在要求

农业是国家的基础产业，粮食生产是维护国家粮食安全的根本保证。农产品是农民从事职业活动的直接产物，农民的职业行为直接影响着农产品的质量与安全。如过去农业生产中缺乏环保意识，过量使用化肥、剧毒农药、假劣农膜；农产品加工和储存过程中缺乏安全意识，滥用食品添加剂、保鲜剂；农业经营中缺乏诚信意识，出现的以次充好、缺斤少两、制假售假等行为，都是农民职业道德的缺失造成的。再如一些地方的农民盲目开发，造成耕地面积减少；乱砍滥伐，造成水土流失；过度使用土地，造成环境污染、土壤肥力下降等，同样是农民法律观念不强、职业道德意识不强造成的。新时代职业农民作为我国现代农业生产的主力军、粮食和农产品的生产者，其职业道德的高低直接关系着人们“舌尖上的安全”，关系着国家“粮食储备安全”。因此，必须坚定不移地将职业道德培育纳入新时代农民职业培训的内容之中。

（二）要深刻认识加强农民职业道德培育的重要性

1. 有利于促进农民整体素质的提高

通过加强农民职业道德培育，有利于广大农民强化职业意识、坚定职业信念、树立职业理想、规范职业行为，有利于激发农民从事农业生产经营的职业自豪感、社会使命感，甚至会直接影响农民个体未来的职业生涯走向、职业目标成就。对于已经从业的农民来说，职业道德教育是学校教育的延续，不仅能提升思想道德素质和科学文化素质，而且能提升市场参与意识、市场竞争意识、遵纪守法意识和诚实守信意识，从而有助于增强农民学习创新的自觉性、主动性，有助于升华农民的兴趣、爱好和情操，有助于改善农民的世界观、人生观、价值观，转而促进农民思想道德素质的进一步提高。

2. 有利于促进农村经济的健康发展

经济基础决定上层建筑，上层建筑对经济基础具有反作用。作为社会道德的重要内容之一，职业道德属于上层建筑的范畴。它既受一定社会经济条件的制约，同时又会对一定社会的经济发展具有反作用。这种反作用，可以是积极的，也可以是消极的。而只有与一定社会经济发展相适应的职业道德，才会对社会经济发展产生积极的促进作用。农村经济是我国社会主义市场经济的重要组成部分，加强农民职业道德培育，促使广大农民养成与社会主义市场经济相适应的职业道德素质，有利于促进我国广大农村经济的健康有序发展。比如诚实守信、公平交易的原则，有利于维护买卖双方的正当利益，促进农村市场秩序的稳定；服务群众、奉献社会的品质，有利于抵制农民中的利己主义和拜金主义思想、破除传统农民“见利忘义”的小农思想；等等。同时，良好的农民职业道德，也有助于农民农业生产活动中遵循农业发展规律，维护农村生态环境，有助于农民创新生产经营方式，提高生产经营效率，从而促进农业生产的发展和农村经济的繁荣。

3. 有利于推动农村社会主义精神文明建设

社会主义精神文明建设旨在提高全体社会成员的思想道德素质和科学文化素质，形成良好的社会精神风貌和社会文明风尚。职业道德建设是社会思想道德建设的重要内容，是加强社会主义精神文明建设的重要环节。

人们总是生活在一定的社会关系之中。一般来讲，职业道德旨在调整同一职业内部各成员之间、不同职业成员之间、个人利益与集体利益、个人利益与国家利益的矛盾与冲突。社会主义职业道德有利于增进人与人之间的团结、和谐，有利于促进个人利益与集体利益、国家利益的协调和统一。因此，加强农民职业道德培育，促进社会主义职业道德规范在农民个人身上的内化，有助于提升农民个人道德素质，有助于营造农村人与人之间和睦相处、团结互助的良好社会氛围，有助于形成农村基层组织和农村社会的凝聚力、向心力，从而推进农村社会主义精神文明建设，推动农村良好社会风气的形成。

4. 有利于推进农村社会主义法治建设

习近平总书记曾指出："治理国家、治理社会必须一手抓法治、一手抓德治，既重视发挥法律的规范作用，又重视发挥道德的教化作用，实现法律和道德相辅相成、法治和德治相得益彰。"[1] 也就是说，道德与法律作为国家治理的两种重要方式，是能够互相支持、互为促进的。道德一般通过对人内心信念和思想动机的调整来促进人们对道德规范的遵守，而法律通常以其权威性和强制性规范并约束人们的行为。社会主义职业道德是与中国特色社会主义经济相适应的社会道德规范，同样符合社会主义法律法规的价值导向和基本原则。因此，加强农民职业道德培育，教育引导广大农民养成良好的社会主义职业道德，有助于农民形成遵守社会主义法律法规的道德自觉，从而有利于推进广大农村社会主义法治建设。

二、准确把握农民职业道德培育的维度定位

（一）不忘本来：新时代农民职业道德培育的战略定位

1. 不忘我国发展新的历史方位是农民职业道德培育的历史前提

党的十九大报告指出："经过长期努力，中国特色社会主义进入了新时

[1] 习近平．习近平谈治国理政（第 2 卷）[M]. 北京：外文出版社，2017：116.

代，这是我国发展新的历史方位。”[1]新时代是我们党在对国内和国际形势综合考量基础上做出的科学论断。在这个承前启后的历史阶段，我国各方面的发展都应提出全方位的更加严格的更高标准的要求，各行各业的发展都应该立足新时代思考自身定位、明确发展方向、清晰社会责任。农民职业道德的提升也不例外，农民职业道德修养水平必须适应新时代发展的需要。新时代，农民是农业生产的实施者与保障者，是现代农村民主管理的主导者与参与者，是农耕文明的实践者和传承者，是乡村良好社会风气的保护者与推动者，是美丽乡村的建设者与受益者。因此，提升新时代农民职业道德修养不是小事，而是关系到“两个一百年”奋斗目标、关系到中华民族伟大复兴的大事情。

2. 不忘我国农业农村发展现状是农民职业道德培育的现实前提

马克思指出：“物质生活的生产方式制约着整个社会生活、政治生活和精神生活的过程。不是人们的意识决定人们的存在，相反，是人们的社会存在决定人们的意识。”[2]作为一种社会意识形态，农民职业道德当然会受到社会生产生活条件的制约和影响。从我国农业农村发展的现状看，虽然我国是农业大国，农业的基础地位越来越巩固，农业发展的基本条件和支撑体系越来越完善，农业劳动生产率极大提升，农产品的数量、质量、种类基本满足人民需求。但是客观讲，我国只是农业大国，还不是农业强国，与发达国家农业发展现代化水平相比还有一定的差距，与人民对美好生活必需品的需求也存在一定程度的矛盾。因此，实现从农业大国向农业强国的转变，是历史和现实赋予新时代农民的前所未有的光荣使命。为适应这一转变，广大农民必须从传统农民向现代农民转变，从过去单一从事农业生产的劳动者向新型职业化农民转变。为完成这一使命，广大农民必须落实《新时代公民道德建设实施纲要》的要求，主动提升自身职业道德修养，立足农村主阵地，热爱农业，发展农业，把改变农村落后面貌、实现乡村

[1] 习近平 . 决胜全面建成小康社会 夺取新时代中国特色社会主义伟大胜利——在中国共产党第十九次全国代表大会上的报告 [M]. 北京：人民出版社，2017：10.

[2] 中共中央马克思恩格斯列宁斯大林著作编译局 . 马克思恩格斯文集（第 2 卷）[M]. 北京：人民出版社，2009：591.

振兴作为自己的职责和目标，充分发挥“好建设者”的作用。

3. 不忘“农民”这一职业存在是农民职业道德培育的职业前提

社会生产效率的提升导致了社会分工，社会分工加快了生产的专门化、职业化。农业是第一产业，作为长期从事农业生产主体的农民本来就是一种职业，这是社会生产发展的正常趋势，也是毋庸置疑的事实。但由于历史原因，再加上农业生产的特殊性和农民群体的独特性等因素，我国农民在主观上长期被作为身份存在而不是客观的职业存在。这就直接导致了农民对自身所从事的农业生产相关活动缺乏职业感，从而表现出农民职业道德意识不强、职业道德水平较低、职业道德行为失范等问题。加之社会对农民甚至农业存在的某些偏见和歧视，使农民无法完全在农业现代化发展进程中实现身份认同向职业认同的根本转变，当然也就认识不到职业道德的重要性。农民在实现身份认同向职业认同的转变过程中，培育其职业道德是作为职业存在的自觉性表现，是农民作为职业存在与发展的题中之义。

（二）吸收外来：新时代农民职业道德培育的空间定位

1. 农民职业道德培育需要拓展发展空间决定了吸收外来的必要性

诚然，我国农业是国民经济的基础产业，农民是广大职业中的一种。随着我国的改革开放，农业从各个方面获得了极大发展，为社会提供必需性的、公共性的产品。农民在生产生活实践中逐步凝练了自身的职业道德规范，如勤劳善良、踏实淳朴、吃苦能干等。但由于市场经济的趋利性、农民自身局限性及法治监管不力等因素，农民在生产、经营和管理过程中不可避免地出现了某些职业道德失范现象。吸收外来，要求农民职业道德培育突破地域狭隘范围，兼容并包，优势所长。邓小平同志曾指出：“建设一个国家，不要把自己置于封闭状态和孤立地位。要重视广泛的国际交往，同什么人都可以打交道，在打交道的过程中趋利避害……”[3] 在万物互联、网络信息爆炸的时代，任何国家处理重大问题都需要敞开国门，与其他国家保持时时交流。农民职业道德培育也是如此。

---

[3] 邓小平．邓小平文选（第 3 卷）[M]. 北京：人民出版社，1993：260.

从客观讲，我国农业发展现状与已经实现农业现代化的国家相比还有一定的差距，农民职业道德修养方面也是如此。因此，农民职业道德培育如果要拓展发展空间，就要在立足自身的同时勇于向农民职业道德修养水平高的发达农业国家学习。

2. 发达国家农民职业道德培育的成功经验决定了吸收外来的可能性

当前，一些发达国家普遍建立了较为完善、系统的农业（农民）职业教育体系，普遍重视农民职业道德培育。他们在农业职业教育中积累的成功经验，可以为我国农民职业道德培育提供有益借鉴。发达国家一般没有单纯就职业道德而谈职业道德，其普遍的做法是将提升农民职业道德水平融入多种多样的教育和培训中，在提升农民专业知识和技能的同时实现农民职业道德水平的提升。如美国“双轨化”农民职业教育体系下的“4H青少年农业培训发展计划”，不仅注重向青少年普及农业技术知识，还注意引导青少年热爱农业，培育其兴趣爱好、公民意识、协作精神等农民职业道德方面的素养。而德国的“双元制”农业职业教育模式，除了具有校企合作的办学制度、提供岗位培训提升职业能力、产教（农学）结合与学用一体等特点之外，还有非常重要的一点，就是注重职业道德素质的培养。不仅如此，许多发达国家都建立了较为成熟的农民职业准入制度。比较典型的就是丹麦、德国的“绿色证书”制度，农民要想取得“绿色证书”，必须通过参加农业职业教育，系统学习农业生产、经营、管理等方面的知识和技能，并达到相应等级技术岗位的要求，而职业道德是对“绿色证书”学员的基本要求。我国在20世纪90年代初也开始推广绿色证书教育，但目前看，绿色证书更多体现的是受教育资质，而不是准入资质。借鉴发达国家经验，结合我国农业农村农民发展实际，我们有以下启示：一是进一步完善农业职业教育体系，注重在基础教育中开设相关农业课程，引导青少年关心农业、热爱农业，强化“农民”作为职业的观念，注意其相关职业道德的养成。二是在农业职业培训过程中，注意加强农民社会公德、职业素养、协作精神、团队意识等方面的职业道德培育，提升他们自身的职业道德感。三是在一些农业现代化水平较高的地区，或者在一些关键的农业技术岗位，推行农民职业准入制度，从而促进农民专业技术和职业道德水平的全面提升。

（三）面向未来：新时代农民职业道德培育的时间定位

1. 马克思主义唯物史观是农民职业道德培育的理论基础

马克思主义经典作家在研究社会历史现象时一直坚持唯物史观的立场，并把这一基本立场具体应用于分析研究农民道德问题。“人们的观念、观点和概念，一句话，人们的意识随着人们的生活条件、人们的社会关系、人们的社会存在的改变而改变。”[1] 19 世纪 40 年代，马克思就基于当时普鲁士的生产水平和经济状况，撰文为普鲁士农民砍伐林木的行为辩护，强调这种行为不是道德意义上的偷窃而是满足自身基本生活的必要手段。随后，马克思继续在此基础上充分挖掘农民的现实生产和生活条件，认为当时普鲁士的生产力水平和经济条件是农民道德产生的物质基础。恩格斯则从当时农民的生存状态出发，对农民的个人美德给予充分肯定，同时也指出由于现实生活环境的影响，农民表现出如感觉迟钝、目光短浅等落后的道德意识。列宁当时从俄国农民在社会生产中的地位出发，强调了农民道德表现出的两面性，即勤劳勇敢的劳动者革命特质与贪婪狭隘的私有者道德缺陷。中国共产党同样秉承唯物史观的基本立场分析农民思想道德状况，并与中国社会发展实际紧密结合。在新民主主义革命时期，毛泽东同志根据我国农民人口众多，但生活条件艰苦、科学文化水平低等具体情况，在《中国社会各阶级的分析》《湖南农民运动考察报告》等著作中，形成了以解决农民土地为核心的农民道德建设理论。改革开放以来，邓小平同志始终坚持“两手抓，两手都要硬”，强调经济建设不能放松，思想文化建设也不能放松，在《中共中央关于社会主义精神文化建设指导方针的决议》中，提出“在我们社会的各行各业，都要大力加强职业道德建设”，并形成了以“四有”为核心的公民道德建设体系，对农民职业道德提出了新的要求。进入 21 世纪，江泽民、胡锦涛同志同样重视社会主义思想道德建设，先后颁

---

[1] 中共中央马克思恩格斯列宁斯大林著作编译局 . 马克思恩格斯选集（第 1 卷）[M]. 北京：人民出版社，1995：291.

布实施了《公民道德建设实施纲要》，提出了建设社会主义核心价值体系，对公民道德建设提出了更高目标，也对农民职业道德修养提出了更高要求。

2. 习近平关于“三农”工作论述是农民职业道德培育的指导思想

党的十八大以来，习近平总书记坚持把解决“三农”问题作为全党工作的重中之重，并提出了一系列重要论述。习近平总书记高度重视“三农”工作，强调“中国要强，农业必须强；中国要美，农村必须美；中国要富，农民必须富”[1]。2015 年 7 月习近平总书记在吉林调研时指出：“任何时候都不能忽视农业、忘记农民、淡漠农村。”[2] 关于如何解决“三农”问题，他指出：“农业农村工作，说一千，道一万，增加农民收入是关键”[3]，“把实施乡村振兴战略摆在优先位置”[4]，“要坚持农业农村优先发展，按照产业兴旺、生态宜居、乡风文明、治理有效、生活富裕的总要求，建立健全城乡融合发展体制机制和政策体系，加快推进农业农村现代化”[5]。2013 年 12 月 23 日，习近平总书记在中央农村工作会议上指出：“农村经济社会发展，说到底，关键在人。要通过富裕农民、提高农民、扶持农民，让农业经营有效益，让农业成为有奔头的产业，让农民成为体面的职业。”“职业农民”的提出，丰富了习近平总书记的“农民观”，对于推动农民由身份认同向职业认同转变具有重要指导意义。习近平总书记同样重视农民职业培训，提出要“就地培养更多爱农业、懂技术、善经营的新型职业农民”，“要物质文明和精神文明一起抓，特别要注重提升农民精神风貌”。这些论述为新时代农民职业道德培育指明了方向。

---

[1] 中共中央党史和文献研究院 . 习近平关于“三农”工作论述摘编 [M]. 北京：中央文献出版社，2019：3.

[2] 中共中央党史和文献研究院 . 习近平关于“三农”工作论述摘编 [M]. 北京：中央文献出版社，2019：4.

[3] 中共中央党史和文献研究院 . 习近平关于“三农”工作论述摘编 [M]. 北京：中央文献出版社，2019：151.

[4] 中共中央党史和文献研究院 . 习近平关于“三农”工作论述摘编 [M]. 北京：中央文献出版社，2019：19.

[5] 习近平 . 决胜全面建成小康社会　夺取新时代中国特色社会主义伟大胜利——在中国共产党第十九次全国代表大会上的报告 [M]. 北京：人民出版社，2017：32.

3. 社会主义核心价值观是农民职业道德培育的价值引领

《新时代公民道德建设实施纲要》指出，要“在全民族牢固树立中国特色社会主义共同理想，在全社会大力弘扬社会主义核心价值观，积极倡导富强民主文明和谐、自由平等公正法治、爱国敬业诚信友善，全面推进社会公德、职业道德、家庭美德、个人品德建设”，要“推动践行以爱岗敬业、诚实守信、办事公道、热情服务、奉献社会为主要内容的职业道德，鼓励人们在工作中做一个好建设者”[1]。这是对新时代公民职业道德建设的基本要求，也是新时代农民职业道德培育的基本目标。从本质上讲，农民职业道德与社会主义核心价值观是统一的。培育新时代农民职业道德必须以社会主义核心价值观为引领：一是要引领新时代农民做爱国的守护者，不负使命，勇担重任，在实施乡村振兴战略、推动农业农村现代化进程中获得全社会的价值认同；二是引领新时代农民做敬业的践行者，爱岗敬业，奉献社会，在专心现代农业生产经营活动、推进美丽乡村建设进程中展示健康向上的精神风貌；三是引领新时代农民做诚信的示范者，遵规守纪，诚实守信，在践行绿色发展理念、维护农产品质量安全方面当好主力军、排头兵；四是引领新时代农民做友善的传承者，互帮互助，与人为善，在健全现代乡村治理体系、推动和谐社会建设进程中营造良好乡风文明。

三、切实加强农民职业道德培育体系的构建

（一）公信力强的基层党组织是农民职业道德培育的组织保障

乡村基层党组织扎根基层、贴近群众，是实施乡村振兴战略的直接领导者和践行者，是广大农民投身美丽乡村建设、推动农业现代化发展的引导者和组织者。提升农民职业道德素养，培育新型职业农民，是乡村振兴战略的重要内容。因此，乡村基层党组织理应在农民职业道德培育中有所作为。习近平总书记在十九届中央政治局集体学习时指出，实施乡村振兴战略，“要充分发挥好乡村党组织的作用，把乡村党组织建设好，把领导

[1] 中共中央 国务院. 新时代公民道德建设实施纲要 [N]. 人民日报，2019-10-28（1）.

班子建设强”。培育农民职业道德，基层党组织作为党的政策在农村落实的“最后一公里”，首先要注重加强党组织自身建设，善于补短板、提素质，不断健全组织机构、增强执行力、提高公信力，充分发挥基层战斗堡垒的凝聚力和战斗力，真正起到引导农民、组织农民、教育农民的作用。其次，要注重加强干部队伍建设，切实提升村干部职业道德素养，使其不断增强政治意识、服务意识、法治意识，真正做到爱岗敬业、担当奉献、公平公正，从而对农民职业道德素养提升起到示范效应、榜样作用。最后，要注重加强党员教育培训，不断提升党员农民文化知识水平、专业技术能力和思想道德素质，使其自觉践行社会主义核心价值观，主动传承发展农村优秀传统文化，从而为提高农民职业道德水平、提升农民整体精神风貌起到模范带头作用。同时，乡村基层党组织还要善于借助社会力量，如地方高校、科研机构，充分发挥其在理论讲解、政策解读、技能培训等方面的优势，主动邀请党建特派员、科技特派员等，积极帮助广大农民提升政策水平、提高生产技能、增强道德修养。

（二）农民正当经济利益的获得是农民职业道德培育的物质基石

“‘思想’一旦离开‘利益’，就一定会使自己出丑。”[1]没有经济利益保障的农民职业道德培育只能是望洋兴叹、望梅止渴。农民作为推动乡村振兴战略顺利实施的主体力量，如果其正当的经济利益得不到保障甚至受到某种程度的损害，势必会影响到农民的职业认同感，那就会直接降低职业道德培育的成效。“十三五”期间，农业农村发展势头良好，表现之一就是农民收入提前实现翻番目标，“农村居民人居可支配收入 2019 年突破 1.6 万元，提前一年比 2010 年翻一番，增速连续 10 年高于城镇居民”[2]。尽管农村发展成就喜人，但城乡差距依然存在，依然是全面建设社会主义现代化国家的短板。农民最直接最现实物质利益的维护、保障、实现，除需要农民自强外，国家政策的倾斜与财政投入的加大是必需的，特别是农村的

[1] 中共中央马克思恩格斯列宁斯大林著作编译局．马克思恩格斯文集（第 1 卷）[M]．北京：人民出版社，2009：286.

[2] 王浩．农民收入提前实现翻番目标（新数据新看点）[N]．人民日报，2020-10-28（1）.

产业结构优化、公共基础设施建设、医疗保障、子女教育等。同时，法律保障也是维护农民利益的重要工具。当农民合法权益受到侵害时，国家和社会应及时提供法律援助；或者加强农村法律宣传和农民法律知识培训，让农民有能力拿起法律武器维护自身权益。如此，农民作为一种职业的吸引力增强，才能使那些为自身利益而渴望摆脱农民身份的农村青壮劳动力“留得住、干得欢”。

（三）文化素养提升是农民职业道德培育持久性的智力支撑

农民职业道德培育不是某个时间段的工作，而是一项长期性、持久性的工作。但是农民的科学文化水平和思想道德素质，已经成为制约其职业道德素养持久提升的重要因素，这也决定了农民职业道德培育应该以春风化雨、润物无声的隐性方式进行。理念是行动的先导。要弥补农民职业道德与现代农业发展要求的差距，就需要引导农民树立终身学习理念，并将这一理念内化于心、外化于行。终身学习对农民而言，大到可以与时俱进，和新时代快节奏发展步调保持一致；小到可以及时捕捉市场上各种农产品的供求信息，用于指导现代农业生产与经营，尽可能避免增产不增收问题。提升农民的科技水平也是提升其文化素养的重要措施。新时代，包括农业在内的各行各业都面临着激烈的国内竞争与国际竞争。在竞争中取胜的最好办法，就是在提升科技水平方面终身学习。这不仅可以提升农业生产与经营的“含金量”，做到以质取胜，增产更增收；而且可以提升农民内心的职业自豪感——种地也是技术活，农业也是高科技职业。在这一过程中，农民会自觉思考在农业生产经营活动中“应该怎样”“我要怎样”，并潜移默化地形成积极的思想观念、道德规范、行为操守、情感认识等，从而提升自身职业道德修养。

（四）美丽家园建设是农民职业道德培育的阵地保障

乡村是农民的立足之基、生活之本，根之所在、魂之所系。几千年孕育积淀的美丽生态和绿色底色，就是乡村最大的资源财富和发展优势。新时代，人民生活水平普遍提升，绿色已然成为农民幸福生活的底色。农民职业道德培育推动美丽家园建设，美丽家园更是农民职业道德修养得以安放的基础，因为在农民职业道德培育过程中，“人和自然，是同时起作用的”[1]。但从环保发展历程看，受各种因素限制，农村整体状况是落后于城镇的。如环保基础设施不完善、农民环保意识普遍淡薄、生态保护知识知之甚少、环保法律法规了解不多等。但令人高兴的是，在美丽乡村建设过程中，“绿水青山就是金山银山”的绿色发展理念已经深入农民的心底；在传承“斧斤以时入山林，材木不可胜用也”，不“涸泽而渔”、不“焚林而猎”等优秀传统文化过程中，祖祖辈辈流传下来的符合生态环保理念的乡规民约、行为准则等已经被赋予新的时代内涵。在全国上下加大污染防治、保护生态环境、加强环境整治、倡导绿色生活的氛围中，广大农民正逐渐将这些理念落实到具体行动中，并逐步成为新型农民的职业道德规范。

（五）乡村社会和谐是农民职业道德培育的秩序支持

秩序是指在自然进程和社会进程中都存在着某种程序的一致性、连续性和确定性。在“一致性、连续性和确定性”中，人们不想也不能做一些违例的事情。从这一层面讲，新时代农民职业道德培育需要秩序支持，即乡村社会和谐。传统意义上，农村是一个人情社会、熟人社会、伦理社会的复杂综合体。如何实现乡村社会和谐呢？十九大报告指出：“加强农村基层工作，健全自治、法治、德治相结合的乡村治理体系。”[2] 农民是乡村治理的主体，农民素质的高低对乡村治理的效能起决定作用。在新型乡村治理体系中，自治是基础，要注重发挥农民的主观能动性，充分尊重农民的意愿，听农民倾诉，让农民发声，引导农民积极主动参与到自我管理、自我服务、自我教育、自我监督中来，真正实现农民当家作主。法治是保障，要善于运用法治手段，强化法律在农民维权、市场运行、农业保护、环境治理、矛盾化解等方面的地位和作用。在推进法治乡村建设中，让农民知

---

[1] 中共中央马克思恩格斯列宁斯大林著作编译局. 马克思恩格斯全集（第23卷）[M]. 北京：人民出版社，1972：662.

[2] 习近平. 决胜全面建成小康社会 夺取新时代中国特色社会主义伟大胜利——在中国共产党第十九次全国代表大会上的报告 [M]. 北京：人民出版社，2017：32.

法、尊法、守法、用法，有效维护农民群众合法权益，更好满足人民美好生活需要。德治是引领，要通过社会舆论、内心信念和传统习惯的力量约束人们的行为规范，引导广大农民自觉弘扬和践行社会主义核心价值观，积极培育良好村风民风，树立良好社会公德、职业道德、家庭美德、个人品德，形成积极、健康、向上的社会风气和精神风貌。

四、全面推进农民职业道德培育相关工作

（一）要丰富农民职业道德培育的内容

1. 强化农民职业信念

受传统思想观念的影响，我国大多数农民心中缺乏职业道德的概念。在他们看来，从事农耕生产，就是要想尽办法增加粮食产量，获取更多收益，改善个人生活条件。在这一过程中没有是非善恶，只有利益得失。因此，加强农民职业道德培育，一是要明确农民的职业内涵，让农民明确时代赋予的任务、社会给予的责任，明确新时代农民应有的职业目的、职业能力、职业品质，并在社会实践中自主内化为个人职业道德，树立以为人民服务、为社会贡献的从业主旨，强化农民从事农业生产经营信心和信念。二是要增强农民自身对农业生产经营的职业认可度、适应度、满意度，增强农民的职业归属感、自豪感，真正以从事“农民”这一职业为荣，真心热爱自己的本职工作，乐于从事农业生产经营，兢兢业业，投身农业现代化发展，争做社会主义新农村的“好建设者”。

2. 强化农民职业责任

新时代农民作为实现乡村全面振兴、推动农业农村现代化的主要力量，肩负着发展现代农业、建设现代农村的使命。农业作为基础性支柱产业，事关我国粮食安全、社会稳定。广大农民从事农业生产经营活动，收获的粮食蔬菜、产出的农业产品，是我国人民群众生产生活的基本必需品。因而要通过农民职业道德培育，培养广大农民崇高的社会责任感、时代使命感。从而使农民在农业生产经营中，自觉遵守职业道德规范，对农产品的质量负责、对消费者的食品安全负责、对国家粮食的有效供给负责、对社

会生态环境负责，从而在资源紧张、环境限制的背景下，加强农业科技创新，推进生产方式改革，推动农村绿色发展、高质量发展、可持续发展。

3. 提高农民职业技能

作为职业者从事职业活动的必备素质，职业技能是职业道德发挥作用的基本保障。职业者通过提高职业技能，使自身的职业活动直接或间接创造出更多的物质财富和精神财富，以此来推动生产力的发展、推动社会的进步。农民的价值体现也是为社会生产更多农业产品，为整个社会提供基本的物质保障。因此，要注重农民综合素质的全面提升，在加强农民职业道德培育的同时，更要加强农民职业技能的培训，提高农民的生产效率、经营效益，强化农民市场规则意识、法律法规意识，从而使农民在保障自身合法权益的基础上，也注意约束自己的生产经营行为。

4. 明确农民职业规范

农民职业道德培育的关键是要让农民明确自己的职业道德规范，掌握农民职业道德规范的内容和要求，从而有效引导、规范自身的职业行为。一是要根据公民基本职业道德规范，结合农民和农业生产经营的实际，进一步制定农民的具体职业道德规范，使之更具针对性、可行性。二是要明确农民职业道德规范的评价体系，一方面，通过对他人的职业道德进行评价，加深自己对职业道德规范的理解与认同；另一方面，通过别人对自己的职业道德评价，查找自己职业道德行为中的问题与不足。从而不断磨炼自身的职业道德意志、完善自身的职业道德品质，以此推动整个社会良好职业道德风尚的形成。

（二）要优化农民职业道德培育的方法

1. 以“灌输”强化规范约束

2019 年 3 月 18 日，习近平总书记在主持召开学校思想政治理论课教师座谈会时指出：“让学生接受马克思主义，离不开必要的灌输，但这不等于搞填鸭式的‘硬灌输’。”这句话虽然是针对学生思想政治教育所讲，但同样适用于农民职业道德培育。人们在谈到教学方法的时候，一般总要提到“灌输式”教学的种种不足，但却往往忽视知识性、理论性“灌输”的必要性。我国广大农民受各种因素的限制，原本头脑中职业道德的概念非常模糊。因此，向农民直接传递职业道德规范和要求，让广大农民头脑中首先明确，在生产经营过程中“哪些该做、哪些不该做”，“哪些应该提倡、哪些应该反对”，就变得非常必要。至于“为什么该这样做、不该那样做”“为什么提倡这些、反对那些”，则是加深理解和记忆的问题，需要进行“启发式”解读和“案例式”分析。

2. 以“互动”增强情感体验

在农民职业道德培育过程中，规范和要求的“灌输”旨在增加农民的道德知识、提升农民的道德认知，而要促使这些公共职业道德规范内化为农民的道德自觉，还需要增强农民个体的道德情感和道德体验，以强化其道德意志，并进而外化为职业道德行为。这时候，运用“互动式”的教学方法，通过职业情景模拟、典型案例分析，让农民通过亲身的实践参与，变被动为主动，身临其境，真情实感地体悟、分析、总结，从而化抽象理论为具体事件、化枯燥条文为生动事例，进而有助于增强农民的职业道德情感和道德行为体验，有助于加深农民的道德理解和道德认同，有助于提升农民道德培育的实际效果。

3. 以“实践”实现德技并修

2017年，李克强总理对第十届全国职业院校技能大赛作出批示时指出，职业教育要“坚持工学结合、知行合一、德技并修，坚持培育和弘扬工匠精神，努力造就源源不断的高素质产业大军”。除了系统的课程教学，还应将农民职业道德培育融入农民的生产经营的实训过程中，使农民在亲身参与农业生产、农产品经营的实践中，既体会到生产技能提升带来的实际效果，又感受到职业道德对生产经营的实际影响。通过将“道德培育”融入农民具体的“技能实践”过程，既能充分发挥职业道德实践的教育引导价值，也能提升自身的农业生产专业能力和科学文化水平。

（三）明确农民职业道德培育的分工

1. 地方政府是农民职业道德培育的决策者

地方政府作为国家方针政策的实施者、社会公共事务的管理者、社会公共权力的执行者，在农民教育培训过程中担负着宏观决策、协调指导的职能。因此，必须充分发挥主导作用，紧跟时代发展步伐，结合现代农业发展要求，切实提高对农民职业道德培育的重视程度。

（1）制订农民职业道德培育规划

规划是行动的指南。地方政府在学习、把握中央关于农民职业培训的相关政策规定时，要善于以创新精神跳出对上级文件的“搬套”模式，做到以下“三个坚持”。一是坚持“上下”贯通。地方政府在制订新时代农民职业道德培育规划时，既要紧跟国家的政策导向，也要结合当地的实际情况，通过深入了解农民的思想道德素质、科学文化水平和生产经营能力，提出合理可行的职业道德培育内容，来保证国家政策切实落地。二是坚持“官学”结合。地方规划的编制不仅要由政府主导，还要有专家学者参与。“政策制定是一种提出智力难题、使人们陷入智力困境，然后再使人走出困境的过程。”[1]因此，在制订农民职业道德培育规划时，既要利用地方政府的信息资源优势以及把控政策方向的能力，也要发挥专家学者理论知识丰富和理论视野宽阔的特长，从而多角度、多途径分析农民职业道德培育中可能产生的问题及成因，以保证农民职业道德培育规划的科学性。三是坚持“前后”衔接。地方在制订规划时往往要考虑这样的问题，即规划从开始制订、实施到最后的结果是否具有可行性，五年（甚至十年）规划能否对年度计划的实施发挥应有的指导作用。因此，地方政府在制订农民职业道德培育规划时，要重点把握好规划任务的前后衔接，根据经济发展规律和农村社会现实，既要制定合理的农民职业道德培育目标，又要制定切实有效的政策措施，以保证农民职业道德培育目标的顺利实现。

（2）增加对农民职业道德培育的投入

作为一种社会教育活动，农民职业道德培育在一定程度上属于社会公共活动，因而需要地方政府的财政投入，以持续向社会提供公共教育服务和产品，保证和推动农村的经济发展和社会的繁荣稳定。一是要加大资金

---

[1] 约翰·W 金登. 议程、备选方案与公共政策 [M]. 丁煌，方兴，译. 北京：中国人民大学出版社，2004：138.

投入，强化农民职业道德教育在整个农民教育培训体系中的地位。良好的职业道德是高素质职业者的必备条件。随着我国农民职业化进程的加快，必须促进农民职业道德培育与农民职业技能培训的相互统一、相互协调，在农民各类教育中推行学历证书与职业资格证书并行的“双证书”制度，从而为现代农业培育具有良好职业道德素质和较高职业技能的高素质职业农民。二是要拓宽融资渠道，鼓励社会力量支持农民职业道德教育。当前，思想道德教育活动包括职业道德教育活动在广大农村很难有效开展，其中一个主要原因就是资金投入不足。地方政府可以出台相关政策，建立市场机制，引导和鼓励企事业单位等社会机构参与发展职业道德教育，从而推动农民职业道德培育活动有效开展，也有利于重视职业道德的良好社会风气的形成。三是要完善绩效评价，确保有限的职业道德教育经费发挥效益。完善地方政府财政监督评价体系，要求地方政府根据当地经济发展水平确定对职业道德教育的财政投入比例，设立职业道德教育专项经费，推进财务公开制度，鼓励和接受社会多元主体参与专项经费绩效评价，强化社会监督，为农民职业道德的培育提供机制保障。

2. 农职院校是农民职业道德培育的主导者

在我国，学校是社会道德教育的主要承担者。职业院校则是各类职业道德教育的中坚力量。因此，要重视调动各级农职院校的积极性、主动性，充分发挥它们在农民职业道德培育中的主导作用，促进广大农民强化职业认知、坚定职业信念、养成良好的职业行为。

（1）要树立“德技并修”的职业道德教育理念

教育理念是教育主体在长期教育教学实践形成的具有相对稳定性、鲜明指向性的教育价值观念。它直接影响着一所学校的教育目标和教学方式方法。职业教育是我国国民教育体系的重要组成部分，职业院校肩负着培养多样化人才、传承技术技能、促进就业创业的重要任务。为适应新时代要求和现代化需要，职业院校在教育理念上，不仅要秉持“多元化”的办学标准，而且要坚持“立德树人”的根本原则。2014 年，李克强总理在全国职业教育大会上就指出，职业教育“要把提高职业技能和培养职业精神高度融合，不仅要围绕技术进步、生产方式变革、社会公共服务要求和扶贫攻坚需要，培养大批怀有一技之长的劳动者，而且要让受教育者牢固树立敬业守信、精益求精等职业精神”。2019 年，《国家职业教育改革实施方案》也明确提出，要“为服务现代制造业、现代服务业、现代农业等提供制度保障和人才支持”，“落实好立德树人根本任务”。因此，农职院校要转变以往“重技轻德”的教育理念，树立“德技并修”的教育理念，在培养农民农业生产经营技能的同时，加强农民职业道德培育，培养符合农业农村现代化发展需要的高素质农民。

（2）加强农民职业道德课程建设

课程建设是开展教育教学活动的关键，直接影响一所学校教育教学的内容和效果。职业道德教育课程一般分为显性课程和隐性课程两部分。显性课程就是农职院校开设的常规的、正式的课程，具有正规的教材，具有较高的知识性、理论性和系统性。因此，农职院校在建设显性课程时，要结合农民科学文化水平相对较低的实际，认真分析和把握现代农业的特点，选取相对浅显易懂、突出农民职业特点和农业生产特色的教材，从而提高农民职业道德教育的针对性和易接受性。隐性课程与显性课程相对，是指那些非正式的，甚至难以预期的、随机出现的、对教育对象起潜移默化作用的教育内容。一般认为，在道德教育过程中，隐性课程对人的价值观念、道德品质的形成更具有深刻而持久的影响。因此，农职院校在抓好显性课程教学的同时，更应结合实际，建立形式各样的职业道德教育隐性课程，如良好的职业文化环境、各种生产经营技能比赛等，从而把隐性的职业道德教育渗透到职业技能的专业课程之中，达到“德技并修”的教育效果。

（3）加强农民职业道德培育师资队伍建设

教师是立教之本、兴教之源。教师能力的强弱、素质的高低直接影响着职业道德教育的效果。当前，我国大多数农业职业院校的德育师资队伍不容乐观，特别是农民职业道德教育的专门师资更是捉襟见肘。因此，建设一支具有较高素质、较高水平的职业道德教育师资队伍，对加强农民职业道德培育非常重要。一是要严把教师“入口关”。道德教育不仅是一种知识性教育，更是一种示范性引领。“教师的质量和水平直接决定了学生的质量和水平，或者说，学生的思想道德面貌直接反映了教师的思想道德面貌。”[1] 因此，农职院校的教师不仅要有扎实的农业专业知识，更要有优秀的个人道德品质和农民职业操守。二是要优化师资队伍结构。要坚持“德技并重”，大力创造条件，积极引入那些既有过硬专业知识技能，又有优秀道德素质的“双师型”教师，提升农民职业道德教育的能力；也可以聘请农业生产经营一线，具有较强实践经验、较高职业素养的农业生产经营领域的“精英人士”作为兼职教师，以身示范，提高职业道德教育效果。三是要加强职业道德培训与考核。要划拨专项经费，对学校职业道德教育教师尤其是专职教师进行在岗培训，鼓励支持教师进修学习，提升职业道德教育能力；要完善考核评价制度，督促职业道德教育教师研究教学、投入教学，提升教学水平和教学效果。

3. 社会企业是农民职业道德培育的支持者

农业企业、农业园区和农民专业合作社等是农民职业化和农业现代化进程中出现的新的组织形式，是农民职业培训的重要实训基地，也是农民职业道德培育的理想实践场所。农民职业道德品质的形成，是一个内外转化、知行合一的过程。只有将职业道德认知转化成农民的职业道德实践，才算是成功的职业道德教育。因此，必须注重发挥社会企业在职业道德培育中的作用，加强校企、政企合作，调动全社会的力量推进农民职业道德教育。

（1）提升企业参与农民职业道德教育的意识

农业企业、农民经济组织等要转变发展观念，强化社会责任意识，主动分担农民职业道德培育的责任。这一方面有助于提升企业社会效益，一方面有助于促进企业员工自身职业道德素质的提升。政府要积极引导企业、学校主动联合企业共同参与农民职业道德培育，充分发挥农业企业的实践实训基地作用，在开展农业技能培训的过程中，注重考核农民的职业态度、纪律观念和敬业精神，从而建立起农业企业等与地方政府、农职院校共同培育农民职业道德的渠道和平台。

（2）挖掘企业参与职业道德培育的文化优势

企业文化是企业在生产经营和管理实践中形成的共同价值观念、企业

---

[1] 黄坤锦 . 美国大学的通识教育 [M]. 北京：北京大学出版社，2006：232.

精神、行为规范、管理制度、文化环境等，是企业的精神财富和核心竞争力。企业文化中内含着诚信、敬业、忠诚、创新、奉献等方面的职业道德因素，与职业道德互融互通，具有一定的教化作用，对人的职业道德品质形成有着潜移默化的作用。因此，农业企业等要善于挖掘和提升自身的文化优势、发挥企业精神，特别是农业龙头企业、农业示范园区等，要做好表率，把示范带动、文化引领贯穿农民职业道德培育全过程。

（3）创新企业参与农民职业道德培育的方式

农业企业作为农民职业道德培育的实践场所，在培训教育的过程中既要满足农民职业发展需求，也要兼顾企业自身发展需要，才能以利导德、实现双赢，从而使农民职业道德培育常态化、持久化。因此，要将生产实训操作与职业道德培育结合起来，既要有利于满足农民职业道德培育的有效开展，更要有利于促进农业企业开展正常的生产经营活动。同时，农业企业要注意结合企业自身特点、农民职业特点，创新开展方式各样的职业道德教育，如“师徒式”，即通过师傅对徒弟的一对一指导，将师傅优秀的生产技术和职业道德品质传承给徒弟；“组团式”，即通过亲身参与团队生产经营活动，切身体验团队生产经营理念和团队职业精神感受，等等。

（四）要改善农民职业道德培育的环境

根据内因与外因的辩证关系原理，良好道德品质虽然是个人道德情感、道德意志的自主选择，但是也必然受到一定社会环境的制约和影响。因此良好的社会环境对农民职业道德培育具有积极的促进作用。

1. *着力提高农村教育水平*

长期以来，我国广大农村教育条件落后、教育水平不高。与城市居民相比，广大农民没有享受平等的教育待遇。这也是影响农村道德建设水平的重要因素。因此，提高农村教育水平，使更多农民受到教育，是提高农民职业道德素质的有效途径之一。

（1）切实巩固农村基础教育

我们党和国家高度重视农村义务教育，特别是改革开放以来，农村基础教育经费稳步提升，农村学校办学条件逐年改善，农村基础教育水平明显提高。但是，农村的基础教育相对城市还有很大差距。而农村基础教育的好坏直接影响着农村青少年的文化道德素质，进而影响新时代农民职业队伍的建设水平，影响农业农村现代化的进程。因此，加强农民职业道德培育，必须首先重视发展农村基础教育。一是进一步加强对农村学校教师队伍建设。当前，广大农村学校教师普遍不足。近年来，尽管国家通过招收免费师范生、鼓励毕业生到农村顶岗支教等方式，在一定程度上缓解了农村教师不足的压力，但是如何吸引优秀毕业生扎根农村教育仍然是个难题。因此要切实提高农村教师待遇，努力创造条件，做到引得来、留得住。同时，要设立专项资金，支持农村教师进修学习，提升其教学能力和水平；要充分利用网络信息技术，加大优质教育资源引入，让农村学生能够享受先进的教育教学资源。二是要转变教育教学理念，加强对农村义务教育改革创新，以促进农村学生德、智、体、美、劳全面发展。三是要加大投入，切实改善农村教育教学条件。要努力让农村学校除了基本教室、食堂之外，也能拥有图书馆、实验室、运动场等基础设施，也能体验网上课堂、线上课程等现代化的教育教学方式。同时，要积极鼓励农村学校，开展第二课堂，丰富校园文化生活，培养学生适当爱好，推进农村基础教育良性发展。

（2）重视发展农村成人教育

近年来，我国陆续出台一系列关于农村职业教育和农民职业培训的政策文件，并推出了诸如绿色证书工程、跨世纪青年农民科技培训工程、现代农业科技远程培训项目等一批农民科技教育培训项目，取得了明显成效。2018年，中共中央、国务院印发《乡村振兴战略规划（2018－2022年）》，进一步提出，“全面建立职业农民制度”，“实施新型职业农民培育工程，支持新型职业农民通过弹性学制参加中高等农业职业教育”。在发展农村成人教育上又向前迈了一大步。目前，我国农村基础教育相对较弱，造成许多农民职业道德水平不高。因此，大力发展农村成人教育，对于弥补农村基础教育短板，促进农民科技文化素质和思想道德素质提升，显得尤为必要。但事实上，我国农村成人教育的作用远没有充分发挥出来，这里面有体制机制的因素，更有思想观念的影响。因此，必须转变传统观念，重视加强农村成人教育。一是要增加对农村成人教育的资金投入和政策支持。

地方政府要从大局出发、谋划长远，适当增加对农村成人教育的经费投入，同时出台政策，鼓励社会力量支持农村成人教育，改善农村成人教育教学条件，进而提高农村成人教育的教学水平。二是要广泛宣传发动，大力宣扬成人教育的必要性和重要性，提升成人教育在广大农民心中的地位，让农民尤其是升学无望的青少年，认可成人教育并积极参加成人教育培训。三是要不断探索农村成人教育的办学模式，创新教育教学的方式方法，真正贴近生产、贴近实际，让农民切实掌握相关农业生产技术、经营管理方法，树立正确的职业道德观念，进而取得生产丰收、销售营利等实实在在的成效。

2. 着力营造良好市场环境

当前，我国已经建立比较成熟的社会主义市场经济体制。整体来看，诚信经营、公平交易、依法纳税等已经成为市场发展的常态。但由于市场经济的一些消极影响，特别是农村经济环境相对落后，在部分农村市场出现了诚信缺失、假冒伪劣等不良市场行为，严重影响了农民职业道德的培育。因此，必须改善农村市场环境，维护良好的市场秩序。

（1）强化市场监督管理

党的十八大以来，我国不断深化市场监督管理改革，市场环境得到了明显改善。但是相对城市，一些农村市场的监督管理还不到位、市场环境还有待改善。一是要建立健全农村社会信用体系。诚信，既是一种伦理道德，也是一种交易原则。在市场经济往来中，诚信经营、公平交易有利于降低经济成本，促使资源合理分配，进而有利于促进交易双方经济增长，实现双赢。因此，必须建立健全农村社会信用体系，用制度约束来维护道德行为。为此，要严格农民的信用评定，通过跟踪服务，及时掌握农民的信用状况；要完善奖惩机制，逐步建立完善的社会信用监管考核体系，及时对信用行为进行公开，对失信行为进行处理。二是要创新农村市场监管模式。要充分利用现代信息技术手段，引入以大数据为基础的市场监管体系，确保全面及时搜集市场主体的相关信息，并通过信息交互手段破除不同部门之间的信息壁垒，实现数据信息的互利互通、共建共享，以便及时有效地对市场主体进行监督管理，推动农村市场有序运转。三是要强化事中事后监管。市场监管不是一劳永逸的动作行为，而是一个持续不断的动态过程。因此，必须加强事中事后监管，防止在监管过程中出现“真空地带”。要通过事中监管，采用提醒、约谈、告诫等手段，及时要求潜在或轻微的违法行为人进行修正；要通过事后监管，对严重违法或严重破坏市场秩序的行为人依法依规进行处理，并将其列入信用“黑名单”。

（2）营造市场诚信氛围

“舆论具有成风化人、敦风化俗的重要作用。”[1] 因此，要充分利用社会舆论在道德建设中的导向和监督作用。一是在舆论导向上，要坚定中国特色社会主义政治立场，坚决维护国家和人民群众的利益，坚持把社会主义核心价值观和公民道德建设要求体现到各种社会媒体、各类文化节目和新闻报道中，同时要加强对道德领域，特别是诚信道德、职业道德等农民培育热点方面的报道，通过舆论的正面宣传和引导，增强农民的职业获得感、幸福感。二是在舆论监督上，要充分发挥新闻媒体的舆论监督、道德评判作用，对诚实守信、遵纪守法、公平正义的行为大力弘扬，对违约失信、假冒伪劣、制假售假、欺行霸市等行为进行揭露和批评。总之，要通过舆论宣传的正面引导，提倡和弘扬社会主义职业道德；要通过舆论监督的反面警示作用，抨击和遏制违背社会主义道德的行为，共同为新时代农民职业道德培育营造良好的市场环境和社会氛围。

3. 着力净化农村文化环境

乡村全面振兴离不开农民素质的全面提升。当前农村文化活动贫乏、文化氛围不浓，不仅制约了农民科学文化素质和思想道德水平的提升，还进一步影响了农村经济的快速高质量发展。营造良好的农村文化环境，既是全面推进乡村振兴的重要要求，也是社会主义精神文明建设的重要内容，对农民职业道德培育具有积极的促进作用。

（1）坚持用先进文化引领农村文化

要善于使用各种宣传手段、开展各种文化活动，在广大农村积极宣传社会主义核心价值观、宣传社会主义公民道德要求，引导广大农民从思想

---

[1] 中共中央，国务院．新时代公民道德建设实施纲要 [N]. 人民日报，2019-10-28（1）.

上摒除过去的陈规陋习。要广泛推进农村社会诚信建设，大力弘扬与社会主义市场经济相适应的诚信意识、契约精神、法治观念，推动建立互相信任、和谐有序的社会关系。要深入开展移风易俗行动，破除封建迷信，根据农村实际、紧贴农民生活，吸引农民把空闲时间投入到健康有益的文化活动上。开展各种形式的科学知识普及、思想道德教育，让广大农民相信科学、远离迷信，打破传统、勇于创新，从而实现民风淳朴、乡风文明。

（2）鼓励开展多种形式的文化活动

随着农业生产的发展、农村居住环境的改善，农民的生活水平有了很大提高。随着农业现代化、农村城镇化的推进，农民居住区域逐渐由分散走向集中，农村社区正逐步形成。而农民生活水平的提高、农村社区的发展，都对丰富农村精神文化活动提出了相应要求。如开展道德模范评选、家庭才艺比赛、文明家庭评比等群众性精神文明创建活动，不仅能丰富农民单调的农村生活，满足其更高的精神享受，也有利于提高农民思想道德素质，活跃农村文化氛围。

4. 着力加强农村法治建设

“法治和德治不可分离、不可偏废，国家治理需要法律和道德协同发力。”[1] 加强农村法治建设，提高农民法治素养，是农民职业道德培育的重要内容；同时，又有利于发挥法律的外在约束作用，从而促进农民职业道德的形成。

（1）要提高农民法律意识

要广泛运用各种媒体、各种方式，在广大农村全方位地进行法治宣传和普法教育，通过营造强大的法治舆论，动员广大农民学习法律法规，切实提高农民的法律意识、规则意识。要深入开展“法律进乡村”活动，传播法律知识，宣讲典型案例，通过举案说法，强化农民的法律意识，促进农民法治素养的提升，引导农民群众尊法学法守法用法。要健全农村法律服务体系，加强对农民的法律援助、司法救助和公益法律服务，让农民在守法用法的具体实践中，切身体会法治带来的实实在在的成效，从而调动

[1] 习近平 . 习近平谈治国理政（第 2 卷）[M]. 北京：外文出版社，2017：133.

农民学法守法用法的积极性、主动性。

（2）要完善涉农法律法规

随着法制建设的不断深化，我国已经颁布了一系列涉农法律法规，建立了相对完备的农村法制体系。但是，与一些发达国家相比，与农业农村现代化的需要相比，还有很大差距和不足。特别是随着农村改革的不断深化以及农村城镇化、农民职业化进程的加快，广大农村出现了许多新情况、新问题、新变化，导致原有的法律法规出现不适应，在一些新兴领域和关键环节，甚至出现法律空白。因此，进一步健全完善涉农法律体系，使广大农民在全面推进乡村振兴中有法可依、有章可循，变得尤为重要。一是要对现有涉农法律法规进行梳理，对于已经不适应乡村振兴战略实施、不适应农业农村现代化需要的法律或条文，要及时进行修订完善。二是要根据国家战略的实施、农业农村发展的实际，加快制定新的涉农法律法规，以及时补足短板、堵塞漏洞。当前尤其要加强农民职业道德、农民诚信体系方面法律法规的建设。三是要充分发挥地方立法的能动性，鼓励地方政府结合地区农业生产实际和农村发展需求，制定符合地方实际、针对性更强的地方性涉农法律法规。

（3）要加强农村执法力度

“天下之事，不难于立法，而难于法治必行。”[1]因此，要切实加强农村执法力度。要对违规生产、违法经营、乱砍滥伐、破坏生态等违法行为予以严肃惩处，对扰乱农村市场秩序、破坏农村社会稳定的违规现象予以严厉打击，对道德败坏、伤风败俗等不良行为予以严厉警告。要通过严格执法行动，使广大农民强化法不可违、违法必究的观念。要经常性地开展“扫黄打非”、清除黑恶势力等专项行动，依法净化农村社会环境。同时，要完善执法监督体系，通过健全督查体系，加强媒体舆论、人民群众监督等方式，确保农村执法行为的规范性，确保法律的公平公正。

[1] 张居正 . 张居正奏疏集（上）[M]. 潘林，编注 . 上海：华东师范大学出版社，2014.

（五）要发挥基层党员干部示范带动作用

马克思曾经指出：“只有执政党及其政府率先成为全社会的德行楷模，以自己虚心、诚恳、敬业、奉献而卓有成效的表率行为给全社会作出榜样，才有可能有效地防止‘全部陈腐的东西’死灰复燃。”[1] 农村党员领导干部是乡镇政府、农村基层组织的管理者和领导者，是实施乡村振兴战略的参与者、组织者，同时是地方政府和基层组织中与广大农民接触最多、职业特点最明显的“关键少数”。他们的职业活动具有极强的影响性、示范性和辐射性，关系到我们党执政基础的强弱、党和国家事业的成败、广大群众的民心向背。因此，加强农民职业道德教育，必须注重发挥基层党员干部的示范带动作用。

1. 发挥乡镇政府党员干部的示范作用

乡镇党员干部既是人民群众的公仆，也是群众心中的标杆。他们在职业活动中表现出的道德品质，事关党和政府的形象，事关当地的政风民风。因此，必须切实加强基层政府党员领导干部的职业道德建设。

（1）要强化为人民服务的宗旨

习近平总书记曾指出：“一切国家机关工作人员，无论身居多高的职位，都必须牢记我们的共和国是中华人民共和国，始终要把人民放在心中最高的位置，始终全心全意为人民服务，始终为人民利益和幸福而努力工作。”[2] 乡镇干部是离广大农民最近的政府官员，是打通党和政府服务群众“最后一公里”的关键。因此，必须牢固树立“想群众之所想、急群众之所急、解群众之所困”的良好职业情怀；必须始终坚持以人民为中心，善于换位思考，自觉站在广大人民的立场上思考问题、分析问题、解决问题，让每一项政策、每一个部署，都能有利于最广大人民群众的根本利益。正如习近平总书记在重庆考察调研时所指出的：“做群众工作要注意换位思考，设身处地为群众着想。只有将心比心，才能换取真心。”

---

[1] 李源潮 . 党的干部要做全社会思想道德的模范 [J]. 党建研究 .2012（5）：4-7.

[2] 习近平 . 习近平谈治国理政（第 3 卷）[M]. 北京：外文出版社，2020：139.

（2）要维护社会公平正义

正如习近平总书记 2014 年在中央政法工作会议上所指出的：“‘理国要道，在于公平正直’。老百姓讲‘一碗水端平’，如果不端平、端不平，老百姓就会有意见，就会有怨气，久而久之社会和谐稳定就难以实现。”乡镇干部是政府权力的实施者，也应该是社会公平正义的捍卫者。一是要强化公平正义理念，始终坚持把维护社会公平正义作为实现社会和谐稳定的基本前提。二是要坚持依法依规办事，在发展经济、繁荣文化、管理社会的各项工作中，坚持原则、落实政策，真正做到依法行政、照章办事，不偏不向、不徇私情。三是要兼顾效率和公平，从解决广大农民最关心、最直接、最现实的利益问题入手，从收入分配、政治权利、社会保障、利益协调、政策制定等多方面采取措施，积极营造公平正义的社会氛围。

（3）要带头做到廉洁自律

“欲影正者端其表，欲下廉者先之身”，“善禁者，先禁其身而后人”。[1]在我国几千年的文化传承中，老百姓对政府官员、对领导干部始终都有着一种发自内心的期待和情愫，就是希望他们的“父母官”能够为官清廉、为民作主。因此，乡镇领导干部必须以身作则，带头坚持清正廉洁，反对以权谋私、贪污腐败；带头转变工作作风，反对官僚主义、形式主义；带头秉公用权、取信于民，不为名利所扰、不为私欲所累。真正做到像习近平总书记所说的：“各级领导干部要带头依法办事，带头遵守法律，牢固确立法律红线不能触碰、法律底线不能逾越的观念，不要去行使依法不该由自己行使的权力，更不能以言代法、以权压法、徇私枉法。”[2]从而营造风清气正的良好政治生态和社会风气，进而促进农民职业道德建设。

2. 发挥农村基层党员干部的带动作用

加强农民职业道德培育，必须充分发挥农村基层党组织的战斗堡垒作用，发挥村民自治组织的组织引导作用。农村党员干部是农村基层党组织、是村民自治组织的领导者、主力军，是广大农民心目中的主心骨、贴心人，

[1] 韩寿山，徐文艳 . 修身齐家治国平天下诗文绝唱镜鉴 [M]. 北京：东方出版社，2017：200-201.

[2] 习近平 . 习近平谈治国理政 [M]. 北京：外文出版社，2014：149.

必须准确定位自身的职能角色，更好发挥对广大农民的引领带动作用。

（1）要发挥政治引路人的作用

全面推进乡村振兴战略，必须坚持以习近平新时代中国特色社会主义思想为指导，始终坚持走中国特色社会主义道路，始终坚持中国共产党的领导。这就需要农村党员干部首先要掌握科学理论思想、把握正确政治方向、坚定正确政治立场，切实发挥好农村社会发展的政治引路人作用。要创新工作机制、创新方式方法，大力加强农村思想政治工作，有效引导广大农民增强“四个意识”、坚定“四个自信”、做到“两个维护”，要及时掌握、广泛宣传党和国家关于农业农村的方针和政策，推动农村社会形成强大的政治向心力、社会凝聚力。

（2）要发挥致富带头人的作用

2014 年，习近平总书记在江苏调研时强调，“要更加重视促进农民增收，让广大农民都过上幸福美满的好日子，一个都不能少，一户都不能落”。实现乡村振兴，增加农民收入是关键。农村党员干部必须带头解放思想，善于通过提高科技含量、转变生产方式、开展多种经营等途径，率先实现生产增收、经营增效，带头脱贫致富、实现生活富裕。同时，要发挥致富带头人的作用，以先进带后进、以先富帮后富，带动广大农民主动提升科学文化素质，以科技促生产，提高农作物产量；引导农民转变发展观念，瞄准市场需求，推进农业结构转型升级，增加经济收益。要善于把握乡村振兴的政策机遇，广泛宣传和动员大学生、退伍军人、下岗工人等下乡返乡创业，为农村经济发展吸引人才、提供动力，从而带动全体农民致富。

（3）要发挥治理责任人的作用

“乡村治，百姓安，国家稳。乡村治理是实施乡村振兴战略的基石，也是推进国家治理现代化的重要一环。”[1] 农村基层组织是乡村治理的主体，农村党员干部是实施乡村治理的责任人。改革开放以来，我国广大农村社会大局稳定、发展形势向好，但是在村民自治、基础建设、环境治理、公共服务

[1] 农民日报评论员 . 要夯实乡村治理这个根基 [N]. 农民日报，2019-03-14（1）.

等方面还存在许多问题和短板。因此，农村党员干部必须落实乡村治理责任人的责任，大力推进农村社会治理现代化。一是要加强农村基层组织、特别是基层党组织建设，配齐配强干部队伍，充分发挥基层党组织的政治堡垒、领导核心作用。二是强化责任意识和服务意识，不断完善体制机制，最大程度动员广大乡贤和村民积极参与乡村治理，大力推进村民自治、乡村法治和德治建设，积极构建新型乡村共同体。

（4）要发挥道德模范人的作用

俗话说："火车跑得快，全靠车头带。"抓好农民职业道德培育，关键在于农村干部的职业道德好坏。所谓"上行下效"，如果党员干部有职业操守，作风正派、坚持原则、清正廉洁，在乡村治理上，能够不徇私利、一心为公、客观公正、依规行事；在日常生活中，能够以身作则、勤恳办事、诚实待人、守信经营；在道德品行上，能够率先垂范、踏实做人、乐于助人、甘于奉献；就能够起到现身说法、典型引领、榜样示范的作用，从而有利于带动广大农民自觉加强职业道德养成，有利于推进农民思想道德建设和农村社会主义精神文明建设。

（5）要发挥法律明白人的作用

"没有规矩，不成方圆。"推进乡村法治建设，是实施乡村振兴战略的重要内容，也是实现农村社会治理现代化的必要路径。因此，农村党员干部必须首先提升法治素养，做法律的明白人，从而引导、带动广大农民尊法学法守法用法。一是要加强法律学习，强化法律知识储备，主动提升自身法治修为，不断坚定对中国特色社会主义法治的信仰。二是要善于将法治思维运用到农业生产经营、乡村社会治理、精神文化活动等农村社会实践全过程，积极推进农村法治化建设。三是要时刻保持清醒，以身作则，带头遵守党纪国法，牢记法律"红线"不可逾越，明白"什么该做，什么不该做"。

（六）要提升农民职业道德自我培育能力

加强农民职业道德培育，不仅要从外在影响入手，还要充分调动农民内在的积极性和主动性。由于自身科学文化水平不高，农民的道德自我培育能力相对较弱。这在一定程度上制约了农民职业道德的养成。因此，要注重提升农民职业道德的自我培育能力。

1. 提高农民科学文化素质

良好的科学文化素质，不仅能提高个人认识水平和理解能力，而且能提高个人思维判断、辨别是非的能力，从而促进一个人良好品德的形成。当前，我国农民大多数科学文化素质较低，这在一定程度上影响了农民职业道德的养成。因此，应提升农民职业道德的自我培育能力，以促进农民科学文化素质的提高。一是要积极创造各种条件，提供农民自我学习的良好平台和机会，调动农民自我学习的积极性、主动性。二是要大力发展农村基础教育，让农村青少年普遍接受更高层次的学校教育，提高他们的科学文化水平，为新时代农民队伍培育文化程度更高的预备队员。三是调动成年农民广泛参与成人教育和职业教育，积极利用农闲时间参与学习培训，提高个人科学文化水平和生产经营技能，从而提升自身的职业素养。

2. 强化农民自我道德修养

自我道德修养是实现道德由他律转向自律的过程，是个体的道德自觉，也是提升个人道德品质的有效方式。加强农民职业道德培育，必须注重农民在职业行为实践中的自我道德修养。一是要强化农民职业道德自觉意识。思想决定行动，增强农民道德自觉意识，就会增强农民提升职业道德的积极性和主动性，使农民在学习培训过程中、在生产经营实践中，不仅掌握现代农业生产技能和经营管理知识，也会主动学习职业道德规范、自觉规范职业道德行为。二是要提高农民职业道德自我反思能力。“吾日三省吾身。”道德反思是指个人依据一定社会道德标准，对自己曾经的道德行为进行“回头看”，通过查找自身的不足，从而在以后的道德行为中进行自我修正，有利于个人道德品质的提升。三是要善于向他人、榜样学习。道德反思具有主观性、模糊性，因而具有局限性。要克服这种局限性，就要加强与他人的道德交流，主动与榜样对照，从而通过他人的评价来获得对自身的正确认识，进而主动提升自己。

第四章　农民家庭美德

清代金缨在《格言联璧》中写道："勤俭，治家之本。和顺，齐家之本。谨慎，保家之本。诗书，起家之本。忠孝，传家之本。"[1] 告诉人们：勤劳俭朴，是管理家务的根本；和谐安顺，是整治家庭的根本；谨慎持重，是守护家业的根本；诗书文章，是振兴家业的根本；忠孝道德，是承袭家业的根本。五个"之本"道出了养家、治家的基本操守。

中华民族自古以来就重视家庭、重视亲情。中国人的家庭情结铭刻在骨子里，流淌在血液中。"慈母手中线，游子身上衣。临行密密缝，意恐迟迟归。谁言寸草心，报得三春晖。"[2] 唐代诗人孟郊在《游子吟》中用质朴的语言、真挚的情感、形象的比喻和隽永的诗句真实体现了中国人深厚的家庭情结。家庭不仅仅是人们的栖息之地，更是人们心灵停靠的港湾。注重家风建设，传承优良家风，建设家庭美德，不仅有利于家庭的幸福美满，更有利于社会的和谐稳定。正如习近平总书记所说的："家风好，就能家道兴盛、和顺美满；家风差，难免殃及子孙、贻害社会，正所谓'积善之家，必有余庆；积不善之家，必有余殃'。"[3]

改革开放 40 多年来，我国精神文明建设取得很大成就，包括家庭美德在内的公民道德建设有了长足发展。但是，在我们看到这些可喜变化的同时，必须正视存在于社会生活中的问题。随着社会生活的深刻变革和媒体网络的日益普及，农村的部分家庭在道德建设方面出现了一些亟待解决的突出问题。家庭是社会的基本细胞，对社会发展至关重要。2016 年 12 月

[1] 金缨．白话格言联璧 [M]. 姚军杰，张卫峰，陈哲，注译．西安：三秦出版社，1997：132.

[2] 施树禄．全唐诗 [M]. 北京：中国言实出版社，2016：184.

[3] 习近平．习近平谈治国理政（第 2 卷）[M]. 北京：外文出版社，2017：355.

12日，习近平总书记在会见第一届全国文明家庭代表时的重要讲话中特别指出："无论时代如何变化，无论经济社会如何发展，对一个社会来说，家庭的生活依托都不可替代，家庭的社会功能都不可替代，家庭的文明作用都不可替代。"[1]三个"不可替代"强调了家庭对于国家、民族和社会的发展尤为重要，建设家庭美德，弘扬优良家风，才能以好的家风引领和支撑起农村社会的好风气。

第一节　农民家庭美德的内涵与具体要求

一、家庭概述

（一）家庭的概念

马克思和恩格斯认为："每日都在重新生产自己生命的人们开始生产另外一些人，即增殖。这就是夫妻之间的关系，父母和子女之间的关系，也就是家庭。"[2]从这段话中我们不难看出婚姻是家庭的起点和基础，血缘是家庭的纽带，正是血缘关系把父母、子女和兄弟姐妹紧密地联结在一起。家庭是社会最基本的细胞，是最重要、最核心的社会组织，是以婚姻关系、血缘关系或领养关系为纽带和标志的社会群体。[3]本章谈到的农民家庭美德中的家庭是指以婚姻关系和血缘关系为基础建立起来。

（二）家庭的作用

1. 家庭是社会的基本单位，对于社会发展举足轻重

2018年2月14日，习近平总书记在春节团拜会上强调了家庭的重要作用："家庭是社会的细胞，家庭和睦则社会安定，家庭幸福则社会祥和，

[1] 习近平．习近平谈治国理政（第2卷）[M]. 北京：外文出版社，2017：353.
[2] 中共中央马克思恩格斯列宁斯大林著作编译局．马克思恩格斯文集（第1卷）[M]. 北京：人民出版社，2009：532.
[3] 刘豪兴，徐珂．农村社会学[M]. 北京：中国人民大学出版社，2004：266.

家庭文明则社会文明。历史和现实告诉我们，家庭的前途命运同国家和民族的前途命运紧密相连。”[1]家庭和睦、幸福美满与否是社会和谐稳定发展的重要影响因素，“千家万户都好，国家才能好，民族才能好”[2]。实现中华民族的伟大复兴，“最终要体现在千千万万个家庭都幸福美满上，体现在亿万人民生活不断改善上”[3]。习近平总书记的讲话，字里行间揭示了社会主义的家国观。它要求我们每一个人都应该把爱家和爱国统一起来，“努力使千千万万个家庭成为国家发展、民族进步、社会和谐的重要基点，成为人们梦想启航的地方”[4]。

2. 家庭是每个人生活的摇篮，是个体走向社会的起锚地

“无论过去、现在还是将来，绝大多数人都生活在家庭之中。”[5]家长是孩子的启蒙老师，家庭教育对每个人的思想和行为都会产生深刻的影响，人的一生都会有原生家庭的印记。作为父母生命的延续，子女在成长过程中，在心理上过度依赖于父母，情感上则高度信任父母。正因为此，父母的言传身教成为播散在孩子心灵上的道德种子。一旦这些种子在幼小心灵生根发芽，将会影响孩子对社会道德的接受程度。应该说家庭道德教育是一个重要的传播平台，通过父母的言传身教可以把社会道德内化为家庭成员的个体道德。如果家庭道德与社会道德同向同行，孩子步入社会后就容易认同并接受社会道德。反之，很难与社会道德产生共鸣。

家庭的作用不仅体现在个体成长上，家庭对维护社会的和谐稳定、国家的安定有序也有着重要影响。自古以来，中国人都有“家国”情结，“家是最小国，国是千万家”。我们在历史发展的长河中悟出了“有国才有家”的真谛，建设好自己的“小家”，才能维护稳定的社会环境，更好地为国家的有序发展注入动力。

---

[1] 习近平 . 习近平谈治国理政（第 2 卷）[M]. 北京：外文出版社，2017：353-354.
[2] 习近平 . 习近平谈治国理政（第 2 卷）[M]. 北京：外文出版社，2017：354.
[3] 习近平 . 习近平谈治国理政（第 2 卷）[M]. 北京：外文出版社，2017：354.
[4] 习近平 . 习近平谈治国理政（第 2 卷）[M]. 北京：外文出版社，2017：353.
[5] 习近平 . 习近平谈治国理政（第 2 卷）[M]. 北京：外文出版社，2017：353.

二、农民家庭

农民家庭主要是指生活在农村，以血缘和婚姻关系为纽带构成的农村最基本的社会单位。在由传统社会向现代社会的转变中，随着农村社会的发展和进步，农民家庭的家庭规模和家庭类型也发生了很大变化。家庭美德建设离不开每一位家庭成员的努力，家庭规模和家庭类型对于家庭美德的形成和发展有着重要的影响。

（一）农民家庭规模

家庭规模主要是指家庭人口的多少。改革开放以来，随着农村经济和社会的发展，农民家庭规模有了变小的趋势。其一，在农民家庭中，由于受传统思想的影响，父母更希望一家人其乐融融地住在一起，拥有儿孙满堂的家庭生活。但是孩子在长大成婚后倾向分家单过，另立门户。这样年轻人既可以按自己的生活习惯享受到更多的自由，同时也避免了一些不必要的家庭矛盾。其二，受国家生育政策的影响，农民的生育理念有所变化。计划生育在 1982 年 9 月被定为基本国策，同年 12 月写入宪法。其目的是提倡晚婚、晚育，少生、优生，从而有计划地控制人口。新中国成立之后的一段时期，一般的农民家庭都有两个或两个以上的孩子，这样的家庭人丁兴旺，家庭规模大。但是随着计划生育政策在农村的实施，按政策生育在一定程度上控制了人口的数量。再加上农民对于生育政策的支持和生育理念的转变，家庭规模有所变小。（见表 1）

表 1 1990—2018 年中国农民家庭平均每户人口变动情况　　（单位：人）

年份	1990	1995	2000	2010	2011	2012	2016	2017	2018
平均每户常住人口	4.80	4.48	4.20	3.95	3.90	3.88	3.11	3.03	3.00

注：数据来源于《中国统计年鉴（2014）》（北京，中国统计出版社，2014）有关农村居民家庭基本情况编制 和2017—2019年的《中国统计年鉴》中人口户规模。

由上可知 1990 年农民家庭每户人口是 4.80 人，1995 年是 4.48 人。 进入新时代，农民家庭每户人口数与 20 世纪 90 年代相比较有大幅度下降。农民家庭规模的变化，使我国的农民家庭结构也随之改变，人口较少的小家庭成为农村主要的家庭结构形式。

（二）农民家庭类型

农民家庭规模的变化，直接影响了农民家庭户类别的变化。（见表 2）

表 2 乡村家庭户类别 （单位：户）

地区	家庭户户数	一代户	二代户	三代户	四代及以上户
全国	142052	53500	58176	28919	1456
河南	11311	3597	5100	2506	109
安徽	7192	2510	2996	1539	84
山东	11398	5543	4305	1498	52
山西	4143	1582	1872	671	17
天津	661	211	314	130	6

注：数据来源于《中国人口和就业统计年鉴（2019）》(北京，中国统计出版社，2019：95)。

从表 2 不难看出，一代户和二代户家庭占比 80% 左右，成为农村主要的家庭类型。全国四代及以上户数的家庭占比 1% 左右，这种家庭类型日渐减少。

按家庭的结构和规模划分，将农民家庭划分为核心家庭、主干家庭、联合家庭和其他家庭四种。其中其他家庭又可以分为直系单亲家庭、隔代家庭、男性单身家庭、女性单身家庭和特殊家庭等五种。[1]

1. 核心家庭

核心家庭人口较少，结构简单，一般是由一对夫妇及未婚子女构成的家庭。核心家庭以夫妻关系为核心，以婚姻和血缘两条纽带相互联结，使家庭成员之间容易相处和交流，成为我国主要的家庭类型。

2. 主干家庭

主干家庭是由一对夫妇与父母和未婚子女生活在一起的家庭，由两代或两代以上的直系亲属组成，其内部关系比核心家庭要复杂得多。在我国，主干家庭曾为主要家庭类型，但随着社会的发展，源于不同代际成员的生

[1] 刘豪兴，徐珂 . 农村社会学 [M]. 北京：中国人民大学出版社，2004：268.

存环境差别较大，生活习惯和价值观念不同，家庭成员之间的矛盾频发，导致主干家庭的比例下降。

3. 联合家庭

联合家庭是指由父母和几个已婚子女以及孙子女组成的家庭。此类家庭是数代同堂，几代的男性血亲及其配偶生活在一个家庭里，人数多、结构复杂。这类家庭如果没有权威人物的坐阵指导，家庭成员间的矛盾很难解决，难以形成和谐的家庭关系。这也是联合家庭日渐减少的原因。

4. 其他家庭

在其他家庭中，直系单亲家庭主要是指由夫妻离异、丧偶的单身父亲或母亲及其子女组成的家庭，其特点是人数少、结构简单。隔代家庭是指由祖父母和孙子女组成的家庭。在我国农村，隔代家庭的出现一方面是因为父母二人已经亡故，另一方面是由于父母为增加家庭收入外出务工，无法照看孩子而出现的。隔代家庭中孩子与父母聚少离多，长时间得不到父母的关爱，其教育问题会存在一定的隐患。单身家庭分为男性单身家庭和女性单身家庭两种，主要是指一个成年人独自生活的家庭。特殊家庭主要是指由直系或旁系亲属组成的家庭。

家庭是社会的基本细胞。在家庭发展过程中，家庭结构对家庭成员的生理、心理和行为等方面会产生较大的影响。

（三）农民家庭功能

农民家庭功能是指家庭在农村生活和社会发展方面所起的作用。一般情况下，农民家庭功能主要体现在以下几方面。

1. 生产经营功能

家庭生产经营功能主要是指家庭在社会生产中所起的作用。我国是农业大国，绝大多数的农民家庭都是农业生产的基本单位，从事农业生产经营是农民家庭功能最主要的特征。但是随着社会的进步，尤其是社会主义市场经济体制的建立，生产经营功能发生了很大的变化。由于农民捕捉市场信息的滞后性，很多农民家庭由以前的单独生产转变为联手协作，以应对日益激烈的市场竞争。随着农业机械化生产的发展，许多农民家庭的剩余劳动力进行了转移，只有少数妇女和老人从事农业生产，农村的生产经营功能由农业转移到了其他行业。

2. 生活消费功能

家庭生活消费功能是指家庭在个人消费和社会消费中的作用。改革开放以来，农村的经济得到迅速发展，农民的收入也相应提高。但是由于中国农村的经济发展基础较弱，农民增加的收入更多用于衣、食、住、行等基本生活方面的消费。农民的温饱问题解决后，生活消费功能与以往相比发生了变化，在解决了物质生活需求的基础上，开始满足休闲、娱乐、学习等精神方面的生活消费需求。

3. 生育功能

家庭生育功能是指家庭在社会发展过程中为繁殖后代所起的作用。家庭是人类繁衍的基本单位，生育功能历来就是家庭的基本功能。生育后代是人类社会发展的基本前提，农村人口基数大，生育功能是农民家庭最重要的职能之一。近年来，农民家庭的生育观发生了较大的变化，其中社会经济因素对农民家庭生育起着决定性的影响，包括家庭收入水平和家庭经济状况。此外与农民的文化水平、国家的生育政策以及农民家庭在生育方面的心理预期密切相关。其中心理因素往往通过生育观，包括生育目的、性别偏好、生育数量等表现出来。

4. 赡养功能

家庭赡养功能是指家庭在社会养老事业中所能起到的作用。“你养我长大，我陪你变老。”赡养老人是每个家庭必须承担的责任和义务。在农民家庭中，由于出嫁的女儿不继承父母的任何财产，赡养老人的功能主要是由儿子来承担的。儿子和儿媳要承担起赡养男方老人的责任和义务，为老人提供必需的生活用品的同时，也要给老人一定的精神慰藉。如果因家庭变故儿子儿媳无力抚养或已经离世，那么孙子孙媳要承担赡养祖父母的责任。这是农民家庭赡养功能的“特色”表现，时至今日，很多农民家庭仍保持着儿子为父母养老送终的传统。

5. 教育功能

家庭教育功能是指家庭在对其子女实施教育中所起的作用。顾名思义，家庭教育功能就是通过家庭全方位的教育，让下一代能立足社会，具有基本的生存能力。这种教育主要通过家长的言传身教和家庭生活实践，以及对子女施以一定教育影响的社会活动来实现。其内容涉及思想道德教育、农业生产经营技能、为人之道，等等。社会主义市场经济体制建立后，随着家庭构成的变化，农民家庭的教育功能有所弱化。

家庭是农村社会生产的基本单位，被赋予了政治、经济和社会等多方面的职能。农民家庭美德建设是整个社会道德建设的晴雨表，对社会的和谐稳定有着重要影响。在现代农村社会中，农民家庭的功能呈现缩减的迹象，再加上家庭规模和家庭结构的变化，对于家庭美德的理解和认知都会有不同程度的影响。因此培育农民的家庭美德观，对加强农村道德建设，解决现实生活中的道德问题尤为必要。

三、家庭美德的内涵

（一）家庭美德的含义

家庭美德是调节家庭内部成员以及与家庭生活密切相关的人际关系的行为规范，是每个人在家庭生活中应该遵循的行为准则。[1] 家庭美德规范了每个人在家庭生活中应该遵循的行为准则，涵盖了夫妻、长幼、邻里之间的关系。在家庭生活中，我们应正确对待和处理家庭问题，共同培养和发展夫妻爱情、长幼亲情、邻里友情。这不仅关系到每个家庭的美满幸福，也有利于社会的安定和谐。

（二）家庭美德在家庭中的重要作用

中华民族历来重视家庭和家庭美德建设。俗话说，家和万事兴。家庭美德建设对家庭发展有着重要作用。

---

[1] 本书编写组：思想道德修养与法律基础（修订版）[M]. 北京：高等教育出版社，2015：130.

1. 家庭美德是凝结亲人关系的桥梁

温馨美满的家庭是家庭成员获得物质生活和心理情感的前提和保障。良好的家庭道德可以使家庭成员之间相互理解，相互关爱。家庭美德像架在彼此之间的桥梁，有利于“家庭和睦、亲人相爱、下一代健康成长、老年人老有所养”[1]，更好地把亲人凝聚在一起，有利于家人的身心健康，化解家人心理困惑，使家真正成为家人的避风港，爱的栖息地。

2. 家庭美德有助于提升个人的道德修养

若要子女走正道，家长的身教重于言教。家庭道德状况直接影响和决定着下一代的成长。父母作为孩子的第一任老师，要“时时处处给孩子做榜样，用正确行动、正确思想、正确方法教育引导孩子。要善于从点滴小事中教会孩子欣赏真善美、远离假恶丑”[2]。“应该把美好的道德观念从小就传递给孩子，引导他们有做人的气节和骨气，帮助他们形成美好心灵，促使他们健康成长，长大后成为对国家和人民有用的人。”[3]

3. 家庭美德是促进家庭和睦的润滑剂

在现阶段的家庭构成中，老人和儿童处于弱势地位，老人最需要的是体贴，孩子最需要的是爱护。在家庭生活中，给老人多一点尊重，给孩子多一点爱护，让老人颐养天年，让孩子快乐成长。只有尊老爱幼传美德，才能家庭和睦万事兴。相反，在一个家庭中如果经常发生“战争”，夫妻之间轻则辱骂，重则发生家庭暴力，必定会影响夫妻情感，甚至会酿成家庭悲剧，对未成年孩子和耄耋老人将会造成极其严重的影响。

四、家庭美德的具体要求

习近平总书记强调：“家庭教育涉及很多方面，但最重要的是品德教育，是如何做人的教育。”[4] 家庭美德是和谐家庭的精神支柱，是国家和社

[1] 习近平 . 习近平谈治国理政（第 2 卷）[M]. 北京：外文出版社，2017：356.
[2] 习近平 . 习近平谈治国理政（第 1 卷）[M]. 北京：外文出版社，2018：184.
[3] 习近平 . 习近平谈治国理政（第 2 卷）[M]. 北京：外文出版社，2017：355.
[4] 习近平 . 习近平谈治国理政（第 2 卷）[M]. 北京：外文出版社，2017：354.

会良好风气的集中体现。2019 年 10 月，中共中央、国务院印发《新时代公民道德建设实施纲要》（以下简称《纲要》），明确提出：“推动践行以尊老爱幼、男女平等、夫妻和睦、勤俭持家、邻里互助为主要内容的家庭美德，鼓励人们在家庭里做一个好成员。”[1]《纲要》为新时代的农民家庭美德建设指明了方向。在乡村振兴背景下，每位农民都应积极学习家庭美德基本要求，培育正确的婚姻观、家庭观、处世观。农民在日常生活中要自觉践行道德规范，做家庭“好成员”。

（一）尊老爱幼

尊老爱幼是中华民族的传统美德。“老有所终，壮有所用，幼有所长”[2] 是中国人自古以来恪守的家庭道德传统，它既能体现一个人的良好素质，也能体现一个社会的文明程度。在中华五千年的文明历史中，“中华文化源远流长，积淀着中华民族最深层的精神追求，代表着中华民族独特的精神标识，为中华民族生生不息、发展壮大提供了丰厚滋养。中华传统美德是中华文化精髓，蕴含着丰富的思想道德资源”[3]。植根于其中的中华传统美德，为家庭美德建设提供了丰厚的思想渊源。“老吾老以及人之老，幼吾幼以及人之幼”[4]，诠释了尊老爱幼的最高境界。

1. 尊敬老人、关爱老人、赡养老人

“我国已经进入老龄化社会。让老年人老有所养、老有所依、老有所乐、老有所安，关系社会和谐稳定。我们要在全社会大力提倡尊敬老人、关爱老人、赡养老人，大力发展老龄事业，让所有老年人都能有一个幸福美满的晚年。”[5] 孝道是一个人所有德行的根本，自古以来，孝老爱亲就是中国人的传统美德。

---

[1] 中共中央 国务院 . 新时代公民道德建设实施纲要 [N]. 人民日报，2019-10-28（1）.
[2] 礼记 [M]. 崔高维，校点 . 沈阳：辽宁教育出版社，2000：75.
[3] 习近平 . 习近平谈治国理政（第 1 卷）[M]. 北京：外文出版社，2018：164.
[4] 张红霞 . 诸子思想解读——孟子 [M]. 西安：太白文艺出版社，2009：11.
[5] 习近平 . 习近平谈治国理政（第 3 卷）[M]. 北京：外文出版社，2020：345.

“父母在，不远游，游必有方”[1]，这句话强调了子女对年迈父母应尽的责任。如果父母年纪大了，做子女的应该多陪伴父母，尽可能多地照顾父母的生活起居，非必要尽量不要外出。如果必须得远行的话，一定要告诉父母自己详细的出行计划，毕竟“儿行千里母担忧”。

衰老是自然规律，敬老是永恒美德。随着岁月的流逝，老年人体力衰弱，已失去年轻时候的劳动能力，无论是琐碎的家务事还是繁重的体力活，他们总是想尽全力帮忙，无奈的是心有余而力不足。这时候的老年人总会有心理上的落差，在慨叹自己年老的同时，还会产生深深的不安，甚至是自责。父母对子女的爱，是最伟大、无私的。为了抚养和教育子女，父母总是倾注全部心血。“谁言寸草心，报得三春晖”，对父母的养育之恩，做子女的当知报答，而且无论如何也是报答不尽的，况且我们每个人也都会老，关爱老人就是关爱自己的未来。

面对老人，我们要理解他们的情怀，他们在年轻力壮的时候，用自己的汗水抚育了下一代，完成了时代所赋予自己的历史使命。作为子女，不能将年岁已高的父母视为累赘，应细心呵护老人，周密安排老人在衣、食、住、行等方面的需求，让老人安度晚年。羊有跪乳之恩，鸦有反哺之义。尊敬老人不仅是我们每个人应尽的义务和责任，也是家庭的责任，社会的责任。“孝有三，大孝尊亲，其次弗辱，其下能养”[2]，诠释了尊敬老人的内容和境界。晚辈不仅要让他们衣食无忧，还要体谅老人，善待老人，让他们感到自身的价值、体面和尊严。年轻人不能对老人不管不顾，更不能对老人辱骂、殴打，将父母送到养老院不闻不问，一走了之。这样的儿女，无异于禽兽。正如孔子所言：“今之孝者，是谓能养。至于犬马，皆能有养；不敬，何以别乎？”[3] 进入新时代，我们的生活条件与2500多年前的物质条件有了天壤之别，满足老年人物质生活的同时，一定要尊重老人、善解老人、帮助老人。“挟泰山以超北海，此不能也，非不为也；为老人折

[1] 论语 [M]. 刘兆伟，译注 . 北京：人民教育出版社，2015：72.
[2] 礼记 [M]. 崔高维，校点 . 沈阳：辽宁教育出版社，2000：161.
[3] 论语 [M]. 刘兆伟，译注 . 北京：人民教育出版社，2015：22.

枝，是不为也，非不能也。”[1] 孟子用简单的道理告诉我们：尊敬老人，要尽力而为。

2. 抚养和教育孩子

作为中华民族传统美德，我们不仅要尊老，还要爱幼。爱幼主要体现在父母对子女的抚养和教育上。这是作为父母必须承担的法律责任，更是身为父母必须尽的责任与义务。孩子是国家的未来、民族的希望、家庭的精神支柱。家庭教育对于孩子的成长具有启蒙作用，父母的陪伴和教育对于孩子的成长至关重要。“家庭是人生的第一个课堂，父母是孩子的第一任老师。”[2]“广大家庭都要重言传、重身教，教知识、育品德，身体力行、耳濡目染，帮助孩子扣好人生的第一粒扣子，迈好人生的第一个台阶。”[3] 家庭是孩子的第一所学校，家长应把美德以自己的言行传递给孩子，家庭教育的好与坏将直接影响孩子的一生。

家长在抚养孩子的过程中，应尽力给孩子提供良好的物质条件，以促进孩子的生长发育，同时更应该给孩子提供良好的教育。中国民间有句俗语“三岁看小，七岁看老”。从教育心理学上，它概括了幼儿心理发展的一般规律，也反映了在幼儿生长的不同阶段，早期教育的重要性。“爱子，教之以义方。”[4] 它告诉父母应用道义教导孩子，培养孩子良好的品德。教子德为先，身教胜言传。家长的一言一行、一颦一笑都会对孩子有潜移默化的作用。父母对孩子寄予厚望，在塑造孩子健全的人格和高尚品德的进程中，父母必须率先垂范、身体力行，推动孩子社会化的进程。

教育子女是一个系统工程，父母不仅要对孩子“施教”，还应“善教”。这就要求父母在教育孩子的过程中必须讲究方式与方法，以促进孩子的健康成长。在现实生活中，由于各种诱因，存在着抚养和教育孩子的误区。在我国的传统文化中，“三纲五常”作为中国宗法社会最基本的伦理道德，存在了 2000 多年。由于受传统父权观念的影响，有些家长从不懂得尊重孩

---

[1] 张红霞 . 诸子思想解读——孟子 [M]. 西安：太白文艺出版社，2009：11.
[2] 习近平 . 习近平谈治国理政（第 2 卷）[M]. 北京：外文出版社，2017：354.
[3] 习近平 . 习近平谈治国理政（第 2 卷）[M]. 北京：外文出版社，2017：355.
[4] 赵生群 . 春秋左传新注（上）[M]. 西安：陕西人民出版社，2008：16.

子、倾听孩子的心声，只相信“棍棒之下出孝子”，把孩子作为自己发泄的对象，随意打骂孩子，伤害孩子的自尊心，给孩子心灵蒙上一层阴影。苏联杰出的教育家马卡连柯说过：“用殴打来教育孩子，不过和类人猿教养它的后代相类似。”因此，父母要用适度的爱浸润和感染孩子，以促使孩子形成健全的人格。在一些家庭中，出现了宠溺孩子的现象。一切以孩子为中心，孩子要什么就买什么，孩子想做什么就做什么，家长无条件地满足孩子的要求。“宠儿多不幸，娇儿难成才。”过分宠溺会使孩子变得骄横任性，不懂礼节，目无长辈，以自我为中心，自私自利，独立性极差，缺乏社会责任感，很难在社会立足。司马光在《资治通鉴》中指出：“爱之不以道，适所以害之也。”父母不用道义来爱孩子，一味溺爱孩子，不是真正爱孩子，反而会害了孩子。孩子是父母的影子，从牙牙学语开始就受家庭的影响，什么样的家教造就什么样的人。“古人都知道，养不教，父之过。家长应该担负起教育后代的责任。家长特别是父母对子女的影响很大，往往可以影响一个人的一生。”[1]

（二）男女平等

男女平等，是指在家庭生活的各个方面，女子和男子人格独立、地位平等，享有同等的权利，负有同等的义务。男女平等是针对我国古代女性没有社会地位提出的。在我国 2000 多年的封建历史发展中，传统文化对女性采取歧视态度。由于父权制的建立，生产资料的所有权掌握在男性手中，女性在物质方面主要依赖男性。经济地位决定社会地位，女性处于男性的支配之下，不可能与男性拥有同样的社会地位。在封建社会中，男女不平等是天经地义的事情，时至今日，尽管改革开放以后妇女在家庭和社会中的地位显著提高，但具有陈旧思想的人仍占有一定的比例。“追求男女平等的事业是伟大的。纵观历史，没有妇女解放和进步，就没有人类解放和进步。为实现男女平等的崇高理想，人类走过了不平坦、不平凡的历程。”[2]

[1] 习近平 . 习近平谈治国理政（第 2 卷）[M]. 北京：外文出版社，2017：354-355.
[2] 习近平 . 促进妇女全面发展 共建共享美好世界——在全球妇女峰会上的讲话 [N]. 人民日报，2015-09-28（1）.

男女平等作为家庭美德中的基本要求，是建设幸福家庭的政治保证，也是衡量社会文明进步的重要标志。从古至今，妇女对社会的发展与进步作出了重大贡献。2013 年 10 月 31 日，习近平总书记在同全国妇联新一届领导班子成员集体谈话上强调："要注重发挥妇女在弘扬中华民族家庭美德、树立良好家风方面的独特作用，这关系到家庭和睦，关系到社会和谐，关系到下一代健康成长。广大妇女要自觉肩负起尊老爱幼、教育子女的责任，在家庭美德建设中发挥作用，帮助孩子形成美好心灵，促使他们健康成长，长大后成为对国家和人民有用的人。广大妇女要发扬中华民族吃苦耐劳、自强不息的优良传统，追求积极向上、文明高尚的生活，促进形成良好社会风尚。"[1]

男女平等，不仅仅是一个家庭问题，而且是一个社会问题。提高女性在家庭中的地位，实现男女关系的平等，必须提升女性的经济地位。全社会要摒弃"重男轻女"的传统思想，使女性在教育、就业及报酬等方面与男性享有同等权利。否则，男女平等将成为空谈。近年来，女性外出务工的机会越来越多，经济独立的能力不断增强，在增加家庭经济收入的同时，也获得了家庭地位的真正平等。随着经济的不断发展，农村男女平等的理念不断增强，无论是生育观和教育观上都有了可喜变化。"生男生女都一样""妇女能顶半边天"的文明风尚蔚然成风。要实现男女平等，一方面需要男性的理解、支持和尊重，另一面女性也要加强自身的努力，要不断地去学习、去拼搏，要懂得"自尊、自爱、自信、自立、自强"，以行动建功新时代，以奋斗创造美好生活，努力实现自身发展，赢得出彩人生。

（三）夫妻和睦

夫妻是指男子与女子对彼此抱有美好愿望，以婚姻为纽带结为一体的家庭主要角色。在家庭生活中，相互之间应尽自己所能帮助对方。在当代，夫妻关系在家庭关系中居于核心地位，是衍生其他家庭关系的基础。在家

---

[1] 习近平 . 坚持男女平等基本国策 发挥我国妇女伟大作用 [N]. 人民日报，2013-11-01（1）.

庭生活中，夫妻地位应该是平等的。“男女平等家风好，夫妻恩爱幸福长。”家庭地位平等是夫妻和睦的基础，夫妻和睦才能保障家庭幸福。因此在家庭生活中要维持夫妻和睦，夫妻双方要做到以下几点。

1. 夫妻之间要彼此信任，相互尊重

“结发为夫妻，恩爱两不疑”，坚贞不渝的爱情是以忠诚和信任为基础的。在日常生活中夫妻之间要彼此尊重，真诚相待，互相信任。凡事不要猜疑，要相互沟通，有事共同解决。“和风细雨谋家事，坦诚相待家平安。”夫妻之间不必争执谁对谁错，在平淡琐碎的生活中，女人要懂得相守，男人要懂得感恩，这样的夫妻才能相濡以沫，白头偕老，幸福一辈子。

2. 夫妻双方要关心体贴，互敬互谅

男女双方经过浪漫的恋爱之后步入婚姻殿堂，组成自己的小家庭，是一件非常美好的事情。但是由于各自婚前家庭的生活习惯、处事方式以及性格等方面的不同，两人需要经历一段时间的磨合。有的夫妻成家后，发现爱人与理想中的配偶大相径庭，就开始抱怨与指责对方，慨叹“婚姻是爱情的坟墓”，等等，势必会伤害夫妻感情，严重的会导致婚姻的破裂。在婚后生活中，尤其是遇到一些小问题、出现小摩擦时，双方应该互相关心体贴，互敬互谅，相互包容，相互适应。夫妻之间要求同存异，培养共同的兴趣爱好，时常为婚姻生活注入“润滑剂”，使家庭生活充满幸福与快乐。

3. 夫妻双方要祸福同担，彼此陪伴

男女之所以结为夫妻，是因为彼此抱着美好的愿望，各自愿意以自己所能无条件地帮助和成就对方，相互激励，共同成长。俗话说“糟糠之妻不下堂”，这道出了夫妻相处之道：富贵时不要抛弃共同患难过的妻子。两人一旦结为夫妻，就必须风雨同舟，相互扶持，坦然面对人生的苦辣酸甜，经营好自己的家庭与感情。人生不易，在家庭生活中夫妻两人要赡养老人，抚养和教育孩子，难免有磕磕绊绊。夫妻只有在生活上互帮互助，在事业上相互激励，情感上相互慰藉才能共同创造幸福人生。

家庭多一份温馨，社会多一分安宁。夫妻关系是否和睦直接影响着整个家庭的和谐与稳定，对于孩子的成长和双方老人的生活也起到至关重要的作用。因此，培育家庭美德，夫妻和睦是重中之重。

（四）勤俭持家

勤俭持家是中华民族的优良传统。无论是对个人和家庭的生存，还是对整个国家和社会的发展，勤俭节约是安家之理，治国之道。勤俭节约对修身、齐家、治国大有裨益。诸葛亮把“静以修身，俭以养德”作为“修身”之道，即恬静以修养身心，俭朴以淳养品德；朱用纯将“一粥一饭，当思来之不易；半丝半缕，恒念物力维艰”当作“齐家”的训言；毛泽东以“厉行节约，勤俭建国”作为“治国”的经验。习近平总书记强调：“要加大宣传引导力度，大力弘扬中华民族勤俭节约的优秀传统，大力宣传节约光荣、浪费可耻的思想观念，努力使厉行节约、反对浪费在全社会蔚然成风。”[1] 可见，勤俭持家自古以来就是中国人的传家宝。

1. 勤俭持家的含义

勤俭即勤劳和节俭，是做人做事的行为准则，也是持家的最高境界。中国农民素来就有勤俭持家的优良品质，在民间流传着很多关于勤俭持家的谚语，“勤是摇钱树，俭是聚宝盆”“只勤不俭无底洞，只俭不勤无水源”。勤和俭虽含义不同，但在治国和持家方面，二者是相辅相成的。第一，勤是指勤劳，努力劳动，尽力做事，不怕辛苦，是一个人走向成功必不可少的品质。“天道酬勤”“勤能补拙”“业精于勤”这些格言告诉我们“勤”的重要性。“力胜贫，谨胜祸，慎胜害，戒胜灾”[2]，则强调勤劳能战胜贫困，谨慎、警戒就能战胜祸害和灾难。中华民族是勤劳的民族，自古以来就是靠辛勤劳作创造了中华文明，使古老的中国取得了今天伟大的成就。勤劳是一种美德，勤劳的人总是受人尊敬。第二，俭是指节俭，主要指在生活中节约吃穿用度。节俭，既是一种美德，又是一种优秀的传统文化，是提升思想道德素质的一个途径。无论是贾谊提出的“生之有时，而用之亡度，则物力必屈”[3]，还是管仲强调的“审度量，节衣服，俭财用，

---

[1] 习近平 . 习近平谈治国理政（第 1 卷）[M]. 北京：外文出版社，2018：363.

[2] 卢元骏 . 说苑今注今译 [M]. 台北：台湾商务印书馆，1977：535.

[3] 王雷鸣 . 历代食货志注释 • 第 1 册 [M]. 北京：农业出版社，1984：70.

禁侈泰”[1]，都体现了中国传统文化中的节俭思想，告诫后人要适度地在衣食住行这些消耗钱财的地方勤俭节约，避免奢侈浪费。第三，勤和俭的关系。勤俭持家作为淳朴的家风，是很多古人所敬仰的品德。《曾国藩家书》写道：“家俭则兴，人勤则健，能勤能俭，永不贫贱。”这强调了勤俭对家庭盛衰的重要意义。勤和俭是相统一的，只勤不俭或只俭不勤都不利于家庭的发展。

相传有这么一则民间故事：

从前，在中原的伏牛山下，住着一个叫吴成的农民，他一生勤俭持家，日子过得无忧无虑，十分美满。相传他临终前，曾把一块写有“勤俭”两字的横匾交给两个儿子，告诫他们说：“你们要想一辈子不受饥挨饿，就一定要照这两个字去做。”

后来，兄弟俩分家时，将匾一锯两半，老大分得了一个“勤”字，老二分得一个“俭”字。老大把“勤”字恭恭敬敬高悬家中，每天日出而作，日落而息，年年五谷丰登。然而他的妻子却过日子大手大脚，孩子们常常将白白的馍馍吃了两口就扔掉，久而久之，家里没有一点余粮。

老二自从分得半块匾后，也把“俭”字当作“神谕”供放中堂，却把“勤”字忘到九霄云外。他疏于农事，又不肯精耕细作，每年所收获的粮食就不多。尽管一家几口节衣缩食、省吃俭用，毕竟也是难以持久。

这一年遇上大旱，老大、老二家中都早已是空空如也。他俩情急之下扯下字匾，将“勤”“俭”二字踩碎在地。这时候，突然有纸条从窗外飞进屋内，兄弟俩连忙拾起一看，上面写道：“只勤不俭，好比端个没底的碗，总也盛不满！”“只俭不勤，坐吃山空，一定要受穷挨饿！”兄弟俩恍然大悟，“勤”“俭”两字原来不能分家，相辅相成，缺一不可。吸取教训以后，他俩将“勤俭持家”四个字贴在自家门上，提醒自己，告诫妻室儿女，他们身体力行，此后日子便过得一天比一天好。

故事虽简，但蕴含了深刻的道理。生活中我们必须勤奋，一分汗水，

---

[1] 管子 [M]. 房玄龄，注 . 刘绩，补注 . 刘晓艺，校点 . 上海：上海古籍出版社，2015：81.

一分收获。家庭成员要齐心协力，以勤劳为荣，不能好逸恶劳。在倡导勤劳的同时，还必须厉行节俭，决不能铺张浪费，让勤俭持家这个传家宝世代相传。

2. 勤俭持家的准则

勤俭持家作为优良家风，既是一种生活品德，也是生活方式。坚持勤俭持家的准则，首先要求我们量力而行、量入为出、勤俭节约、适度消费。这就要求我们在日常生活中，要精打细算、合理安排，绝不盲目攀比，应根据自己的实际情况树立科学的消费理念。既不能奢侈浪费，也不能刻意节俭。其次，勤俭不是一时节约，而是一世的坚持与努力，持之以恒。生活中我们要有长远规划，既要靠辛勤劳动不断创造物质财富和精神财富，以满足我们的生活需求，同时也要对未来的发展未雨绸缪，居安思危。勤俭应该成为我们的品质，而不是一时冲动，心血来潮的行为。

勤俭节约是珍惜劳动果实的美德。如果挥霍无度，理家家必穷，治国国必败。“历览前贤国与家，成由勤俭破由奢。”勤俭看似小事，其实攸关个人和国家的命运。中国改革开放 40 多年来，纵向比较，农村在各方面都发生了翻天覆地的变化，但横向比较，农村与城市仍然存在很大差距，农民在生产生活中依然要秉持勤俭节约的品质。虽然大部分的农民家庭依然秉承勤俭持家理念，但是人们节俭持家的观念也有了一定程度的淡化，部分农民餐桌上的浪费尤为明显，加强勤俭节约的美德教育尤为必要。实现农业农村的现代化，建设美丽乡村，还有很长的路要走。因此，每一个家庭应树立全局观念，在日常生活的方方面面，坚持勤俭持家的美德，为实现中华民族伟大复兴贡献自己的力量。

（五）邻里互助

五千年的中华文明博大精深已是不争的事实。关于邻里互助的典故不胜枚举。“邻里好，赛元宝”“远亲不如近邻”“邻里关系相处好，居家生活无烦恼”等农村俗语告诉人们，邻里互助对于人们的学习、生活、工作会有很大的帮助。妇孺皆知的“孟母三迁”“千里家书只为墙，让他三尺又何妨”的六尺巷故事，都充分地说明了这一点。

邻里互助体现中华民族重情感、讲道德的人文情怀和传统美德。要做到邻里互助，必须和邻里友好相处，相互尊重，相互帮助。

1. 邻里之间友好相处

每个家庭的生活方式不尽相同。农闲时，有的人喜欢安静，或是在家里看书，或是养花做做家务等；有的人则喜欢热闹，凡事都爱有个动静，看看电视、扭扭秧歌，等等。农家院的房屋是“开放式”的，每家每户的事情，邻居是“全方位”共享。遇到生活习惯迥异的邻居，邻里之间要相互体谅，对邻家生活习性和生活内容要多包容，少抱怨；多点赞，少批评。尊重邻居的合法权益，切忌搬弄是非。尺有所短，寸有所长，尽量考虑对方的感受，以宽广的胸怀接受对方。茶余饭后的休闲时光，邻居间可以多交流，多学习，不仅可以促进邻里关系的友好发展，还可以丰富自己的业余生活。与邻里要保持友好关系，还应该教育子女，对于邻居要恭敬有礼，谦虚谨慎，互相帮助，和睦相处。

2. 街坊邻里相互帮助

“远亲不如近邻”是农民挂在嘴中最暖心的话语。世代农民通过自身的经历总结出了邻里关系的重要性，也体现了农民对于中华优秀传统文化的继承。“远水难救近火，远亲不如近邻。”遇到紧急情况需要帮助的时候，左邻右舍比远方的亲戚更能提供及时的帮助。这句话也在时刻提醒我们邻里之间应多往来，要与邻为善，以邻为伴，平时应嘘寒问暖，相互关爱，不是亲人胜似亲人。生活中难免有沟沟坎坎，遇到困难时，邻里之间应相互帮忙，大家集思广益，相互分担，“众人拾柴火焰高”，定能战胜困难。“赠人玫瑰，手留余香”这句话告诉我们在生活中，付出的同时也会给自己带来快乐。生活在农村大场院中，许多事情是没有明确界限的。如果怀有“各人自扫门前雪，莫管他人瓦上霜”“事不关己，高高挂起”的心态，很难与他人相处。

3. 邻里之间相互谦让

六尺巷这一脍炙人口的民间故事给我们深深的启示：邻里之间长时间相处，接触的机会较多，难免会因生活琐事发生纠葛，这就要求互相体恤、谅解，不要伤了和气。在农村，家家户户的房屋宅院紧密相连，一些鸡毛蒜皮的小事就可能使邻里之间产生矛盾和摩擦。如果解决方法不正确，问题处理不及时，很有可能使问题复杂化，甚至引发家族矛盾。孔子曰："德不孤，必有邻。"[1]这句话告诉我们，有道德的人是不会孤单的，一定有志同道合的人来和他相伴。因为一些家长里短，邻里之间争得不可开交，难免会伤和气。"退一步海阔天空，忍一时风平浪静。"邻里之间不论遇到什么样的问题和麻烦，如果彼此之间做到谦虚礼让，宽容待人，事情就能大事化小，小事化了。

第二节 农民家庭美德的现状与成因分析

一、农民家庭美德建设取得的成就

"要弘扬中华民族传统家庭美德，倡导现代家庭文明观念，推动形成爱国爱家、相亲相爱、向上向善、共建共享的社会主义家庭文明新风尚，让美德在家庭中生根、在亲情中升华。"[2]《纲要》为家庭美德建设指明了方向，我们不仅要发扬光大中华民族传统家庭美德，也要紧密结合培育和弘扬社会主义核心价值观并赋予其时代特色。改革开放 40 多年来，随着农村社会的发展和进步，家庭文化的变迁和农民文化水平的提高，农民家庭美德的内容不仅要教育子女尊老爱幼，家庭和睦，勤俭持家，邻里团结，而且要教育孩子爱国、敬业、诚信、友善，培育孩子的集体主义观念。随着时代的发展和道德建设工程的推进，农民在家庭美德建设方面取得了很大的成绩，尤其在婚恋观、生育观和教育观等方面有了长足进步。

（一）农民健康科学的生育观

生育观指的是人们对生育问题的根本看法和具体态度，它直接支配人

[1] 论语 [M]. 来可泓，注 . 西安：陕西人民出版社，1996：45.
[2] 中共中央，国务院 . 新时代公民道德建设实施纲要 [N]. 人民日报，2019-10-28（1）.

们的生育行为，进而影响人口的生育水平和计划生育政策的实施。[1] 改革开放后，由于社会的发展和进步，农民生活水平的提高和思想认识的更新，农民生育观念日趋科学。

1. 农民生育目的日益合理

在中国传统社会中，农民家庭的生育目的集中体现在增加家庭劳动力、养儿防老、传宗接代等方面。

第一，改革开放以来，我国农村发生了天翻地覆的变化，但是许多农民家庭的贫困问题依然是不可回避的现实问题。由于受环境因素和制度的制约，面朝黄土背朝天的农民大多被困在田地里耕作，再加上农村社会生产力的落后，农民要增加家庭收入和提高生活水平，更多的是靠劳动力的投入。为此，农民家庭主要通过生育子女，尤其是多生男孩以增加家庭劳动力，从而达到改善生存条件的目的。此时农民生育的关注点在于孩子的数量，对于孩子的质量并不是很在意。

第二，长期以来，由于受传统思想的影响，农村家庭赡养老人的功能主要由男嗣承担。这是因为在农村社会中，女儿出嫁后不再算是自己家的人了，“嫁出去的女儿泼出去的水”，女儿理所当然不继承父母的任何财产。父母基本上要把自己的家产祖业留给儿子们，儿子承担赡养老人的责任也就天经地义。任何一个劳动力都不具备持续生产的能力，随着年龄的增长，年老之后的农民不具备足够的体力进行农业生产，其养老问题必须依靠孩子。所以，农民家庭生儿子的目的是“养儿防老”。

第三，受传统封建思想的影响，部分农民家庭生育的目的就是传宗接代，延续香火。在这种意识的支配下，部分农民会把家族血脉的延续寄托在自己儿女身上。即使百年之后，也可以告慰先人，寄托哀思。

随着国家政策的改变，农民生育目的也发生了转变。1991 年 5 月，中共中央、国务院作出《关于加强计划生育工作严格控制人口增长的决定》，明确提出贯彻计划生育政策，严格控制人口增长。2002 年 9 月 1 日，《中华人民共和国人口与计划生育法》正式施行。2016 年 1 月 1 日，全面“二孩”

[1] 刘豪兴，徐珂 . 农村社会学 [M]. 北京：中国人民大学出版社，2004：265.

政策正式实施。在政策和经济条件允许的范围内，农民家庭倾向生育一个或两个孩子，很少有生育三个以上孩子的意愿。吕世辰等学者的调查数据显示，在东部农村地区，倾向生一孩的家庭 742 个，占比 49.5%；倾向生两个孩子的家庭 710 个，占比 47.3%；倾向生三个及以上孩子的家庭 8 个，占比 0.5%。[1] 生育功能是家庭的主要功能，人类只有生育子女，才能实现社会的可持续发展。农民的物质生活得到保障后，精神生活也有了更高的追求。新时代农民家庭的生育目的体现在尽夫妻的社会责任，增进夫妻感情，塑造完整家庭，营造活跃的家庭生活氛围，共享“天伦之乐”。

2. 农民生育的性别偏好向好转变

进入新时代，随着农村经济的进一步发展，农民文化水平的提升和国家关于生育政策的进一步调整，农民的生育偏好也在逐渐转变。全面“二孩”政策正式实施以后，大多数农民对于生育男孩的偏好正在逐步“消失”，农民更倾向于一儿一女的家庭结构。吕世辰等学者在考察孩子的生育偏好时，选择生育女孩的为 296 个，占 19.7%；选择生育男孩的有 413 个，占 27.5%；而选择生男生女都一样的人数为 612 个，占被调查对象的 40.8%。可以看出，农民的生育偏好由生男孩逐步转变为“生男生女都一样”[2]。他们不再考虑生男生女的问题，把更多的精力和心血投入到孩子的生活质量和培养孩子成长的层面。2016 年到 2018 年全国乡村 0 ～ 4 岁孩子的性别和人口数就充分说明了这一点（见表 3）。

表 3 2016—2018 年全国乡村 0 ～ 4 岁不同性别的人口数

年份	人口数			占总人口比重			性别比（女 =100）
	合计	男	女	合计	男	女	
2016 年	29916	16141	13775	6.06%	3.27%	2.79%	117.18%
2017 年	28668	15419	13250	6.03%	3.25%	2.79%	116.37%
2018 年	27823	14909	12914	6.02%	3.22%	2.79%	115.45%

注：数据来源于《中国人口和就业统计年鉴（2017）》(北京，中国统计出版

[1] 吕世辰，李磊，许团结 . 全面二孩背景下东部农村生育文化变迁探析——以山东省、天津市五村为例 [J]. 山西大同大学学报（社会科学版），2019（3）：30-34.

[2] 吕世辰，李磊，许团结 . 全面二孩背景下东部农村生育文化变迁探析——以山东省、天津市五村为例 [J]. 山西大同大学学报（社会科学版），2019（3）：30-34.

社，2017：67)、《中国人口和就业统计年鉴（2018）》(北京，中国统计出版社，2018：71)、《中国人口和就业统计年鉴（2019）》(北京，中国统计出版社，2019：73)。

从表 3 我们可以看出：2016 年到 2018 年，农村 0 ～ 4 岁的人口数量呈逐年下降的趋势，男孩比重也在逐年下降。尽管在二胎政策允许的情况下，农民的生育意愿仍旧相对偏低。与过去农民家庭超生和多生现象相比，这也充分说明新时代农民的生育观发生了很大的转变，不再追求多生孩、生男孩，而是更加注重优生优育。

3. 农村女性的社会地位日益提高

在中国传统社会中，农民家庭中的妇女与丈夫的地位是不平等的，妻子往往处于从属地位，对于家庭事务和家庭经济很少有发言权。改革开放后，特别是近年来，由于越来越多的女性参与家庭的生产和经营，她们对家庭的贡献日益显著，女性的社会地位有了显著的提升。第一，农村女性的文化程度越来越高，妇女拥有了对家庭事务的决策权，越来越多的农村女性摆脱了从属男性的状况，在子女教育、财政支出和生产生活等方面有了更多的发言权，可以以平等的地位探讨家庭事务。“男主外，女主内”的社会分工也有了明显改变，很多女性逐步走向社会，通过外出务工等方式，实现了经济独立和人格独立。第二，农村妇女获得了很高的社会认可度。李壮学者的统计显示：在社会公共领域中，超过八成的青年农民赞同“妇女能顶半边天”的说法（选“非常赞同”的占比为 12.33%，选“比较赞同”的占比为 44.88%，选“一般”的占比为 34.59%），同时 62% 的人不赞同“嫁出去的女儿泼出去的水，女儿无赡养老人的义务”的观念。[1] 这充分说明，农村社会越来越认可农村女性在家庭生活和社会生产中的重要作用，以往对女性的性别歧视已经出现了根本性改变。第三，农村女性地位的提高还体现在对于女孩的抚养上。农民生育思想与时俱进，不再芥蒂孩子的性别。“女儿是父母的贴身小棉袄”，正是农民由喜欢男孩开始转向了对女孩宠爱的真实写照。

[1] 李壮 . 青年农民生育意愿的特征及其对策研究［J］. 青年探索，2016（6）：70-77.

（二）农民的婚恋观日益现代化

婚恋观是指人们对于婚姻和恋爱的理解、认识和态度。一个人婚恋观的价值取向对于择偶标准、婚姻生活起着重要的导向作用。近年来，由于受到农村社会经济发展和价值多元变化的影响，农民的思想突破了传统婚恋观的束缚，日趋开放。新时代的农民对于恋爱、婚姻和家庭有了新的认识。主要体现在择偶标准、恋爱方式和婚嫁仪式等方面。

1. 农村青年的择偶标准更理性

择偶标准是指男女之间进行恋爱与组成家庭时相互选择的主观评价标准。在中国封建思想的影响下，农村青年对自己的婚姻无权做主，完全听从父母的安排。随着社会的进步和经济条件的变化，农村青年的择偶标准也发生了很大的转变。他们的择偶标准主要体现在门当户对、生辰八字、个人条件和感情因素等方面。

门当户对主要是指男女双方家庭的社会地位和经济状况相当。受中国传统社会对门第观念重视的影响，农村青年愿意选择与自己家庭背景相似、家庭条件相当的人作为配偶，婚后以维系在家庭中的平等地位和经济方面的共同发展。把门当户对作为择偶标准，有助于婚姻生活的稳定。

生辰八字在汉族民俗信仰中占有重要地位，受中国传统文化的影响，测算结婚双方的生辰八字在中国社会流传很广。在农村地区许多农民家庭在结婚前会专门请人测算双方的生辰八字，以测算结果决定婚事的去留。一旦两人的“八字”相合，双方家长对这门亲事会欣然接受，反之，则会没有顾虑地选择放弃。在重视生辰八字的农民眼里，“八字不合”往往被归结为婚后夫妻关系不和及家庭生活不幸的主要原因。

随着农村社会经济的进一步发展和农民观念的转变，农村青年的择偶标准从注重家庭情况开始向重视个人条件转变。对一个人的考量往往涉及人品、相貌、文化程度、个人能力、家庭条件和家庭成员等多个因素，但更多关注的是对方的人品和能力。品德优秀和个人能力强的农村青年，不会仅仅依靠父辈的力量实现家业兴旺，而是通过自己的双手进行创造。他们对待生活积极进取，相信通过勤劳能干、勤俭持家，一定能过上好日子。

新中国成立后就废除了封建婚姻制度，但农村青年在选择配偶时真正考虑感情因素的并不多。在中国，梁祝的传说可谓家喻户晓，流传深远。梁山伯与祝英台的凄美故事被誉为千古绝唱，表达出追求真爱、渴望美好爱情的个人情感，但是梁祝的爱情悲剧也给追求爱情的青年男女心中留下了深深的畏忌。在相当长的一段时间内，中国青年对“爱情”抱有一种敬而远之的态度。改革开放后，由于受到外来文化的影响，越来越多的农村青年把择偶标准转向了感情因素，他们认为没有感情基础的婚姻是不道德的，是很难维持长久的。

农村青年的择偶标准从重视家庭条件到看重对方的个人条件，从对“爱情”敬而远之的态度到强调婚姻中的感情因素，足以说明他们的婚恋观正在摆脱传统思想束缚，而是具有了现代意识。他们对于婚姻的认识不再局限于传宗接代，而是追求个人的幸福生活。“在农村青年心中，婚姻已经成为一个神圣的概念，他们的择偶标准也越来越实际，体现了更多的进步性和人性化。”[1] 在农村，男女的择偶标准虽然总体上趋同，但男女择偶的具体要求也有一定的差异。选择什么样的配偶，最终取决于择偶标准：以最有利于人的繁衍为标准，还是以双方获得最大的价值或是以家庭的生存与发展为标准。农村男性的择偶标准一般比较稳定，对女方的人品要求基本上是温柔贤惠、踏实肯干、会过日子；对文化水平的要求往往是和自己水平相当或差距不大，以免婚后无共同语言，难以交流；对相貌的要求不会作为最关键因素。女青年对男方的经济条件还是很看重的。大多数农村女青年在选择婚姻对象时，都要考虑对方的人品，但不局限于老实可靠，更看重男方的工作能力和发展前景。此外，受经济发展水平的影响，不同区域的青年农民在择偶标准上也有差异。在经济发达的农村，人们的择偶标准更多关注对方的个人发展条件及感情因素；但在经济欠发达地区，男女青年的择偶标准更多考虑经济条件。

农村青年在择偶标准日益走向现代的同时，择偶方式也发生了改变。在我国大部分农村地区，自由恋爱的择偶方式盛行。尤其是在新时代，农民对婚恋方面的认识更理性，思想更趋成熟，自由恋爱成为农村新风尚。对于社

---

[1] 刘豪兴，徐珂 . 农村社会学 [M]. 北京：中国人民大学出版社，2004：259.

交范围较小、社会关系较少的农村青年，往往经过朋友亲戚的介绍认识对方，通过交往彼此了解，最终找到自己的意中人。在乡镇企业发达、距离城区较近的农村地区，男女青年外出务工的机会较多，他们通过自由交往相互认识，并在自愿的基础上发展为恋爱关系。农村青年接触外界的机会较多，自由恋爱的选择空间也越来越大。根据王丹红学者的调查数据可知：84.62%的农民工选择“自由恋爱”，选择由父母包办或媒人介绍的仅占3.08%。[1]

2. 感情成为维系婚姻的主要因素

过去的农村，青年男女选择自己的终身伴侣基本上是遵从“父母之命、媒妁之言”，并不尊重当事人的意见。青年男女对于自己的婚姻没有选择权，只能被动接受。父母替孩子决定婚姻大事的时候，主要是以对方家庭的经济条件作为选择标准，具体到对方的人品如何、两人的感情及价值取向等重要因素并不是婚前考虑的重点，年轻人对于婚姻所持的态度基本上被忽略。

“中国特色社会主义进入新时代，我国社会主要矛盾已经转化为人民日益增长的美好生活需要和不平衡不充分的发展之间的矛盾。”“人们美好生活需要日益广泛，不仅对物质文化生活提出了更高要求”[2]，对精神生活方面的需求也日益增长。在家庭生活方面，农民对婚姻的要求越来越高，他们把感情作为确立婚姻关系和维系婚姻生活的最重要因素。从王丹红调查的数据中不难发现，农民在择偶时首先考虑的是感情因素（79.07 %），其次是责任心（70.77%），其他因素依次为：学历（40%）、工作（26.15%）、相貌身材（23.08%）、家境（15.38%），等等。[3] 现代农村青年更在乎的是两情相悦，尽管在农村地区还有索要彩礼的现象，但大部分青年男女还是因对爱情的追求而步入婚姻殿堂。这种建立在感情基础上的婚姻家庭，有

[1] 王丹红 . 沈阳市新生代农民工城市融入问题探析 [D]. 抚顺：辽宁石油化工大学，2018.

[2] 习近平 . 决胜全面建成小康社会 夺取新时代中国特色社会主义伟大胜利——在中国共产党第十九次全国代表大会上的报告 [M]. 北京：人民出版社，2017：11.

[3] 王丹红 . 沈阳市新生代农民工城市融入问题探析 [D]. 抚顺：辽宁石油化工大学，2018.

利于夫妻之间的互相陪伴、互相支持和增进信任，更利于家庭的稳定。在不同生活环境中成长起来的青年男女，他们在生活方式、处事方式和生活习惯方面都会有原生家庭的痕迹。这就要求两个有感情基础的人在婚后多进行交流，相互尊重，通过更多地了解相互包容，建立起对彼此的信任。这也是农村青年在择偶过程中日益看重感情的缘由。

建立在感情基础上的婚姻，夫妻双方以感情维系家庭的稳定，然而一旦感情出现了问题，就会对家庭造成很大的伤害，甚至导致家庭破裂。在农民传统思想中，离婚是一件很不光彩的事情，即使婚姻出现了问题也要尽量维持，否则会成为人们茶余饭后的谈资，很难在人前抬起头来。因此，出现婚姻问题的家庭，尤其是有孩子的家庭，从孩子的角度考虑没有拆散家庭。他们认为有父母的孩子才是幸福的，但没有考虑到不幸福的家庭给孩子成长带来的影响和伤害。随着农业现代化的发展，家庭剩余劳动力外出务工的越来越多，他们无论是从物质方面还是精神方面，都有了更广阔的发展空间，思想观念也发生了很大变化。进入现代社会的中国农村，由于婚姻不幸而选择离婚的人日渐增多。一旦夫妻感情破裂，许多夫妻就不再继续维持无法挽回的婚姻家庭，选择结束婚姻，两人分道扬镳。正如恩格斯指出的："如果说只有以爱情为基础的婚姻才是合乎道德的，那么也只有继续保持爱情的婚姻才合乎道德。……如果感情确实已经消失或者已经被新的热烈的爱情所排挤，那就会使离婚无论对于双方或对于社会都成为幸事。"[1] 如今农村的青年男女更多是基于情感走到一起，是为了自己的终身幸福而缔结婚姻，组建家庭。"今天，大多数年轻人对婚姻的期求有所不同，对他们来说结婚的主要目的不是为了性、经济或生育子女，而是为了满足生理的需要——需要陪伴、感情上的倚托、友谊，最重要的是亲密和罗曼蒂克的恋爱关系，以共享人生之乐和获得幸福。"[2] 总之，当今农民在婚姻生活中，更加注重感情的培养，追求高质量的婚姻生活，不会因受外

[1] 中共中央马克思恩格斯列宁斯大林著作编译局．马克思恩格斯选集（第4卷）[M]. 北京：人民出版社，1995：81.

[2] 高晓娜．全面建成小康社会视域下农村道德建设研究 [D]. 济南：山东师范大学，2017.

界因素影响而将就。

3. 婚俗由繁到简，走向时尚

中华民族5000年的文明古史孕育了多姿多彩的民俗文化，各民族都有体现自己特色的风俗文化。其中婚俗是最能代表各民族的文化特色的风俗之一。婚俗主要是指各族人民依照自己的风俗习惯，无论是相亲还是结婚都带有浓厚的民族特色，其仪式各具独特风采。农村的婚俗文化源远流长，我国农村的汉族婚嫁习俗，“主要分为聘媒求婚、送礼订婚和娶亲出嫁三个方面。它既是传统社会中农村青年男女结婚的必经过程，也体现了我国几千年来的文化传承”[1]。随着时代的发展和人们观念的转变，婚嫁习俗也发生着变化，形式不断简化，现代农村的年轻人更注重婚姻的内容。

改革开放以来，随着外来文化对中国的影响，农村青年接触到了很多与传统婚嫁风俗不一样的婚嫁仪式。从20世纪80年代开始，婚礼摄像、婚庆服务进入了农村青年的婚礼中。年轻人喜欢时尚，喜欢标新立异。如今农村的婚礼，越来越多体现年轻人的时尚特征，无论是从婚礼的形式还是婚礼的内容都更加丰富多彩，也成为农村居民改善生活、丰富农村文化的一种体现。正因为此，现在农村的婚礼省去了很多以往娶亲出嫁的仪式，如待嫁姑娘的“开脸”“洗澡”“坐嫁”，等等。“开脸”是指母亲用一根红线给女儿绞脸，连根拔掉脸上的汗毛。“洗澡”是指澡锅里或澡盆里事先放上几颗红枣，女子一下水，先摸颗枣子吃，取“早生子”之意。“坐嫁”是指女子洗澡完毕后穿上嫁衣，身披霞帔，由同辈姑娘搀扶着去“坐香头”，也就是出嫁女子向本家祖宗作揖磕头辞行。[2]与之相比，现代农民的婚礼日益现代化，省去了烦琐的仪式，新娘化着精致的妆容，闺中待嫁，轿车取代了以前的花轿，婚宴取代了拜堂，结婚仪式越来越简化。

（三）农民对教育的认识日趋科学

在传统社会中，农民对教育的关注度不高，他们更关心的是家庭的温

[1] 刘豪兴，徐珂．农村社会学 [M]. 北京：中国人民大学出版社，2004：261.

[2] 刘豪兴，徐珂．农村社会学 [M]. 北京：中国人民大学出版社，2004：261-262.

饱问题。他们认为孩子在家务农是天经地义的事情，有没有知识并不重要。这便导致农民的文化水平大都在初中以下。在知识经济年代，随着农村社会经济的发展和农民收入的增加，农民尝到了“科教兴农”的甜头，由此改变了农民对教育的认识。农民通过自身发展真正感受到了科学知识在经济发展中的重要作用，使其教育观发生了重大变化。

1. 农民对教育的投入日益增多

农民对于教育的重视主要体现在两方面：一是农民在教育方面的投入，二是农民的文化水平。近年来，尤其是进入新时代，农民的教育文化娱乐投入所占家庭消费支出的比重在逐年递增。（见表 4）

表 4 农村居民家庭平均每人教育文化娱乐支出情况 （单位：元）

年份	2013	2014	2015	2016	2017	2018	2019
教育文化娱乐	754.6	859.6	969.3	1070.3	1171.3	1301.6	1481.8

注：据《中国统计年鉴（2020）》中有关农村居民人均收支情况编制。[1]

以河北省为例，在 2018 年河北省农村居民消费支出构成中，用于教育文化娱乐的支出占总支出的 10.3%。（见表 5）

表 5 2018 年河北省农村居民消费支出构成 （单位：%）

消费支出	食品烟酒支出	衣着支出	居住支出	生活用品及服务支出	交通通信支出	教育文化娱乐支出	医疗保健支出	其他用品及服务支出
100.0	26.4	6.3	22.3	6.8	15.3	10.3	10.6	2.0

注：据《中国农村统计年鉴（2019）》（北京，中国统计出版社，2019：294-295）中有关 2018 年分地区农村居民消费支出构成情况编制。

农民对教育的投入，主要体现在给孩子买教辅书、上辅导班，帮助孩子提高成绩，提升文化素质。此外，农民也会买些农业科技方面的书。通过增加对教育文化等方面的投入，农民的文化水平也有了很大提高。从家庭户主的文化程度看，总体而言，初中程度以上的占比超过 60%（见表 6）。

[1] 国家统计局 . 中国统计年鉴（2020）[M]. 北京：中国统计出版社，2020.

表 6 农村居民家庭户主文化程度（单位：%）

指标	2013 年	2014 年	2015 年	2016 年	2017 年	2018 年
未上过学	4.7	4.4	3.8	3.3	3.2	3.9
小学程度	32.3	31.8	30.7	29.9	29.8	32.8
初中程度	51.0	51.5	53.1	54.6	54.7	50.3
高中程度	10.7	10.9	11.1	10.7	10.8	11.1
大学专科程度	1.2	1.2	1.2	1.2	1.3	1.6
大学本科及以上	0.2	0.2	0.2	0.2	0.2	0.3

注：数据来源于《中国农村统计年鉴（2019）》（北京，中国统计出版社，2019：33）。

2. 农民对子女教育的期望值逐步提升

在传统社会中，农民世代以土地为生。赶上风调雨顺的年景，辛苦一年的农民能获得好的收成；一旦遇到天灾，农民便丰收无望。农业与天气有着千丝万缕的联系，很多农作物的生长情况受气候条件的制约很大，农民无力从根本上改变“靠天吃饭”的形势。因此农民越来越重视子女的教育问题，很多农民父母希望自己的子女通过读书改变自己的命运，为自己将来打拼一个“好的光景”。正因如此，“读书无用论”在部分农民思想中基本消失，他们开始关注子女的教育，对于子女教育的期望值也有所提高。在刘珍玉老师针对河南省新乡市Q村的问卷调查中，当问及“您认为自己的子女最低应受什么样的教育”时，有46.7%的家长认为应该大学毕业，有27.0%的家长认为应该高中或中专毕业，有11.9%的家长认为应该初中毕业，仅有3.2%的家长认为应该小学毕业，还有11.2%的家长认为上完大学还应该继续深造，才能在这个社会上立足。[1]数据显示，近一半的农民父母都希望自己的孩子接受更好的教育。农民对子女教育的期望值与自身受教育水平和价值取向有关。随着九年义务教育的普及，农民的文化水平有了整体的提高。文化程度较高的父母，有“知识改变命运”的意识，所以

[1] 刘珍玉 . 新农村建设视域下农民教育观念变迁的实证研究 [J]. 湖北农业科学，2012（9）：1943.

对于孩子的教育给予全方位的支持，希望孩子接受更好的教育，以立足于社会，能够更体面的生活，改变“农民”的身份。仅有极少数的父母让孩子的受教育程度停留在小学阶段。

3. 农民重男轻女的教育观进一步改变

在教育问题上，农民重男轻女的思想根深蒂固。在“女子无才便是德”的错误影响下，他们剥夺了女孩儿读书学习的权利。伴随着农民生活状况的改善和农民素质的提升，农村重男轻女思想在逐渐淡化，农民在子女教育问题上的投入越来越多，农民教育观上的重男轻女思想得到了进一步扭转。（见表 7）

表 7 2018 年河北省乡村 6 岁以上人口受教育程度 （单位：人）

受教育程度	总数	男	女	受教育程度	总数	男	女
未上学人口数	1552	463	1089	高中人口数	2536	1457	1079
小学人口数	7792	3675	4117	大专及以上人口数	806	425	381
初中人口数	12638	6966	5672	总数	25323	12985	12338

注：数据来源于《中国人口和就业统计年鉴（2019）》(北京，中国统计出版社，2019：104-105)。

从 2018 年河北省乡村 6 岁以上人口受教育程度，我们可以看出农村女性没有接受过教育的只占 6 岁以上人口的 4.3%。从男女受教育的机会上几乎是平分秋色，在接受高等教育的人数中，女性占到了 47.3% 的比例。数据显示，农民在教育问题上的重男轻女思想发生了重大变化，多数农民基本上接受了男女平等这一观念。这一转变为农民家庭中男女地位平等、夫妻和睦相处奠定了基础。

二、农民家庭美德建设中存在的问题

改革开放 40 多年来，农民在家庭美德建设方面取得了很大的成就。尊老爱幼的家庭美德深嵌于世代农民心中；男女地位平等、夫妻关系融洽、相敬如宾的生活之道深得人心；勤劳致富、节俭持家依然是农民秉持的养家理念。但受到多种复杂因素的影响，在家庭美德建设方面仍然存在着一定的问题。部分农民在婚姻道德、家庭责任和教育观念等方面仍然存在一些不和谐的因素，从总体上影响家庭美德建设。

（一）部分农民的婚姻道德观念模糊

随着农民家庭美德的建设，农民的婚姻道德观念主流是积极的、进步的。但是由于受到自身文化程度的制约和价值取向的影响，部分农民在婚姻和家庭生活中的道德观念仍然很模糊，违背婚姻道德的情况屡见不鲜。

1. 农民择偶标准物质化

随着农村经济条件的好转和人们观念的转变，农民的择偶标准更多倾向以感情为基础。但是伴随着农民物质生活条件逐步改善的同时，部分农民受社会风气和当地价值取向的影响，农村青年的择偶观也发生了变化。他们在选择自己的恋爱对象时，过多地考虑对方的经济条件，感情、性格等方面的因素几乎被忽略不计。“宁愿坐在宝马车里哭，也不要坐在自行车上笑”就是对现实生活中择偶标准物质化的形象表述。两情相悦、携手到老从来不取决于物质财富的多少，物质上的享受不等于精神上的满足。正是由于人们精神上的匮乏，才会迷恋物质上的满足，以填补精神上的空虚。对于生活在现实世界中的人来说，充实自己的精神世界远比物质上的享受更重要。把物质作为重要的甚至唯一的择偶因素的婚姻是经不起岁月考验的，最终会导致婚外情、离婚等问题的出现。

2. 夫妻地位不平等

在农村，由于家庭结构和家庭类型的变化，夫妻关系在整个家庭关系中占主导地位。近年来，多数家庭妇女在家庭中不被重视的地位有了明显的改善。但是由于受封建传统思想的影响较深，再加上大男子主义思想作祟，部分农民家庭中两性地位不平等现象仍然突出。在家庭生活中，妻子被禁锢在繁重的家务劳动中，不但要负责洗衣做饭带孩子，还要和丈夫分担一部分农活。尽管如此，妻子也没有获得与丈夫平等的家庭地位，在家庭生活中的决策权和财产的支配权还是微乎其微。男女地位的不平等直接影响家庭关系的融洽，很难形成和睦的夫妻关系。

3. 家庭暴力问题屡禁不止

《中华人民共和国反家庭暴力法》在第一章总则的第二条将家庭暴力界定为“家庭成员之间以殴打、捆绑、残害、限制人身自由以及经常性谩骂、恐吓等方式实施的身体、精神等侵害行为”。家庭暴力给家人带来很大的伤害，施暴者包括男性和女性，在农村地区以男性居多，女性大多为受害者。部分男性受文化水平的制约，父权制的思想积重难返，他们高高在上，严格控制甚至是剥夺妻子、儿女的一些正当权利，把她们当成自己发泄心中怨气的对象，动不动就施以暴力。面对家庭暴力，大部分农村妇女缺乏反抗的勇气和手段，她们更多求助于亲戚朋友，不懂得使用法律武器保护自己的利益。还有一部分受害者为了面子选择忍受和不张扬，她们只是感慨自己的命运——“嫁鸡随鸡，嫁狗随狗”。受害者的隐忍并没有换来施暴者的同情和醒悟，反而使施暴者变本加厉，受害者每天都胆战心惊，毫无安全可言。家庭暴力的发生，致使受害者的身心健康受到极大创伤，有的受害者逆来顺受，有的精神抑郁，有的甚至走上违法犯罪的道路，导致家庭走向破裂。欧阳爱权指出：“在家庭结构中，老人和儿童处于弱势地位，家庭的悲剧往往对他们产生极严重的影响。特别是对未成年子女的心理、性格更容易产生长期负面作用。据研究表明，夫妻双方争吵容易导致子女产生内向、自卑、孤僻、抑郁的心理疾病，有的甚至会产生严重的心理障碍，导致成年后心理过度脆弱和暴力趋向。”[1] 可以说，家庭暴力是一个很难治愈的顽疾。中共中央宣传部、最高人民检察院、公安部、民政部、司法部、卫计部、全国妇联联合出台《关于预防和制止家庭暴力的若干意见》，为反对家庭暴力打出了“组合拳”，取得了很大成效。但是由于受害者的软弱和施暴者道德素质水平较低等因素影响，家庭暴力事件在一些地区时有发生，影响家庭美德建设。

4. 农民婚姻家庭的稳定面临挑战

农村择偶标准和择偶方式的变化，使部分农民的婚姻观也发生了变化。社会主义市场经济的发展，使农民家庭有了更多的发展空间。但在激烈的

[1] 欧阳爱权 . 社会主义新农村道德建设研究 [D]. 武汉：武汉大学，2010.

市场竞争中，农民的经济收入也失去了相对稳定性，家庭的经济基础受到冲击。在现代农民家庭中，当经济和感情无法满足时，就会对婚姻家庭构成很大的威胁。随着人们观念的转变，部分农民对待婚姻的态度变得随性，加之不善于经营婚姻等因素，导致农村闪婚闪离的现象增多，农民家庭的稳定难以保证。随着农业现代化程度的提高，农民外出务工人员越来越多，很多家庭面临长期分居而带来的感情淡化问题。再加上通信工具的现代化，一方面便利了人们之间的沟通与交流，另一方面也使部分农民的情感在虚拟空间得到满足，甚至会发展成婚外情，直接影响家庭的稳定。正是因为他们对感情的随意性，当婚姻家庭出现问题时，他们不愿意进行感情上的沟通，离婚成了他们的直接选择。有学者指出，我国的离婚率一直呈上升趋势，并且上升的速度越来越快，2000 年全国的离婚率为 2%，2018 年上升为 3.2%，黑龙江省的离婚率已经高达 5.12%。[1] 离婚也直接造成了农村单亲家庭和隔代家庭的增多，无论是物质生活还是精神世界都会因此受到不良影响。

（二）部分农民的家庭责任感式微

责任感是一种精神状态，属于社会道德心理范畴，是责任在主体头脑中所产生的一种主观意识。家庭责任感是指责任在家庭成员头脑中的主观反映形式，即“我该做什么的，怎么做”。从本质上讲，家庭责任感要求每位家庭成员应该自觉主动地做好分内分外一切有益的事情。自古以来，农民就具有较强的责任感，尽全力承担着养家的责任，夫妻共担风雨。但是在向现代社会转型的过程中，农民家庭规模呈下降趋势，家庭类型中核心家庭和主干家庭越来越占据了主导地位。随着农民家庭结构的功能减退、农民传统价值观念的变化，使部分农民的家庭责任感缺失。主要体现在夫妻之间的信任感下降，尊老爱幼力不从心等。这使农民家庭道德问题日益增多。

1. 夫妻之间的信任感淡化

夫妻之间最重要的不是财富，是信任。信任既是夫妻和睦相处的基础，

---

[1] 王彩霞 . 乡村振兴背景下农村道德建设研究 [D]. 成都：西华大学，2020.

也是夫妻间的一种责任。当今社会，部分农民受西方个人主义思想的影响，在考虑问题时往往以个人利益为中心，缺少家庭责任感，影响了夫妻关系，彼此的信任度下降。

随着社会主义市场经济的发展，农民就业空间越来越大，外出务工的农民越来越多。“有家的地方没有经济来源，工作的地方没有家的温暖”，这是在外打工者的真实处境。远离家乡在外打拼，夫妻分离，天各一方，农民工的处境实属艰难。为了满足更好的生活需要，丈夫外出务工赚钱、妻子操持家务带孩子成为农民家庭的常态。这种生活状态导致夫妻双方长期两地分居，这对夫妻的感情是很大的考验。随着农村婚恋观的变化，部分农民的择偶和婚姻标准物质化，这种建立在物质基础上的感情和婚姻是相当脆弱的。一旦夫妻之间缺乏信任，家庭责任感不强，就容易导致夫妻双方的感情淡化，彼此之间相互猜疑，逐渐疏远，形同陌路。再加上没有监督力量的约束，极易出现违背婚姻道德的事件，甚至导致婚姻终结。在农村中出现的移情别恋、抛妻弃子等不道德事件与夫妻双方对家庭责任感下降有很大关系，夫妻间缺少信任是重要原因。

2. 抚育子女的责任感缺失

随着城乡二元经济结构的变迁，农村壮劳力大都流向城市，社会上出现了一个特殊的群体——“农民工”。现在的农民工大都属于“80后”，基本没有务农经验，他们中学毕业后，多数选择外出务工。由于经济条件受限，农民工大都把孩子留在农村由老人照看，这些孩子被称为“留守儿童”。国务院在《关于加强农村留守儿童关爱保护工作的意见》（国发〔2016〕13号）中明确指出：“留守儿童是指父母双方外出务工或一方外出务工另一方无监护能力、不满十六周岁的未成年人。”在留守儿童道德养成的关键时期，父母是缺席的。与父辈相比，这些农民工对孩子抚养和教育的责任感缺失。由于受城市生活节奏的影响，父母外出打工一年才回家一趟，有的甚至几年回一趟家，孩子难得与父母见上一面，父母也很少有时间与孩子促膝谈心，了解孩子的学习生活状况。可以说，为了追求美好生活，如今的农民工在“挣钱”和“顾家”之间，选择的天平往往向“挣钱”一边倾斜。他们简单地认为只有挣到了钱，才能给孩子更好的物质生活，而忽略了孩子思想和精神上的需求。农村的留守儿童每天面对的是年老体衰的隔代人。老人的文化水平不高，教育观念陈旧，留守儿童所受的家庭教育很难跟上时代的步伐。再加上老人对孩子的溺爱，往往会给留守儿童带来一系列的问题。他们的成长需要父母的呵护，思想上的困惑需要父母的开导，心理上的问题需要向父母倾诉。而这些最基本的“需要”却成为留守儿童的奢望。留守儿童是不满十六岁的未成年人，他们的很多问题得不到及时解决，日积月累，很可能成为“问题儿童”。儿童的性格内向、自闭症、自卑、脾气暴躁、厌学、道德素质低下等表现与父母忽略对孩子的教育和关爱直接有关。

3. 孝敬父母的责任感弱化

“百善孝为先。”作为中华民族的传统美德，孝老敬亲是每一个家庭应尽的责任和义务。但是随着农村经济的发展和核心家庭的增多，农村很多壮劳力选择进城务工，农村的空巢老人随之增多。外出务工，增加家庭收入本来是一件好事，老人的生活条件会更好些。但是因为工作需要，农民工很少回家，长期与老人分离削弱了部分农民工孝敬父母的责任感。有的农民很无奈，深知自己对家庭的责任，也只是隔空喊话，定期给父母一定的生活费，很难做到亲自照顾父母。李敏等学者在调查的2277位空巢老人中，34.65%的老人反映子女会定期联系自己，65.35%的老人表示子女只是不定期联系自己。从子女看望父母的时间来看，在2206位受访的空巢老人中，55.89%的老人反映子女有空的时候才来看望，36.63%的老人表示“逢年过节”时子女才来看望，还有2.77%和1.22%的老人表示只有当自己“生病的时候”和“主动要求”时子女才来看望。[1]空巢老人的生活状况令人实属堪忧，有的空巢老人基本的生活都得不到保障，子女不在身边，一旦生病只能自己忍着；有的看起来衣食无忧，但是因为没有儿女的关怀，他们精神上的失落和内心的孤独很难排遣；还有少数成年子女以自我为中心，向父母一味地索取，因自己的利益得不到满足，就嫌弃父母，打骂老

[1] 李敏，张利明．当前农村不良社会风气的态势、成因及对策 [J]. 西北农林科技大学学报（社会科学版），2018（2）：94-100.

人，根本谈不上孝敬父母；更有甚者只顾自己在城里享乐，从不关心父母的生活，对父母卧病在床也置之不理，丢掉了最基本的道德责任感。根据李敏等学者的调查得知：14.51% 的农村老人表示子女不赡养自己，9.01% 的老人表示子女不孝顺。[1] 数字显示绝大多数农民家庭在孝敬父母方面做得很好，但由于各种复杂因素，有些子女的做法确实引起了老人的不满，他们一味沉浸在自己所追求的生活中，不知报答父母的养育之恩，忘掉了做人的根本。尽管农村的“不孝”子女为数不多，但在家庭美德建设中不容忽视。

（三）农民家庭的教育观念落后

教育功能是家庭功能的重要组成部分，随着农民家庭结构的变迁和农村经济、文化的发展，农民的教育理念发生了很大变化。但受复杂因素的影响，农民家庭的教育仍显落后。尤其在教育理念、教育内容和教育方式上仍然存在一些问题。

1. 农民家庭教育功能弱化

随着城镇化的发展，大量农村劳动力转移到城市，农村留守儿童越来越多。父母与孩子聚少离多，很难对孩子进行完整的家庭教育，随之而来的便是家庭教育功能的弱化。同时，随着九年义务教育的普及，很多家长认为教育的主体是学校，培养教育孩子是学校的功能。在孩子的成长过程中，大多数农民家长认为家庭的责任就在于给孩子提供物质条件，没有意识到家庭教育在孩子成长中的基础性作用。2019 年 5 月，全国妇联、教育部等九部门发布关于印发《全国家庭教育指导大纲（修订）》的通知，明确指出：“家庭是人生的第一所学校，家长是孩子的第一任老师，家庭生活中父母对儿童的教育和影响，对其良好行为习惯、思想品德、价值观的形成，健全人格培养等都具有基础性作用。”家庭教育作为启蒙教育，对孩子的成长尤为重要。但由于农民的文化程度不高、追求美好生活的目标更多停留

[1] 李敏，张利明．当前农村不良社会风气的态势、成因及对策 [J]. 西北农林科技大学学报（社会科学版），2018（2）：94-100.

在物质层面、对家庭教育的忽视等原因，农民家庭教育的功能很难发挥出来。再加上农民家庭结构的变化，孩子成了家庭的核心，传统家庭观念由服从家长权威转向服务孩子，家长权威在家庭“小皇帝”面前难以树立，家庭教育无法正常进行。这也是导致家庭教育功能弱化的因素。

2. 农民家庭教育理念落后

教育理念主要是指教育主体对教育的主观认识。在现代教育中，以人的全面发展为教育目标。《全国家庭教育指导大纲（修订）》指出：“家庭教育要从养成良好习惯开始，逐步培育儿童正确的价值观，培养儿童热爱党、热爱祖国、热爱人民、热爱中华民族，明礼诚信、勤奋自立、友善助人、孝亲敬老等良好思想品德，增强儿童法律意识和社会责任感，使儿童养成好思想、好品德、好习惯、好人格，培养儿童与他人、与社会、与自然和谐相处的能力。”在家庭教育中，立德树人是核心。但从目前情况看，农民家庭教育理念还比较落后。主要体现在以下几个方面。

第一，家庭教育重智轻德。在农民家庭教育中，由于父母的文化水平普遍不高，更多的家庭对孩子的教育呈现出重分数轻德育的趋势。许多家长只期盼孩子好好学习考出好成绩，因此，对孩子教育的评判仅仅依据考卷的成绩，评价孩子学习好坏的标准是考试分数的多少，忽略了对孩子其他方面的教育。其实家庭教育重在教孩子如何做人，应重视孩子科学价值观的塑造和培养。著名心理专家郝滨说过：“家庭教育是人生整个教育的基础和起点。”家庭教育应重在考虑教孩子如何做人，做什么样的人。让孩子在家庭教育中养成优秀的道德品质、良好的生活习惯、健全的人格，而不是让孩子过早地以高分为标准，形成对教育的偏见，陷入高分低能的怪圈。

第二，家庭德育内容单一。“国家好，民族好，家庭才能好。”“只有实现中华民族伟大复兴的中国梦，家庭梦才能梦想成真。中国人历来讲求精忠报国，革命战争年代母亲教儿打东洋、妻子送郎上战场，社会主义建设时期先大家后小家、为大家舍小家，都体现着向上的家庭追求，体现着高尚的家国情怀。”[1] 立德树人是教育的根本，培养孩子的家国情怀是教育

[1] 习近平 . 习近平谈治国理政（第 2 卷）[M]. 北京：外文出版社，2017：354.

的重要内容。农民的家庭教育主要体现在对孩子的品德教育上，以朴素的德育内容告诉孩子什么是对的，什么是错的；什么该做，什么不该做；该怎样做，不该怎样做。家庭德育为孩子的品德养成奠定了基础，但家庭教育的内容很少上升到家国情怀等方面。2018 年 9 月 10 日，习近平总书记在全国教育大会上指出：“要在加强品德修养上下功夫，教育引导学生培育和践行社会主义核心价值观，踏踏实实修好品德，成为有大爱大德大情怀的人。”

在当前的道德环境中，农民家庭传统的德育内容略显单一，只注重孩子道德品质的培养，很少关注思想政治、理想信念和心理健康等方面的内容，很难满足孩子成长的需要。随着互联网的普及，具有教育功能的网络媒体已经进入了农民家庭，不可避免地会有消极内容影响孩子的思维和判断。这就要求家庭德育的内容要适应社会发展的现状，应不断丰富家庭德育内容，培养孩子的政治意识，坚定政治方向，提升政治判断力，以促进子女的健康成长。

第三，家庭教育方法不科学。农民的文化程度大多在初中以下，家庭教育的方式和方法并不科学。欧雨云对农村家长德育方法进行的调查数据显示，27%的学生选择了棍棒教育，50%左右的学生表示家长的教育方法存在不合理之处。[1] 受“棍棒之下出孝子”的影响，很多农民的家庭教育存在着说教和棍棒并用的情形，很少考虑家长的行为会给孩子造成什么样的影响。农民通过打骂的方式教育孩子可能会在短期见效，但是从孩子的长远发展考虑，打骂并不会让孩子形成正确的思维模式和行为习惯。之所以能短期见效，是因为孩子不愿再受皮肉之苦，短期内对某一件事“长记性了”。教育孩子不仅仅是以家长的身份“镇住”孩子，更应该让孩子信服家长。家长在教育孩子时，应以平等的态度、和风细雨的方式与孩子进行沟通和交流，通过讲道理、摆事实让孩子从内心深处意识到自己的错误，从“要他改”转变为“他要改”。教育是长期的过程，家长要用正确的教育方法，春风化雨，润物无声，才能引起孩子的共鸣。

---

[1] 欧雨云 . 传统家训对农村家庭德育的现实价值研究 [D]. 长沙：湖南大学，2016.

（四）部分家庭的浪费行为过于严重

改革开放40多年来，农村社会生产力的快速发展，增加了农民的收入，改善了农民的生活，农民的消费水平也随之提高。进入新时代，农民对美好生活的需求如芝麻开花般节节高升。勤俭节约的生活观念被打破，部分农民忘掉了“昨日”生活的不易，把节约的优良传统丢了。在日常生活中，他们花钱大手大脚，吃饭挑食，穿衣喜新厌旧，追求名牌，互相攀比，浪费水电，等等。其实大多数农民的生活是非常节俭的，居家过日子甚至有些“抠门”。随着城镇化进程的加快，受城市文明的冲击，部分农民物质至上、炫耀攀比的心态日盛。遇到婚丧嫁娶，有些农村在操办红白喜事时追求奢华，比彩礼、比排场、大摆筵席、大修坟墓，等等，劳民伤财。李敏的调查显示：到了21世纪，农民彩礼花费增速愈加迅速，头10年的均值为50765.54元，2010年以来更是突破10万元大关，达到114013.38元。23.90%的受访农户表示“因婚负债”，户均负债金额为22192.89元，结婚花费给他们带来了沉重的经济负担和压力。农村丧葬的平均消费为18016.99元，接近2万元。其中，酒席消费最高，其次是棺木费用。6.54%的受访家庭因丧负债，平均每户负债8779.66元。[1]这些数据充分表明，天价彩礼和厚葬薄养使部分农民家庭处于相当尴尬的境地，甚至慨叹“娶不起”和“死不起”。“君子以俭德辟难。”[2]中国是一个农业大国，靠天吃饭的状况并没有得到根本性的转变，我们要居安思危，时刻秉持节俭的家庭美德。

（五）邻里关系紧张

随着农村社会的不断发展，农民不仅在生活条件方面有了极大的改观，而且思想观念也发生了极大地变化。农村是一个“熟人”社会，农民之间相处非常融洽，乡里乡亲之间有着浓浓的人情味。无论遇到什么困难或问

[1] 李敏，张利明．当前农村不良社会风气的态势、成因及对策[J]. 西北农林科技大学学报（社会科学版），2018（2）：94-100.

[2] 周易[M]. 金永，译解．重庆：重庆出版社，2015：87.

题，大家都会伸出援手，互相帮衬，共渡难关。中国社会是一个按照血缘和地域远近形成的“差序格局”的社会，邻里关系在农村社会起着重要的作用。随着城镇化的发展和家庭结构的变化，农民正在逐步打破传统的生活方式，日益以家庭利益为核心，邻里关系越来越弱化，部分邻里之间的交往和交流越来越少。农民受文化水平、交往方式等因素的影响，邻里之间经常会因为土地的边界、孩子间的矛盾、房基地的高低等问题斤斤计较，甚至大打出手。部分农民越来越看重物质利益，漠视邻里之间的关系，帮助越来越少，防范意识越来越强。

三、农民家庭美德建设存在问题的成因分析

改革开放 40 多年来，农村经济有了长足发展，农民的道德建设也日益被重视，大部分农民家庭美德观逐渐形成。农民家庭美德建设展现出积极健康向上的风貌，但不可忽视的是在农民家庭美德领域衍生出许多新问题，影响了农村精神文明建设进程，阻碍了农村乡风文明的建设。究其原因主要体现在以下几个方面。

（一）农村经济发展水平落后，制约着家庭美德建设

“物质生活的生产方式制约着整个社会生活、政治生活和精神生活的过程。不是人们的意识决定人们的存在，相反，是人们的社会存在决定人们的意识。”[1] 马克思主义认为，社会存在决定社会意识，道德建设归根结底是由经济基础所决定的。早在 2500 年前，孔子就有这方面的相关论述：“子适卫，冉有仆。子曰：‘庶矣哉！’冉有曰：‘既庶矣，又何加焉？’曰：‘富之。’曰：‘既富矣，又何加焉？’曰：‘教之。’”[2] 孔子提出“先富后教”的政治思想，充分说明经济富裕是道德教化的基础。

农村家庭美德建设与当地经济发展水平密切相关。改革开放后农村的

[1] 中共中央马克思恩格斯列宁斯大林著作编译局 . 马克思恩格斯文集（第 2 卷）[M]. 北京：人民出版社，2009：591.

[2] 论语 [M]. 刘兆伟，译注 . 北京：人民教育出版社，2015：287.

变化天翻地覆，农民的生存状况日益优化。但放眼全国，我们必须正视不同地区农民的经济状况还存在很大的差距，有些农村经济的发展落后也是一个不争的事实。社会主义市场经济给农村的经济发展注入了活力，但市场经济在道德建设方面带来的消极影响不容乐观。市场经济是竞争的经济，市场经济的逐利性使部分农民的价值取向发生了蜕变，他们为了个人利益不择手段，一味关注经济发展，对于道德建设置若罔闻。部分家庭充斥着“铜臭味”，变得唯利是图，金钱至上，人情味寡淡，家庭道德建设陷入困境。在这样的农村大环境下开展家庭美德建设，其建设成果参差不齐。不可置疑，农村的经济发展状况是制约农民家庭美德建设最重要的因素。“仓廪实则知礼节，衣食足则知荣辱”[1]，其内涵不言而喻。在我国农村经济发达地区，比如江苏华西村、天津的大邱庄、浙江奉化的滕头村等，农民的物质条件得到改善后，精神上的需求随之增长。这些地区的农民对家庭美德建设是比较积极和活跃的，其家庭道德水平明显高于经济落后地区的农民家庭。农村地区落后的经济状况成为制约农民家庭美德建设的主要因素，生活窘迫的农民首先考虑的是如何改善自家的生活条件，对家庭美德建设的参与度不高。

（二）农民家庭美德建设主体缺失，影响了道德建设进程

人口流动是当前我国农村社会的一个基本特征。随着我国城镇化进程的加快，大量农村青壮年劳动力进城务工，老人和孩子成为“空心村”的主力。近年来，农村流动人口有下降趋势，但流动人口绝对数量不可忽视。（见表 8）

表 8 全国流动人口数 （单位：亿人）

年份	2000 年	2005 年	2010 年	2011 年	2014 年	2015 年	2017 年	2018 年	2019 年
流动人口	1.21	1.47	2.21	2.30	2.53	2.47	2.44	2.41	2.36

注：据《中国统计年鉴（2020）》中有关流动人口数情况编制。[2]

[1] 管子 [M]. 房玄龄，注 . 刘绩，补注 . 刘晓艺，校点 . 上海：上海古籍出版社，2015：1.

[2] 国家统计局 . 中国统计年鉴（2020）[M]. 北京：中国统计出版社，2020.

从表8中可以看出，我国流动人口数量在2014年之前一直呈上升趋势，随着城乡结构、劳动力结构和产业结构的优化，文化水平低和没有一技之长的农民很难在城市找到自己的位置。从2015年开始，全国流动人口规模从之前的持续上升转为缓慢下降。2015年国家统计局公布全国流动人口总量为2.47亿人，比2014年下降了约600万人。此后，流动人口总量逐年下降，但总量人数仍保持在2亿以上。这些流动人口中绝大部分是常年在城市打拼的农民，生活环境的变化对他们的思想道德和价值观念会产生较大的影响。由于接受新事物的能力较强，他们本来是家庭美德建设的主力军，可以为家庭美德建设注入新的活力。但事与愿违，农民家庭主力的外移，使外出务工的工资成为农民家庭的主要收入（见表9），导致这些家庭对村里开展的工作不感兴趣。“巧妇难为无米之炊”，留下的老人和孩子很难使家庭美德建设工作有序开展。由于主体的缺失，农民家庭美德建设工作处于若有若无的状态。

表9 2019年农村居民人均可支配收入 （单位：元）

指标	可支配收入	工资性收入	经营净收入	财产净收入	转移净收入
收入	16020.7	6583.5	5762.2	377.3	3297.8

注：据《中国统计年鉴（2020）》。[1]

农民家庭美德建设的主体缺失还体现在基层组织对农民家庭美德建设工作的失范。地方党委和政府在领导和部署农村工作时，发展农村经济仍然是其关注的重点，对于农民家庭美德建设重视程度不够，使之几乎处于停滞状态。农村改革促进了经济的快速发展，但部分农民家庭中不孝敬老人、夫妻不睦、铺张浪费、邻里关系紧张等问题仍然存在，成为制约家庭美德建设的瓶颈。“各级党委和政府要担负起公民道德建设的领导责任，将其摆上重要议事日程，纳入全局工作谋划推进，有机融入经济社会发展各方面。”[2] 加强农民家庭美德建设，不能单纯地就家庭美德而谈家庭美德，而是要和经济社会发展融为一体。在农村经济发展的同时，克服农民小富

[1] 国家统计局．中国统计年鉴（2020）[M]. 北京：中国统计出版社，2020.

[2] 中共中央，国务院．新时代公民道德建设实施纲要 [N]. 人民日报，2019-10-28（1）.

即满、小富即安的心态，鼓励农民在创造美好的物质生活的同时，提升精神追求。村委会应积极组织和落实，大力宣传家庭美德建设要求，使之内化为农民家庭的自觉意识并在家庭生活中规范自己的行为。此外，有些地方的基层组织本身就不健全，处于软弱涣散的状态，难以行使有效的治理功能。有的基层组织因自身家庭美德缺失而丧失了道德教化的功能，很难在群众中享有威望。这些因素严重影响了农民家庭美德的建设。

（三）农民整体文化水平低，制约了家庭美德建设

中国农民整体文化水平低是一个历史问题。早在新民主主义革命时期，毛泽东就指出："中国历来只是地主有文化，农民没有文化……农村里地主势力一倒，农民的文化运动便开始了。"新中国成立后，随着扫盲运动的开展和九年义务教育的实施，广大农民的文化程度有了普遍提高。但由于城乡之间发展的不平衡和农村文化教育条件的落后，农村的师资队伍和教学条件仍然落后于城镇，贫瘠的教育资源严重制约农村人口文化水平的提高。从全国来看，农民的受教育程度确实不高（见表 10）。

表 10 6 岁及以上乡村人口受教育程度　　（单位：人）

地区	6 岁及以上人口	未上过学	小学	初中	高中	大专及以上
全国	428932	35435	148779	179423	47129	18166

注：数据来源于《中国人口和就业统计年鉴（2019）》（北京，中国统计出版社，2019：104-105）。

从统计数据来看，小学和初中教育程度的农民占 76.5%，高中的占 11.0%，大专及以上仅占 4.2%，全国近 85% 的农民文化程度停留在初中及以下水平。较低的文化水平，使农民的道德建设缺少了文化底蕴，无论是从教育内容还是教育方法上都不利于农民家庭美德建设。"道德是文化的组成部分，是文化涵养、文化特质、文化精髓的集中体现。文化是道德形成的土壤，是道德生长发展的水之源头、木之根基。"[1] 中华民族独特的文化

[1] 刘斐莹 . 习近平关于新时代公民道德建设重要论述的指导意义 [J]. 理论研究，2020（5）：19-20.

蕴含着独特的道德内容，“有崇仁爱、重民本、守诚信、讲辩证、尚和合、求大同等思想，有自强不息、敬业乐群、扶正扬善、扶危济困、见义勇为、孝老爱亲等传统美德”[1]。文化水平较低限制了农民对中华优秀传统文化中道德价值的理解。教育资源的短缺，使农村社会缺少了良好的文化环境，使农民家庭美德观的培育失去了在文化环境中熏陶的土壤。文化水平不高的农民常年忙于田间劳作，无暇顾及道德建设的内容，缺少主动学习的积极性，在他们身上体现出来的道德内容基本停留在传统的家风家教中，很难赋予时代元素。农民缺少相应的文化基础，不能把新时代的家庭美德内化于心、外化于行。农民家庭美德建设应和提升农民的科学文化素质相统一，同步建设，同步发展，以取得家庭美德建设的实效性。

（四）政策法律保障不力，农民家庭美德建设缺乏动力因素

“公民道德建设是一个复杂的社会系统工程，要靠教育，也要靠法律、政策和规章制度”。[2] 目前，我国农民家庭美德建设缺乏法律和政策上的支持和保护，惩恶扬善作为一个基本的道德尺度并没有对农民形成约束力，不孝敬老人、打骂孩子、铺张浪费和与邻里交恶等不良道德行为只是受到舆论谴责，并没有受到法律惩罚并为之付出代价。“法律是成文的道德，道德是内心的法律。要发挥法治对道德建设的保障和促进作用”，“及时把实践中广泛认同、较为成熟、操作性强的道德要求转化为法律规范，推动社会诚信、见义勇为、志愿服务、勤劳节俭、孝老爱亲、保护生态等方面的立法工作”。[3] 道德建设方面的政策，对农民的价值取向和道德判断有着直接的影响。法律法规可以增强农民的法律意识，使其坚守道德底线。农民家庭美德建设既要有政策的指导和支持，也应该有法律的支撑和保障。在依法治国的大环境中，加强公民道德建设，将“道德法律化”更有利于推动农民家庭美德建设工作。所谓道德法律化是指“将有些道德问题归入法

---

[1] 中共中央党史和文献研究室．十八大以来重要文献选编（中）[M]. 北京：中央文献出版社，2016：136.

[2] 中共中央 国务院．公民道德建设实施纲要 [N]. 人民日报，2001-10-25（1）.

[3] 中共中央 国务院．新时代公民道德建设实施纲要 [N]. 人民日报，2019-10-28（1）.

律调整，道德原则渗入法律，形成法律的内在道德最终形成法律维护优良的德性，德性成为社会对公民个人的道德要求，成为法律调整的范围”[1]。道德法律化能够使良好的道德因有法律的保障得以在社会上弘扬，再加上政策上的引导，可以有力地促进农民家庭美德建设，调动农民对“爱国爱家、相亲相爱、向上向善、共建共享的社会主义家庭文明新风尚”的追求。[2]

第三节　农民家庭美德观培育的路径与对策

一、培育农民家庭美德观的必要性

农民家庭是构成农村社会的基本单位，农民家庭的和谐稳定直接关系到农村的稳定，进而关系到国家的稳定。加强农民家庭美德建设，培育农民的家庭美德观，对农民家庭个人品德养成、家庭和谐稳定、农村经济发展、弘扬优良家风、传承革命道德和践行社会主义核心价值观有着不可替代的作用。

（一）农民家庭美德建设，有利于农民整体素质的提高

农民作为乡村振兴的主力军，其道德素质水平直接影响美丽乡村建设的进程。道德素质对于农民个人成长和家庭发展起着决定性的作用。中国农民在几千年的发展历程中，传承了中华民族的传统美德，在他们身上积淀了勤劳勇敢、吃苦耐劳、团结互助、勇于探索等优秀品质，为我国经济社会的发展默默地贡献着自己的力量。但是除了农民身上这些难能可贵的品质外，我们必须正视在部分农民身上存在的一些与现代社会要求极不相符的道德劣根性——思想观念陈腐、心胸狭隘、斤斤计较、安贫乐道、与世无争、自由散漫、自律性差、不思进取、缺少创新意识，等等。这些懒

[1] 冯烨 . 法律道德化 道德法律化 [EB/OL].（2017-03-27）[2021-01-27]. http：//ex.cssn.cn/dzyx/dzyx_mtgz/201703/t20170327_3467304.shtml .

[2] 习近平 . 习近平谈治国理政（第 2 卷）[M]. 北京：外文出版社，2017：356.

散思想导致农民对自身的约束性不强，影响着农民整体素质的提升。因此，加强农民家庭美德建设就成了道德建设的应有之义。通过家庭美德教育，进一步转变农民的思想观念，帮助农民形成正确的价值取向，培养农民高度的社会责任感，提升农民勇于开拓创新的能力，提高农民的科学文化素质。家庭成员之间、家庭与家庭之间应相互学习，相互帮助，相互影响，共同进步，促进农民整体素质的提高。

（二）农民家庭美德建设，有利于个人品德的养成和家庭的和睦

家庭是孩子教育的起点。良好的家庭教育，能为个人品德的养成提供健康的环境和正确的价值取向。“孩子们从牙牙学语起就开始接受家教，有什么样的家教，就有什么样的人。家庭教育涉及很多方面，但最重要的是品德教育，是如何做人的教育。”[1]“作为父母和家长，应该把美好的道德观念从小就传递给孩子，引导他们有做人的气节和骨气，帮助他们形成美好心灵，促使他们健康成长，长大后成为对国家和人民有用的人。”[2]只有加强农民家庭美德建设，营造良好家风，对孩子的个人品德的养成才能水到渠成。农民家庭是否进行美德教育、在生活中能否按照家庭美德要求自己，对于家庭发展和个人品德养成的影响极大。在日常生活中，重视家庭美德教育的父母，他们的言传身教，有利于培养孩子尊老敬亲、勤劳勇敢、节俭朴素、团结友善、爱国爱家、乐于助人等优秀品质。而不注重家庭美德教育、对孩子的教育放任自流、我行我素的父母，其子女在成长过程中容易形成任性、低劣的道德品质，对家庭亲情、文明礼貌、学习生活的态度等相对较差。由此可见，家庭美德教育有助于提升个人道德修养，对农民后代的健康成长成才，及其步入社会后从容处理各种社会关系大有裨益。

农民家庭的和谐稳定与每一位家庭成员的道德水平密切相关。加强农民家庭美德建设，有利于提升个体的道德素质和涵养，家庭成员之间相互理解，相互帮助，使家庭真正成为心灵的港湾。在家庭处于困境时，家人

---

[1] 习近平．习近平谈治国理政（第 2 卷）[M]. 北京：外文出版社，2017：354.

[2] 习近平．习近平谈治国理政（第 2 卷）[M]. 北京：外文出版社，2017：355.

应相互扶持，共渡难关，而不是相互埋怨和唠叨；在心中有困惑或烦恼时，家人应相互宽慰和开导，而不是袖手旁观。心中有爱天地宽，在充满爱的家庭里，沟通和交流会成为科学调节家庭关系的纽带，这样才能塑造出和谐的氛围，保持家庭和睦。当然农民家庭的道德水平良莠不齐，如果家庭成员以自我为中心，不能换位思考，遇到问题只是一味指责和埋怨，甚至是语言攻击和行为伤害，则容易形成紧张压抑的家庭关系。在这种家庭氛围中，可能会潜藏着亲情冷漠、子女疏离、夫妻对立等种种危机，一不经意就有可能破坏家庭的和谐稳定。自古以来，中国农民是淳朴的，但是农民的文化水平在一定程度上限制了农民家庭美德教育的内容和处理家庭关系的方式方法，对农民家庭的和谐稳定有着直接的影响。加强农民家庭美德的建设，使广大农民牢记"尊老爱幼、男女平等、夫妻和睦、勤俭持家、邻里互助"等家庭美德的基本要求，有益于农民把道德准则转化成为自己的道德观念和行为习惯，营造其乐融融的家庭氛围，增强家庭凝聚力。

（三）农民家庭美德建设，有利于农村经济的发展与社会的稳定

加强农民家庭美德建设是培育良好的社会风气，维护社会稳定的关键。毋庸置疑，农民家庭是农村社会的基础单位，和谐稳定的农民家庭是农村经济发展和社会稳定的前提和保障。

改革开放 40 多年来，农村、农业、农民呈现出崭新的面貌，物质生活条件有了极大的改善，农民丰衣足食，但是精神方面的追求却落在了后面。"不加强精神文明的建设，物质文明的建设也要受破坏，走弯路。"[1] 精神文明建设和物质文明建设相辅相成。"要坚持'两手抓、两手都要硬'，以辩证的、全面的、平衡的观点正确处理物质文明和精神文明的关系，把精神文明建设贯穿改革开放和现代化全过程、渗透生活各方面，……营造全社会崇德向善的浓厚氛围。"[2] 加强农民家庭美德建设，促进家庭成员和睦相处，保持农民家庭安定团结的局面，为乡村振兴提供稳定的社会环境。只

[1] 邓小平 . 邓小平文选（第 3 卷）[M]. 北京：人民出版社，1993：144.
[2] 习近平 . 习近平谈治国理政（第 2 卷）[M]. 北京：外文出版社，2017：324.

有家庭和睦，全家齐心协力谋划发展，才能促进家庭经济的发展，推动农村经济的良性循环。反之，如果农民家庭缺乏必要的道德建设，家庭成员自行其是，缺少自律意识，很难形成家庭合力，容易引起家庭矛盾，使家庭关系紧张。农民道德素质不高，就会影响农村的社会风气，出现违法乱纪、赌博迷信等不法现象，势必影响农村的社会治安。社会治安不好，就很难形成政通人和的环境，如果农民人心惶惶，无法安民乐业，当地农村的经济发展就会受到严重影响，农村社会进步缓慢，农民的幸福指数很难提升。

党的十九大报告指出，“农业农村农民问题是关系国计民生的根本性问题，必须始终把解决好‘三农’问题作为全党工作的重中之重。按照产业兴旺、生态宜居、乡风文明、治理有效、生活富裕的总要求”[1]，建设美丽乡村。发展农村经济，稳定是压倒一切的问题，保持农村社会的稳定，首先要使农民有一个幸福美满的家庭。因此，加强农民家庭美德建设，培育农民家庭美德观，对维持农村社会的稳定、推进农业农村现代化、解决“三农”问题有着深远的影响。

（四）农民家庭美德建设，有利于传承和发展中华优秀传统文化

“泱泱中华，历史悠久，文明博大。中华民族在几千年历史中创造和延续的中华优秀传统文化，是中华民族的根和魂。”[2] 中华优秀的传统文化博大精深，源远流长。其深邃的思想精华，对农民家庭美德建设具有重要的文化价值。习近平总书记在十八届中央政治局第十三次集体学习时指出：“‘道德当身，故不以物惑’。中华优秀传统文化，蕴含着丰富的思想道德资源。比如，在坚守道德底线方面，强调‘己所不欲，勿施于人’‘与人为善’‘以己度人’‘推己及人’‘君子忧道不忧贫’，要恪守‘良知’，做到‘俯仰无愧’。再比如，在树立道德理想方面，强调‘大道之行也，天下为公’，人要‘止于至善’，有社会责任感，追求崇高理想和完美人格，倡

[1] 习近平 . 决胜全面建成小康社会　夺取新时代中国特色社会主义伟大胜利——在中国共产党第十九次全国代表大会上的报告 [M]. 北京：人民出版社，2017：32.
[2] 习近平 . 习近平谈治国理政（第 2 卷）[M]. 北京：外文出版社，2017：426.

导‘兼善天下’‘利济苍生’‘修身齐家治国平天下’‘见贤思齐焉，见不贤而内自省也’，做君子、成圣贤。我们要利用好中华优秀传统文化中的这些宝贵资源，增强人们的价值判断力和道德责任感，不断提高人们道德水平，提升人们道德境界。”中华传统文化蕴涵着丰富的道德资源，“中华传统美德是中华文化精髓，是道德建设的不竭源泉。要以礼敬自豪的态度对待中华优秀传统文化，充分发掘文化经典、历史遗存、文物古迹承载的丰厚道德资源，弘扬古圣先贤、民族英雄、志士仁人的嘉言懿行，让中华文化基因更好植根于人们的思想意识和道德观念”[1]。优秀传统道德作为中华民族传统文化的重要组成部分，成为新时代公民道德建设的活水源头。“今天，中华民族要继续前进，就必须根据时代条件，继承和弘扬我们的民族精神、我们民族的优秀文化，特别是包含其中的传统美德。”[2] 十八大以来，习近平总书记多次强调要继承和弘扬中华优秀传统文化，尤其是传统美德对于新时代农民家庭美德建设具有很强的借鉴价值。“尊老爱幼、妻贤夫安，母慈子孝、兄友弟恭，耕读传家、勤俭持家，知书达礼、遵纪守法，家和万事兴等中华民族传统家庭美德，铭记在中国人的心灵中，融入中国人的血脉中，是支撑中华民族生生不息、薪火相传的重要精神力量，是家庭文明建设的宝贵精神财富。”[3]

家庭美德教育会在每一个人的成长中烙上深深的印记，对其一生都会产生深远影响。中华传统美德思想是家庭美德建设的重要理论基础，良好的家教家风是中国传统美德的集中体现。家庭美德教育作为一个重要载体，将优秀的家风文化传递给每个家人。人们将这种文化深藏心中，付诸实践并在代际传递的过程中赋予中华优秀传统文化以时代元素。因此，加强家庭美德建设，实质上就是在继承、弘扬和发展中华民族优秀的传统文化。

（五）加强农民家庭美德建设，有利于培育和践行社会主义核心价值观

“不论时代发生多大变化，不论生活格局发生多大变化，我们都要重

---

[1] 中共中央 国务院 . 新时代公民道德建设实施纲要 [N]. 人民日报，2019-10-28（1）.
[2] 习近平 . 习近平谈治国理政（第 1 卷）[M]. 北京：外文出版社，2018：181.
[3] 习近平 . 习近平谈治国理政（第 2 卷）[M]. 北京：外文出版社，2017：353.

视家庭建设，注重家庭、注重家教、注重家风，紧密结合培育和弘扬社会主义核心价值观，发扬光大中华民族传统家庭美德，促进家庭和睦，促进亲人相亲相爱，促进下一代健康成长，促进老年人老有所养，使千千万万个家庭成为国家发展、民族进步、社会和谐的重要基点。”[1] 中华民族自古以来就重视家庭教育，注重传承优良家风。中华传统美德是农民家庭道德建设的重要资源，经过历史的沉淀，历久弥新。对于农民家庭来说，父母应该把这些传统品德传递给孩子，使之转化为孩子的思维方式和行为习惯。“广大家庭都要重言传、重身教，教知识、育品德，身体力行、耳濡目染，帮助孩子扣好人生的第一粒扣子，迈好人生的第一个台阶。要在家庭中培育和践行社会主义核心价值观，引导家庭成员特别是下一代热爱党、热爱祖国、热爱人民、热爱中华民族。要积极传播中华民族传统美德，传递尊老爱幼、男女平等、夫妻和睦、勤俭持家、邻里团结的观念，倡导忠诚、责任、亲情、学习、公益的理念，推动人们在为家庭谋幸福、为他人送温暖、为社会做贡献的过程中提高精神境界，培育文明风尚。”[2] 中华民族的传统美德是中华优秀传统文化的重要组成部分，社会主义核心价值观是对中国优秀传统文化的继承和发展。通过家庭美德教育，农民把社会主义核心价值观融入家庭生活中，使社会主义核心价值观教育贴近生活、贴近实际，逐渐成为农民的日常行为习惯，成为人们日用而不觉的道德规范和行为准则。“一种价值观要真正发挥作用，必须融入社会生活，让人们在实践中感知它、领悟它。要注意把我们所提倡的与人们日常生活紧密联系起来，在落细、落小、落实上下功夫。”[3] 把社会主义核心价值观融入农民的家庭美德建设之中，让农民在日常的言行举止中增强对社会主义核心价值观的认同并转化为自觉行动。“要利用各种时机和场合，形成有利于培育和弘扬社会主义核心价值观的生活情景和社会氛围，使社会主义核心价值观的影响像空气一样无所不在、无时不有。”[4] 加强农民家庭美德建设，立足于中

[1] 习近平 . 在 2015 年春节团拜会上的讲话 [N]. 人民日报，2015-02-18（2）.
[2] 习近平 . 习近平谈治国理政（第 2 卷）[M]. 北京：外文出版社，2017：355.
[3] 习近平 . 习近平谈治国理政（第 1 卷）[M]. 北京：外文出版社，2018：165.
[4] 习近平 . 习近平谈治国理政（第 1 卷）[M]. 北京：外文出版社，2018：165.

华优秀传统道德，既有利于农民家庭美德观的形成，又有利于培育和践行社会主义核心价值观。

二、农民家庭美德观培育的基本路径

在公民道德建设过程中，农民家庭美德建设取得了丰硕成果，与此同时，也衍生出许多新的问题。“在国际国内形势深刻变化、我国经济社会深刻变革的大背景下，由于市场经济规则、政策法规、社会治理还不够健全，受不良思想文化侵蚀和网络有害信息影响，道德领域依然存在不少问题。一些地方、一些领域不同程度存在道德失范现象，拜金主义、享乐主义、极端个人主义仍然比较突出；一些社会成员道德观念模糊甚至缺失，是非、善恶、美丑不分，见利忘义、唯利是图，损人利己、损公肥私；造假欺诈、不讲信用的现象久治不绝，突破公序良俗底线、妨害人民幸福生活、伤害国家尊严和民族感情的事件时有发生。”[1] 这些问题在农民中也有所体现，严重影响乡村振兴战略的实施。建设美丽乡村，不仅要加强硬件设施建设，也需要有良好的软件环境。农民作为建设主体，要想从根本上改变农村贫困落后的状况，必须得从理论和实践两个层面提升农民的道德素质。农村社会的发展，依赖于每一个农民家庭。培育农民的家庭美德观，提升农民家庭成员的道德素质，增强家庭的凝聚力，才能真正促进家庭的发展，进而形成合力，推动农村社会的发展，助力实现中华民族伟大复兴。加强农民家庭美德建设，培育农民的家庭美德观成为亟待解决的课题。

（一）弘扬中华优秀传统道德，培育农民的家庭美德观

“坚持在继承传统中创新发展，自觉传承中华传统美德，继承我们党领导人民在长期实践中形成的优良传统和革命道德，适应新时代改革开放和社会主义市场经济发展要求，积极推动创造性转化、创新性发展，不断增强道德建设的时代性实效性。”[2] 中华传统美德蕴含着丰富的道德资源，

---

[1] 中共中央，国务院 . 新时代公民道德建设实施纲要 [N]. 人民日报，2019-10-28（1）.
[2] 中共中央，国务院 . 新时代公民道德建设实施纲要 [N]. 人民日报，2019-10-28（1）.

是人类文明发展的精神财富，是家庭美德建设的源头活水。绵延几千年的中华文化，是中华传统道德形成的深厚基础，我们不能忘掉老祖宗给我们留下的精神财富。“历史和现实都表明，一个抛弃了或者背叛了自己历史文化的民族，不仅不可能发展起来，而且很可能上演一场历史悲剧。”[1] 在农民家庭美德建设中，我们要坚定文化自信，弘扬优良家风，借鉴传统家训，传承革命道德，培育农民家庭美德观。

1. 弘扬优良家风，加强农民家庭美德建设

家风是指一个家族经过历史的沉淀由祖辈世代相传并沿袭至今的家庭风气，它能够体现一个家族的生活作风、精神风貌、道德品质和道德情操，是为家中后人树立的价值准则，是中华传统文化的重要组成部分。优良的家风不论过去还是现在，对培育农民家庭美德观都有其永不褪色的价值。

家庭教育既是初始教育，也可以说是终身教育。随着家庭构成的变化，虽然农民家庭的教育功能有所弱化，但家庭教育仍然是每个家庭不可推卸的社会责任。加强农民家庭美德建设，离不开优良家风对家庭成员道德品行的涵育。“家风是社会风气的重要组成部分。家庭不只是人们身体的住处，更是人们心灵的归宿。家风好，就能家道兴盛、和顺美满；家风差，难免殃及子孙、贻害社会。”“广大家庭都要弘扬优良家风，以千千万万家庭的好家风支撑起全社会的好风气。”[2] 在家庭教育中要通过多种方式，“用正确道德观念塑造孩子美好心灵；自觉传承中华孝道，感念父母养育之恩、感念长辈关爱之情，养成孝敬父母、尊敬长辈的良好品质”[3]。家庭成员通过生活中的一言一行相互影响、共同提升自身品德，以润物无声的方式让优良家风世代传承。

马克思提出：“人创造环境，同样，环境也创造人。”[4] 家庭环境对每个人的成长有着潜移默化的作用。家庭是传承家风、涵育家庭美德最有效的

[1] 习近平 . 习近平谈治国理政（第 2 卷）[M]. 北京：外文出版社，2017：339.
[2] 习近平 . 习近平谈治国理政（第 2 卷）[M]. 北京：外文出版社，2017：355-356.
[3] 中共中央，国务院 . 新时代公民道德建设实施纲要 [N]. 人民日报，2019-10-28（1）.
[4] 中共中央马克思恩格斯列宁斯大林著作编译局 . 马克思恩格斯全集（第 1 卷）[M]. 北京：人民出版社，1995：92.

场所，家庭在情感的沟通与交流、生活中的言传身教等方面具有明显的优势。父母对孩子的教育，直接影响孩子道德品质的养成，对家风产生直接影响。营造良好的家庭环境，父母以自己的言行举止将优良家风在耳濡目染中传递给子女，让子女把家庭生活中的家规和美德牢记于心，并在日后生活付诸实践，以形成良好的道德品质。

营造优良家风环境，可以通过以下方式进行。第一，通过讲故事传递优良家风。中华优秀传统文化中有很多阐述思想价值和哲学道理的经典故事。如孔融让梨、花木兰代父从军的故事，让孩子从小就懂得孝老敬亲的道理；杨翥卖驴、司马徽让猪的故事，让孩子明白与邻友好相处，既是人的德行修养的体现，也可以善化他人；司马相如和卓文君夫妇相敬如宾、王羲之和郗璇美满夫妻的故事使孩子可以从中感悟夫妻和睦、男女平等对维系家庭的重要性。农民可以将这些耳熟能详的故事讲给孩子听，这些故事展现了古人高尚的道德情操，体现了良好的家风，对家庭美德建设有着重要的启迪作用。第二，家庭成员共勉弘扬优良家风。朱熹主张："日省其身，有则改之，无则加勉。"[1] 家庭成员可以通过反躬自省保持清醒，不断完善自我。"人贵有自知之明"，能清醒地认识自己，了解自己，这是最难能可贵的。家庭成员之间朝夕相处，每个家庭成员应反省自己的言行，大家共同分享提高，在不觉中提升道德修养，完善家风。第三，通过相关媒体学习优良家风。2014 年中央电视台《新闻走基层》节目组在春节期间推出了一个特别栏目——《家风是什么》，在社会上引起了广泛的关注。节目主要通过对大众人物的采访，引起了人们对优良家风内涵的进一步理解。《家风是什么》的播出，让人们对家风的理解有了新的感悟，弘扬了社会主义核心价值观，传播了正能量，有助于改善整个社会的风气。学习优良家风，不仅可以丰富家风内容，还可以提高自身的家庭美德水平。

2. 借鉴传统家训，提升农民的家庭美德观

传统家训是指在中国古代社会里形成和繁荣起来的关于治家教子的训诫，是指父祖辈对子孙、家长对家人、族长对族人的训示教诲，此外，也有

[1] 论语 [M]. 刘兆伟，译注 . 北京：人民教育出版社，2015：6.

夫妻间的嘱托、兄弟姐妹间的诫勉。[1]中华民族历史悠久，我国传统家训的资料浩如烟海，蕴含的思想十分丰富，无论是从农民家庭美德建设的内容还是家庭美德教育的方式，都为农民家庭美德观的形成提供了充实的资料。

在中国传统家训中，倍受称誉的名训，如《颜氏家训》《朱子家训》和诸葛亮的《诫子书》等，至今口碑载道，在中国历史上对个人的修身、家族的兴旺、社会的稳定发挥着重要的作用。“夫君子之行，静以修身，俭以养德。非淡泊无以明志，非宁静无以致远。”诸葛亮这一家训内容强调了修身养性的途径和方法，表达了对儿子的教诲与无限的期望。《颜氏家训》中的“慈威并济方得良子”“溺爱等同于戕害”“教化须自上而下”“宽严贵在恰到好处”等内容在家庭美德教育方法上有很强的指导意义。朱子的治家格言中，“黎明即起，洒扫庭除，要内外整洁；既昏便息，关锁门户，必亲自检点”告诫后人在治家中应养成“勤劳”“谨慎”的好习惯；“一粥一饭，当思来处不易；半丝半缕，恒念物力维艰”告诉我们生活中要崇尚节俭。新时代倡导的“厉行节约、反对浪费”的社会风尚正是对中国优秀传统文化的继承和发展。

中国人自古就重视家庭，自西汉以来许多家训中强调齐家以德的理念，讲求家庭和谐、孝亲敬长、夫妻和睦、邻里友好。古人的传统家训为治家积累了丰厚的道德底蕴。但是我们一定要认清古代传统家训的时代性，其内容不可避免地带有封建社会宗法等级制度色彩。在新时代培育农民的家庭美德观的过程中，我们对传统家训要坚持“扬弃”的原则，既要大胆借鉴传统家训中积极的德育因素，又要摒弃封建思想的消极影响。

3. 传承中国革命道德，以红色基因助推农民家庭美德观的形成

中国革命道德，是指中国共产党人、人民军队、一切先进分子和人民群众在中国革命、建设、改革中所形成的优秀道德，是马克思主义与中国革命、建设、改革的伟大实践相结合的产物，是中华民族极其宝贵的道德财富。[2]传承中国革命道德，加强农民家庭美德建设，是弘扬中华优秀传统

[1] 欧雨云 . 传统家训对农村家庭德育的现实价值研究 [D]. 长沙：湖南大学，2016.
[2] 本书编写组：思想道德修养与法律基础（修订版）[M]. 北京：高等教育出版社，2018：100.

道德的题中应有之义。

中国革命道德内涵丰富，历久弥新。它蕴藏于红船精神、井冈山精神、长征精神、延安精神、西柏坡精神等红色精神之中，成为我们在新时代战胜各种困难和风险的强大精神动力。“人无精神则不立，国无精神则不强。精神是一个民族赖以长久生存的灵魂，唯有精神上达到一定的高度，这个民族才能在历史的洪流中屹立不倒、奋勇向前。”[1] 民族精神成为中国共产党人领导中国人民战胜困难，走向胜利的不竭动力。在中国革命过程中，农民是中国共产党最基本的依靠力量，为新中国的建立做出了不可磨灭的功绩。直到今日，很多农民家庭仍对中国革命道德烂熟于心，成为他们前进的精神动力。“革命精神是非常宝贵的，没有革命精神就没有革命行动。”[2] 因此，在家庭美德建设中，农民要高度重视革命精神的引领作用。

在改革开放 40 多年的发展历程中，农民生活发生了很大变化，但是在钱袋子鼓起来的同时，部分农民的脑袋却被掏空了。乡风文明是实现乡村振兴的重要保障。建设美丽乡村，精神文明建设不可忽视，农民家庭美德建设不可或缺。加强农民家庭美德建设，我们应“善于从中华民族传统美德中汲取道德滋养”[3]，不仅要继承和发扬中国革命道德，传承红色基因，赓续精神谱系，还要学习老一辈无产阶级革命家的优良家风。“在培育良好家风方面，老一辈革命家为我们作出了榜样。”[4] 毛泽东、周恩来、朱德同志等老一辈革命家都高度重视家风。[5] 毛泽东的“严以教子、严以律己、严以持家”的“严”家风，周恩来的十条家规，邓小平秉持的“尊老爱幼、相亲相爱；夫妻恩爱、相濡以沫；衣着简单、生活简朴；轻松自然、和谐温馨”家风，为新时代的家庭美德建设提供了精神财富。中国共产党百年历史的红色基因，是农民家庭美德建设取之不竭、用之不尽的精神资源，是农民家庭美德建设的精神动力，为中国农民走向富裕提供了精神指引。

---

[1] 习近平 . 习近平谈治国理政（第 2 卷）[M]. 北京：外文出版社，2017：47-48.
[2] 邓小平 . 邓小平文选（第 2 卷）[M]. 北京：人民出版社，1994：146.
[3] 习近平 . 习近平谈治国理政（第 3 卷）[M]. 北京：外文出版社，2020：337.
[4] 习近平 . 习近平谈治国理政（第 2 卷）[M]. 北京：外文出版社，2017：165.
[5] 习近平 . 习近平谈治国理政（第 2 卷）[M]. 北京：外文出版社，2017：355.

（二）积极开展道德实践活动，培育农民家庭美德观

加强家庭美德建设，培育农民的家庭美德观，仅靠说教是远远不够的。在提升农民道德认知的同时，必须不断推动道德实践活动的开展，让农民积极参与到各种形式的家庭美德建设活动中去。农民的家庭美德建设往往是通过家长反复说教的方式进行，缺少家庭内部与家庭之间的互动性、借鉴性，形式相对单一，缺乏激励机制，很难激发农民家庭美德建设的积极性。因此农村要采用多种家庭美德建设的形式，充分发挥农民主体地位，让农民积极参与到家庭美德建设中来。

1. 发挥道德模范的激励作用

2013 年 9 月 26 日，习近平总书记在会见第四届全国道德模范及提名奖获得者时指出："精神的力量是无穷的，道德的力量也是无穷的。中华文明源远流长，孕育了中华民族的宝贵精神品格，培育了中国人民的崇高价值追求。自强不息、厚德载物的思想，支撑着中华民族生生不息、薪火相传，今天依然是我们推进改革开放和社会主义现代化建设的强大精神力量。""道德模范是社会道德建设的重要旗帜，弘扬真善美，传播正能量，激励人民群众崇德向善、见贤思齐，鼓励全社会积善成德、明德惟馨，为实现中华民族伟大复兴的中国梦凝聚起强大的精神力量和有力的道德支撑。"[1] 这些道德模范来自不同的领域、不同的阶层，他们用自身的实际行动践行着社会主义核心价值观。他们中间有助人为乐的模范，有见义勇为的英雄，有诚实守信的典范，有敬业奉献的榜样，还有孝老爱亲的楷模。他们用金子般的心灵、难能可贵的善举向世人展示道德的力量，折射出耀眼的道德光芒。他们在传承中华民族优秀道德的同时，引领着道德风尚，形成了良好的社会风气。"榜样的力量是无穷的。大家要把他们立为心中的标杆，向他们看齐，像他们那样追求美好的思想品德。这就是孔子讲的：'见贤思齐焉，见不贤而内自省也。'"[2] 道德模范就在我们身边，只要心中有榜样，我们就有前行的力量。

伟大时代呼唤伟大精神，崇高事业需要榜样引领。"要深入开展学习宣

[1] 习近平 . 习近平谈治国理政（第 1 卷）[M]. 北京：外文出版社，2018：158.

[2] 习近平 . 习近平谈治国理政（第 1 卷）[M]. 北京：外文出版社，2018：183.

传道德模范活动，弘扬真善美，传播正能量，激励人民群众崇德向善、见贤思齐，鼓励全社会积善成德、明德惟馨，为实现中华民族伟大复兴的中国梦凝聚起强大的精神力量和有力的道德支撑。”[1] 道德模范用平凡的事迹书写了不平凡的人生，他们用高尚的道德温暖了人心，感动了中国，为全社会树立了榜样。在农民家庭美德建设过程中，应加大道德模范的宣传力度，组织农民学习道德模范的善举。刘学举，湖北省十堰市竹山县柳林乡洪坪村村民，2017 年获得第六届全国道德模范孝老爱亲奖。刘学举的家庭并不富裕，夫妇俩勤劳节俭，为 11 位老人构筑了安享晚年的温馨港湾，以实际行动书写了孝老爱亲的家庭美德，诠释了人间大爱。像刘学举这样的道德模范还有很多，田琴、蓝连青、张水珍等等，她们作为孝老爱亲的道德模范，用自身的坚韧担当谱写了一曲曲新时代尊老、敬老、孝老、爱老的赞歌。高妹香孝敬老人、勤劳持家、帮助乡邻、育儿成才，集家庭美德于一身，以一个农民的朴素情怀建成一个家风良好的和谐家庭。还有用爱唤醒植物人女友的张家丰，“割肾救夫”的郭彩利，等，这些道德模范用最真挚的情感诠释了农民家庭美德的内涵，他们的事迹震撼了每一个人。农民是最质朴的，也是最容易被撼动的。道德模范是一面精神旗帜，为全社会营造了知荣辱、树正气、促和谐的社会风尚。正如习近平总书记所说的：“要把道德模范的榜样力量转化为亿万群众的生动实践，在全社会形成崇德向善、见贤思齐、德行天下的浓厚氛围。”[2] 农村基层组织应不断挖掘道德模范的动人事迹，引导、教育农民见贤思齐，把道德模范树立为心中的道德标杆，激励农民在家庭美德建设中向上向善。勿以善小而不为，把“凡人善举”融入农民家庭美德建设之中，转化为农民的实际行动，增强农民的家庭美德意识，从而培育农民的家庭美德观。

2. 发挥身边道德先进的示范作用

农民是推动农村社会发展和进步的动力，也是农村道德建设的主体和依靠力量。加强农民家庭美德建设，要充分调动农民的积极性，从他们中

[1] 习近平 . 习近平谈治国理政（第 1 卷）[M]. 北京：外文出版社，2018：158.

[2] 中共中央宣传部 . 习近平总书记系列重要讲话读本 [M]. 北京：人民出版社，2016：192.

间寻找身边的道德模范，评选出“五好家庭”和最美的人，并大张旗鼓地宣传和表彰，在农村营造弘扬家庭美德的良好氛围。

“要充分发挥榜样的作用，领导干部、公众人物、先进模范都要为全社会做好表率、起好示范作用，引导和推动全体人民树立文明观念、争当文明公民、展示文明形象。”[1] 我们可以通过以下方式挖掘身边的道德模范。

第一，评选“五好家庭”。这项活动起源于20世纪50年代，通过开展家庭文化活动，在全社会大力倡导尊老爱幼、男女平等、夫妻和睦、勤俭持家、邻里团结的文明风尚。随着社会的发展进步，这项活动的评选标准也与时俱进，使家庭美德的内容不断丰满。1996年全国妇联将“五好家庭”活动更名为“五好文明家庭”活动，对“五好”条件进行了完善，以“爱国守法，热心公益好；学习进取，爱岗敬业好；男女平等，尊老爱幼好；移风易俗，少生优育好；勤俭持家，保护环境好”作为五好文明家庭的评选标准，其宗旨就是大力弘扬传统美德，加强家庭美德建设。在农民家庭美德建设中，农村也可以依据“五好”的要求，评选出村民认可的“五好文明家庭”，大力宣传他们的模范事迹，让他们为村民熟知，做村民的表率，推动家庭美德建设。

第二，寻找农村“最美”。在农村，婆媳关系成了农民品头论足的焦点。由于各种复杂原因，婆媳关系紧张成为家庭的主要矛盾。在农民家庭美德建设过程中，应结合农村实际，寻找最美人物，评选出农民心中公认的“好公婆”“好儿媳”等道德模范，以她们的所作所为教育、感化和引导周边的人。这样的道德模范就生活在农民身边，是农民能够看得见、摸得着的真实存在，是最具说服力和感召力的道德榜样。充分发挥农村先进典型的示范作用，引领农村的道德生活，营造良好的社会风气，让农民认同并转化为自觉的行为和实践，使家庭美德真正内化为农民的价值追求。

3. 加强基层干部的道德建设

“公民道德建设既要面向全体社会成员开展，也要聚焦重点、抓住关键。党员干部的道德操守直接影响着全社会道德风尚。”[2] 在农村的道德建

[1] 习近平 . 习近平谈治国理政 [M]. 北京：外文出版社，2017：324.

[2] 中共中央，国务院 . 新时代公民道德建设实施纲要 [N]. 人民日报，2019-10-28（1）.

设中，基层党员干部的道德操守对农民的道德认知和道德实践有着直接影响，是引导农村社会道德进步的重要力量。“每一位领导干部都要把家风建设摆在重要位置，廉洁修身、廉洁齐家”[1]，用自己的模范行为和高尚人格感召群众、带动群众。

自古以来，中国就有以官为师的心态。“其身正，不令而行；其身不正，虽令不从。”[2]孔子十分注重为政者的模范带头作用，认为如果当政者本身言行端正，不用发号施令，老百姓自然会起身效法，政令将会畅行无阻；如果当政者本身言行不正，虽下命令，老百姓也不会服从遵守。在农村道德建设中，基层领导干部应以身作则，率先垂范，要“以德修身、以德立威、以德服众”，“讲党性、重品行、作表率，带头注重家庭、家教、家风，保持共产党人的高尚品格和廉洁操守，以实际行动带动全社会崇德向善”，“做道德建设的积极倡导者、示范者”。[3]农村党员和基层干部的家庭美德建设状况，对于整个农村有着决定性的示范作用。打铁还需自身硬，在农村道德建设中，农村党员和基层干部要加强对家庭成员的教育和约束，积极做家庭美德建设的引领者。

4. 引导农民开展移风易俗活动

农村风俗习惯是指农民在农村社区内共同生活中逐渐形成的行为规范和交往准则。风俗习惯在一定程度上影响着人们的行为方式，反映着人们的价值观念。[4]在许多农村地区，农民心中约定俗成的风俗习惯，是通过人们日常生活中的言传身教来传播的，它像一种无形的力量规约着人们的行为，渗透到生活的方方面面。这些风俗习惯对农民的影响甚至超过了法律。乡土文化对农民风俗习惯的形成具有很大的影响。在农村，岁时习俗和人生习俗在人们生活中具有重要的地位。在春节、元宵节、清明节、端午节、中秋节、冬至等重要的节日，农民在生产生活中还保留着祭祀、集会、娱乐活动等习俗。如春节要贴对联、买年画、吃团圆饭，晚辈要向长辈拜年，

---

[1] 习近平 . 习近平谈治国理政（第 2 卷）[M]. 北京：外文出版社，2017：165.
[2] 论语 [M]. 刘兆伟，注 . 北京：人民教育出版社，2015：284.
[3] 习近平 . 习近平谈治国理政（第 2 卷）[M]. 北京：外文出版社，2017：135.
[4] 刘豪兴，徐珂 . 农村社会学 [M]. 北京：中国人民大学出版社，2004：288.

年长的给孩子压岁钱，邻里和亲友之间见面互相拜年等；元宵节要闹花灯、吃元宵等；端午节要赛龙舟、吃粽子等；中秋节家人团圆，要吃月饼赏月等，这些风俗习惯传承了中华民族的优秀传统文化，有利于农民家庭美德建设，使尊老爱幼、夫妻和睦、邻里团结等美德蔚然成风。但有些农村的风俗内容与社会主义道德要求相悖，如人生习俗中的婚礼和葬礼，其中“天价彩礼”“大操大办红白喜事”等内容就是不利于家庭发展和社会和谐的农村习俗。面对这些农村习俗，应以社会主义核心价值观为指导，对农民开展家庭美德教育，大力推进移风易俗活动，净化民风、乡风，形成农村社会新风尚。针对农民中的一些封建迷信思想，如端午节有些农民悬蒲剑、贴符篆以驱鬼镇邪等，要对农民进行科普宣传，让农民认识科学，相信科学，自觉抵制愚昧落后的行为，建设文明乡风。“必须坚持物质文明和精神文明一起抓，提升农民精神风貌，培育文明乡风、良好家风、淳朴民风，不断提高乡村社会文明程度。”[1] 新时代农民的移风易俗活动，旨在培育文明健康的家庭生活方式，提升农民的家庭美德教育，形成“尊老爱幼、家庭和睦、勤俭持家、邻里互助、崇尚科学”的良好风尚。

（三）以社会主义核心价值观为引领，培育农民家庭美德观

党的十八大以来，“我们倡导富强、民主、文明、和谐，自由、平等、公正、法治，爱国、敬业、诚信、友善的社会主义核心价值观”[2]。党的十九大进一步强调：“发挥社会主义核心价值观对国民教育、精神文明创建、精神文化产品创作生产传播的引领作用，把社会主义核心价值观融入社会发展各方面，转化为人们的情感认同和行为习惯。”[3] 社会主义核心价值观既是对社会意识和价值观念的一次理论创新，也是对中华民族悠久历

[1] 央视网 . 中共中央 国务院关于实施乡村振兴战略的意见 [N]. 人民日报，2018-02-05（1）.

[2] 中共中央宣传部 . 习近平新时代中国特色社会主义思想学习纲要 [M]. 北京：学习出版社，人民出版社，2019：144.

[3] 习近平 . 决胜全面建成小康社会 夺取新时代中国特色社会主义伟大胜利——在中国共产党第十九次全国代表大会上的报告 [M]. 北京：人民出版社，2017：42.

史文化尤其是古圣先贤传承下来的价值理念和道德规范的深刻提炼，为新时代农民家庭美德建设提供行动方向与价值指引，激励着农民在家庭生活中讲道德、尊道德、守道德，形成向真向善向美的道德力量。

“核心价值观是一个民族赖以维系的精神纽带，是一个国家共同的思想道德基础”[1]，它决定着道德建设的性质和发展方向。“国无德不兴，人无德不立。如果一个民族、一个国家没有共同的核心价值观，莫衷一是，行无依归，那这个民族、这个国家就无法前进。”[2] 在百年未有之大变局中，中西方之间的文化交融日益频繁，不同价值观之间的交锋日益激烈。在这场旷日持久的较量中，农民的道德标准日益多变，家庭美德标准模糊不清，农村社会主流价值观面临着边缘化的风险，甚至出现了道德滑坡等种种乱象，成为影响家庭和社会稳定的潜在因素。正因为此，新时代农民家庭美德建设，必须以社会主义核心价值观为引领。

1. 增强农民对社会主义核心价值观的认同

“牢固的核心价值观，都有其固有的根本。”[3] 中华优秀传统文化源远流长，是社会主义核心价值观的根和魂，是涵养社会主义核心价值观的重要源泉。“中华优秀传统文化已成为中华民族的基因，植根在中国人内心，潜移默化影响着中国人的思想方式和行为方式。”[4] 以社会主义核心价值观为引领，培育农民家庭美德观，要以家庭美德教育作为重要载体，增强农民对社会主义核心价值观的认同。

第一，加大宣传力度。社会主义核心价值观不是抽象的，是具体的，要充分利用农闲时间积极宣讲社会主义核心价值观。在农民中进行宣传，不是把核心价值观的 24 个字简单地写在文化墙上，而是让农民真正理解其中的内涵。因此在宣传过程中，要“把握好时、度、效，增强吸引力和感

[1] 中共中央宣传部 . 习近平新时代中国特色社会主义思想学习纲要 [M]. 北京：学习出版社 人民出版社，2019：143.

[2] 习近平 . 习近平谈治国理政（第 1 卷）[M]. 北京：外文出版社，2018：168.

[3] 习近平 . 习近平谈治国理政（第 1 卷）[M]. 北京：外文出版社，2018：164.

[4] 习近平 . 习近平谈治国理政（第 1 卷）[M]. 北京：外文出版社，2018：170.

染力，让群众爱听爱看、产生共鸣”[1]，让社会主义核心价值观成为农民的精神支柱。好的舆论是道德的风向标。农民的文化水平不高，单纯让农民自己思考理论内容，很难悟深悟透。只有不断向农民灌输社会主义核心价值观，寓教于乐，才有利于农民掌握社会主义核心价值观的内容，并自觉运用于家庭生活中，以核心价值观为指导，辨别是非，形成正确的家庭美德观。

第二，营造宣传环境。培育和践行核心价值观，单纯靠说教是不够的，应辅之以春风化雨、润物无声的隐性方式。“抓精神文明建设要办实事、讲实效，紧紧围绕促进人民福祉来进行，坚决反对形式主义、官僚主义，努力满足人民群众不断增长的精神文化需求。”[2] 充分利用农村空间广大的特点，积极谋划，为农民营造社会主义核心价值观的学习环境。在农村社区的文化广场布置相关的板报和宣传画，在农村文化墙上可以科学规划不同板块，为农民解读社会主义核心价值观的内涵，让农民时刻处于社会主义核心价值观的熏陶之中。创建农民书屋，增加文化投入，为农民购买相关书籍供农民参阅，提倡全民阅读，开拓农民眼界，提升农民素质。

第三，构建宣传平台。随着农业现代化的逐步推进，农民的文化生活有了很大改观，电视、网络、手机等日益走进农民生活。充分利用和农民生活联系紧密的电视、手机等多个平台，引导农民时常观看一些反映家庭美德建设的影视节目；也可以在网络平台上把一些有关农民家庭美德的社会热点问题推送给农民，让农民关注并进行点评，时刻了解农民道德动态。以核心价值观为指导，调动农民在网络平台积极参与家庭美德建设活动，相互学习，增强农民对社会主义核心价值观的认同。

2. 注重家庭教育，培育和践行社会主义核心价值观

一个人的道德教育是从家庭开始的，对其健康成长起着关键性的作用。就家庭教育而言，要给孩子讲好人生第一课，帮助孩子扣好人生第一粒“扣子”。“如果没有在最初就播撒好的种子，无论未来怎样耕耘心灵的

---

[1] 习近平 . 习近平谈治国理政（第 1 卷）[M]. 北京：外文出版社，2018：155.
[2] 习近平 . 习近平谈治国理政（第 2 卷）[M]. 北京：外文出版社，2017：324.

天地，都难以长出参天大树。”[1]家庭教育至关重要，必须要有正确的价值引导。从一定程度上来说，家庭教育的针对性和情境性是比较强的，家长可以结合孩子的具体问题施以说教和行动引导，在潜移默化中以社会主义核心价值观影响其知、情、意、行。这种“一对一”的教育效果更有利于农民对社会主义核心价值观的把握和认同，有利于农民家庭美德观的形成。在家庭教育中，要充分调动家庭成员学习并践行社会主义核心价值观的积极性，通过代与代之间相互学习，相互帮助，形成良好的学习生活环境，把核心价值观融入家庭生活，提升家庭道德素养。

第一，注重父母的言传身教。作为家长，父母首先要修己正身，以自身实际行动为子女树立道德榜样，“家长要善于从点滴小事中教会孩子欣赏真善美、远离假恶丑”[2]。父母一般具有丰富的生活阅历，对生活的认知和家风家教有着独到的见解，他们会把最美好的道德知识传递给孩子。家庭美德与社会主义核心价值观在内容上是相契合的，有许多家喻户晓的关于家庭美德的故事，像我们熟知的六尺巷故事，张英通过家书让地三尺谦让邻里，其中所蕴含的道理体现着社会主义核心价值观中所倡导的“和谐”“友善”等思想。友善作为中国古代处理人际关系的道德准则，对构建当今友好和善的人际关系具有重要的借鉴意义。关爱亲朋、善待邻里，是社会主义核心价值观中个人层面“友善”的价值追求，对家庭美德中尊老爱幼、夫妻和睦、邻里团结等具有指导意义。

第二，共同分享道德教育。在家庭中分享道德教育，可以“升华爱国爱家的家国情怀、建设相亲相爱的家庭关系、弘扬向上向善的家庭美德、体现共建共享的家庭追求”[3]。随着孩子年龄的增长，在家庭教育的基础上，孩子要接受完整的学校教育，对社会主义核心价值观和家庭美德会有新的

---

[1] 本书编写组 . 习近平总书记教育重要论述讲义 [M]. 北京：高等教育出版社，2020：86.

[2] 本书编写组 . 习近平总书记教育重要论述讲义 [M]. 北京：高等教育出版社，2020：86.

[3] 习近平 . 坚持中国特色社会主义妇女发展道路 组织动员妇女走在时代前列建功立业 [N]. 人民日报，2018-11-03（1）.

认识。在家风良好的家庭中，父母自身的言行会对孩子产生潜移默化的影响，帮助孩子形成积极向上的道德品质。同时，孩子也会与父母分享他的学习成果，把带有时代元素的家庭美德内容回馈给父母，在分享过程中实现“教学相长”。家庭美德教育一定要“注重在日常管理中体现价值导向，使符合核心价值观的行为得到鼓励、违背核心价值观的行为受到制约”[1]，形成科学的家庭美德观。

（四）建立健全农民家庭美德建设的制度保障体系

“国有国法，家有家规。”农民家庭美德的建设需要发挥制度的规范、引导、教育功能，以制度强化农民家庭美德观的培育。当前农民家庭美德建设方面出现的种种问题，与制度的规范和约束力松懈有直接关系，家庭美德建设必须制度化。邓小平同志曾经指出：“制度好可以使坏人无法任意横行，制度不好可以使好人无法充分做好事，甚至会走向反面。”[2] 制度是治国安邦的根本，是家庭和谐、社会稳定、国家长治久安的定海神针。以制度保障新时代农民家庭美德建设，充分发挥政策的导向作用，规范农村乡规民约，促使农民家庭美德建设步入快车道。

1. 用法律推动和保障家庭美德建设

“法律是成文的道德，道德是内心的法律。法律和道德都具有规范社会行为、调节社会关系、维护社会秩序的作用，在国家治理中都有其地位和功能。法安天下，德润人心。”“法律是准绳，任何时候都必须遵循；道德是基石，任何时候都不可忽视。”[3] 法治是通过国家强制力保证实施，是一种“硬约束”；道德是靠人们的内心信念、社会舆论、美与丑、善与恶、是与非等标准规范自己的行为，是一种“软约束”。道德是法律的基础，法律是道德的保障，二者相辅相成。正如习近平总书记指出的：“一方面，道德是法律的基础，只有那些合乎道德、具有深厚道德基础的法律才能为更多人所自觉遵行。另一方面，法律是道德的保障，可以通过强制性规范人

---

[1] 习近平 . 习近平谈治国理政（第 1 卷）[M]. 北京：外文出版社，2018：165.

[2] 邓小平 . 邓小平文选（第 2 卷）[M]. 北京：人民出版社，1994：333.

[3] 习近平 . 习近平谈治国理政（第 2 卷）[M]. 北京：外文出版社，2017：133.

们行为、惩罚违法行为来引领道德风尚。”[1]

在农民家庭美德建设中，“要把道德要求贯彻到法治建设中。以法治承载道德理念，道德才有可靠制度支撑”[2]。要肯定农民在实践中被充分认同、成熟合理的道德要求，推动“尊老爱幼、男女平等、夫妻和睦、勤俭持家、邻里互助”等方面的立法工作。以法治的力量推动和保障家庭美德建设，充分彰显法律惩恶扬善的功能，对道德主体形成威慑力，从而敬畏法律、遵守法律。在立法的同时，对违背家庭美德，践踏道德法律的行为要坚持严格执法，让农民感受法律的公平正义，真实地体会法律的严肃性和公正性，进而优化家庭美德建设的法治环境。弘扬家庭美德中的真善美，打击家庭生活中的假恶丑，用法律维护道德利益，以善德凝聚民心，促进家庭和谐，农村社会稳定。

2. 要发挥乡规民约的导向作用

“清官难断家务事。”培育农民家庭美德观，很难通过法律和制度的执行力规范农民的道德行为。加强农民家庭美德建设，各级党委和政府应群策群力，以乡规民约为抓手，在乡村治理中不断提升农民家庭美德观。

第一，建立健全乡规民约。在农村，要正确对待农民几千年来形成的固有的家庭道德观念和行为方式。“要按照社会主义核心价值观的基本要求，健全各行各业规章制度，完善市民公约、乡规民约、学生守则等行为准则，使社会主义核心价值观成为人们日常工作生活的基本遵循。”[3]农村的乡规民约是由农民集思广益而制定的一种非正式的民间公约，其内容与国家和地方的政策法规及社会生活准则相一致，主要维护农民的切身利益，对一些不合乎规范的、违背时代要求的民间习俗进行修订。乡规民约作为农民自我约束的一种形式，在乡村治理中具有独特作用。其内容丰富，涉及农村生活的方方面面，其中蕴含的尊老爱幼、家庭和睦、勤劳敬业、诚信友善等精神，对于家庭美德建设意义重大。要打破农民头脑中固有的陈规陋习和思想观念，不是一朝一夕就能完成的。因此，要以社会主义核心

[1] 习近平 . 习近平谈治国理政（第 2 卷）[M]. 北京：外文出版社，2017：117.
[2] 习近平 . 习近平谈治国理政（第 2 卷）[M]. 北京：外文出版社，2017：134.
[3] 习近平 . 习近平谈治国理政（第 1 卷）[M]. 北京：外文出版社，2018：165.

价值观为引领，围绕农民关心的切身利益和热点问题，健全和完善乡规民约，发挥其在家庭中的道德教化作用，让农民自觉遵守乡规民约，做一个好的家庭成员。

第二，完善乡规民约的实施保障机制。乡规民约的实施，要有相应的保障机制。可以通过村民荐举的方式，由农村中威信高、坚持原则、办事能力强的农民组成村民代表团，对村民执行乡规民约的情况进行评议，并规定相应的奖惩标准，但不能超越法律。对家庭美德建设活动中不断进步的农民家庭给予表彰和奖励，对有虐待老人、家庭暴力、邻里不和、铺张浪费等行为进行批评教育和一定的惩罚，以推动农民家庭美德建设。没有相应的道德赏罚机制作保障，乡规民约形同虚设，久而久之，不仅影响农民的价值取向，很有可能导致农民的道德意识荡然无存。学者陈柏峰和郭俊霞在对皖北李圩村的调查中指出："村庄舆论日益解体，人们日益只关注赤裸裸的现实利益。""人们已经不在乎舆论，舆论没有力量了。"[1] 对于不赡养、不孝顺老人的现象，很多村民们认为"不碍我的事，说了他还不高兴"，只是成为人们茶余饭后的谈资。"村庄不再有共同的是非判断标准，不再有地方性的共识、规范和伦理。这个时候跳出来评判是非的人，不再有共识的伦理作后盾，不再代表一个共同体的意志，因此就会面临个体'单挑'的风险。"[2]

3. 规范农民礼仪制度

中国作为礼仪之邦，礼仪渗透于人们日常生活的方方面面，占有重要地位。中国礼仪文化有其历史渊源，在中国古代，处于愚昧状态下的人们认为一切事物是由看不见的鬼神在操纵。为祈福平安，人们向虚幻的鬼神履行礼仪。礼仪制度正是在处理人与神、人与鬼、人与人的关系中而产生的。古代的礼仪，内容和形式非常广泛，大到政治体制、朝廷法典，小至衣食住行、婚丧嫁娶、言谈举止，无不与礼仪有关，繁文缛节达到极致。

---

[1] 陈柏峰，郭俊霞．农民生活及其价值世界：皖北李圩村调查 [M]. 济南：山东人民出版社，2009：55.

[2] 陈柏峰，郭俊霞．农民生活及其价值世界：皖北李圩村调查 [M]. 济南：山东人民出版社，2009：143.

随着人类社会生活的发展，人们表达敬畏、祭祀的活动日益纷繁，并固化其模式，演绎为礼仪规范。直到现代，无论是国家政治生活领域还是在百姓日常生活中，对礼仪内容进行了改革，宣扬“无鬼神论”的新内容，演化为现代文明礼仪。

礼仪制度反映了中华民族的尚礼精神，农民历来崇尚和讲究中国礼仪制度。但受传统社会的影响，在部分农民的家庭生活中特别是传统节日的庆典活动中还存在陈规陋习，甚至带有封建迷信色彩。“要建立和规范一些礼仪制度，组织开展形式多样的纪念庆典活动，传播主流价值，增强人们的认同感和归属感。”[1] 中华民族的传统节日是传承优秀历史文化的重要载体，真实地记录着先人丰富多彩的社会生活，也积淀着博大精深的中国优秀历史文化的内涵。对农民来说，那些流传至今的礼仪行为和庆典活动，既可以让农民在节日里增添乐趣，传承中华文化，又能够陶冶情操，弘扬家庭美德，赓续优良家风。因此，应以社会主义核心价值观为指导，规范农民礼仪制度，引导农民崇尚科学，剔除迷信，培育文明风尚。

（五）发展农村经济，奠定农民家庭美德建设的物质基础

社会存在决定社会意识。农村经济是农民道德建设的基础，直接影响农民道德观念的产生和发展。加强农民家庭美德建设，一定要有物质基础作保障。

1. 增加农村教育收入，助力家庭美德建设

家庭美德建设需要汲取中华优秀传统文化中的道德精华，批判性地继承家风和家训。但是由于农村教育条件有限，农民的科学文化水平较低，限制了他们对中国优秀传统文化内涵的理解。尽管他们所传承的传统道德对家庭美德建设有很大的作用，但仍然存在局限性。建设农民家庭美德，提高农民的科学文化素质则成了题中应有之义。改革开放 40 多年来，农村面貌日新月异，但是与城市相比较还有很大的差距。农村的经济条件很难对教育进行大规模的投资，很难吸引优秀的教育资源，使农村教育无论是

---

[1] 习近平 . 习近平谈治国理政（第 1 卷）[M]. 北京：外文出版社，2018：165.

在师资力量上还是教学条件方面都比较薄弱，这是导致农民文化水平整体不高的主要因素。只有大力发展农村经济，提高农民家庭的收入，增加政府对教育的投资，才能改变农村教育现状，为农民接受良好教育提供平台，以提高农民的文化素养，改变农民落后的思维方式和教育理念，从而推动农民家庭美德建设。

2. 增加农民收入，提高农民家庭美德建设的积极性

乡村振兴战略的提出，为亿万农民描绘了一幅美丽乡村的现代图景。“产业兴旺”是乡村振兴的物质前提，“乡风文明”体现了农民所向往的精神生活，“生活富裕”是农民对未来生活的憧憬。要实现这幅美丽画卷，发展农村经济，增加农民收入是关键。“增加农民收入是‘三农’工作的中心任务。农民小康不小康，关键看收入。检验农村工作实效的一个重要尺度，就是看农民的钱袋子鼓起来没有。”[1] 习近平总书记的论述，对于解决“三农”问题一语中的。“促进农民收入持续较快增长，要综合发力，广辟途径，建立促进农民增收的长效机制。一是要提高农业生产效益，促进家庭经营收入稳定增长，使经营农业有钱赚。二是要引导农村劳动力转移就业，促进农民打工有钱赚。三是要加大对农业的补贴力度，国家力所能及地给农民一些钱。四是要稳步推进农村改革，创造条件赋予农民更多财产权利。”[2] 只有农民的收入增长了，生活水平提高了，农民才会有更高的精神追求。道德建设离不开物质基础条件，农民家庭美德建设自然而然应当以增加农民收入为前提。对于淳朴的农民来说，他们的认知和行动非常实际和简单，只要收入增加，家庭经济状况好转了，足以调动农民参与道德建设的积极性。

经济基础决定上层建筑，但上层建筑对经济基础具有一定的反作用。农民作为乡村振兴的主体，应该认识到家庭美德对于家庭发展的作用。家庭美德作为“软实力”，是家庭发展的精神支撑。对于农民而言，能够明

[1] 中共中央党史和文献研究院．习近平关于“三农”工作论述摘编 [M]. 北京：中央文献出版社，2019：146.

[2] 中共中央党史和文献研究院．习近平关于“三农”工作论述摘编 [M]. 北京：中央文献出版社，2019：141.

白“仓廪实而知礼节，衣食足而知荣辱”[1]的道理，但是并没有真正意识到“不知礼节、不知荣辱”对“仓廪实、衣食足”的影响。培育农民的家庭美德观，促进家庭成员道德素质的提高，才能把家庭美德的具体要求外化为自己的行动，使夫妻恩爱、父慈子孝、勤俭持家等道德品质始终成为家庭的主旋律。加强农民家庭美德建设，提升家庭道德素质，凝聚家庭成员力量，通过诚实劳动和合法经营，才能真正改变家庭经济面貌，使农民家庭富裕起来。可见，增加农民收入和农民家庭美德建设是相互影响相互促进的，不能只注重其一，要注重引导，同步前行。

3. 发展农村经济，增加政府在道德建设上的投入

农村经济发展水平不高，政府部门在家庭美德建设方面的资金投入就捉襟见肘，这是导致农民家庭美德建设难以见成效的一块短板。“华西村采用物质激励与精神激励相结合的方式，对每一户出现老寿星的家庭都给以重奖，2000 年，一次性奖励一家百岁老人户 30 余万元，以此激励华西村村民养成孝敬长辈、尊老爱幼的美德。”[2]但在经济相对落后的地区，由于经费短缺，在评选“文明家庭”“模范夫妻”“好公婆”“好儿媳”等道德模范的活动中，物质方面的奖励较少，很难激发农民参与的热情，直接影响农民家庭美德建设。这些地区的农民，对于家庭美德内涵的理解仅仅停留在物质层面。巧妇难为无米之炊，市场经济影响下的农民更加看重物质利益，没有经济条件作为基础，丰富老人精神世界，给老人以人文关怀等也只是空中楼阁。靠物质奖励激励农民参与道德建设，从实质上讲已经失去了活动本身的意义。但是我们要遵循道德建设的规律性，离开物质基础的道德建设是不现实的，农民家庭美德建设不可能一蹴而就。只有发展农村经济，增加农村道德建设的投入，才能真正把农民参与家庭美德建设的积极性调动起来，让农民在参与道德实践活动和教育引导中提升自身的道德认知和道德水平。

---

[1] 司马迁 . 史记 [M]. 北京：中华书局，1994：3255.

[2] 陈怡文 . 新时代农村道德研究 [D]. 成都：西华大学，2020.

第五章　农民个人品德

习近平总书记指出："人而无德，行之不远。没有良好的道德品质和思想修养，即使有丰富的知识、高深的学问，也难成大器。"[1] 良好的个人品德，不仅是一个人立足社会的重要基石，而且是提升社会整体道德水平的精神基础。因此，《新时代公民道德建设实施纲要》明确提出要把"个人品德建设"列为公民道德建设的"四个着力点"之一。党的十九大报告提出"实施乡村振兴战略"，党的十九届五中全会进一步提出"全面推进乡村振兴"。实现乡村振兴，抓好乡风文明是保障。加强乡风文明建设，必须"坚持物质文明和精神文明一起抓，提升农民精神风貌，培育文明乡风、良好家风、淳朴民风"，必须"加强农村思想道德建设"，"深入实施公民道德建设工程，挖掘农村传统道德教育资源，推进社会公德、职业道德、家庭美德、个人品德建设"。[2] 因此，加强农民个人品德建设，是提高农民个人道德素质、提升农村思想道德建设水平的重要途径，是加强农村精神文明建设、提高乡村社会文明程度的应有之义。

第一节　农民个人品德的内涵与具体要求

一、个人品德的内涵

（一）品德即个人品德

根据《辞海》的释义，"品德"是"道德品质"的简称。而"道德品

[1] 习近平 . 之江新语 [M]. 杭州：浙江人民出版社，2007：64.
[2] 央视网 . 中共中央 国务院关于实施乡村振兴战略的意见 [N]. 人民日报，2018-02-05（1）.

质”是指“个人在道德行为中所表现出来的较为稳定的特征。是一定社会的道德原则和规范在个人意识和行为中的体现，因而是个性道德面貌的标志”[1]。解析这一释义，我们可以得出：品德是一定社会道德原则和道德规范在个体身上内化的产物。它的主体是个人，它的形成是出于个人内在的自觉自知和自主选择。因此，任何品德都是个人的道德品质，即个人品德。

（二）个人品德的构成

作为个体稳定的内在心理特征和外在行为习惯，个人品德是由知、情、意、念、行，即道德认识、道德情感、道德意志、道德信念和道德行为等多种心理因素共同构成的一个复杂整体。

1. 道德认识——知

道德认识是个体基于自身内在需求而对一定社会道德关系、道德规范和道德行为的认识。它不是一成不变的，而是个体在道德实践中逐步形成和发展起来的，是一个辩证发展的过程，是人的认识过程在个人品德上的体现。

道德认识是形成个人品德的基本条件。通过道德认识，一个人能够自觉地把情感和理智结合起来，按照一定的道德原则和道德规范，去评判自己应该怎样做以及为何这样做，并最终促成自己去这样做，从而逐步提高形成一定个人品德的自觉性。

2. 道德情感——情

道德情感是个体基于道德需求是否得以实现，而进行道德评价时所引起的一种内心体验。它是个体基于一定道德标准，在心理上对自身或他人的思想和言行所产生的诸如爱憎、好恶等情感体验。它表现为一种道德上的主观意志和行为冲动，是人的情感体验在个人品德上的体现。

道德情感是形成个人品德的行为动力。一个人如果认定自己所说的话、所做的事，符合一定的道德标准，就会产生一种愉悦的情感体验，进而有助于某种个人品德的形成；一个人如果认为自己所说的话、所做的事，不

---

[1] 辞海编辑委员会 . 辞海 [M]. 上海：上海辞书出版社，1990：1196.

符合一定的道德标准，就会内心不安，产生一种愧疚的情感体验，从而会促使其对这种道德言行进行修正，同样有助于个人品德的成长。

3. 道德意志——意

道德意志是个体在决定进行某种道德实践、实现一定道德目的的过程中所表现的决心和毅力。它是一个人为实现道德目的而自觉调节行为、克服困难障碍的心理过程，是人的意识能动性在个人品德上的体现。

道德意志是形成个人品德的关键环节。它能使一个人在具体的道德情境中，为履行一定的道德义务，表现出强烈的责任感和无所畏惧的精神，并审慎作出道德抉择、诉诸道德实践。道德意志能促使一个人将自己的道德意识、道德情感、道德信念外化为道德行为，并帮助个人坚持自身认定的道德言行，使之逐步成为一种习惯，最终沉淀为个人道德品质。

4. 道德信念——念

道德信念是个体坚信一定道德规范和道德理想正确并支配自己执着践行的思想倾向。它强调的不只是道德认识的正确性，更加强调道德情感的倾向性和道德意志的坚定性，是道德认识、道德情感和道德意志的有机统一，是人的精神力量在个人品德上的体现。

道德信念是个人品德的凝练和升华。它是一个人致力维护一定道德规范和道德理想的稳定的、持久的内在精神力量。一个人只有具有某种道德信念，才会有持之以恒的相应的道德行为。这种道德行为不受时间、环境、利益等因素的影响。人们常说：“一个人，做一件好事并不难，难的是一辈子做好事。”这里强调的实际上就是道德信念的支撑。

5. 道德行为——行

道德行为是个体在一定道德认识、道德情感和道德意志的引领和支配下所实施的具有道德意义的具体行动。它是实现道德动机、道德理想的手段，不只是停留在道德意识阶段的思想活动，而是履行具体道德义务的实践活动，通常表现为道德言行。是人的言行举止在个人品德上的体现。

道德行为是个人品德的外在标志。它是一个人自由、自主选择的结果，也是对一个人进行道德评价的依据。一个人应该对他的道德行为承担道德责任。当一个人多次重复某种道德行为，并使之沉淀于内心，变成一种自觉地行为方式时，即成为个人品德。

评判一个人的个人品德如何，不在于他言谈是否动听、举止是否优雅，而在于他的“知、情、意、念、行”是否一致，在于他的道德品质是否具有稳定性和一贯性。

二、个人品德的特征

与社会公德、职业道德、家庭美德不同，个人品德反映的是某一个体在其生活领域对一定社会道德原则和道德规范的认同和践行。它一般具有以下特征。

（一）个人品德是个体性和社会性的统一

现实生活中的个人在本质上是社会性的人，同时又保持着个体的特质，即个体性，因而是个体性和社会性的统一。以个人为主体的个人品德同样是个体性和社会性的统一。首先，个人品德具有个体性。古希腊哲学家柏拉图认为：“道德是神把‘善的理念’放到人的灵魂中去的结果，由于人的灵魂不同，等级不同，才产生了不同等级的德行。”[1] 这一观点强调的正是个人品德的个体性。现实社会中，每个人的生活环境、文化背景、社会地位等或多或少地存在不同之处，从而每个人对一定社会道德准则和道德规范的认同和接受程度就会不同，相应地外化出来的道德言行也会不同，这些不同充分体现着每个人在自身品德上的特点，就是个人品德的个体性。其次，个人品德又具有社会性。马克思曾指出：“一个人的发展取决于和他直接或间接进行交往的其他一切人的发展。”[2] 这一观点强调的是人的社会性，但同样适用于个人品德。我们说，个人品德反映的虽然是个体的道德面貌，但是其相关道德认识来源于社会，其道德行为发生在一定社会关系中，因而其形成和发展，在一定程度上必然受到它所处的时代背景、社会

---

[1] 林崇德．品德发展心理学 [M]. 上海：上海教育出版社，1989：45.

[2] 中共中央马克思恩格斯列宁斯大林著作编译局．马克思恩格斯全集（第 3 卷）[M]. 北京：人民出版社，1976：515.

环境等外在条件的影响。这就是个人品德的社会性。根据这一特点，当个人品德顺应整个社会公共道德准则和道德规范的发展变化时，既有利于个人的自身发展，也有利于整个社会道德水平的提升。

（二）个人品德是历史性和时代性的统一

恩格斯曾经指出，“一切已往的道德论归根到底是当时的社会经济状况的产物”，“人们自觉地或不自觉地，归根到底总是从他们阶级地位所依据的实际关系中——从他们进行生产和交换的经济关系中，获得自己的伦理观念”。[1] 这些论述揭示了道德的历史性。作为一定社会道德原则和道德规范在个人身上的体现，个人品德同样具有历史性，是一定社会经济关系和社会实践的产物。因此，我们在考察和评价一个人的品德时，必须综合考虑其所处的特定历史条件，必须看到不同历史条件下的经济、政治、文化、社会结构等因素对个人品德的影响。同时，人类历史又是不断发展变化的，不同时代，生产力发展水平不同，社会经济关系、政治体制、文化生态、社会结构等也不同，在社会道德准则和道德规范上也必然体现出不同的时代烙印，而个人品德同样会体现出不同的时代性。所以，个人品德是历史性和时代性的统一。任何一种道德品质，都要受个人所处的社会历史条件制约。以“爱国”为例，它是每个社会历史阶段对个人品德的共有要求，其内涵却大不相同：如我国古代封建社会，“爱国”是忠君与爱民的统一，但首先是忠君、是报效帝王家；到了近代，“爱国”是忧国忧民与追求国家富强、民族独立的统一；在当代，“爱国”则是爱党、爱国与爱社会主义的统一。个人品德只有适应经济社会发展需要，具有鲜明的时代特征，才是积极的、进步的，才有利于个人的成长和发展。

（三）个人品德是稳定性和发展性的统一

个人品德具有相对的稳定性。它的形成并不是个人先天具有的禀赋，

[1] 中共中央马克思恩格斯列宁斯大林著作编译局．马克思恩格斯全集（第3卷）[M]．北京：人民出版社，1995：434.

而是个人通过后天的学习、成长，将一定社会的道德准则和规范逐步内化为自身品质特征的过程。这一过程是个人对一定道德认知、道德情感、道德意志、道德信念、道德行为等逐步内化和积淀的长期过程。换句话说，一个人一两次或两三次的规范行为尚不能称为个人品德，只有个人表现出一贯的、持之以恒的规范行为时，才能称为个人品德。同样，我们也不能因为一个人偶尔在其身上表现出来的某些良好行为规范，就判定这个人的品德好；也不能因为一个人偶尔在其身上表现出来的某些不良行为规范，就判定这个人的品德坏。只有那些在一定时期内相对稳定保持在个人身上且不因外界变化随时消失的道德行为规范才能称为个人品德。同时，个人品德又具有发展性。就是说，个人品德不是一经形成就永不改变。随着个人的成长成熟以及个人生活环境、文化背景、社会地位等的变化，个人对社会道德准则和道德规范的认知、认同程度也会随之变化，从而个人品德也会随之发展变化。我们倡导个人品德朝着顺应时代、符合社会需要的方向发展。

（四）个人品德是自律性与他律性的统一

个人品德是个体性和社会性的统一，因而也是自律性和他律性的统一。首先，个人品德对每个社会成员的行为发挥规范作用时，依靠的是个人的自我约束力，并不具有强制性特征。换句话说，个人品德规范作用的实现依靠的主要是个体的自律。事实上，个人作为道德主体，只有真正从心里理解和认同一定社会的道德准则和道德规范，才能自觉主动地将其内化为自身的道德认知和道德规范，并自觉用于约束和规范自身的道德言行。从这一角度来说，我们进行个人品德教育的过程实质上是引导每个人实现个体道德自律的过程。但是，个人品德并不是自发形成的，而是个体通过接受持久的、稳定的外在教育和不断的内在自省过程逐步形成的，在这一过程中，它必然会在一定程度上受到整个社会一般道德准则和道德规范的影响和制约。因此，个人品德规范作用的实现，同样需要他律来促进。古人讲“谨乎其外，以致养乎其内也”[1]，强调的正是个人品德自律性和他律性的统一。当然，我们这里所说“他律”，同样不具有强制性，而通过运用家训和校规教育、社会舆论影响等手段，以一种外在压力的形式对个人的思想和行为进行潜在的规范和限制，从而促使个人在“他律”条件下更快地实现道德自律。

（五）个人品德是思想性和实践性的统一

个人品德的形成，不单单是个人对一定社会道德准则和规范的被动接受与遵从，而是个人在一定道德情境中自觉自知、自主选择的结果。这种自主选择，体现在个人道德行为上，必须是个人思想意志自由自觉的行为。因此，个人品德具有一定的思想性。只有个人依据一定的道德评判，形成自身的道德意志，从而自由自愿地选择和自主自觉地遵循一定道德规范，才是个人品德的真正写照。正如康德所说：“在纯粹实践理性的全部规矩中，重要之点只在于意志的如何决定，而不在于实践能力完成它的意图时所具有的自然条件。”[2] 同时，道德在其根本上又是实践的。正如马克思所指出的：“意识在任何时候都是被意识到了的存在，而人们的存在就是他们的实际生活过程。”[3] 个人品德作为个体内在的精神品格，必须通过道德行为才能表现出其道德价值意义。换句话说，个人品德具有实践性，它应当是个人在一系列的道德实践中表现出来的相对稳定和持久的道德面貌特征。用黑格尔的话说：“一个人做了这样或那样一件合乎伦理的事，还不能说明他是有德的；只有当这种行为方式成为他性格中的固定要素时，他才可以说是有德的。”[4] 从这个意义上讲，个人品德的形成显然不仅仅是封闭在个人精神世界里进行的，它更多是在广泛、持续的社会实践中的一种自我提升。

---

[1] 孙希旦．礼记集解（上）[M]．沈啸寰，王星贤，校点．北京：中华书局，1989：1.

[2] 康德．实践理性批判 [M]．北京：商务印书馆，1960：67.

[3] 中共中央马克思恩格斯列宁斯大林著作编译局．马克思恩格斯全集（第 3 卷）[M]．北京：人民出版社，1995：72.

[4] 黑格尔．法哲学原理 [M]．范扬，张企泰，译．北京：商务印书馆，1961：107.

三、个人品德建设

（一）个人品德建设的提出

我国古代历来重视个人道德的修养。所谓“修身、齐家、治国、平天下”，把修身放在前面，认为修身是齐家、治国、平天下的前提和基础，强调一切都要从修养个人品德做起。

进入社会主义社会，我们在以往的道德实践中，虽然也重视个人道德修养和个人品德的提升，但是并没有提升到道德建设的高度。如在2001年，中共中央印发实施的《公民道德建设实施纲要》中，在谈到公民道德建设的主要内容时，提出“社会主义道德建设要坚持以为人民服务为核心，以集体主义为原则，以爱祖国、爱人民、爱劳动、爱科学、爱社会主义为基本要求，以社会公德、职业道德、家庭美德为着力点”。这里提出社会主义道德建设的着力点只包括“社会公德、职业道德、家庭美德”三个方面，并没有“个人品德”。对于个人道德修养方面的内容，也只是在强调社会公德的作用时有所涉及，即“在现代社会，公共生活领域不断扩大，人们相互交往日益频繁，社会公德在维护公众利益、公共秩序，保持社会稳定方面的作用更加突出，成为公民个人道德修养和社会文明程度的重要表现”[1]。

2007年，党的十七大报告，在“建设和谐文化，培育文明风尚”的任务中，提出“大力弘扬爱国主义、集体主义、社会主义思想，以增强诚信意识为重点，加强社会公德、职业道德、家庭美德、个人品德建设，发挥道德模范榜样作用，引导人民自觉履行法定义务、社会责任、家庭责任”的要求。[2] 这是我们党首次提出“个人品德建设”这一命题。应该说，党的十七大关于“个人品德建设”的提出，丰富和发展了社会主义公民道德建设体系的内容，使之更加成熟和完善。

---

[1] 中共中央，国务院 . 公民道德建设实施纲要 [N]. 人民日报，2001-10-25（1）.

[2] 胡锦涛 . 高举中国特色社会主义伟大旗帜　为夺取全面建设小康社会新胜利而奋斗 [N]. 人民日报，2007-10-25（1）.

2012年，党的十八大报告提出，要“全面提高公民道德素质。这是社会主义道德建设的基本任务。要坚持依法治国和以德治国相结合，加强社会公德、职业道德、家庭美德、个人品德教育，弘扬中华传统美德，弘扬时代新风”[1]。党的十八大报告，把“全面提高公民道德素质”上升到“社会主义道德建设基本任务”的高度，凸显了公民道德教育的重要性，而个人品德教育则是公民道德教育的重要内容，可见个人品德建设的重要性。

2017年，党的十九大报告，在谈到“加强思想道德建设”时，再次强调，要“深入实施公民道德建设工程，推进社会公德、职业道德、家庭美德、个人品德建设，激励人们向上向善、孝老爱亲，忠于祖国、忠于人民”[2]。2019年，中共中央、国务院印发的《新时代公民道德建设实施纲要》，在总体要求中进一步明确，要“全面推进社会公德、职业道德、家庭美德、个人品德建设，持续强化教育引导、实践养成、制度保障，不断提升公民道德素质，促进人的全面发展，培养和造就担当民族复兴大任的时代新人”，“要把社会公德、职业道德、家庭美德、个人品德建设作为着力点”，更进一步把个人品德建设提升到“促进人的全面发展，培养和造就担当民族复兴大任的时代新人”的高度。[3]

（二）加强个人品德建设的基本要求

1. 厘清个人品德建设的内涵

从“个人道德修养”到“个人品德建设”，不仅标志着社会道德建设体系的进一步完善，而且体现了人们对个人道德品质提升过程的认识进一步加深。我们说，“修养”主要是指个人为了实现或达到一定的道德目标，而进行的道德方面的自我教育、自我锻炼、自我提高的过程，突出个体的能动性。“建设”则是强调社会、组织、家庭、个人等多种因素，对个人道

[1] 新华社 . 胡锦涛同志代表第十七届中央委员会向大会作报告 [N]. 光明日报 .2012-11-09（1）.

[2] 习近平 . 决胜全面建成小康社会　夺取新时代中国特色社会主义伟大胜利——在中国共产党第十九次全国代表大会上的报告 [M]. 北京：人民出版社，2017：43.

[3] 中共中央，国务院 . 新时代公民道德建设实施纲要 [N]. 人民日报，2019-10-28（1）.

德品质提升的共同作用过程，突出过程的系统性、协同性。因此，个人品德建设是指在国家、社会、单位（组织）、家庭和个人等的共同努力下，持续不断提升个人道德品质的系统实践过程。

2. 明确个人品德建设的任务

《新时代公民道德建设纲要》明确指出，要“推动践行以爱国奉献、明礼遵规、勤劳善良、宽厚正直、自强自律为主要内容的个人品德，鼓励人们在日常生活中养成好品行”[1]。这不仅为我们确定了个人品德的主要内容，即“爱国奉献、明礼遵规、勤劳善良、宽厚正直、自强自律”；而且提出了新时代公民个人品德建设的任务，即围绕“爱国奉献、明礼遵规、勤劳善良、宽厚正直、自强自律”，深化个人品德教育引导，注重个人品德实践养成，强化个人品德建设保障，不断推动每个公民在日常生活中养成良好的个人品德。

3. 找准个人品德建设的发力点

个人品德建设既是个体自觉养成、自我提升的过程，也是整个社会系统推进、共同作用的过程。因此，加强个人品德建设，必须坚持系统观念、协同发力、整体推动。

（1）激发内在动力

个人品德的个体性和自律性，决定了个人品德建设必须注重发挥每个人个体的主动性、能动性，激发个体内在动力。所谓内因起决定作用。个人品德的形成是个体对一定社会道德准则和规范的自主选择和认同，这种选择和认同是个人基于某种内在需求和心理动机而作出的道德评判的结果。在这一过程中，个体的内在需求和心理动机是源动力，从而也是加强个人品德建设的内在发力点。我们知道，作为个体的人，既具有自然属性，又具有社会属性。每个人都有身体健康、益寿延年的生理需求，有提升人性、憧憬高尚的心理需求，有追求幸福、自由发展的精神需求，而这些个体的内在需求，无不与个人的品德修养息息相关。儒家素来重视以德养生，争取长寿，故孔子主张“智者乐，仁者寿”[2]；董仲舒也说“仁人所以多寿者，

[1] 中共中央 国务院 . 新时代公民道德建设实施纲要 [N]. 人民日报，2019-10-28（1）.
[2] 论语 [M]. 刘兆伟，译注 . 北京：人民教育出版社，2015：119.

外无贪而内清净，心平和而不失中正”[1]；唐代医学家孙思邈也认为“德行不克，纵服玉液金丹，未能延寿”[2]。人性的提升，道德修养同样关键，所以《礼记·冠义》中说“凡人之所以为人者，礼义也”[3]，《荀子·王制》也说“人有气，有生，有知，亦且有义，故最为天下贵”[4]，都是强调有仁义、守道德，是人区别于动物、人之为人的根本特征。人们幸福感的获得也离不开道德的引导，缺乏必要的道德引导，容易造成个体的感性放纵，而当幸福仅限于感性欲望的满足时，幸福已经成了“异化的幸福”。所以，康德指出，幸福“使占有它的人感到快适，但却并不单独就是绝对善的和从一切方面考虑都是善的，而是任何时候都以道德的合乎法则的行为作为前提条件的”[5]。由此，人们获得幸福感的过程，也是个人加强道德修养促使品德提升的过程。我们每个人都渴望自由发展，而品德正是个体自由意志的结果。一个人的道德行为首先应该是其个体在自由状态下自觉自愿的选择，同时，一个人的真正自由也必须是以其个体的德行完善为前提。所以，卢梭说“取消了自己意志的一切自由，也就取消了自己行为的一切道德性”[6]，同时又说“没有道德，何来自由”[7]。由此，一个人走向自由的过程，也正是这个人加强个人品德修养，从他律走向自律，从自律走向自由的过程。综上所述，每个人都有对健康长寿的期盼、对人性向善的追求、对幸福生活的向往、对自由发展的渴望，而这些都是个人品德建设得以发生和发展的内在动力。

（2）用好外在压力

个人品德的社会性和他律性，决定了个人品德建设必然受到外部条件的限制，并通过影响个体内因而发生作用，而这些外部条件正是个人品德

[1] 董仲舒．春秋繁露 [M]. 曾振宇，注说．开封：河南大学出版社，2009：364.

[2] 孙思邈．备急千金要方 [M]. 高文柱，沈澍农，校注．北京：华夏出版社，2008：477.

[3] 礼记 [M]. 崔高维，校点．沈阳：辽宁教育出版社，2000：226.

[4] 荀子．荀子 [M]. 沈阳：万卷出版公司，2009：125.

[5] 康德．实践理性批判 [M]. 北京：人民出版社，2003：152.

[6] 卢梭．社会契约论 [M]. 何兆武，译．北京：商务印书馆，1980：16.

[7] 卢梭．论政治经济学 [M]. 王运成，译．北京：商务印书馆，1962：21.

建设得以发生和发展的外在压力。首先，个人品德总会受到一定社会主流意识形态的约束和同化。任何时代、任何国家，统治者都会通过意识形态教化来试图统一人们的思想，增加个人对主流意识形态的认同感和认可度。这种意识形态教化通过家庭、学校、工作单位、文化机构、新闻媒体等多种社会力量，对个人的道德认识、道德情感、道德意志、道德行为施加影响，从而形成直接或间接的压力，推动个人自觉不自觉地进行个人品德建设。其次，我们每个人在现实社会生活中都承担着这样或那样的道德义务。正如康德所指出："每一个在道德上有价值的人，都要有所承担，不负任何责任的东西，不是人而是物件。"[1] 这种道德义务，具有客观现实性，不以个人的主观意志为转移。它虽然不是人们行动的桎梏，但却是人民行动的前提。它不具有强制性，但却有权威性，往往表现出强大的道义压力，迫使人们进行个人品德建设以提升承担道德义务的能力。再次，人的社会性决定了个人的成长过程就是个体的社会化过程。这一过程既包括个体对社会规范的认同，也包括社会对个体行为的认同。这里的社会规范包括习俗、宗教、道德、法律等，往往体现出规约性、压力性的特征，并"在某种程度上不允许个人任意行事"[2]。它总是表现为"你应该怎样""你不应该怎样"之类的命令式语义。而个人要想实现自身的社会化，就必须进行个人品德建设，不断化"你应该"为"我应该"，从而深度融入社会。从这个意义上讲，个体社会化的压力同样是个人品德的来源之一。

（3）发掘潜在助力

个人品德的社会性、时代性和实践性，意味着个人品德的形成必然受到外在因素的影响，这些影响既包括上述的外部条件限制和压力作用，也包括外在因素的引导和助力作用。这些外在因素的引导和助力作用对个人品德建设的发生和发展起着积极的影响。首先，科学理论有助于指引个人品德建设。科学理论是人们认识世界、改造世界的强大思想武器。它能使人们掌握科学的世界观和方法论，并以此指导个人的认识和实践更趋于合

---

[1] 康德 . 道德形而上学原理 [M]. 苗力田，译 . 上海：上海人民出版社，1986：6.

[2] 涂尔干 . 社会分工论 [M]. 渠东，译 . 北京：生活 · 读书 · 新知三联书店，2000：17.

乎一定社会发展的规律性和目的性，从而提升个人品德与社会道德准则和规范的统一程度。同时，科学理论又具有说明和教育的功能，能使人们深刻意识到自身的尊严、责任和使命，从而引导人们更理性地认识自己、剖析自己、激励自己、完善自己，并进一步提升个人道德品质。其次，道德榜样示范有助于带动个人品德建设。与传统的道德说教不同，道德榜样具有形象、生动、真实的特点，能够更直接、更具体地展现社会生活中各式各样的道德关系。它能够产生巨大的道德号召力，焕发人们的内在激情，激励人们崇尚榜样、学习榜样，自觉向榜样看齐，从而带动个人不断提升个人道德品质，以达到预期道德目标。当前，道德榜样的示范和带动作用对青少年个人品德的建设尤为重要。再次，良好社会风气对个人品德建设具有熏陶作用。社会风气一经形成，就像空气一样充溢在社会生活的各个方面，渗透在人们的言论和活动中，对人们的思想、心理、情感和行为起到潜移默化的影响。它既是一种他律，也是一种自律。在良好的社会风气的濡化下，人们总能自觉地将个人道德规范融入既定的社会规范当中，并不断转化为自己的道德情感、道德意志、道德信念，自觉践行和维护这一道德规范，从而实现个体和社会的统一，实现个人品德的提升。

第二节　农民个人品德的现状与成因分析

农民个人品德建设是指在全面推进乡村振兴的背景下，在地方各级党委和政府的统筹推动下，在社会各阶层的大力协助下，在农村基层组织的引领带动下，在农民群体的主动参与下，持续不断提升广大农民个人道德品质的社会实践过程。

加强农民个人品德建设，是加强农村思想道德建设的重要内容，是培育广大农村文明乡风、良好家风、淳朴民风的基础，也是提升农村社会文明程度、实现乡村全面振兴的必有之义。近年来，随着公民道德建设的不断加强和乡村振兴战略的深入实施，农村精神文明建设取得了显著成效，广大农民的道德素质、精神风貌有了明显提升。但是相对农业农村和农民现代化而言，农村的思想道德建设、农民的个人品德建设还任重道远。

一、农民个人品德建设的成就

（一）农民道德素质提升越来越受重视

农业农村现代化是全面建设社会主义现代化国家的应有之义，而农业农村现代化的关键是农民现代化。作为全面推进乡村振兴战略的主体，农民的现代化不仅包括其生产和生活方式的现代化，还应包括他们生活理念、价值观念、道德素质和思维方式等的现代化。我国农村地域辽阔，生产相对落后，发展不平衡不充分的特点尤其突出。长期以来，我们党和政府高度重视“三农”问题，在大力发展现代农业、推进新农村建设、开展脱贫帮扶、不断改善农民经济条件的基础上，同样重视加强农村精神文明建设、不断提升农民精神风貌。如在 2005 年中央一号文件《关于进一步加强农村工作提高农业综合生产能力若干政策的意见》中提出，要“深入推进群众性精神文明创建活动，引导广大农民群众艰苦奋斗、自强不息，加快全面建设小康社会的步伐”。在 2006 年中央一号文件《关于推进社会主义新农村建设的若干意见》中提出，“大力弘扬以爱国主义为核心的民族精神和以改革创新为核心的时代精神，激发农民群众发扬艰苦奋斗、自力更生的传统美德，为建设社会主义新农村提供强大的精神动力和思想保证”，“引导农民崇尚科学，抵制迷信，移风易俗，破除陋习，树立先进的思想观念和良好的道德风尚，提倡科学健康的生活方式，在农村形成文明向上的社会风貌”。

党的十八大报告之后，随着公民道德建设工程的推进，党中央进一步明确提出，加强农村思想道德建设，提高农民思想道德素质。如 2013 年中央一号文件《关于加快发展现代农业进一步增强农村发展活力的若干意见》中提出，要“切实加强农村精神文明建设，深入开展群众性精神文明创建活动，全面提高农民思想道德素质和科学文化素质”。2016 年中央一号文件《关于落实发展新理念加快农业现代化实现全面小康目标的若干意见》中提出，要“深入开展中国特色社会主义和中国梦宣传教育，加强农村思想道德建设，大力培育和弘扬社会主义核心价值观，增强农民的国家意识、法治意识、社会责任意识，加强诚信教育，倡导契约精神、科学精神，提高农民文明素质和农村社会文明程度。”党的十九大之后，2018年中央一号文件《关于实施乡村振兴战略的意见》中进一步提出，“加强农村思想道德建设”，“深入实施公民道德建设工程，挖掘农村传统道德教育资源，推进社会公德、职业道德、家庭美德、个人品德建设”。从注重提高农民整体思想道德素质，到推进农民个人品德建设的提出，广大农民道德素质的提升越来越受到重视。

（二）农民道德素质有了明显进步

近年来，随着新农村建设的深入开展、乡村振兴战略的全面推进，我国农村思想道德建设取得了明显进步，农民道德素质有了明显提高。广大农民勤劳善良、积极向上，个人品德状况总体良好。

1. 体现在道德认识上

中华民族伟大复兴的中国梦和社会主义核心价值观逐渐深入农民内心，农民的国家意识、政治意识、经济意识、法治意识、社会责任意识、生态环保意识等明显增强。广大农民普遍认同中国特色社会主义道路，坚决拥护中国共产党的领导，大力推进脱贫攻坚和乡村振兴，积极参与农村精神文明建设。传统农民的保守、封建、落后的思想逐渐被取代，新时代农民日益变得开放、现代，追求先进、崇尚科学的理念逐步树立，有力推动了广大农村新的道德风尚和良好风俗习惯的形成。

2. 体现在道德情感上

广大农民爱党、爱国、爱社会主义，民族认同感、国家自豪感、集体荣誉感、社会责任感有了明显提高。大部分农民能够做到积极奉献国家、主动融入社会、包容对待他人、诚实守信做人，能够正确处理个人与国家、个人与集体、个人与他人的关系。总体看，新时代广大农民关心、支持国家和社会发展的情感越来越浓，了解国家方针政策和时事热点的意愿越来越强，提升科学文化素养和思想道德素质的积极性越来越高，广大农村的精神文明风貌和乡风、村风、民风越来越好。

3. 体现在道德意志上

传统农民爱国奉献、勤劳俭朴、善良正直、艰苦奋斗、自强不息的道德品质在新时代农民身上得到了继承与发扬。广大农民能够主动关心时事政治、积极了解国情国策、自愿关心帮助他人、自觉学习科学文化、自主提升道德素质。社会主义核心价值观和爱国主义、集体主义精神转化为大多数农民的主观意志；孝老爱亲、互帮互助、与人为善、自强自律的道德品质成为大多数农民的行为自觉。近些年来，随着公民道德建设的深入开展，一大批和谐家庭典范、先进道德模范、创新创业个人、脱贫致富能手等纷纷涌现，有效带动了广大农民个人道德素质的提升。

4. 体现在道德行为上

随着道德认识的提升、道德情感和道德意志的增强，广大农民越来越主动摒弃不道德行为，积极践行社会主义核心价值观和公民基本道德规范。表现在：广大农民响应国家号召，践行新发展理念，积极投身脱贫攻坚和乡村振兴战略；不断强化现代意识，主动提升科学文化素养，转变生产发展方式，大力推进农业产业化、信息化、现代化；树牢绿水青山就是金山银山的理念，坚持绿色发展、特色发展，坚持遵规守法、诚实守信经营；注重繁荣乡村文化，加强思想道德建设，广泛开展各类破除迷信、移风易俗、文明创建、道德提升活动，培育文明乡风、良好家风、淳朴民风。

（三）农村道德建设体系日益成熟

随着公民道德建设的深入开展，广大农村切实加强思想道德建设，持续推进精神文明创建，提升农民精神风貌，并逐渐形成了“教育引导、实践养成、制度保障、组织领导”四管齐下的农村道德建设体系。一是以社会主义核心价值观教育为核心，社会、学校、家庭“三位一体”的教育引导体系；二是以时代新人培育工程、群众性精神文明创建活动、道德模范和身边好人等评选表彰活动、移风易俗专项文明行动、学雷锋志愿服务活动等为主要内容的实践养成体系；三是以强化公共政策价值导向，整理村规民约、家规家训，完善道德约束、守信激励和失信惩戒机制，建立农村信用体系，健全人文关怀和心理疏导机制等为主要内容的制度保障体系；

四是以基层党委和政府为主导、乡村基层组织为主体、社会各方广泛参与、广大农民自主参与的组织领导体系。

二、农民个人品德建设面临的问题

尽管我国农村思想道德建设取得了一定成绩，农民整体道德素质有了明显提升。但是，我们必须看到，随着中国特色社会主义进入新时代，随着中国特色社会主义现代化建设的全面开启，广大农村的思想道德建设水平和广大农民的个人道德品质，与全面推进乡村振兴的具体要求和农业农村农民现代化的道德标准还有较大差距。同时也要看到，在国际国内“两个大局”背景下，在世界多极化、经济全球化、思想多元化的发展趋势下，受政治、经济、科技、文化、网络等多种因素的影响，农村思想道德建设依然存在不少问题，部分农民的个人道德品质还有待提高。

（一）部分农民道德信仰迷失

道德信仰作为人的精神追求，具有导向作用，是人们道德行为选择的价值坐标，是个体进行道德修养的动力和目标，是个人品德建设的精神基础。改革开放以来，我国广大农村也逐渐由封闭走向开放，受市场经济和多元文化的影响，许多农民原有的道德信仰体系受到冲击，出现道德观念是非模糊、道德目标摇摆不定等问题，从而给农民个人品德建设带来困难和挑战。具体表现如下。

1. 传统的优秀品德出现不适应

我国是个传统的农业大国，在几千年的文化传承中，勤劳俭朴、宽厚正直、仁爱孝顺、诚实守信、谦虚谨慎等道德品质已经沉淀于农民的骨血当中，成为传统农民的道德信仰并历代传承。但是受市场经济大潮的冲击和西方社会思潮的影响，仿佛一夜之间，这些传统的优良品质变得不适应了：勤劳成了蛮干、俭朴变成寒酸、宽厚被认为是软弱、正直成了格格不入、诚实守信被看作老实可欺、谦虚谨慎被视为胆小怕事，除了孝道依然坚挺，连友情都被怀疑别有用心。于是，在原本乡情淳厚、民风淳朴的农村，投机取巧的人有了，摆富显阔的人多了，欺软怕硬的人无人敢管，假冒伪劣的人大张旗鼓。相当一部分农民的道德观念和道德信仰变得迷茫、混乱，广大农村传统的道德规范、道德价值体系受到挑战。随着我国社会主义精神文明建设的不断加强，特别是党的十八大后农村思想道德建设的深入推进，社会主义核心价值观正在逐渐深入广大农民内心，这些问题有了很大改进。但是，新时代广大农村的道德价值体系仍处在重构之中，广大农民的个人道德信仰也处在重塑阶段，这些问题的不良影响在短期内并不会彻底消除，甚至在一些地方、一些领域还会比较突出。

2. 一些人的道德情感变得麻木

道德信仰的形成首先是道德情感的认同，没有情感的寄托，信仰也就无从谈起。作为个体情感体验在个人品德上的体现，道德情感通常以个体的满意或者失望、赞成或者反对、愉悦或者忧虑等相反的两种心态表现出来，从而对个体的道德行为起着积极或者消极的影响。当个体道德信仰处于迷失状态，人们很容易对一些合理的传统道德情感失去崇敬心理，变得不再赞成、不再向往，从而会渐渐淡化许多情感认同，变得麻木，甚至冷漠。表现为在面对一些不良道德行为，甚至道德沦丧行为时，如出现老人摔倒、小偷行窃、交通事故、坏人行凶等，一些人不是上前扶起、仗义阻止、抢救伤员、报警止凶，而是视而不见、绕道让行，或者充当看客，冷眼旁观，甚至现场拍照、发朋友圈求关注，等等。这些现象，不止在城市，即使在相对纯朴的农村，也像瘟疫一样传染了很多人。诚然，有很多人也想摆脱这种情感麻木、心理空虚的状态，想为社会道德建设加把柴、添把火、尽把力。但是当这种努力收不到好的效果甚至受到打击时，他们会更加困惑、迷茫，从而沦为社会道德的旁观者。近年来，尽管我们国家也在不断采取措施，建立健全制度，完善体制机制，以调动人们的道德情感，但是，这显然需要一个过程。而在农村，这个过程会相对更长一些。

3. 一些人的道德意志出现弱化

意志决定成败。作为意识能动性在个人品德上的体现，道德意志是个体履行道德义务、进行道德抉择的决定性的因素。道德意志坚强的人自我约束力必然强大，不管所处的外部环境如何变化，他都能忠诚自己的道德信仰，都能忠实地履行自己的道德义务。我们经常看到或听到一些道德模范的感人事迹，他们或者十年如一日，助人为乐、与人为善，或者默默无闻、无私奉献，在平凡之中成就伟大。之所以如此，就在于他们以顽强的道德意志，始终坚守自己的道德信仰。所谓“千磨万击还坚韧，任尔东西南北风”正是他们的真实写照。然而，并不是每个人都能道德意志坚强、道德信仰坚定。受我国经济深入转型、社会深刻变革的影响，许多人在面临新的道德抉择时，原有的道德意志弱化、道德信仰动摇，从而导致自我约束失效、道德行为失范，甚至走向违法犯罪。近些年来，农村出现许多道德退化现象，如盲目攀比，不惜铺张浪费，大办红白喜事；唯利是图，不讲诚实守信，习惯以次充好；恃强凌弱，村霸横行，聚众哄抢闹事；价值观扭曲，违法骗取钱财，甚至制毒贩毒；等等。实际上都是农村传统道德规范受到冲击，农民个体道德意志弱化、道德信仰丧失，从而深陷物欲、放任自我的后果。我们说，道德意志的崩溃可以瞬息而至，但道德意志的重树则是个系统、长期的过程，需要全社会和社会全体成员共同努力。

（二）农民个人品德存在短板

《新时代公民道德建设实施纲要》明确了个人品德的主要内容，即“爱国奉献、明礼遵规、勤劳善良、宽厚正直、自强自律”。这是新时代个人“好品行”的基本标准，也是新时代农民个人品德建设的努力方向。对照这一标准，不难发现，我国广大农民在个人品德方面还存在着诸多短板。

1. 爱国奉献少了纯粹性

“国家兴亡，匹夫有责。”“以身许国，何时不可为。”爱国奉献是中华民族世代传承的优秀品德，也是中华民族自强不息的精神动力。习近平总书记在对“时代楷模”——王继才同志的事迹作重要指示时，强调“要大力倡导这种爱国奉献精神，使之成为新时代奋斗者的价值追求”。中华民族从来不缺少爱国奉献的楷模，多少年来，千千万万的中华儿女立足本职岗位，以自己纯粹的爱国之心、报国之情，默默无闻奉献，不讲条件、不惜代价、不求回报、甘愿付出，哪怕失去生命，也在所不惜。无论是在抗日战争和解放战争年代，还是在新中国成立初期和改革开放以来，我国广大农民也从来不乏对爱国的坚守和对奉献的担当。但是，受各种各样因素的影响，特别是市场经济趋利性的引导和农民的自身局限性，一些农民原本坚定的社会主义理想信念和集体主义观念出现了弱化，原本纯粹无私的爱国精神和民族情怀出现了杂质。部分农民的社会责任感和道德义务感淡化，家庭本位、个人主义、小农思想凸显。这些人开始自觉不自觉地违背“爱国爱党爱社会主义”“克己奉公”“无私奉献”等社会主义道德标准，甚至为了个人利益开始损害国家、集体利益，如偷税、骗税、漏税、逃税；遇有政府开发征地，借机扩建住宅谋取更多利益；利用扶贫政策漏洞，谎报贫困套取国家帮扶资金，等等。

2. 明礼遵规带有功利性

“不学礼，无以立”[1]，“不以规矩，不能成方圆”[2]，“人无礼则不生，事无礼则不成，国无礼则不宁”[3]。中华民族是礼仪之邦，守礼遵规是中华民族的传统美德。“礼，经国家、定社稷、序民人、利后嗣者也。”[4] 在传统文化的语境中，“礼”既有礼节礼仪之义，又包含规章、制度、法律的含义，它具有维护国家政权、维持社会秩序、调节人际关系的重要作用。新时代，把“明礼遵规”作为个人品德的主要内容之一，既是加强社会主义精神文明建设，构建社会主义和谐社会的需要；也是推进社会主义法治建设，推动国家治理体系和治理能力现代化的需要。近年来，广大农村加强精神文明创建，加大普法宣传力度，广大农民移风易俗、学法守法，文明意识、法律意识有了很大提升。但是，受“金钱至上”“逐利求富”“法不责众”“投机取巧”等观念的影响，一些农民在明礼从俗、遵规守法时明显带有功利性和倾向性。当自身利益受到损失时，他们会拿起法律武器，维护自身权益；但是当他们发现某些事情有利可图时，为了实现自身利益最大化，又会置法律法规于不顾，知法犯法，铤而走险。比如一些农民在农产品生产、加工、销售过程中，出现的缺斤少两、以次充好、制假贩假，

[1] 论语 [M]. 刘兆伟，注 . 北京：人民教育出版社，2015：405.
[2] 孟子 [M]. 康燕，王川，注释 . 昆明：云南大学出版社，2004：131.
[3] 荀子 [M]. 孙安邦，马银华，译注 . 太原：山西古籍出版社，2003：15.
[4] 翁其斌 . 左传精读 [M]. 上海：上海古籍出版社，2012：24.

不讲诚信、不守规则、违法犯罪现象；一些地方的农民在依法维权、解决纠纷时，因自身利益诉求没有得到满足，转而聚众闹事、群体上访，甚至出现暴力抗法的乱象，等等。

3. 勤劳善良失去示范性

天道酬勤，力耕不欺。与人为善，于己为善。勤劳善良，同样是中华民族的传统美德。在我国传统文化中，农民往往和"勤劳""善良""质朴"联系在一起。在广大农村，真正勤劳肯干、乐善好施之人，历来为人们所称道，是人们心目中的榜样。自古以来，不乏踏实肯干、勤劳致富的典范，也不乏十年如一日、助困扶弱的楷模。但是，同样也有不劳而获、一夜暴富的人，有忘恩负义、以怨报德之人。特别是改革开放以来，随着农村城镇化的推进，有的农民赶上房屋拆迁、修路占地，于是一夜之间拥有住宅数套、身价陡增；有的农民投机取巧、倒买倒卖，因此腰缠万贯、大富大贵。相反，还有一些农民踏实肯干，勤奋务农，结果却收获寥寥、勉强温饱。这种现象使一些人对勤劳致富产生怀疑，感叹："人算不如天算，干得好不如运气好！"于是不想吃苦、不愿干重活，坐等天上掉馅儿饼。大多数农民一生老实善良、诚实守信、遵规守法，结果发现一些村头恶霸和街头无赖吃拿卡要、制假售假、强买强卖、欺行霸市，却过得顺风顺水、生活滋润。于是对诚实善良失去信心，哀叹："人善被人欺，好人没好报！"从而"勤劳善良"的优秀品德，被定义为落后、保守，失去了原有的示范作用、榜样作用。特别是有些年轻人，受这一思想影响，从此眼高手低、好逸恶劳，不想付出、不愿吃苦，只盼机遇降临、财运大发，一夜之间飞黄腾达，从而整日无所事事、消磨意志、荒废青春。

4. 宽厚正直不乏盲目性

严于律己，宽以待人。"志无虚邪，行必正直。"[1] 宽厚待人、正直为人，是我国古代圣贤为人处世的根本。宽厚，就是宽容厚道，是指在待人接物上要宽容、仁厚，谦以待人、虚以接物。正直就是公正刚直，是指在

---

[1] 管子 [M]. 房玄龄，注 . 刘绩，补注 . 刘晓艺，校点 . 上海：上海古籍出版社，2015：386.

做人做事上要公道正派，坚持正义、敢说敢做。我国广大农民从来不缺少宽厚正直的品德，他们为人耿直坦率，敢讲真话；待人宽容忍让，豁达大度。但是近些年来，我们也不难发现相当一部分农民所谓的“宽厚正直”带有盲目性，没有一定的标准、没有度的限制。比如在宽厚方面，对于一些人的错误、缺点，或者一些鲁莽行为，能够理解包容、宽容对待，固然是对的；但是，如果面对一些人的重大过失、过分要求或者违法行为，仍然隐忍退让、听之任之，那就不再是宽容、宽厚，而是软弱、盲目和无原则了。在部分农村常有一些流氓无赖敲诈勒索、一些村霸恶霸横行，但大多数农民却漠然视之、置之不理的现象。有些人对此自诩为“宽容”，实则是因为没有伤害到自身利益，敢怒不敢言、软弱退让的表现。也有些农民品性正直，对农村的一些不文明现象能够上前制止，对涉及自身利益的问题能够据理力争，对损害公共利益的行为能够仗义执言。但也正是因为如此，容易受人蛊惑，在不明真相的情况下，参与一些群体上访、集体游行等活动，或者在明知违法的情况下，参与一些寻衅滋事、聚众闹事等事件，甚至美其名曰“坚持正义、争取公道”，实则是盲目、无知，没有原则、没有底线。

5. 自强自律更多利己性

“天行健，君子以自强不息。”“正己而后可以正物。”自立自强、自律自省，是古代立身处世、修身立德的基本准则，是一种优秀品质。自强是一种精神，是一个人发展自己、成就自己的动力。自律是一种素质，是一个人在无人监督的情况下，自我控制、自我约束的能力。自强的人终会成功，自律的人则会走得更远。中华民族是自立自强的民族，中华民族倡导自律自重自省自警。广大农民继承了自立自强的民族传统，但在自律自省方面却有着天然的劣势。广大农村从来不缺少不甘落后、不怕困难、积极进取、努力奋斗的人。但是我们也会发现，多数人自强的根本目的或者在于对自身物质利益的追求，或者在于对更高水平生活的渴望，或者在于使自己出人头地、高人一等的攀比心理。农民的自立自强的利己性。也是过去农村集体经济组织下，农民干劲不足、效益不高的原因之一。干多干少一个样、干好干坏一个样，于己无利益，干活也就没动力。在自律方面，许多农民同样存在这样的问题：当部分农民看到一些人违反传统的道德观念和准则，甚至违反法律法规而获得既得利益后，会放弃自律，不顾道德约束，甚至不考虑违法后果，跟风以次充好、假冒伪劣，跟风乱砍滥伐、制假售假，一切只为自身心理平衡、自身既得利益。甚至有些年轻人，为了贪图安逸、不思进取，啃老、弃老，甚至虐老，完全抛弃了传统孝道。

（三）农民工群体道德建设缺失

据国家统计局资料显示，2019 年全国农民工总量 29077 万人，比上年增长 0.8%。其中，外出农民工 17425 万人，增长 0.9%；本地农民工 11652 万人，增长 0.7%。[1] 农民工对我国工业发展和城市建设的贡献不言而喻，但是由于体制机制原因，农民工的道德建设实际上处于“两不管”的真空状态。近些年来，我国虽然出台了一系列涉及农民工职业培训、住房保障、社会保险、子女教育、就业创业等方面的政策，对解决农民工面对的现实困难具有重要意义。但是针对农民工道德建设方面的政策相对缺乏，农民道德建设的组织机构和工作体系并不完善，所以农民工个人品德建设方面还存在诸多问题。

1. 遵规守法意识普遍不强

大多数农民工工作在一线，时间紧、任务重、劳动辛苦，所以很少有时间、有精力学习法律知识。同时农民工文化程度普遍不高，较少接收到专门的法制教育，法律意识相对淡薄。因此，当面对繁华的城市生活以及城市中的各种诱惑，而又不能通过合法途径得到满足时，一些农民工会因心态失衡而产生报复心理，于是铤而走险，走上偷盗、诈骗、抢劫、贩毒等违法犯罪道路。还有一些农民工因为遇到不良老板，被拖欠工资、随意解雇时，第一时间想到的不是依法维权，而是在苦苦哀求无果之后，采取一些冲动、偏激的行为，甚至采用一些违法的手段，给

[1] 统计局：2019 年农民工 29077 万人比上年增 241 万人 [EB/OL].（2020-01-17）[2021-01-26]. http：//finance.sina.com.cn/roll/2020-01-17/doc-iihnzahk4683483.shtml.

利益双方带来不幸和伤害，给社会造成损失和不良影响。尤其近些年来，一些地方的农民工违法犯罪率呈上升趋势，成为一个普遍的社会问题，必须引起高度重视。

2. 自我约束能力相对较差

农民工长期在外打工，脱离了原住地社会管理和道德教育的影响，脱离了原有道德规范和风俗习惯的约束，导致他们的道德自我约束力大大弱化。同时，他们远离了父母、妻子、亲朋，长时间感受不到亲情、友情的温暖，孤独寂寞时很少有人给予其基本的关心与抚慰，身体和精神长时间处于紧张状态而得不到放松，使他们不得不寻找一些消极的方式，来发泄、放纵心中的压抑，来排遣、消除心中的烦闷，加之精神文化生活贫乏，于是聚众酗酒、赌博斗殴等成为他们日常消遣的方式。另外，农民工外出打工的主要目的就是挣钱养家，因而把个人利益看得更重，对集体利益相对淡漠。加之他们对城市的归属感不强，因而当个人利益与当地的公共利益、集体利益发生冲突时，往往置公共利益于不顾，比如不服从统一规划，随便摆摊设点；不遵守交通规则，闯红灯过马路，等等，这都是道德自我约束能力不强的表现。

3. 对城市道德规范认同不高

农民工自小生活在农村，受农村传统道德观念的影响根深蒂固。入驻城市后，生活在城市的下层，因为户籍的关系，不能享有参与当地公共事务的权益，也没有被纳入当地思想道德教育体系，因而对城市的道德规范和道德准则了解不多、接受较慢。同时，由于城乡二元结构的差异，农民工往往作为“外来人口”被城市治安机构列为防范的对象，侧重治安管理和整治，而忽视日常教育引导。这一方面会造成广大市民对农民工缺乏认同感，认为农民工素质低、没文化、品行差，有些市民甚至歧视和排斥农民工。从而使农民工与市民之间产生隔阂，认为自己与市民不是一路人，不需要认同和接受城市的道德规范、道德约束。一方面造成农民工对城市缺乏归属感，认为城市的发展虽然离不开自己的贡献，但是自己却不能被平等对待，从而产生失衡心理。这种失衡心理会因日趋加大的城乡差别和种种不公正的待遇，演变成逆反心理甚至报复心理，致使个别农民工故意违背城市的公共道德规范。

（四）农村青少年道德建设堪忧

农村青少年是未来农业农村现代化的生力军。他们的个人品德如何将直接影响农业农村现代化的水平，影响广大农村的持续发展、高质量发展。随着公民道德建设工程的实施，特别是乡村全面振兴的推进，我国广大农村思想道德建设取得了明显成绩。农村青少年具有与生俱来的勤劳、淳朴、善良的品质，其思想道德状况的主流是积极向上、健康进步的。但是，随着农村的开放搞活、多元价值观念的涌入，农村青少年也面临着理想与现实、道德与诉求相互冲突的复杂环境，从而在个人品德建设上暴露出各种问题和不足。

1. 对农村青少年的道德引导不够

青少年最初的道德认识和道德情感主要来自父母，他们一般以父母的看法和评价为标准，认识上靠近、行动上效仿。入学以后，随着知识素养的提升、思维视野的开阔，他们的自我认识能力、自尊自强意识不断提高，相应的道德标准也会随之调整。这个时候，同学朋友的认同、老师和学校的认可、外人和社会的评价日益变得重要，他们会对原来的道德标准及价值坐标重新评估，在其基础上进行扬弃，并逐步稳定化，以作为自己道德行动和评判的标准与依据。在这一过程中，青少年的道德意志和价值取向有着极大的可塑性，必须给予正确有力的引导，否则就有可能误入歧途。农村的父母大多忙于生计，没有时间教育引导孩子。大多数孩子在入学前都是爷爷奶奶负责带大，而“隔辈亲”的最大弊端就是对孩了的宠爱和放纵，特别是现在农村家庭生活条件都有了较大提高，所以很容易使孩子养成骄纵的品性。到了入学年龄孩子被送入学校后，家长更是把孩子的教育完全交给老师，而与城市相比，农村中小学更重视学生学习成绩的提高，对学生综合素质的培养特别是思想道德品质的培养相对较弱。另一方面，一些学生高中毕业考上大学后，大多在城市就业，就此告别农村生活；而没有考上大学的多是成绩差的学生，他们在学校时自我约束能力就差，走向社会后，由于缺乏必要的教育引导，更容易受社会上一些不良思想和现象的影响，从而养成一些坏习惯和不良品性，甚至走上违法犯罪的道路。

2. 对农村留守儿童道德问题重视不够

农村留守儿童与其他儿童一样是祖国的花朵，是祖国的未来和希望，需要全社会的共同关心与爱护。近些年来，国家出台了《关于加强农村留守儿童关爱保护工作的意见》（国发〔2016〕13号）等文件，各地区、各相关部门积极开展留守儿童关爱保护工作，也取得了较好成效。但是由于社会不良环境的影响、家庭结构的变化，特别是家庭教育的缺失，农村留守儿童正面临着一系列的心理和性格问题，严重影响着其个人品德的形成。留守儿童的父母长期外出打工，没有时间照顾和陪伴孩子，一般托付给爷爷奶奶、外公外婆或其他亲朋。这些人能给孩子提供的大多是衣食保障。留守的孩子没有了父母羽翼的呵护，他们得到的基本上是物质保障，很少有心理上的交流和精神上的关爱，特别在道德教育和引导方面更是处在缺失状态。因此，他们往往性格孤僻、心理自卑、精神敏感，在个人道德行为上一般表现出逃课厌学、抽烟喝酒、不守纪律、打架斗殴、游戏成瘾等。在他们看来，道德标准中的是非善恶仅是个人利益和诉求的满足与否，无关他人与社会，所以在个人品德上往往自私自利、散漫任性、好逸恶劳、狭隘刻薄、偏激易怒、骄横狂妄等特征更多一些。这也是过去人们常说的“留守儿童综合征”。当前，尽管我国农村留守儿童数量在逐渐减少，但仍是一个不小的群体，必须给予持续关注和重视。

三、农民个人品德建设现状的成因分析

农民个人品德建设是一个系统工程，是内部因素与外部因素相互作用、互相影响的过程。只有国家、社会、学校、家庭以及个人共同努力，抓住主要矛盾和矛盾发展的主要方面，内外兼顾、上下协同、齐抓共管，才能推动新时代农民个人品德建设向好发展。导致农民个人品德建设现状的原因有诸多因素。概括起来主要表现在以下几个方面。

（一）相对落后的经济生产是制约农民个人品德建设的基础因素

恩格斯指出："一切以往的道德论归根到底都是当时的社会经济状况的产物。"[1] 作为一种社会意识形态，"道德"属于上层建筑范畴。经济基础决定上层建筑。因此，道德必然受到一定社会生产力和生产关系的制约和影响。比如原始社会，生产力水平低下、生产资料匮乏，人们的一切道德规范和行为首先是以满足基本生存为前提，所以作为个人道德品质的"勇敢、奉献、公正"等往往体现在勇于捕获凶猛猎物、能够带领人们获取食物并进行平等分配等生产生活实践中。在这一过程中，我们的先祖不可能形成保护环境、持续发展的道德规范；我们也不应该用现代社会持续发展的理念去评价古人如何不讲生态道德。农民个人品德建设也是如此。从我国农业农村发展的现状看，近年来，特别是党的十八大以来，我们国家持续加大强农惠农富农政策力度，扎实推进农业现代化和新农村建设，全面深化农村改革，农业农村发展取得了历史性成就。广大农民收入持续增长，农村民生全面改善，脱贫攻坚战取得全面胜利，农村生态文明建设显著加强，农民获得感显著提升，农村社会稳定和谐。但是，我们必须看到，我国的农业现代化与发达国家相比还有一定差距，我国广大农村的基础设施、生产条件、生活环境与城市相比还有很多不足。与广大城市相比，我国农村大多交通不便、教育落后、生产不发达、居住环境差、生活水平低、文化设施少，而这些正是制约农民个人品德建设的物质条件。"人们的观念、观点和概念，一句话，人们的意识随着人们的生活条件、人们的社会关系、人们的社会存在的改变而改变。"[2] 我们要想真正提高农民的个人品德，首要的还是大力发展农业生产，不断改善农村生产生活条件，缩小城乡之间的差别，提升农业农村现代化水平。所以，习近平总书记在 2018 年去山东考察时强调："农业农村工作，说一千、道一万，增加农民收入是关键。"

---

[1] 中共中央马克思恩格斯列宁斯大林著作编译局 . 马克思恩格斯选集（第 3 卷）[M]. 北京：人民出版社，2012：471.

[2] 中共中央马克思恩格斯列宁斯大林著作编译局 . 马克思恩格斯选集（第 1 卷）[M]. 北京：人民出版社，1995：291.

只有广大农村同样具有发达的道路交通，遵守交通规则才能逐渐成为人们的一般道德规范；只有广大农民都真正衣食无忧、不愁吃穿，乐善好施、无私奉献才有了成为农民个人品德的物质保障；只有农业农村实现了现代化，广大农民具备了现代化的生产和生活方式，符合现代化的价值观念和道德规范才会得到广大农民普遍的道德认同。

（二）开放复杂的社会环境是影响农民个人品德建设的宏观因素

1. 市场经济的负面影响

“社会主义市场经济体制有利于国民经济的发展，极大地丰富了人们的物质生活，并对精神文明建设发挥着积极作用，有利于增强人们的自立意识、竞争意识、效率意识、民主法制意识和开拓创新精神。”[1] 但是，市场经济下的主体追逐经济利益最大化的特性并没有发生根本转变。受市场经济逐利性的影响，当社会成员期望的个人利益与社会共同利益发生矛盾而无法实现时，一些人容易出现心理失衡甚至行为失范现象，于是抛弃社会主义市场经济体制中重视国家利益、集体利益的本质属性，转而注重个人利益的实现，从而背离社会主义核心价值观，在个人道德评判标准上以自我为中心，最终导致个人品德的沦落。表现在：一些农村的党员领导干部难抗金钱、美色等诱惑，为满足个人一己贪欲，借职务之便，以权谋私，贪污腐化；一些农民在生产、经营过程中，违背市场经济诚信经营、公平交易的原则，坑蒙拐骗、制假售假；一些农民，尤其是农村青少年，深陷物欲泥潭，丢弃信仰、迷失自我，无视社会道德准则和法律法规约束，见利忘义、损人利己，甚至扰乱社会秩序、违法犯罪，等等。总之，市场经济逐利性的驱使、农村市场经济体制的不完善，仍然是影响当前农民个人品德建设的重要因素。

2. 西方腐朽思想的侵蚀

改革开放给广大农村带来了生机和活力，也给广大农民带来了思想解放。大多数农民在市场化的潮流中逐渐摈弃了相对保守、封闭的传统观念，

[1] 郑必坚 . 邓小平理论基本问题 [M]. 北京： 中共中央党校出版社，2002： 302.

转而增强了竞争、开放意识。他们不再满足于自给自足、小富即安的状态，渴望通过自己的努力摆脱贫困落后局面，过上富裕美好的生活。但是，广大农民在解放思想的同时，也不可避免地受到了西方拜金主义、功利主义、享乐主义等腐朽思想的影响。正如罗国杰在其《伦理学》一书中所说的："长期被蒙蔽的眼睛亮了，长期被堵塞的耳朵聪慧了，但却有点令人眼花缭乱、应接不暇。"[1] 由于自身文化素质较低，农民对这些外来思想价值观念的辨别能力较差、抵御能力较低，加之受这些价值观念的影响，有些人获得了短期既得、看得见的"实惠"。于是，他们自觉不自觉地开始接受这些西方腐朽的价值观念，不再坚守勤劳致富、勤俭持家等传统美德，转而变得"一切向钱看"，开始羡慕那些投机取巧、一夜暴富之人，开始变得奢侈浪费、摆谱显阔，开始好面子、讲排场，甚至盲目攀比、过度消费。这些不良风气的盛行，给新时代农民个人品德建设带来严峻挑战。

3. 多元文化思潮的冲击

经济全球化给我国经济发展带来有利机遇，同时也给我们的意识形态工作带来了严峻的挑战。在全球化背景下，文化越来越呈现出多元化的趋势，各种思想和文化相互交流、相互碰撞、相互较量，既给我们带来新的价值理念和思想文化，也给马克思主义指导思想、给中国特色社会主义文化造成了一定冲击。各式各样的政治观点、经济理论、价值理念相互交织，多种多样的社会舆论、风俗习惯、民族文化相互影响，使许多社会成员改变以往落后的、与时代不相适应的传统观念的同时，也弱化了对社会主导文化的信仰和对社会主流道德规范的坚持，从而陷入道德误区。而这一点在教育水平和文化水平相对落后的农村显得更为明显。比如：在社会主义传统价值观念中，提倡集体利益为重、个人利益服从集体利益。然而受后现代主义、虚无主义、极端个人主义的侵蚀，特别是市场经济的冲击，部分农民在自我意识增强的同时，狭隘自私的个人主义也开始滋生，导致其集体主义观念淡薄，缺乏社会责任感和集体荣誉感，只关心自身利益、不考虑集体利益，只顾满足个人诉求、不履行对国家和集体应尽的责任和

[1] 罗国杰 . 伦理学 [M]. 北京：人民出版社，1989：130.

义务。

4. 城镇化带来道德困惑

近些年来，我国城镇化进程稳步提升，截至2019年，城镇化率已经达到60.6%。[1]城镇化在推动国家经济增长的同时，也带来了诸多问题和挑战。一个突出的问题就是入城的“农民”陷入道德困惑甚至危机。在城镇化进程中，相当一部分农民从自己熟悉的乡村走出来，逐渐脱离原本建立在传统血缘和地缘关系基础上的农村道德体系，转而进入到一个以经济利益、职业分工、公共生活等为纽带的陌生城市社会。他们脑子里原本刻上了传统乡村伦理道德的烙印，习惯了充满亲情、人情、温情的乡风文明，但是在现实生活中因为生存的需要，又不得不逐渐认同并接受城市道德观念和现代城市文明。在这一过程中，他们最初很容易对其所处的陌生环境产生不信任感，从而难以迅速适应陌生的城市道德规范。在新旧两种道德规范的转换过程中，也就不可避免地会陷入道德抉择的困惑之中。特别是一些农民工，与那些户口由农村转移到城市的人还有不同：他们虽然较长时间在城市生活和工作，为城市发展出工出力、不辞辛苦，但实际上却没有城市的身份认同，不能享受与市民同等的医疗、养老等政策待遇，因而在道德观念方面也难以完全认同和接受城市道德观念，甚至会因为待遇的不平等产生抵触心理，从而产生道德分歧、陷入道德危机，进而对社会产生不满，甚至造成各种社会隐患。

5. 敌对势力的恶意渗透

进入新时代，随着改革的日益深化、开放的进一步扩大，我国同世界各国的沟通和联系更趋紧密，影响和交流更趋深入。同样，我国意识形态领域面临的形势和挑战也更加严峻。我国是社会主义国家，西方敌对势力对我国的意识形态渗透从未停止也不会停止。特别是在“百年未有之大变局”背景下，随着综合国力的“彼消我长、彼降我升”新格局的到来，西方敌对势力对我国意识形态领域渗透的力度只会加大不会减弱。而随着农村的日益开放，加上农民科学文化素质相对较低，广大农村必然成为西方

[1] 国家统计局．中国统计年鉴（2020）[M]. 北京：中国统计出版社，2020.

敌对势力恶意渗透的主战场。实际上，近些年来，西方敌对势力通过广播、电视、电影、网络、宗教、商业投资、科技输出、文化交流、教育合作等多种途径，已经加强了对我国广大农村的意识形态渗透。而我国广大农村因为思想政治教育和意识形态宣传的相对落后，不太注重对农民尤其是农村青少年个人发展的价值引导，对他们在社会生活中遇到的新变化、新困惑和新问题，不能及时进行有说服力的、针对性的解释、解惑和解决，加上广大农民政治敏锐性、警惕性相对较弱，导致社会主义核心价值观的教育、引导功能没有充分发挥出来，一定程度上弱化了马克思主义在意识形态领域的指导地位受到一定程度地弱化，致使一些农民，尤其是一些农村青少年社会主义理想信念不坚定、社会主义道德观念不牢固，进而影响到其个人品德建设。

（三）重智轻德的学校教育是影响农民个人品德建设的重要因素

1. 农村学校教育的德育功能相对弱化

学校教育是一个人个人品德形成的关键阶段。我们党历来高度重视青少年思想政治教育。党的十八大以来，习近平总书记多次就青少年思想政治教育发表重要讲话。2014 年，他在北京市海淀区民族小学召开座谈会时指出：“学校要把德育放在更加重要的位置。”2016 年，在视察北京市八一学校时，他强调：“基础教育是立德树人的事业，要旗帜鲜明地加强思想政治教育、品德教育，加强社会主义核心价值观教育。”近年来，我国广大农村中小学对学生德育的重视程度普遍提高，绝大多数学校都开设了思想品德课或思想政治课，都建有德育管理机构，并定期开展一定的德育实践活动。但是，许多学校并没有明确的德育目标和评价体系，老师和学生对德育课程和德育实践的重视程度也普遍不高。原因在于，无论社会对学校和家长的评价，还是学校对老师和学生的考核，主要看的仍是学习成绩和升学率。农村学校普遍存在这种“重智轻德”的现状，严重弱化了学校对农村青少年道德的教育和引导功能，进而对农民个人品德建设产生不利影响。

2. 农村学校德育的实际效果大打折扣

因为学校德育不被重视，所以学校德育工作人员对德育工作的积极性不高、责任意识不强。也因为学校德育没有明确的考核标准，所以学生对德育课程和德育实践也普遍态度不认真、投入性不强。特别是当前许多农村学校的德育课，教育教学理念落后、教学方式方法陈旧，老师们大多以灌输的方式，原原本本讲授课本上的知识，缺乏必要的价值引导和心理疏导。然而随着大数据时代的到来，以及各种数字媒体、网络媒体的涌现，学生们受这些新媒体的吸引，视野范围有所拓宽、对新事物、新现象充满好奇，从而产生许多新的疑问、新的困惑。当他们不能从课堂上得到答案和释疑时，会转而求助网络。但网上的知识信息鱼龙混杂，常常使青年学生不能很好地加以区分、辨别，再加上有些网络信息本就存在虚假性、欺诈性，从而使农村青少年受到错误引导，甚至使一些人的思想道德品质发生扭曲异化。

（四）相对弱化的家庭引导是影响农民个人品德建设的微观因素

1. 家庭培养教育功能的弱化

家庭在个人成长过程中具有重要的启蒙教育和示范引导作用。作为家庭主要成员的父母对子女的道德传递示范是非常必要的，儿童从父母那里学到最初的生活经验、社会知识和道德行为规范。近些年来，随着农村经济体制转型、家庭结构变迁，许多农村家庭的教育功能出现变化。具有现代意识的农民开始相信知识就是财富，并把这种信念转移到对子女的全力培养上。他们比自己的父辈更注重对下一代的教育投入，一切只为孩子能够升学就业、出人头地。但是他们却把这些完全寄希望于学校教育，而完全忽视家庭对孩子的教育引导。他们舍得花钱让孩子上好的学校、参加各种课外辅导，但却无视自身言谈举止对孩子学习兴趣、道德观念等的影响。于是在农村经常有把孩子关在里屋学习，父母却在外屋打麻将、玩扑克，甚至借机赌博等现象发生。殊不知这种现象严重弱化了家庭对孩子的培养教育功能，甚至起到了助推贪玩、厌学的反面作用，从而给孩子个人品德的形成造成极为不利的影响。这种家庭教育功能弱化还体现在农村留守儿童身上。在农村，常有夫妻进城务工，把孩子留给老人照顾的情况，而老人因为身体、精力的局限，只照顾孩子吃喝，不对孩子进行教育引导，导致留守儿童家庭道德教育的缺失。

2. 家庭情感慰藉功能的变异

家庭成员尤其是父母的情感慰藉，是一个儿童健康成长的催化剂。在一个家庭中，和谐的成员关系、温馨的情感氛围，对于儿童性情的熏陶、良好品德培养具有重要作用。家庭成员内部的有效沟通，家庭生活氛围的温馨营造，可以让感情更有依托、让亲情更加牢固、让品德得以升华。这种正常的家庭情感慰藉功能，对于青少年个人品德培养具有积极的助力作用。但是，当前许多农村家庭的情感慰藉功能出现了变异。一是异常强化。随着农村经济的发展，许多农民家庭生活变得富裕充足，特别是有的农民抓住了机遇、一夜暴富，于是有些农民把对孩子的情感呵护异变为无休止的物欲满足、无限度的骄纵溺爱。二是严重弱化。随着农民进城务工的常态化，有许多农村夫妇，把父母、孩子留在农村，双双进城打工，致使子女与父母缺乏正常的情感交流与互动，从而对他们的心理性格、人际交往、道德情感等产生消极影响，这些孩子往往孤独、内向、自卑、多疑，对人冷漠、对事偏激。甚至一些家庭因夫妻天各一方，而出现情感危机，造成家庭解体。从而引起整个家庭情感慰藉功能的严重弱化。这两种情况无疑都会大大弱化家庭对农村青少年道德培养的教育引导，从而对其个人品德建设带来负面影响。

（五）传统农民的自身局限是影响农民个人品德建设的内部因素

1. 传统农民自身保守落后

党的十八大以来，我国传统农民的思想意识、道德观念等有了明显进步，但是受封建残余思想、农村生活空间闭塞等因素影响，许多传统农民的思想观念仍然相对保守落后。我们说，中华传统美德如仁爱、诚信、友善、孝悌等观念在个人品德建设中应该继承和发扬，但是封建社会中诸如富贵在天、小富即安、男尊女卑、事不关己高高挂起等旧有道德观念对新时代农民个人品德建设有着阻滞作用。在广大农村，这些旧有的封建道德观念对许多传统农民仍有着一定的影响和约束。这些农民缺乏进取精神，不愿开放、恐惧竞争、怕担风险、回避新生事物；他们满足生活现状，甘于落后、崇尚人情、相信迷信、固守宗族观念。与新型农民相比，传统农民行为相对短视，更注重当下享受，缺乏对未来生活的规划与畅想；他们认为自己只需对家庭、家族尽义务，而对公共事务、集体利益漠不关心。这些封建落后的观念严重制约着新时代农民个人道德水平的提升。

2. 农民科学文化素质普遍不高

近年来，随着我国农村基础教育投入的增加，广大农村基础教育条件有了较大改善，农民科学文化素质有了大幅提升。但是，与城市相比，农村基础教育条件仍有较大差距，农民整体科学文化水平仍然较低。较低的科学文化水平，使传统农民无论在接受新的现代道德观念上，还是在改造旧的封建道德观念上都显得意识不强、能力不足，从而影响新时代农民个人品德建设。同时，落后的教育观念在广大农村导致了两个极端：一种是高度重视子女教育。一些农民把教育当成子女升学就业与成长成才的敲门砖，一旦子女考上好的初中高中，不惜投入大量财力物力进行教育投资，助力子女考上好的大学，成才之后离开农村到城市发展，从而导致农村本应拥有的高学历、高层次人才外流。一种是根本不重视子女教育。这些人只是按惯例把孩子送进小学，只图孩子有老师看管照顾，对孩子的成绩一般不闻不问，而如果子女学习成绩不好、没有考上理想的初中高中，就直接让子女辍学务农。这些辍学留在农村的青少年，因文化水平不高，对自身甚至下一代人的思想道德素质提升有着直接的不利影响。

3. 农民精神文化生活贫乏

近年来，随着农业科技的进步、农业机械化的推广，农村许多劳动力被解放出来，他们比过去有了更多的农闲时间。这段时间，一些农民会利用农闲时间外出打工，但也有一些农民因各种原因，只能滞留在村子里。生活水平高了、闲暇时间多了，相应的，这些农民对精神生活的需求也会增加。而与城市相比，广大农村的精神文化活动大多缺乏有效的组织、正确的引导，处于一种松散状态。这直接导致一些腐朽落后、低级庸俗等不健康思想乘虚而入。一些人为了满足自身娱乐需求，把赌博、酗酒当作娱乐方式，甚至习惯成瘾、难以自拔，自此走上歧途；一些人利用手机、互联网等新媒体，观看凶杀、色情、怪异、荒诞、变态的音像制品，来满足感官上的刺激；一些人借风俗之名，行迷信之事，组织烧香磕头、求神拜佛，甚至大肆传播歪风邪教，等等。这些低俗文化、陈旧陋习的泛起，严重影响了农村社会治安和乡风文明，从而给新时代农村道德环境、农民道德观念带来严峻挑战。

第三节　农民个人品德培育的路径与对策

个人品德是整个社会道德体系的基础。加强新时代农民个人品德建设，是提升新农村思想道德建设水平的关键所在，是全面推进乡村振兴战略的内在要求，是实现农业农村农民现代化的应有之义。但是，我们必须看到，农民个人品德建设是一个复杂而又渐进的过程，需要全社会共同努力，综合各方面的因素，从多渠道、多角度出发，探寻合理有效的途径、采取有针对性的措施才能得以实现。

一、要把握农民个人品德培育的价值维度

（一）从现实价值维度看，加强农民个人品德培育是解决农村道德失范问题的需要

当前，我国发展总体形势向好，仍处于重要战略机遇期。但同时，“我国发展不平衡不充分问题仍然突出，重点领域关键环节改革任务仍然艰巨，创新能力不适应高质量发展要求，农业基础还不稳固，城乡区域发展和收入分配差距较大，生态环保任重道远，民生保障存在短板，社会治理还有弱项”[1]。国际上，“当今世界正经历百年未有之大变局，新一轮科技革命和产业变革深入发展，国际力量对比深刻调整，和平与发展仍然是时代主题，人类命运共同体理念深入人心，同时国际环境日趋复杂，不稳定性不确定性明

[1] 新华社．中共中央关于制定国民经济和社会发展第十四个五年规划和二〇三五年远景目标的建议 [N]. 人民日报，2020-11-04（1）.

显增加，新冠肺炎疫情影响广泛深远，经济全球化遭遇逆流，世界进入动荡变革期，单边主义、保护主义、霸权主义对世界和平与发展构成威胁”[1]。受国际国内各种因素的影响，我国社会主义道德建设同样面临挑战。部分社会成员道德失范现象屡见不鲜，对整个社会的道德准则和价值取向造成了巨大的冲击。这些道德失范现象在广大农村相对突出。表现在：一些农民头脑中以血缘、宗亲关系维系的封建传统道德观念根深蒂固，与现代社会道德规范发生冲突，从而对社会缺乏信任感、归属感；一些农民随着城镇化进程，脱离原来熟悉的农村环境，进入陌生的城市社会，出现道德观念的不适应，容易出现道德失范行为；一些农民受市场经济的影响，特别是随着收入差距的加大，出现心理不平衡，诚信缺失、违规经营，甚至出现损人利己、谋财害命等违法行为；部分农民受社会多元文化思潮的冲击，社会主义理想信念弱化，对社会主流道德观念和价值取向产生怀疑；等等。这些道德失范现象，不仅有损农民个人形象，而且破坏农村社会风气，甚至扰乱农村社会秩序；不仅影响农民个人发展，而且不利于农村社会发展，不利于整个国家发展。而加强农民个人品德培育，提升农民个人品德修养，有利于修正道德失范行为，推动整体社会道德规范和行为准则的发扬；有利于促进社会健康有序发展，推动整个社会良好道德风尚的形成。

（二）从道德建设维度看，加强农民个人品德培育是农村社会主义道德建设的基础

个人品德建设的提出，进一步丰富和完善了我国社会主义道德建设体系。它将道德建设从社会、组织、家庭层面，引申到更加具体的个人层面，拓展了道德建设的内容，也为社会主义道德建设提供了一个新的视角。“公民个体道德水平决定着整个社会的道德水平。”[2] 在整个社会道德体系中，个人品德是社会道德、职业道德、家庭美德的基础。这种基础作用主要体现在两个方面：一是个人品德对社会公德、职业道德、家庭美德具有能动

[1] 新华社 . 中共中央关于制定国民经济和社会发展第十四个五年规划和二〇三五年远景目标的建议 [N]. 人民日报，2020-11-04（1）.

[2] 王立仁 . 公民道德建设的基础性意蕴 [N]. 光明日报，2002-02-05（B01）.

作用。“改变自身也就改变自己的社会。”[1] 社会交往、职业活动、家庭生活都是由不同个体有机结合形成的。作为个体道德心理和道德行为的综合，个人品德的状况直接影响社会公德、职业道德、家庭美德的状况，个人品德的提升，能有效促进社会公德、职业道德、家庭美德的提升。二是个人品德对社会公德、职业道德、家庭美德具有导向作用。“某一个人的良心可能超越他的时代，感到对将来要采用的行为类型负有义务。每一个因自己的良心而受到困扰的伟大的道德改革家，都是走在他的时代的前面的。”[2] 就是说，一些个体身上表现出的道德品质，有可能反映社会进步的方向，具有前瞻性，从而引领高尚社会道德的形成。相反，在某些社会领域出现的个体不道德现象，也会对整个社会道德产生消极影响。当前，农村社会中，有许多社会公德、职业道德和家庭道德方面的不良现象滋生，很大程度上在于有些社会成员的个人品德缺失。因此，加强农民个人品德培育，是加强农村社会公德、职业道德、家庭美德建设的基石，是加强农村社会主义道德建设的重要内容和坚实基础。

（三）从个人发展维度看，加强农民个人品德培育是促进农民个体全面发展的途径

马克思曾指出：“人的全面发展是现代化大生产的必然产物，是与人的片面发展相对而言的，全面发展的人是精神和身体、个体性和社会性得到普遍、充分而自由发展的人。”[3] 个人品德建设旨在提高人的道德素养、塑造人的高尚精神，从而促进人的道德素质的提高和人的道德境界的升华，进而促进人的自我完善、全面发展。从这个意义上说，加强个人品德建设是推动人的全面发展的应有之义。当前，随着乡村振兴战略的实施，随着农业现代化的推进，特别是随着脱贫攻坚目标任务的如期完成，我国广大

---

[1] 中共中央马克思恩格斯列宁斯大林著作编译局.马克思恩格斯全集（第3卷）[M].北京：人民出版社，1960：235.

[2] 包尔生.伦理学体系 [M].北京：中国社会科学出版社，1988：357.

[3] 教育部人事司，教育部考试中心.教育学考试大纲 [M].北京：北京师范大学出版社，2001：65.

农村发生了翻天覆地的变化，广大农民生活越来越好、日子越来越富。广大农民在物质生活极大改善的同时，对精神生活的需求也越来越突显。农业农村现代化离不开农民现代化，“农民的现代化不仅包括农民的生产、生活方式现代化，还包括农民生活观念、生产观念以及价值观念、思维方式等的现代化”[1]。加强农民个人品德培育，就是要强化广大农民的道德观念，培养农民的良好道德习惯，进而促进整个农村社会道德建设，推动农村社会主义精神文明建设，以此丰富广大农民的精神文化生活，从而对广大农民实现全面自由发展具有积极的促进作用。

（四）从和谐社会维度看，加强农民个人品德培育是维护农村社会和谐稳定的保障

构建社会主义和谐社会是我国全面建设小康社会的重要内容。“一个社会是否和谐，一个国家能否实现长治久安，很大程度上取决于全体社会成员的思想道德素质。没有共同的理想信念，没有良好的道德规范，是无法实现社会和谐的。”[2]加强个人品德建设，提高社会成员个体道德素质，有助于激发个体自身能动性和创造力，有助于调动和发挥人们投身和谐社会建设的积极性和主动性；有助于增强个体的包容性和凝聚力，从而有助于形成和谐的人际关系、劳动关系、社会关系，进而有助于形成良好的社会秩序和社会风气。当前，在一些农村出现的整体道德功能弱化、社会不文明行为普遍、生产经营秩序不规范、家庭教育失效等等问题，究其根源，还是部分农民个人理想信念缺失、个体道德滑坡造成的。因此，加强农民个人品德培育，切实提高农民道德素质，促进农民个体道德自觉，有利于农民个人主动遵循一定社会道德准则和行为规范，明礼遵规、自律自强，推进农村社会的和谐稳定；有利于农民接受农村各种社会关系的协调平衡，凝聚力量、化解矛盾，促进农村社会的稳定发展。

---

[1] 刘锐 . 以农民思维方式现代化推动农业农村现代化 [J]. 农村经济与科技，2020（13）：240-242.

[2] 王伟凯 . 构建和谐社会的若干哲学问题研究 [M]. 天津：天津社会科学院出版社，2008：250.

二、要明确农民个人品德培育的基本原则

（一）坚持以社会主义核心价值观为引领

习近平总书记指出："人类社会发展的历史表明，对一个民族、一个国家来说，最持久、最深层的力量是全社会共同认可的核心价值观。"[1] 社会主义核心价值观从国家、社会和个人三个层面确定了价值取向和行为指南，是对社会主义社会道德规范的高度凝练和集中体现。坚持和培育社会主义核心价值观，对个人品德建设具有规范和引导作用，有利于提升个人对国家的认同感和责任感，有利于增强民族凝聚力和向心力，有利于在全社会形成良好的道德风尚和文明风气。所以，习近平总书记强调："要推动乡村文化振兴，加强农村思想道德建设和公共文化建设，以社会主义核心价值观为引领，深入挖掘优秀传统农耕文化蕴含的思想观念、人文精神、道德规范，培育挖掘乡土文化人才，弘扬主旋律和社会正气，培育文明乡风、良好家风、淳朴民风，改善农民精神风貌，提高乡村社会文明程度，焕发乡村文明新气象。"[2] 具体说，就是要在广大农村全面深入开展社会主义核心价值观学习宣传，将社会主义核心价值观融入广大农民日常的劳动、生活当中，引导广大农民真正从内心深处理解认同核心价值观，积极践行核心价值观，使其成为农民自身的行为习惯和道德准则。

（二）坚持以人为本的价值取向

"马克思主义的终极价值是实现人的全面发展"，"在中国坚守马克思主义终极价值就要坚持以人为本"。[3] 道德的产生、存在与发展离不开现实社会中作为个体的人。因此，在农民个人品德建设中，农民是道德关系的主体，必须满足农民个体的内在情感和需求，必须尊重农民个体的自我判

---

[1] 习近平．习近平谈治国理政 [M]. 北京：外文出版社，2014：168.

[2] 新华网．习近平：乡村振兴战略是一篇大文章 [EB/OL].（2018-03-09）[2021-01-18]. http://www.xinhuanet.com/mrdx/2018-03/09/c_137025846.htm.

[3] 梁靖．以人为本：马克思主义终极价值 [J]. 人民论坛 .2016（25）：172-173.

断和选择，必须有利于农民个体的自由全面发展。只有这样，进入农民个体意识、情感、意志和行为过程中的道德规范，才能转化并逐渐沉淀为农民个人品德，才能持久体现，才能有生命力。而在现实社会中，每个农民都是个体的存在，都具有差异性。所以，加强农民个人道德建设，不能简单机械地用统一的、既成的社会道德规范强制约束，农民个体是存在差异的，用来满足他们自身发展的需要也是存在差异的。他们不同的个性和需要的差异性，要求社会道德转化为农民个人品德的过程，绝不是既成的现存社会道德向农民个体道德的简单、机械的转化，而是要坚持以人为本，尊重农民个体的不同个性和需求差异，重视社会道德规范与个体自我实现的有机联系；要强化教育引导，让广大农民充分认识到，遵守社会道德规范符合个体自我解放和自身发展的需要，使农民真正通过自觉自知、自主选择来获得适合自身发展的道德准则，去追求真善美、摒弃假恶丑。

（三）坚持继承传统和与时俱进相结合

习近平总书记在十八届中央政治局第十三次集体学习时指出："不忘本来才能开辟未来，善于继承才能更好创新。""中华民族在长期实践中培育和形成了独特的思想理念和道德规范，有崇仁爱、重民本、守诚信、讲辩证、尚和合、求大同等思想，有自强不息、敬业乐群、扶正扬善、扶危济困、见义勇为、孝老爱亲等传统美德。中华优秀传统文化中很多思想理念和道德规范，不论过去还是现在，都有其永不褪色的价值。"[1]"对传统文化中适合于调理社会关系和鼓励人们向上向善的内容，我们要结合时代条件加以继承和发扬，赋予其新的含义。"[2]加强农民个人品德建设，既要继承和发扬中华民族的传统美德，发挥传统美德的教化作用，在代代传承中，潜移默化丰富农民的精神世界，帮助他们形成良好的个人品德；又要借鉴发达国家的现代文明素养和道德理念，紧密结合社会实际和时代要求，去

---

[1] 中共中央文献研究室.十八大以来重要文献选编（中）[M].北京：中央文献出版社，2016：136.

[2] 习近平.在纪念孔子诞辰2565周年国际学术研讨会暨国际儒学联合会第五届会员大会开幕会上的讲话[N].光明日报，2014-09-25（2）.

粗取精、去伪存真、与时俱进、推陈出新，形成新的时代精神与道德规范，并大力发扬光大。

（四）坚持个体自觉与社会约束相结合

我们说，个人品德是自律性与他律性的统一。道德规范对个体的权威性不是建立在国家机关的强力权威上，而是建立在个体内在的道德自觉上，主要依赖每个人的本性良心来维系。从外在社会道德规范到个体内在本性良心的转化过程，就是道德社会化的过程。这一过程的关键在于个体自觉、不自觉的个人品德养成教育，它既包括个人的自我道德修养，也包括家庭教育的引导、学校教育的培养、社会环境的潜移默化的影响等。个人品德养成教育的重要性，决定了在农民个人品德建设中，应逐步建立和完善一套行之有效的运行机制，使个体自觉和社会约束相互结合、自律与他律相互补充，共同引导、促进农民个人道德规范和道德行为的向好向善发展。必须指出，在这一过程中，适当通过立法形式使一些基础的、重要的道德规范法律化，是必要的、可行的，有助于强化这些道德规范的约束性、权威性。正如习近平总书记所说的，“法律有效实施有赖于道德支持，道德践行也离不开法律约束”，“必须坚持依法治国和以德治国相结合，使法治和德治在国家治理中相互补充、相互促进、相得益彰”[1]。

（五）坚持物质文明和精神文明两手抓

“道德作为一种社会意识，作为观念的上层建筑，归根结底决定于社会存在，决定于社会物质生活的生产方式。”[2] 正如马克思所指出的：“人们按照自己的物质生产的发展建立相应的社会关系，正是这些人又按照自己的社会关系创造了相应的原理、观念和范畴。”[3] 由此可见，道德在本质

[1] 习近平 . 习近平谈治国理政（第 2 卷）[M]. 北京：外文出版社，2017：133.

[2] 张夺，金颜 . 马克思主义物质利益关系视域下的社会道德困境分析 [J]. 理论导刊，2016（8）：38-41.

[3] 中共中央马克思恩格斯列宁斯大林著作编译局 . 马克思恩格斯选集（第 1 卷）[M]. 北京：人民出版社，2009：603.

上是调整人与人之间利益关系的行为准则和价值规范，受一定社会生产关系、特别是物质利益关系的影响和制约。因此，我们在分析农民个人品德的问题和困惑时，不能仅仅从个人思想文化意识层面去调查说明，而且要从农村经济基础的变革中寻根究源。“不是意识决定生活，而是生活决定意识。”[1]造成当前农民个人品德建设困境的主要原因，不仅是广大农村文化道德资源的相对匮乏，更是农村生产生活的相对落后、物质资源条件的相对不足和利益分配的相对不均衡造成的。所以，加强农村思想道德建设，必须大力发展农业生产，不断提升农村经济；加强农民个人品德建设，必须首先提高农民生活水平，改善农民人居环境。习近平总书记 2017 年 12 月 12 日至 13 日在江苏徐州市考察时就强调：“农村精神文明建设很重要，物质变精神、精神变物质是辩证法的观点，实施乡村振兴战略要物质文明和精神文明一起抓，特别要注重提升农民精神风貌。”

三、要强化农民个人品德养成的内生系统

（一）提升农民个人道德认知

道德认知是一定社会道德规范内化为个人品德的基础。它的水平高低决定了道德内化程度的深浅。而当社会道德的规范完全内化为个人品德后，就会转化成个体的道德信念，能使一个人自发地产生自律性道德行为。个人道德认知不是生来具备的，而是通过学习后天获得的。没有对道德理论、道德规律和道德规范的学习和掌握，个体的道德内化也就无从谈起，个人品德建设也就成为无源之水、无本之木。由于农村社会环境和农民自身因素的影响，广大农民道德认知能力和水平相对较低。因此，在农民个人品德建设中，要通过多种方式、多种途径，广泛开展社会主义核心价值观宣传教育。教育引导广大农民“要认真汲取中华优秀传统文化的思想精华和道德精髓，大力弘扬以爱国主义为核心的民族精神和以改革创新为核心的

[1] 马克思，恩格斯 . 马克思恩格斯选集（第 1 卷）[M]. 北京：人民出版社，2009：525.

时代精神，深入挖掘和阐发中华优秀传统文化讲仁爱、重民本、守诚信、崇正义、尚和合、求大同的时代价值”[1]，努力使广大农民掌握科学的道德理论和规律，明确是非善恶的道德标准，从而提高个人道德认知水平，作出正确道德判断和道德选择。

（二）培养农民个人道德情感

道德情感是个体在社会生活经历中基于自身立场、观点所形成的对一定社会道德关系和道德行为的好恶、爱憎等态度体验，是人们道德心理中最活跃的因素，是个体道德行为得以进行和符合行为目标的内在保证。道德情感渗透在人们道德活动的各个方面，影响和制约着一个人的道德修养和道德实践，在个人品德建设中有着重要作用。个人品德建设的关键是作为道德主体的个人的积极道德接受，而道德接受主要依靠道德情感。在人与人的社会交往中，道德情感的特殊感染作用，有利于个体与他人相互交流的良性循环。而这一点，在以血缘和地缘为主要关系的乡村社会更为突出。在广大农村，特有的亲情友情、乡情民情，有利于人们从道德情感上，加深对共同道德规范和行为准则的接受和认可。因此在农民个人品德建设过程中，要注意发挥广大农民喜闻乐见的文艺形式与生动具体的典型事例等的感染作用，引起他们的情感共鸣，使他们在道德目标、道德行为的选择中获得对真善美的崇敬感与自豪感，并将其转化为践行社会主义核心价值观的情感动力。

（三）锤炼农民个人道德意志

一个人有了道德观念，但能否抵御现实生活中的各种诱惑，能否克服现实生活中的各种困难，使其内在道德动机战胜非道德动机，从而引起外在道德行为，往往取决于其道德意志的强弱。一个人如果没有坚强的道德意志，就很难在道德实践中主动克服困难和障碍，自觉坚持善良和正义，坚决抵制邪恶和私欲，也就很难形成高尚的个人品德。所以，古代先贤圣

[1] 习近平 . 习近平谈治国理政（第 1 卷）[M]. 北京：外文出版社，2018：164.

哲大都注重加强个人道德修养、锤炼个人道德意志。我国广大农民深受中华民族传统美德的熏陶，又有着在党的领导下进行革命的光荣传统，在爱党爱国爱社会主义、坚持自立自强和善良正直等方面，道德意志力相对较强。但是，受自身文化素质、道德认知能力的影响，在抵制丑陋邪恶、抵御私欲诱惑方面，道德意志力则相对较弱。因此，在农民个人品德建设中，要注重加强宣传教育力度，营造浓厚舆论氛围，通过正面典型示范、反面典型警示，以社会主义核心价值观引领广大农民，特别是农村青少年树立正确的道德目标和行为准则，以中国特色社会主义远大理想培养广大农民，特别是农村青少年崇高的义务感和责任感，从而实现个人道德境界的不断升华。

（四）推动农民个体道德实践

个人品德只有在由知到行转化的道德实践中，才能形成并不断强化，最终沉淀为稳定的品质特征。也就是说，个人在社会实践过程中认同一定社会道德规范，并主动遵循这一道德规范的行为过程，又是个体通过社会实践活动在自身头脑中不断实现道德内化的过程。因此，加强农民个人品德建设必须注重推动农民个体道德实践，使农民在社会实践中反复锤炼自己的道德品性。所以，国家在《乡村振兴战略规划（2018—2022 年）》中提出，“广泛开展星级文明户、文明家庭等群众性精神文明创建活动”，“广泛开展好媳妇、好儿女、好公婆等评选表彰活动，开展寻找最美乡村教师、医生、村官、人民调解员等活动”，“鼓励开展群众性节日民俗活动，支持文化志愿者深入农村开展丰富多彩的文化志愿服务活动”，“深入推进移风易俗，开展专项文明行动，遏制大操大办、相互攀比、‘天价彩礼’、厚葬薄养等陈规陋习”。[1] 其目的，就是要通过广泛开展多种形式的农村道德实践活动，强化农民的道德认知、道德情感、道德意志体验，引导广大农民在亲身实践中树立远大理想信念和高尚道德情操，争做道德模范，成为社会主义核心价值观的积极践行者。

[1] 中共中央　国务院. 乡村振兴战略规划（2018—2022 年）[N]. 人民日报，2018-09-27（1）.

（五）激发农民个人道德需要

马克思指出："人的本质不是单个人所固有的抽象物，在其现实性上，它是一切社会关系的总和。"[1]因此，现实社会中的人，不是独立存在的个体，其自身的发展依赖于其所处的社会和与其有各种关系的其他人。马克思同时指出：现实生活中的人，"不仅有他们作为工人的直接需要，而且也有他们作为人的各种需要"[2]。这些需要可以是自然需要、社会需要，也可以是物质需要、精神需要，还可以是生存需要、享受需要、发展需要等等。道德需要既属于社会需要、精神需要，也属于发展需要。现实社会中的个人，不仅希望自身能够得到发展，而且希望能够得到社会和他人的认可。个人想要获得社会和他人的认可，必然要提升自身的素养和德行。而对个体素养和德行的评判，必然是社会及其成员广泛认同的价值准则和道德规范。从而在一定程度上刺激个人积极主动向社会主流道德准则和行为规范靠拢，成为提升个人品德的内在需要。加强农民个人品德建设，就要动用各种力量、通过各种途径、采取各种措施，激发广大农民学习、接受、认同社会主流道德准则和行为规范的内心需要，进而调动其道德实践的积极性主动性，促使其自觉提升个人道德品质。

（六）强化农民个人道德责任

黑格尔认为："道德之所以是道德，全在于具有知道自己履行了义务这样一种意识。"[3]在黑格尔看来，作为道德主体的人，基于其道德认知、道德情感、道德意志，主动遵循一定社会的道德准则和行为规范，是对社会责任与义务的自觉承担。这种道德责任意识在个人的社会生活和工作中有着重要作用。当一个人具备了道德责任意识，明白在社会生活中"什么事

---

[1] 中共中央马克思恩格斯列宁斯大林著作编译局 . 马克思恩格斯文集（第 1 卷）[M]. 北京：人民出版社，2009：501.

[2] 中共中央马克思恩格斯列宁斯大林著作编译局 . 马克思恩格斯文集（第 1 卷）[M]. 北京：人民出版社，2009：273.

[3] 黑格尔 . 精神现象学（下）[M]. 贺麟，王玖兴，译 . 北京：商务印书馆，1979：157.

该做，什么事不该做”，并把它作为自身应尽的社会责任和义务时，说明这个人已经真正融入这个社会、适应这个时代，这无疑有利于社会秩序的维护，有利于个人道德品质的提升，也有利于个人的自我发展和完善。因此，在农民个人品德建设中，加强农民道德责任教育，加强社会主义核心价值观和公民道德规范教育，培养农民作为农村社会成员的主人翁意识，增强农民的社会责任感，是十分紧迫也是十分必要的。

四、要优化农民个人品德培育的外部环境

（一）营造良好的农村家庭教育环境

早期教育是一个人成长发展的关键，而家庭无疑是儿童最早的教育环境。英国教育家洛克曾说：“家庭教育不仅是基础教育，而且是主导的教育，给孩子深入骨髓的教育，是任何学校教育及社会教育所无法替代的。”[1] 家庭既是一个人生命的摇篮，也是一个人心理发育、智力成长、品德认知的启蒙教育基地，对个人品德形成有着重要影响。家庭道德教育主要是通过父母的言传身教及良好家风的潜移默化来实现的。营造良好的农村家庭教育环境，培养农村父母正确的家庭教育观念，对农民尤其是农村青少年个人品德建设具有积极的促进作用。所以，《新时代公民道德建设实施纲要》中提出，“用良好家教家风涵育道德品行”，“要弘扬中华民族传统家庭美德，倡导现代家庭文明观念，推动形成爱国爱家、相亲相爱、向上向善、共建共享的社会主义家庭文明新风尚，让美德在家庭中生根、在亲情中升华”。[2] 营造广大农村良好的家庭教育环境，一是要提高农村父母的科学文化水平和个人道德素质，给孩子树立良好的道德榜样；二是要引导农村父母树立“德才兼备，以德为先”的子女教育理念，促进孩子成人成才、全面发展。

[1] 约翰·洛克．家庭学校 [M]. 张小茅，译．北京：京华出版社，2001：2.

[2] 中共中央 国务院．新时代公民道德建设实施纲要 [N]. 人民日报，2019-10-28（1）.

（二）构建优良的农村学校德育环境

学校教育同样是一个人成长发展的重要环节。相比社会，学校教育对个人品德的影响是深刻而持久的。相比家庭和社会，学校教育有明确的培养目标、培养标准，可以向学生系统地输出社会价值观念、道德规范和行为准则，对社会道德导向作用的发挥至关重要。因此，加强农民个人品德建设，必须彻底转变农村学校“重智轻德”甚至“德育缺失”的现状。

1. 坚持立德树人贯穿教育全过程

一是要注重加强政治引领。要全面贯彻党的教育方针，坚持社会主义办学方向，紧跟社会和时代步伐，积极推进思想政治理论课改革，充分利用思想政治教育针对性、灵活性、时效性等特点，做到因势利导、与时俱进，从而切实提高思想政治教育的育人成效。二是要完善德育课程体系。要“坚持育人为本、德育为先，把思想品德作为学生核心素养、纳入学业质量标准，构建德智体美劳全面培养的教育体系”；要“注重融入贯穿，把公民道德建设的内容和要求体现到各学科教育中，体现到学科体系、教学体系、教材体系、管理体系建设中，使传授知识过程成为道德教化过程”。[1] 三是要创新教学方式方法。要坚持灌输式教学与启发式教学相结合，既要充分发挥课堂教学的主渠道作用，又要用好第二课堂、网络新媒体等平台，启发和引导学生树立正确的世界观、人生观、价值观，积极践行社会主义核心价值观和新时代公民道德规范。

2. 营造积极向上的校园文化氛围

校园文化对学生个人品德的塑造有很强的感染力和影响力。它往往体现出一所学校的精神风貌，引导学生积极进取的道德追求，陶冶学生团结友爱的道德情感。一是要凝聚校园精神。要整合资源、营造氛围，大力弘扬社会主义核心价值观，加强学生思想道德教育，培养学生抵制庸俗、低级趣味的文化自觉，塑造学生高尚的道德人格，真正唱响主旋律、壮大正能量。二是要丰富文化实践。要根据不同阶段学生的兴趣和爱好，广泛开展生动活泼、形式多样的校园文化活动，通过社团组织、主题实践、志愿

---

[1] 中共中央 国务院 . 新时代公民道德建设实施纲要 [N]. 人民日报，2019-10-28（1）.

活动等进行爱国主义、集体主义宣传教育，将学生个人品德教育寓于文化活动之中，使学生通过亲身实践体验，有效地提升道德认知、培养道德情感、锤炼道德意志、规范道德行为。三是要美化校园环境。校园环境是对学生进行个人品德教育的物质条件。要围绕正确育人理念，科学规划、适当投入，美化校园环境，使学生在清新美好、干净整洁、紧张有序的校园环境中，潜移默化地调整精神状态、改造思想作风、规范道德言行。

（三）构建遵德守礼的农村社会环境

人的本质属性是社会性。这就决定了人的道德观念总会受到一定社会经济、政治、文化等因素的制约和影响。因此，加强农民个人道德建设，必须综合考虑各种因素，努力构建有利于农民个人道德品质提升的良好农村社会环境。

1. 要大力改善农村经济条件

经济基础决定上层建筑。农村社会经济状况对农民个人品德建设有着决定性影响。完善的经济体制、规范的经济秩序、富裕的经济条件、较高的生活水平，能够为农民个人品德建设提供良好的物质基础。当前，我国正全面实施乡村振兴战略，其根本出发点和落脚点，就是要不断满足广大农民日益增长的美好生活需要。而这里的“生活需要”，既包括物质生活需要，也包括精神生活需要。提升农民精神生活质量的根本途径，就是坚持农业农村优先发展，大力推进农业农村现代化，使广大农民从“生活宽裕”走向“生活富裕”。所以，习近平总书记2018年在海南考察时强调：“乡村振兴，关键是产业要振兴。要鼓励和扶持农民群众立足本地资源发展特色农业、乡村旅游、庭院经济，多渠道增加农民收入。”中共中央、国务院印发的《乡村振兴战略规划（2018—2022年）》中也提出：“乡村振兴，生活富裕是根本”，要“不断拓宽农民增收渠道，全面改善农村生产生活条件，促进社会公平正义”，要“增进农民福祉，让亿万农民走上共同富裕的道路，汇聚起建设社会主义现代化强国的磅礴力量”。[1]

[1] 中共中央　国务院．乡村振兴战略规划（2018—2022年）[N]．人民日报，2018-09-27（1）.

2. 要着力优化农村社会风气

邓小平同志曾经指出："当前的精神文明建设，首先要着眼于党风和社会风气的根本好转。"[1] 社会风气是社会文明程度的重要标志。良好的社会风气，对于引导个人道德取向、激发个人道德情感、调动个人践行道德行为的主动性具有积极的作用。加强新时代农民个人品德建设，当前最重要的一点，就是要在广大农村大力弘扬和倡导社会主义核心价值观，大力营造和谐社会氛围，推动形成良好的社会风气。一是要以习近平新时代中国特色社会主义思想为指导，发挥大众传媒的价值引导功能，坚持正确舆论导向，大力宣传科学理论、传播先进文化，弘扬正气、抵制低俗，不断提高广大农民的科学文化素质和思想道德素质，始终坚定中国特色社会主义道路自信、理论自信、制度自信和文化自信。二是要加强农村法治建设，提高农民法律意识，惩治农村违法犯罪活动，打击严重不道德行为，维护良好社会治安环境，惩恶扬善、弘扬正气。三是要"繁荣发展乡村文化"，"以传承发展中华优秀传统文化为核心，以乡村公共文化服务体系建设为载体，培育文明乡风、良好家风、淳朴民风，推动乡村文化振兴"[2]。四是要打击行业不正之风，倡导诚信守法经营，规范农村市场经营秩序。五是要"要加强和改进乡村治理，加快构建党组织领导的乡村治理体系，深入推进平安乡村建设，创新乡村治理方式，提高乡村善治水平"[3]。

3. 要有效净化网络道德环境

网络是大众传媒的一种主要形式，以其信息广、传递快、无时限、跨地域等特点，广泛、深刻地影响着当今人们的思想观念和道德行为。因为农村文化设施相对落后、文化生活相对贫乏，所以网络已经成为广大农民、特别是农村青年和少年儿童获取信息、休闲娱乐的主要途径。作为一把"双刃剑"，网络对一个人道德品质的影响是双重的，既有正面的、积极

[1] 邓小平．邓小平文选（第3卷）[M]. 北京：人民出版社，1993：144.

[2] 中共中央，国务院．乡村振兴战略规划（2018—2022年）[N]. 人民日报，2018-09-27（1）.

[3] 习近平．在中央农村工作会议上的讲话——坚持把解决好"三农"问题作为全党工作重中之重促进农业高质高效乡村宜居宜业农民富裕富足 [N]. 人民日报，2020-12-30（1）.

的，也有负面的、消极的。因此，加强农民个人品德建设，必须重视网络道德环境建设，既要加强引导，大力发展健康向上的网络文化；又要注意管控，及时筛除不良网络信息，净化网络环境。一是要健全完善网络道德规范和法律法规，坚持依法依规管网治网，强化网络综合治理，规范上网用网行为，维护网络道德秩序。二是要提高网络主体的道德素养，培养自律网络行为，倡导文明办网、文明上网，引导广大农民树立正确的网络道德观，增强对不良网络文化的警觉性、鉴别力和免疫力。三是要积极培育和引导网络公益力量，壮大网上志愿队伍，加强网上公益宣传，开展网上道德实践，推动形成关爱他人、奉献社会的良好网络风尚。

4. 要打造乡愁满满的精神家园

2015 年 1 月，习近平总书记在云南考察工作时强调："新农村建设一定要走符合农村实际的路子，遵循乡村自身发展规律，充分体现农村特点，注意乡土味道，保留乡村风貌，留得住青山绿水，记得住乡愁。"[1]"什么是乡愁？乡愁就是你离开这个地方会想念这个地方。"换句话说，乡愁就是对故乡深沉的眷恋和牵挂之情。农村传统上是以血缘和地缘关系为基础的"熟人社会"，熟人社会重人情，诸如民族情、爱国情、故乡情，亲情、友情、同乡情、同学情、战友情，等等。这种人情文化在乡土气息浓厚的广大农村更加典型。在农村，传统的人情世故、礼尚往来、风俗礼仪等实际上是农民遵循一定道德规范的表达，对加强农民个人品德建设具有积极的作用。因此，我们应该注意挖掘传统农村文化中的优秀资源，培育和发展具有地域特色的乡村文化品牌，继承和弘扬具有民族特色的乡村文化品质，在对乡村传统文化的记忆中寻找精神根源，在对故乡满是乡愁的眷恋中打造共同的精神家园，以乡愁乡情、乡风民俗、乡规民约等特色乡土文化，激发人们的道德情感，汇聚人们的道德精神，规范人们的道德行为。正如 2018 年 3 月习近平总书记参加山东代表团审议时所强调："要推动乡村文化振兴，加强农村思想道德建设和公共文化建设，以社会主义核心价值观

[1] 新华社 . 坚决打好扶贫开发攻坚战加快民族地区经济社会发展 [N]. 光明日报，2015-01-22（1）.

为引领，深入挖掘优秀传统农耕文化蕴含的思想观念、人文精神、道德规范，培育挖掘乡土文化人才，弘扬主旋律和社会正气，培育文明乡风、良好家风、淳朴民风，改善农民精神风貌，提高乡村社会文明程度，焕发乡村文明新气象。”[1]

五、要完善农民个人品德培育的调控机制

道德调控是社会调控的一种方式，“就是指一定社会、阶级或群体借助各种相应的社会力量，采取各种措施，使特定的道德原则规范、道德价值观念在大众层面上被接收，并转化为个体的义务观念、良心感、价值目标和实际行为的活动和过程”[2]。就农民个人品德建设而言，道德调控的机制是多种多样的，它既是道德功能的表现形式，又是道德功能得以发挥的重要途径。

（一）完善农民个人品德的教育培养机制

教育培养是个人品德建设体系中一种最为重要的机制。它不仅要使一个人懂得一般的善恶、美丑、是非、荣辱等观念，而且要使一定的社会道德原则和道德规范深入个体内心，并内化为个体的道德品质。实践证明，如果道德教育培养的形式新颖、方法适当、针对性强，就能够对个人品德的形成富有成效。农民道德教育的主要途径包括正规的学校教育和非正规的家庭教育、社会教育。学校教育和家庭教育主要针对农村青少年儿童。学校教育，要“遵循不同年龄阶段的道德认知规律，结合基础教育、职业教育、高等教育的不同特点，把社会主义核心价值观和道德规范有效传授给学生”[3]。家庭教育，要引导农村父母“重言传、重身教，教知识、育品

[1] 新华社．习近平 李克强 王沪宁 赵乐际 韩正分别参加全国人大会议一些代表团审议 [N]. 光明日报，2018-03-09（1）.

[2] 马向真，徐萍萍．道德调控与和谐社会心态塑造 [J]. 南京师大学报（社会科学版），2009（4）：98-103.

[3] 中共中央，国务院．新时代公民道德建设实施纲要 [N]. 人民日报，2019-10-28（1）.

德，以身作则、耳濡目染，用正确道德观念塑造孩子美好心灵”[1]。社会教育，要上下联动、齐抓共管，通过多种途径、采取多种形式、组织各种活动，寓正确价值导向和道德要求于其中，针对不同对象、不同素质、不同层次、不同特征的群体，分类培养、精准施教，把解决农民思想问题与解决农民实际问题结合起来，把教育农民与服务农民结合以来，让广大农民在亲身参与、亲身体验、真正受益的过程中，自觉加深对社会道德规范的认同，自觉约束自身的道德言行。

（二）完善农民个人品德的舆论引导机制

“舆论具有成风化人、敦风化俗的重要作用。”[2] 舆论作为社会意识形态的一种特殊表现形式，它不仅是道德评价、道德约束的主要手段，而且本身就是一定社会群体价值取向、道德观念的体现，对个人品德的形成具有重要的引导作用。日常生活当中，一个人之所以不愿或不敢做出不道德的行为，一般处于两个可能：一个是出于个人道德良心、道德责任的自我约束；一个是担心甚至惧怕来自社会舆论的道德谴责。因此，无论是舆论的引导功能，还是评价和监督功能，都对一个人道德品质的形成具有重要的导向作用。加强农民个人品德建设，必须重视发挥社会舆论的导向作用。一是加强正面宣传引导，主动占领舆论阵地，如报纸、杂志、广播、电视、互联网等大众传媒。“要润物无声，运用各类文化形式，生动具体地表现社会主义核心价值观，用高质量高水平的作品形象地告诉人们什么是真善美，什么是假恶丑，什么是值得肯定和赞扬的，什么是必须反对和否定的。”[3] 二是加强舆情信息监督，对来自四面八方、内容五花八门的观点和想法，“要多一些包容和耐心，对建设性意见要及时吸纳，对困难要及时帮助，对不了解情况的要及时宣介，对模糊认识要及时廓清，对怨气怨言要及时化解，对错误看法要及时引导和纠正”[4]。总之，通过各种大众传播媒介，使社会舆论成为一种独特的

[1] 中共中央，国务院 . 新时代公民道德建设实施纲要 [N]. 人民日报，2019-10-28（1）.
[2] 中共中央，国务院 . 新时代公民道德建设实施纲要 [N]. 人民日报，2019-10-28（1）.
[3] 习近平 . 习近平谈治国理政（第 1 卷）[M]. 北京：外文出版社，2018：165.
[4] 习近平 . 习近平谈治国理政（第 2 卷）[M]. 北京：外文出版社，2017：336.

社会力量和道德引导机制，让道德行为得到弘扬，让不道德行为得到禁止，从而引导农村社会风俗的淳化和农民道德水平的提高。

（三）完善农民个人品德的赏罚激励机制

“赏善而不罚恶则乱，罚恶而不赏善亦乱。”[1] 在现实生活中，“赏善罚恶”是被人们普遍认可的社会观念。一个社会，能够根据一定的社会价值标准和道德规范，对道德行为优良者给予物质或精神奖励，对道德行为不良者给予物质或精神制裁，做到赏罚分明，实际上是这个社会道德权威得以实现、榜样力量得以彰显、舆论导向分明、道德风俗醇正的表现，也是道德调控机制切实有效的表征。心理学认为，人们社会行为的最基本出发点是趋利避害。在这种心理的作用下，绝大多数人会主动趋向并接近被奖赏的行为，而自觉背向并远离被处罚的行为，从而实现自己向好的道德评判和道德选择。加强农民个人品德建设，要重视合理发挥这种社会赏罚机制的导向和激励作用，通过实实在在的赏罚事实，让广大农民明确应该树立什么样的道德标准和行为规范，应当反对什么样的道德标准和行为规范；让全社会形成匡扶正义、贬斥邪恶的强大舆论氛围，形成激浊扬清、抑恶扬善的良好道德风气。从而加速社会道德规范在农民个体中的内化过程，推动农民个人品德的跃变和升华。

（四）完善农民个人品德的法律强制机制

法律和道德都是规范人们社会行为的调控手段。“法律是成文的道德，道德是内心的法律，法律和道德都具有规范社会行为、维护社会秩序的作用。”[2] 前者具有强制性，后者突出自觉性。加强农民个人品德建设，不仅要依靠农民个人的道德自律，也要依靠法律法规的外在约束。在现实生活中，把农民个人品德的基本原则和规范纳入法律义务，以法律意识保障和促进个人道德观念的确立，有利于加快社会道德规范转化为个人品德的进程；而对社会生活中严重违反公共道德的现象和个人施以法律强制，运用

[1] 元结 . 元次山集 [M]. 孙望，校 . 北京：中华书局，1960：120.

[2] 习近平 . 习近平谈治国理政（第 2 卷）[M]. 北京：外文出版社， 2017：116.

法律武器实现扶正祛邪、扬善止恶，则有利于营造讲法治、重道德的良好社会环境。发挥法律的强制机制作用，一是要加强道德立法，“及时把实践中广泛认同、较为成熟、操作性强的道德要求转化为法律规范，推动社会诚信、见义勇为、志愿服务、勤劳节俭、孝老爱亲、保护生态等方面的立法工作”[1]。二是要坚持严格执法，加大对事关人民群众切身利益的重点领域，如粮食生产、食品安全、农副产品质量、消费者权益等方面的执法力度，以法治的力量来实现道德功能、凝聚道德力量。三是加强普法宣传，推进全民学法守法用法，提高农民法治素养，加强农村法治文化建设，引导广大农民严守法律红线、坚守道德底线。

（五）完善农民个人品德的示范引领机制

希腊有句谚语：“用道德的示范来造就一个人，显然比用法律约束他更有价值。”就是说，先进道德模范的榜样作用，在个人品德建设中具有巨大的影响。人生来具有模仿的本性、学习的本能。先进人物、典型模范本身是社会文明的象征，是真善美的化身。他们的优良品质和感人事迹，具有极大的感召力和感染力，从而使人们更容易认同和接受他们身上所体现出来的价值取向和道德品质。所以，加强农民个人品德建设，必须重视“以先进模范引领道德风尚”。一是“要精心选树时代楷模、道德模范等先进典型，综合运用宣讲报告、事迹报道、专题节目、文艺作品、公益广告等形式，广泛宣传他们的先进事迹和突出贡献，树立鲜明时代价值取向，彰显社会道德高度”[2]。二是要“广泛开展好媳妇、好儿女、好公婆等评选表彰活动，开展寻找最美乡村教师、医生、村官、人民调解员等活动”[3]，通过农民身边的好人、好事，引导人们追求真善美，摒弃假恶丑，以榜样的高尚人格魅力引导人们的道德评价、引领社会的道德风尚。三是要发挥党员干部模范带头作用。“党员干部的道德操守直接影响着全社会道德风尚，要落实全面从严治党要求，加强理想信念教育，补足精神之钙；要加强政德

[1] 中共中央，国务院．新时代公民道德建设实施纲要 [N]. 人民日报，2019-10-28（1）.
[2] 中共中央，国务院．新时代公民道德建设实施纲要 [N]. 人民日报，2019-10-28（1）.
[3] 中共中央，国务院．乡村振兴战略规划（2018—2022 年）[N]. 人民日报，2018-09-27（1）.

修养，坚持法律红线不可逾越、道德底线不可触碰，在严肃规范的党内政治生活中锤炼党性、改进作风、砥砺品质，践行忠诚老实、公道正派、艰苦奋斗、清正廉洁等品格，正心修身、慎独慎微，严以律己、廉洁齐家，在道德建设中为全社会作出表率。”[1]

（六）完善农民个人品德的自我养成机制

内因决定外因，没有个人的主观努力和自我磨炼，个人品德的提升也就会成为镜中花、水中月。因此加强农民个人品德建设，最基础的一环是要引导广大农民重视个人品德的自我修养。一是要注意养成良好的道德品行。在日常生活，特别是家庭生活中，要主动抑制或者修正自身不良行为和心理品质，自觉地向优良的道德行为方向努力，以身作则、言传身教，给子女树立良好的道德榜样。二是要守住做人的良心底线。道德的根本力量源于自身的道德良知，正所谓“见贤思齐焉，见不贤而内自省也”[2]。即使学不到别人的优点，但是要努力避免别人的不良行为在自己身上发生，坚持从自我做起、从小事做起，做到“勿以善小而不为，勿以恶小而为之”，使行善止恶成为道德习惯。三是要勇于个人品德实践。实践是检验真理的唯一标准，个人品德的形成是一个长期修养、反复实践的过程。只有在反复的道德实践中，才能亲身体验到主流道德观念给自己带来的认同感、归属感、获得感，从而坚定自己的道德意志、养成自己的道德习惯。

---

[1] 中共中央，国务院 . 新时代公民道德建设实施纲要 [N]. 人民日报，2019-10-28（1）.
[2] 论语 [M]. 杨伯峻，杨逢彬，注译 . 长沙：岳麓书社，2018：50.

第六章　农民生态道德

新时代农民道德观培育的五维结构中，生态道德培育是非常重要的一维。农民生态道德培育是为了满足需要，是实现农民美好生活的需要，是乡村全面振兴的需要，是全面建设社会主义现代化国家的需要，是实现中华民族伟大复兴的需要。诚然，近些年农民生态道德培育取得了一定成效，但不可忽视的问题还是存在的，与时代发展要求的水平还有一定差距。新时代农民生态道德培育不仅是理论问题更是实践问题；不仅是静态问题更是动态问题；不仅需要农民发挥主体性更需要政府、社会、学校等多方面综合施策，共同发力。新时代农民生态道德培育要将生态道德认识、生态道德情感、生态道德意志和生态道德行为等四要素辩证统一成为一个动态的实践系统，认识的提升、情感的培育、意志的磨炼和行为的养成之间是相互影响、相互作用的，在相互联系中共同进步，最后达到固之为习的实效，引导农民成长为生态环境的保护者、建设者和受益者。

第一节　农民生态道德的内涵与具体要求

生态道德培育是新时代农民道德观培育的重要内容和基本要求。新时代生态道德培育既需要符合时代发展要求的顶层设计，也需要脚踏实地的具体实践行为。生态道德培育是现代社会发展的必然要求，现代人人格健全的重要内容就是生态道德良好。生态道德水平是衡量公民个人道德修养和社会文明程度的重要标尺，直接影响个人品质是否高尚和能否享有个人尊严。

一、生态道德培育的基本概念界定

任何时代任何形式的道德培育都不是也不可能是一劳永逸的。那么首要前提就是厘清与之相关的系列概念，进行范围的界定。以道德为核心的生态道德、生态道德培育和农民生态道德培育等概念都需要厘清，同时也要梳理系列概念之间的相互关系。

（一）生态

生态一词源于古希腊，本意指家或者环境。随着人们对人与自然关系理解的不断深化，除了对“生态”本意的保留外，新时代生态概念的内涵更加丰富了、外延更加全面了。可以从广义与狭义两个角度理解。

从广义上说，生态泛指一切生物的存在状态以及个体与个体、个体与环境的关系。个体与个体之间、个体与环境之间相互联系相互作用，形成了稳固的生态系统。生态系统的各要素之间相互联系相互作用，表现出不以人的意志为转移的客观规律性。不管是否认识到规律，它都是客观存在的，人们只能尊重、利用但不能任意改变。从这层意义讲，人本身就是从自然环境中分化出来的相对独立存在的一部分，人与除人之外的一切动植物、其他生命体都发生着有形或无形的联系。虽然人是自然界中的高级智慧动物，但人类要想生产、生活与生存，就必须要去寻找与自然环境之间最佳的相处之道，既要保证人类的生存发展又要保证自然环境的完整，并能使两者形成动态平衡、和谐相处的模式。

从狭义上说，生态专指自然环境，是指以人类为中心的并对人类的生存发展产生影响的各种自然因素的总和。人类凭借自身能力作用于自然，但这种能力不是无限制提升的，会受到人的学识水平、事物本质的显露程度等各种主客观因素的制约。广义生态概念与狭义生态概念最大的区别就在于适用范围的不同，但都离不开生态系统这个核心要素。

在厘清生态概念的基础上，生态之于人类的价值也需要全面认识。随着利用与改造自然能力的提升，人类对生态价值的认识也越来越全面。生态对人类而言的价值一般体现在自然价值、经济价值和环境价值上。由于利益诱惑，在生产生活实践中，生态的经济价值往往得到过度的重视，而生态的环境价值得不到重视。生态的环境价值是指生态为人类提供土地、空气、水源等。可以说，如果生态没有环境价值，人也就没有生存之地了。生态道德培育就是要引导农民把生产生活中处理人与人之间关系的伦理原则应用和延伸到处理人与自然的关系之中，全面认识生态的价值，从重视生态的经济价值转向重视生态的环境价值。

（二）生态道德

生态道德意识是随着人类生产力的提升逐渐形成的。第一次工业革命促进人类生产力大发展，社会财富迅速积累，“技术的胜利，似乎是以道德的败坏为代价换来的”[1]。人们开始重新审视人与自然的关系，保护自然环境的意识逐渐提升，开始将人与人关系的伦理原则应用到人与自然的关系中，开始从道德意义方面重构人与自然的关系。在现代化建设过程中，我们不能再盲目利用技术的力量，在运用技术改造自然的同时要以道德底线来约束自己的行为，并尽到保护环境、节约资源的责任与义务。但当遇到利益冲突时，有些人经受不住诱惑突破了道德底线。这种做法在农业生产生活领域也是常见的。生态道德也就成为道德领域的重点课题，成为时代发展所需道德素养的有益补充。生态环境问题越严重，对生态道德素养的要求就越高。新时代，生态道德素养提升不仅是保护自然环境的基本要求，也成为人的全面发展的重要内容。农民要成为新时代的新型农民，提升自身生态道德素养是必需的，应其将所掌握的生态道德知识融入自身的生产生活中，日益践行并成为习惯。长此以往，保护自然环境就是个人的本能性行为而不是选择性行为。

生态道德究竟如何诠释，学者的研究角度不同，生态道德概念的侧重点自然不同。余某昌从内容的角度，认为生态道德是指人们对自然界中的动物、植物、微生物等生命体的道德情感态度，以及人们行为发生影响的

---

[1] 中共中央马克思恩格斯列宁斯大林著作编译局．马克思恩格斯选集（第 1 卷）[M]．北京：人民出版社，1995：775.

道德意识、道德准则与行为规范的总称。[1] 杨立新等从态度的角度，认为生态道德是基于人通过实践对自然进行改造的过程中的一种人类道德态度的体现。[2] 陈寿朋从生态道德与传统道德的关系角度，提出生态道德不仅“体现着人与自然间的生态伦理关系，而且体现着人与其他人以及社会之间的生态伦理关系。”[3] 所谓生态道德，指的是调整人与自然以及以自然为“中介”的人与人之间关系的一种特殊的意识形态和行为规范。[4] 各位学者的生态道德概念虽然不同，但都涉及两个基本要素：人与自然。目的都是分析人与自然的关系，解决人与自然的矛盾，找到人与自然的相处之道。

简单讲，生态道德是处理人与自然关系的行为规范和道德标准。以人与自然的关系为研究出发点，以生态学的相关理论为基础，以提升人类的生态道德水平为目标。生态道德将处理人与人之间关系的准则延伸应用到处理人与自然之间关系的领域，探求人与自然应该怎样相处。生态道德倡导人与自然要和谐相处，就是要以尊重自然、顺应自然、保护自然的态度培养保护自然家园的感恩之心，同时为生态危机的解决提供了全新的角度和解决思路。

（三）生态道德培育

工业革命前，社会生产力水平较低，人类大多数是通过直接手段从大自然中获取生活资料和生产资料的。工业革命带来技术的革新，人类作用于自然的能力迅速提升，同时积累了大量的社会财富，从而陷入征服大自然的盲目狂喜中。“我们不要过分陶醉于我们对自然界的胜利。对于每一次这样的胜利，自然界都报复了我们”[5]，恩格斯的这一警告这并没有引起人类足够的重视。直到 20 世纪初，西方学者逐渐认识到人和自然关系的重要

[1] 余某昌 . 中国发展需要生态伦理学 [J]. 中国发展，2002（3）：75-78.

[2] 杨立新，张新宇，屠凤娜 . 论生态道德的内涵及建设体系 [J]. 环渤海经济瞭望，2009（6）：15-17.

[3] 陈寿朋 . 加强生态道德建设，促进人与自然和谐 [J]. 求是，2006（8）：48-50.

[4] 易连云，杨洋 . 文化冲突与融合中的学校德育——西南地区民族文化传统与学校德育现状调查与研究 [M]. 桂林：广西师范大学出版社，2010：72.

[5] 中共中央马克思恩格斯列宁斯大林著作编译局 . 马克思恩格斯文集（第 9 卷）[M]. 北京：人民出版社，2009：559.

性并将道德伦理引入其中。诺贝尔和平奖获得者阿尔贝特·史怀泽在其著作《文明的哲学：文化与伦理学》中创见性提出“敬畏生命”的伦理学思想，并将其由人类世界扩展到所有生命的世界。他的另一本著作《敬畏生命：五十年来的基本论述》与美国学者奥尔多·利奥波德的《沙乡年鉴》并称为生态伦理学的开山之作。但是学界的呼声没有引起人们的足够重视，生态危机愈发严重。人类真正意识到保护生态的重要性是从《寂静的春天》的问世开始。这本书是美国科普作家蕾切尔·卡逊所著，以揭露科技发展带给人与自然界的破坏性影响为目的，引起了世界的巨大反响，更是推动了人类保护生态行动的发起。在联合国的主导下，以“保护自然”为主题的会议连续召开，“环境道德教育”作为一个崭新概念首次在《贝尔格莱德宪章》中出现。这是人类为保护生态环境作出努力的里程碑。

越来越多的中国学者已经认识到生态道德在保护自然生态环境、规范人类生态行为等方面的“软性约束”作用，生态道德培育研究也取得了较大发展。作为相对年轻的研究领域，学者们也积极地从不同角度进行研究。刘振亚指出：“生态道德教育是一种新型的道德教育活动，是指教育工作者从人与自然相互依存、和睦相处和互惠共生的生态道德观出发，启发引导人们为了人类长远利益和更好地享用自然、享用生活，自觉养成爱护自然环境和生态系统的生态保护意识、思想觉悟和相应的道德习惯。其实质就是要求广大受教育者以道德理念去自觉维系生态平衡、环境保护和不可再生资源的可持续利用。”[1] 曾锦昌指出：“生态道德教育是将人与自然之间的道德关系纳入德育的整体结构，通过对人们进行环境知识、生态意识、环境伦理的长期教化和引导，使人们自觉养成热爱自然，善待生物，保护环境的道德观念和道德意识。”[2] 周精辟认为：“生态道德教育是指运用生态学的原理和方法，教育人们正确认识人与自然的关系，从而改变人们不适当的生活方式和价值观念，走可持续的良性发展道路，以最终实现人与自然

[1] 刘振亚 . 生态道德教育的理论和实践探索 [J]. 教育探索，2007（2）：90-91.

[2] 曾锦昌 . 浅谈生态道德教育现状及其对策 [J]. 广东轻工职业技术学院学报，2007（1）：64-67.

的和谐统一。”[1]

总之，生态道德培育是指引导人们从正确认识人与自然的关系出发，将生态基本原则和规范应用在生产生活实践中，以提升生态道德认知、培育生态道德情感、坚定生态道德意志、践行生态道德行为，并固化为生态道德习惯的教育活动。生态道德培育强调的是要突出主体的主动性、能动性作用，实现被动强制要求向自主自觉行动的转变。

（四）农民生态道德培育

农民生态道德培育是指根据社会发展要求和农村、农民的现实特点，引导农民正确处理自身与自然的关系，从全局的角度处理自然资源的有限性与人类需要的无限性之间的矛盾，在农业生产生活中自主自觉践行生态道德规范，提升农民生态道德素养。需要注意，农民生态道德培育要与农民、农村、农业的实际情况相结合，并体现中国特色。

作为一个动态概念，农民生态道德培育是普遍共性与特殊个性的综合体。生态道德培育的共性是指在培育过程中要具备科学性、普遍性、系统性与实践性。科学性主要指向农民传授生态科学知识并遵循科学原则；普遍性是指培育对象包括每一个农民个体和农业生产组织；系统性指培育生态道德是系统工程，需要各方共同施策；实践性主要指要将培育工作落实到具体行动中，而不是背熟某个生态知识点。生态道德培育的个体性主要是由农民作为主体的自身特性和农民所在特殊生产生活环境造成的，具体表现为以下几点。

1. 持久性

对大部分农民来讲，长期形成的生产生活方式的影响是难以在短时期消除的。他们固守自认为正确的传统，不愿意跟上时代步伐更新自己的思想，这也包括固有的关于生态环境的错误观念。从这层意义来说，科学良好的生态道德观在农民群体中形成，不是一朝一夕就可以完成的工作。这是一项长久的、持续的复杂工作，在实际工作中必然会遇到困难和挫折。因此，要有

[1] 周精辟．人与自然之生态道德教育探析 [J]. 湖南社会科学，2007（2）：15-17.

不获全胜、绝不收兵的战略定力和善始善终、善作善成的工作作风。

2. 典型激励性

农民群体是最讲实惠和实际的，要让其在生态道德培育活动中看到并得到实惠，才能真正有所行动。树立典型是个好方法。对正面典型要及时表扬和奖励，这会发挥激励村民积极参与生态道德建设过程的作用；对反面典型也要及时批评、惩罚，这会发挥警示作用，使某些农民明白：在利益面前，生态保护红线不可破。如此一来，可以增强生态道德培育的实效性。

3. 复杂性

农民生态道德培育相对城市居民来讲，是复杂的。就思想而言，农民思想较为保守，水平参差不齐，因此，生态道德培育不能搞一刀切。就问题而言，农村面临更为复杂的生态环境问题：农药污染、化肥污染、地膜污染、秸秆污染等农业源污染问题；土地资源退化、矿产资源减少、生物多样性锐减等农村资源退化问题。农村面临着比城镇更为复杂、更为严峻的生态形势，农民生态道德培育的任务也就更为重要、更为迫切了。

二、农民生态道德培育的具体要求

当前，随着经济社会的发展，人们对资源的不断开采和利用也日益接近地球所能承受的极限，全世界范围内的生态环境问题也越来越突出，各种极端天气的不断出现更是警示着人们保护生态环境刻不容缓。在保护生态环境方面，我国也在不断地努力，对农民生态环境保护工作也极为重视。2007 年，环保总局等 8 个部门发布《关于加强农村环境保护工作的意见》，要求加大对农村环保的资金投入和政策支持。2008 年的《中共中央关于推进农村改革发展若干重大问题的决定》中强调按照生态文明的要求发展节约型农业、循环农业、生态农业，加强生态环境保护。2019 年颁布实施的《新时代公民道德建设实施纲要》强调指出：绿色发展、生态道德是现代文明的重要标志，是美好生活的基础、人民群众的期盼。

据农业农村部 2018 年数据显示，农业人口有 56401 万。农民的生态道德状况如何将直接影响到我国环保工作的成效，更影响到我国从农业大国向农业强国的飞跃。因此加强新时代农民生态道德培育，提高农民的生态道德素养就成为当务之急。生态道德系统是一个包含着认识、情感、意志和行为的动态的、多层次结构。一般生态道德培育要经过四个环节：生态道德知识的传授、生态道德情感的培养、生态道德意志的提高和生态道德行为的养成。生态道德知识是基础前提，生态道德情感是动力，生态道德意志是催化剂，生态道德行为是目的。生态道德培育的四个环节并不是前后依次地展开，而是互相融合在农业生产生活实践中同时进行的。

（一）生态道德知识的传授

生态道德知识的范围较广，涉及包括人类在内的一切生命存在。传授生态道德知识就要“把道德的对象从人类社会扩大到整个自然界，是对自然界价值和自然界权利的确认”[1]。在现实生活中，部分农民对农村公共生活环境的无视不是故意为之，而是因为对生态环保知识的不知或者知之不多。因此，生态道德观培育首先就要向农民传授生态环保的相关知识，提高农民的生态道德认知，在具备较为充分的生态环保知识的基础上，引导农民认识和调节自身与自然资源之间的利益关系，引导农民在科学生态道德观念的基础上，在农业生产和消费实践中作出正确的道德行为选择。生态道德知识的传授是生态道德观培育的基础工作，生态道德知识是生态道德素养的必要基础。

生态道德知识依据人与自然关系的不同层次，包括：生态善恶观、生态平等观和生态义务观。

1. 生态善恶观

现代生态伦理学奠基人阿尔贝特·史怀泽曾指出：“善是保持生命、促进生命，使可以发展的生命实现最高价值。恶则是毁灭生命、伤害生命，压制生命的发展。这是必然的、普遍的、绝对的伦理原则。”[2] 人虽然从自然界中分化出来，并不是意味着人与自然完全对立，自然之于人类有必要

[1] 刘伟杰，陈文斌. 关于加强大学生生态道德教育的思考 [J]. 学校党建与思想教育，2011（13）：44-45.

[2] 阿尔贝特·施韦泽. 敬畏生命 [M]. 陈泽环，译. 上海：上海社会科学出版社，2003：127.

的环境价值。生态善恶观的“善”指人类要尊重、保护和顺应自然，实现人与自然的和谐发展；生态善恶观的“恶”指人类破坏、索取和掠夺自然。生态善恶观要求人类在生产生活实践中要明确善恶、明辨是非，对自然的善就是对自身的善，对自然的恶就是对自身的恶。

2. 生态平等观

生态平等观坚持人与自然是平等存在的生命体，反对将人类放在中心位置；坚持顾全人与自然的双重利益，反对为自身利益而枉顾其他生命体的行为。生态平等观实质就是将人类世界的平等理念拓展延伸到人与自然关系领域，认为世界万物皆为生命，任何生命都应该得到人类的尊重和敬畏。只有实现人类与动物植物等生命个体的平等，生态系统才可能和谐运转。人类只有深刻认识自身与自然万物是平等的，才能明白“凌驾于自然之上”是“恶行”。建立在平等基础上的平等对待自然的行为才是“善行”。由此可见，生态平等观是生态善恶观的前提，只有在平等基础上的善才是真正的善，在不平等基础上的善不仅不是善，反而是另一种恶。生态平等观是生态道德知识传授的重要内容，要求在生产生活实践中牢固树立一切生命体都是平等的理念。

3. 生态义务观

生态义务观认为尊重、保护和顺应自然是无条件的，这是人类应尽的道德责任与道德义务。人类与自然本就同处在一个生命共同体中，自然环境状况受到人类生产生活实践的影响，自然生态的自然价值、经济价值和环境价值体现在人类生产生活的各个方面，没有自然生态就没有人类。因此，人类应该对自然生态抱有感恩之心，并将感恩之心落实到关爱、呵护自然的具体行动中。生态义务观要求人类要谨记自身责任，要无条件地将责任感践行于具体的生态保护行为中。

（二）生态道德情感的培养

作为一种特殊的意识信念和行为准则，道德区别于其他社会规范的主要标志和本质特征就在于它的情感性。[1] 生态道德情感是人们依据一定的

[1] 甘葆露 . 伦理学概论 [M]. 北京：高等教育出版社，1994：50.

生态道德认知，在具体生产生活实践中逐渐生成的对生态的一种情感体验。一般情况下，深化生态道德认知会强化生态道德情感，并产生对人们的生态道德行为调节和约束作用。人与自然生态本就是一个生命共同体，马克思指出："所谓人的肉体生活和精神生活同自然界相联系，不外是说自然界同自身相联系，因为人是自然界的一部分。"[1] 人与自然应该是互敬互爱的，应该将自然之美与生命之美融合在一起，只有这样才能实现人与自然的和谐共生。但部分农民在物质利益面前抱着自私狭隘的观念，枉顾自然规律的不可破坏性，作出一些破坏自然生态的行为，导致自然灾害频发，最终也会殃及人类自身。农民生态道德情感的培育就是要在农业生产生活实践中深切感知到生态存在的价值，并与生态保持情感上的共鸣。目的是将生态道德认知内化为农民保护生态环境的价值追求，并转化为保护自然生态的实践能力。

生态道德认知是生态道德情感形成的基础，但生态道德认知不会自动转化为生态道德情感。仅仅具备了丰富的生态道德认知，而没有自身的生态道德实践，生态道德情感是难以形成的，即使形成也经常不稳定而且容易淡薄。因而，生态道德情感一定要在传授生态道德知识的同时实施富有可操作性的实践培育活动，在活动中自身具备的生态道德认知才可能深化、转化，生态道德情感在实践活动中凭借亲身体验也会固化、强化，从而形成持续的、稳定的生态道德情感。持续稳固的生态道德情感是有助于生态道德行为养成，并固化为习惯的。

（三）生态道德意志的提高

生态道德意志是建立在生态道德认知和生态道德情感基础之上的，为实践生态道德行为作出的持之以恒的坚持，对生态道德行为发挥调节作用。在个人物质利益和生态利益发生冲突的时候，生态道德意志坚定的人会选择放弃暂时的物质利益而坚守生态道德，保护生态利益；生态道德意志薄弱的人

---

[1] 中共中央马克思恩格斯列宁斯大林著作编译局.马克思恩格斯文集（第1卷）[M].北京：人民出版社，2009：161.

会犹豫不决，可能会选择符合生态道德规范的行为，也可能会选择违反生态道德规范的行为甚至是犯罪行为。生态道德培育就是要提升生态责任感，坚定生态道德意志，在面对利益选择时做出符合生态道德要求的道德行为。只有增强农民的生态道德意志，才能增强农民保护生态环境的自律性，并积极参与到改善生态环境、维护和营造生态系统平衡的实践中去。

（四）生态道德行为的养成

行为是一个人思想品德的外在表现和综合反映，是衡量一个人思想觉悟高低、道德品质优劣的重要标志。[1] 生态道德培育经过知识传授、情感培育、意志提高后，更为重要的是行为养成。衡量人们生态道德水平高低的指标不是生态道德知识的储备程度、生态道德情感的丰富程度、生态道德意志的坚定程度，而是生态道德行为的践行程度。生态道德行为才是衡量人们生态道德修养高低的主要标准。农民在生活中的良好生态道德行为集中表现为良好的生活习惯和绿色消费习惯；农民在农业生产中的良好生态道德行为集中表现为发展绿色生态农业，形成农业发展的可持续模式。在生态道德行为的养成过程中，农民逐渐放弃人类中心主义的狭隘立场，特别是面对物质利益的诱惑时，能够站在整个生态系统的立场上，自觉肩负起保护环境、维护生态平衡、尊重其他生命体，并推动人类与自然可持续发展的历史使命。总之，生态道德培育成效的高低就是要看农民具体的生态道德行为习惯。

生态道德认识、生态道德情感、生态道德意志和生态道德行为是动态联结的有机系统，是生态道德生成的内在逻辑，各个要素之间按照一定的逻辑和层次在生产生活实践中展开。顺应自然、尊重自然和保护自然的生态道德认识是基础，需要在生产生活实践中深化理解；爱护自然、敬畏自然的生态道德情感是保障，可以增强生态道德行为选择和判断的能力；生态道德意志是催化剂，有助于提升个体的主客观统一的生态道德素质；生态道德行为是衡量个体生态道德水平的标尺，生态道德认识、生态道德情感和生态道德意志统一在生态道德行为中。

---

[1] 陈万柏，张耀灿．思想政治教育学原理 [M]. 北京：高等教育出版社，2007：121.

第二节 农民生态道德的现状及成因分析

党和国家对“三农”问题的重视不只体现在提升农民的经济收入、提升民主事务参与度、加强文明乡风建设和稳定农村社会秩序上，新时代更关注农民的生态文明建设。诚然，从整体上看，农村生态道德素养无论纵向还是横向两个角度都提升了，但客观存在的问题不能忽视。农民生态道德素养提升，说明生态道德培育工作是可行的；农民在生态道德方面表现出的问题，也说明生态道德培育工作还存在需要改进的地方。农民生态道德素养的提升使我们坚定继续培育的信心；全面分析农民在生态道德方面的问题及其原因，能够为培育工作的改进提供依据。

一、农民生态道德现状

党的十七大将生态文明建设上升到国家建设总体布局的战略高度，社会主义新农村建设促进了生态文明在广大农民心中扎根，乡村振兴战略将“生态宜居”列入目标系统……这些都有力地推动了农民生态道德培育；但从整体上而言，我国农村经济和教育发展相对落后，农民的生态道德水平与乡村全面振兴的战略要求，与全面建设社会主义现代化国家的战略要求等还有一定的差距，也存在一些必须重视并解决的问题。本书从生态道德认识、生态道德情感、生态道德意志和生态道德行为等方面分析其现状。

（一）农民生态道德认识面渐广，但认识的深度与准确度还有进步空间

一般而言，生态道德认知是在处理人与自然界之间的关系问题时对应该遵循的规范和准则的理解，是对生态行为的是非、善恶、美丑和荣辱的认识。[1]无论是实现乡村全面振兴还是全面建设社会主义现代化国家，都要求农民要全面科学认识自身与自然的关系，认识个人生活、农业生产与经

[1] 刘建荣 . 新时期农村道德建设研究 [M]. 北京：中国社会科学出版社，2004：195-215.

营对生态环境的影响，并树立对生态环境的基本态度与基本理念。生态道德认识是认知基础，认识的深浅程度与情感的强化程度、意志的坚定程度、行为的固化程度是息息相关的。一般情况下，农民生态道德认识水平高，生态道德修养的整体水平就会高。提升农民生态道德修养不仅要拓展知识的宽度，还要深化知识的精度和准确度，生态道德认识不应成为农民生态道德素养提升的短板。

农民的生态道德认识在社会主义新农村建设的实施过程中已得到提升，在乡村振兴战略逐步实施的过程中也得到不同程度的提升。总的说来，在生产生活实践中，农民对生态环境保护行为能够作出较为正确的判断，在日常生产生活实践中也非常渴望了解更多关于生态道德的基础知识，尤其是关系到自身健康等相关内容。在卫生方面，多数农民地自家房子、院子打扫得干干净净，还经常种植、摆放一些应季鲜花，这说明美丽乡村理念已逐步深入农民心中，农民将追求美好生活落实在具体行动中。在农业生产中，部分农民不同程度地认识到要尽量使用污染面小、危害小的肥料；在农业经营过程中，也越来越注重吸引“回头客”，重视以优质产品和优质服务来吸引顾客。

随着综合国力逐渐增强，城乡虽然都获得较大发展，但由于综合实力的基数不同，两者之间的差距还是存在的。农村相比城镇，教育水平和质量普遍不高；再加上农民自身对教育和文化的重视程度不足，因而总体上农民科学文化素质较低。这就限制了农民对生态道德认识的深度和准确度。在处理人与生态环境的关系时，虽然已经认识到人是自然界的一部分，应该尊重保护顺应自然，但碰到与自身利益相关问题时，部分农民宁愿牺牲生态环境以换取物质利益。在生态知识学习上，部分农民虽然愿意了解，但仅限于与自身生产、生活甚至健康相关的方面，与自身不直接相关的通常选择放弃。原因在于部分农民没有认识到生态知识的基础地位，更没有认识到生态环境保护是长远策略，而不是短期的、局部的权宜之计。在保护生态环境的责任意识方面，虽然大部分农民认识到保护环境人人有责、保护环境从我做起，但对部分农民来讲仅限于与自身物质利益相关的方面。如在卫生方面，自家的房内、院落打扫得干干净净，但对院外、大路等公共领域的卫生状况视而不见，乱扔生活垃圾、随意排放生活污水等现象屡见不鲜。在生态环境安全方面，农民的认识存在视野与思维的双重盲区，对生态环境的重视程度与延伸程度还不足以与破坏的程度与速度相抵消。也就是说，生态环境要想恢复如初，必须付出多倍的努力才可以。在农村经济相对较快发展的同时，农村也成为生态较脆弱地区。经研究发现，过度使用化学肥料造成的土地的盐碱化和板结化，不合理种植策略导致的土壤肥力下降，农村生物多样性被损害，生态系统遭到严重破坏等现象，主要是因为农民相关知识的无知或少知的，属于人为因素导致的。另外，农民对生态法律知识也知之甚少，不知道什么样的生态行为是合法行为，什么样的生态行为是违法行为。总体看，大部分农民的生态道德知识还比较肤浅，对生态行为的判断简单以“好”与“坏”作为标准，认识的深度和精确度明显不足，这势必会影响农民生态道德修养的整体提升。

随着生产力水平提升，人类更应该科学认识自身与生态环境的关系，努力实现人类社会与生态环境的动态平衡、和谐发展。关于人类的生产生活对生态环境产生的影响，人类达成一定的共识时，就可以明是非、辨善恶、识美丑，就可以确立对待生态环境的正确态度和科学理念。新时代农民生态道德观培育需要继续扩展生态道德认识的面，并将其逐渐深化和精确化。

（二）农民生态道德情感逐渐深厚但不稳固

生态道德情感是指农民在相关生态道德知识基础上，在认识自身、他人与生态环境的关系时所产生的情绪体验，如好恶、爱憎等。生态道德情感以生态道德认知为基础，并与生态道德认知相伴而生，但水平往往不一致，生态道德知识基础牢固并不代表着生态道德情感就一定稳固。不一定稳固的生态道德情感对农民生态道德行为的调节和约束往往带有一定的自发性、随意性与盲目性。一般讲，生态道德情感来源于两方面：一是自然物能够满足人们的认识需要和实践需要；二是自然物能够满足人们的审美需要。当两方面同时具备，生态道德情感才会日益深厚并稳固，并产生对大自然的依恋、爱护、认同和感恩之情。科学的生态道德情感对生态道德行为就会产生正向推动作用。

调查研究发现，过半数的村民对生态环境具有道德情感，已逐渐树立“绿水青山就是金山银山”[1]的理念，尽力做到“要像保护眼睛一样保护生态环境，像对待生命一样对待生态环境”[2]。但农民的生态道德情感却带有一定的自发性、盲目性，而且不稳定，特别是涉及农民自身利益时，自发的、盲目的与不稳定的表现尤为明显。例如一些农民虽然知道“野生动物是人类的朋友”，却没有以朋友应有的平等态度对待它们，而是随意甚至专门捕杀。一部分人认为“野味”是滋补身体的良药，殊不知，一些“野味”不仅无法起到滋补身体的作用，可能还会增加食用者与病毒接触的机会，甚至会因此给整个人类带来疾病和灾难。野生动物是人类抵抗病毒的生态长城。部分农民为提升农作物的产量，在清楚农药和化肥等会对河流造成水源污染的情况下仍随意过度使用；部分农民为使农产品具有好的卖相，在清楚农药残留对身体有害的情况下仍大量使用，等等。这其中的重要原因就是农民对自己家乡没有依恋之情，更没有感恩之心，也就是说他们的生态道德情感不强。一个对家乡有依恋之情和感恩之心的农民是不会做出有损家乡生态环境的行为的。生态道德情感调节生态道德行为的作用也就体现出来了。在人类生态活动中，鲜明、强烈、稳固的生态道德情感推动人们做出合乎生态道德规范的生态行为。再者，大部分人对破坏生态环境的行为表示不满和愤慨，但只有少部分人愿意去纠正错误行为。这也正说明一个问题：当生态道德情感的憎恶感还不够强烈时，农民的生态道德行为特别是一些正确的行为也只是停留在“想”的层面，不会落实到“做”的层面。

越是经济发展落后地区，农民的生态道德情感越是不稳固。如果农民生态道德情感不稳固，当遇到与自身暂时物质利益冲突时，极易发生为追求一时物质利益而破坏生态环境的现象，最终后果就是自然灾害频发，自身长远物质利益也会受到不同程度的侵害。我国农民勤劳淳朴，但受两千

---

[1] 习近平 . 习近平谈治国理政（第 2 卷）[M]. 北京：外文出版社，2017：393.
[2] 习近平 . 习近平谈治国理政（第 2 卷）[M]. 北京：外文出版社，2017：395.

多年封建因素影响，相当一部分农民的保守思想、小农意识、狭隘观念等较严重，大局意识、集体意识、长远意识等比较淡薄。这就造成农民对农村的归属感较弱，归属感弱责任感就弱，责任感弱实践行为能力就弱。从更深层次讲，人与山水林田湖草等同处于一个生态发展系统中，本就是一个生命共同体。所有人都在同一个生态系统中，热爱自然、与自然和谐相处，才是根本之道，才能保持发展的和谐性、可持续性，不仅可以保证人们的当前利益，而且保证了人们的长远利益。可见，使生态道德情感稳固的生态道德培育工作必须坚定不移地进行下去。

（三）农民生态道德意志日渐提升但不坚定

生态道德意志是指在生产生活实践中自觉践行生态道德原则和规范并克服困难、冲破阻碍的内心信念。生态道德意志可以帮助农民持续地把生态道德知识运用于生产生活中，把生态道德情感延续到生态环境中，对农民生态道德行为发挥着调节作用。生态道德意志虽然无形，发挥的作用却是有形的，对认识的深化、情感的稳固、行为的践行具有固化作用。

大部分农民愿意为了保护生态环境而努力克制自己的不当行为。但由于生态道德意志不够坚定，当面对个人物质利益与生态利益冲突的两难境地时，受生活习惯、历史传统、自身修养等多方因素的影响，有部分农民就会不得已选择只顾一时的物质利益而放弃长远的生态利益的生产生活行为。大部分农民已经认识到垃圾分类的重要性和必要性，但部分农民依然会因为垃圾分类太麻烦而不去分类，甚至会因为垃圾集中倾倒点离自家稍远就随意倾倒。这也是生态道德意志不够坚定的表现。当被问到“当发现珍稀的野生动物出现在餐桌上时，你会如何做？”时，仅有少部分人表示自己不吃也会劝阻别人不要吃。说明这部分农民生态道德意志坚定，不仅自己愿意坚守生态道德底线，还愿意劝服他人一起坚守道德底线。然而，大部分人认为自己不吃但不会劝别人不吃，甚至有人表示“毫不犹豫地吃”。这说明生态道德意志不坚定的人虽有一定的生态道德认识，但在物质利益诱惑面前，缺乏生态道德意志，容易选择破坏生态道德规范的行为。由此可见，在生态道德意志方面的重要工作就是引导农民能够经受住利益冲突的考验，为保护生态环境的持续稳定健康和生态系统的良好运行而暂时放弃自身利益。生态道德意志是农民保护生态环境自律性的表现，生态道德意志坚定有利于绿色生活方式、绿色生产方式与绿色经营方式的逐步养成。

（四）农民生态道德行为良好但偶有失范

任何群体道德观培育的目的都是要落实到具体行为中，并固化为习惯。新时代农民生态道德观培育也不例外。生态道德行为是指在生态道德认识的基础上，在生态道德情感和生态道德意志的影响下的具体生态行为，是生态道德品质的外在表现，是生态道德素养高低的直接综合反映。衡量农民生态道德水平的主要标尺就是在生产生活中表现出来的尊重自然、保护自然的具体行为。“行为是一个人思想品德的外在表现和综合反映，是衡量一个人思想觉悟高低、道德品质优劣的重要标志。”[1] 新时代农民生态道德培育就是在保证农民生态道德认识深化、生态道德情感稳固化、生态道德情感坚定化的基础上，引导农民践行正确生态道德行为并逐步养成习惯的实践过程。

生态道德认识和生态道德行为是紧密相连的。“认识是行为以及行为习惯的先导，没有正确的认识，就难以产生正确的行为。”[2] 一般意义上，正确的生态道德认识会激发正确的生态道德行为，错误的生态道德认识会导致错误的生态道德行为。在农民的生产生活实践过程中理论与现实出现了一定偏差，主要表现为部分农民由于主客观因素影响，出现了生态道德认识与生态道德行为水平不一甚至互相矛盾的现象。由此可见，具备较高的生态道德认识不一定能产生较高水平的生态道德行为，良好生态道德行为的产生不是自然而然的过程，需要经过知情意行在实践过程中的不断转化，在经过常态化的锻炼后逐步养成良好的生态道德行为，并固化为习惯。

如果农民没有坚实的生态道德知识基础，也没有坚定的生态道德意志，

---

[1] 陈万柏，张耀灿 . 思想政治教育学原理 [M]. 北京：高等教育出版社，2007：121.
[2] 陈万柏，张耀灿 . 思想政治教育学原理 [M]. 北京：高等教育出版社，2010：121.

在发展经济和保护环境之间，农民的选择往往是经济发展。为了增加收入，出现一些乱砍滥伐、违规排污、焚烧秸秆、污染环境等失德行为。这表明，农民的生态道德还是停留在理论层面的居多，落实到具体行为的不足。他们虽然认为破坏生态环境是错误的，但是不去制止。特别是涉及自身的物质利益时，这部分人坚持利己主义原则，轻易放弃正确的生态道德认知，所做出的行为与生态道德行为不一致甚至脱节。自觉抵制破坏生态环境的行为便成为一句空话。如果农民的生态道德行为没有养成并成为一种习惯，在生产生活中就不会以生态道德标准去分析问题、解决问题，也不能摒弃“人类中心主义”的狭隘思想，农民生态道德观培育也就谈不上成效。另外，一些农民的生态保护行为之所以不积极，不是因为生态道德认知出现偏差，而是因为他们内心深厚的依赖观念，把希望寄托在他人身上。

二、农民生态道德现状的成因分析

农民生态道德素养整体上虽然提升，但与时代发展要求还有一定的差距，对此正确的态度是正视差距、分析原因、找出对策。差距的存在不是农民个人素质低这一单方面因素造成的，也与政府重视度不够、培育措施缺乏可操作性等有关。因此，要想找到更好提升农民生态道德素养的对策，就要全面分析原因。

（一）农民自身素质较低影响生态道德修养提升

农民生态道德素养整体水平不高，首要的原因就是农民自身素质较低。较低的自身素质就成为阻碍自身生态道德修养提升的内在原因。农民自身素质较低的原因是多方面的。

1. 长期以来的生活陋习对生态道德素养提升产生了负面影响

生活陋习是历史上形成并流传下来的，一时之间难以根本改变，具有很强的惯性和顽固性。但对于现代文明来讲，它是影响农民生态素质全面提升的桎梏。如果不加以祛除，势必会影响农民生态道德素质提升，会影响乡村振兴战略的深入推进。农民的生活陋习其实就是在日常生活中的一些不合乎现代文明发展要求的不遵守文明规范的破坏生态环境的行为习惯。有些村民表示：在无人看管的时候会随手扔垃圾；垃圾分类太麻烦，不想学习分类方法；自己不去分类不会有坏影响。在调查中发现，有些农村的生活环境脏乱，村容不整洁。但不可思议的是，很多农民已经习惯面对污水横流、垃圾乱堆的脏乱现象，对其熟视无睹。有些农民竟然不想改变现状，认为祖祖辈辈都这样，没什么不好。可见，历史遗留下来的生活陋习对农民的影响长期存在，即使导致产生陋习的条件已经不存在了，但由于历史惯性，其破坏性的影响还是会发生。因此，必须采取措施阻断生活陋习的惯性影响，从根本上转变这部分农民的观念。农民进行的生产生活实践不仅影响着自身，还会影响到整个自然界。这种影响是双向度的，农民通过生产生活实践施加到自然界身上的善与恶，也会对农民产生善与恶的反作用。反作用显现的相对滞后性为我们改变观念、实施补救、加大生态文明建设力度赢得了宝贵时间。

2. 部分农民存在严重依赖心理

部分农民认为保护生态环境是政府的责任，改善生态环境也是政府的工作，和自己没有关系。当看到破坏生态环境的行为时，他们不是积极制止而是消极等待着政府工作人员处理。甚至当出现严重的自然灾害威胁到自身安全时，也习惯性地把责任推给政府。“雪山崩塌时没有一片雪花是无辜的。”人们应该将“保护环境，人人行动”落到实处。农民产生这种心理的重要原因在于农民长期处于弱势地位，对一些事情没有话语权，便逐渐形成了事事依赖政府的习惯。另外，这部分农民也没有把自己当作是保护生态环境的主人，缺乏责任感，部分农民也不清楚保护环境就是保护自身利益。再加上相关部门没有充分调动农民的积极性，农民对生态道德知识学习的参与度和积极性也不高，导致农民表现出消极的生态行为。

3. 农民生态建设的主体地位也不明确

在生态环境保护过程中，农民往往属于被管理的部分，习惯处于被动位置，对自身的主体地位根本不明确，农民的力量自然得不到激发。一方面，政府主管部门制定的方案执行困难。相关部门在制定相关方案时有“闭门造车”之嫌，没有将农民的特殊性考虑其中，往往认为农民没有认知能力和辨析能力，方案设计的目标和措施并不符合农民的根本利益。另一方面，农民自身作为主体，缺乏长远意识和大局意识，只关注眼前利益和自身利益的居多，甚至还会为了满足一时利益去恶意破坏生态环境。因此，在生态环境建设过程中，突出与农民切身利益相关的方面，使农民认识到保护环境就是保护自身利益，如此农民主体地位会得到进一步明确，主体作用也会发挥出来。

4. 作为生态道德培育对象的农民参与的积极性整体较低

大部分农民对生态道德培育的参与度较低，表现冷漠，只有少数农民对生态道德培育这种新型道德培育的重要意义表现出极大的兴趣和积极性，但这是远远不够的。农民整体参与度不高，依然我行我素，这反映了农民对自身修养和素质要求不高，没有充分认识到保护环境直接关系到自身物质利益的实现。农民的参与积极性不高主要表现在农业生产领域和消费领域。

在生产领域，农民作为生产者参与到生态道德实践的积极性不高。农民即使接受了一定程度的生态道德知识，但由于缺乏将其内化为生态道德情感、生态道德意志，外化为生态道德行为的实践活动，直接影响他们生态道德素养的整体提升。当面对物质利益和生态利益的两难选择时，生态道德意志脆弱的农民依然会选择维护自身的物质利益而放弃生态道德规范。比如有些地方的农民强烈反对政府为保护生态环境而关闭小煤矿的重要决策，主要原因是关闭小煤矿就相当于断了他们的经济收入。再比如有些农民在生产中明明知道排放污水到河流中、排放浓烟到空气中会影响周边村民的生活质量，但他们依然为了降低生产成本选择这样做。有些养鸡的村民，鸡粪不及时进行处理，冬天的时候影响不明显，但每到夏天，臭气熏天，还招来很多苍蝇，严重破坏卫生环境，这些同样会影响村民的生活健康。这说明部分农民没有从内心真正接受生态道德知识，从事生产时没有从生态道德建设的角度出发。

在消费领域中，农民作为消费者参与生态道德实践的积极性同样令人担忧。改革开放后，农业发展了，农村进步了，农民的腰包里钱多了，农民从心底里再也不想过穷日子了。生活条件的富裕，再加上社会中不良风气的影响，有些农民开始崇尚享乐、奢靡的生活方式，有些年轻村民甚至热衷于面子消费，逐渐形成过度消费、盲目消费、攀比消费等不良的消费习惯。部分农民有钱后就放弃了节俭的优良传统，盲目购买包装过度的商品、非绿色商品等。这种没有合理规划的消费方式，带来了诸多不必要的铺张浪费，尤其体现在红白喜事上。红白喜事对于农民来讲是人生大事，认为花钱越多、排场越大，面子就越大。农村社会常见的这种“荣誉消费”就是对生态道德观念和要求的严重背离。很矛盾的是，有不少农民认为这样的行为不值得提倡，但因为面子问题仍然继续这种行为。这说明农民的生态道德观还是没有入心入脑，更缺乏亲自参与的实践活动，从而导致农民的参与度较低，执行力也较差。

（二）政府的重视不够和支持力度不够影响农民生态道德修养提升

农民在保护生态环境方面的自觉意识不足，培育成效不理想，其中重要原因就是政府的重视程度和支持力度不够。

其一，错误政绩观导致政府对其重视程度不够。在加强和改进生态道德培育工作中，政府各部门的领导干部作为培育工作的决策者和组织者，首先需要加强对生态道德培育这种新型道德培育的理解和认识。但目前一些地方领导干部，特别是基层领导干部依然存在对农民生态道德培育不够重视的问题。究其原因，主要是因为他们唯 GDP 至上的政绩观，在实际工作中“重经济、轻环保”。有些地方政府不把环保工作作为政府工作年度考核的重要内容，有些地方政府即使将环保纳入考核也仅限于表面。这就导致一些领导干部为了好看的个人政绩，忽视自然环境的真正价值，落到实处的环保工作就相对较少，甚至为了提升个人政绩而牺牲生态环境。有些领导干部狭隘地理解“发展”概念，将其简单归结为“经济的发展”或“数量的增长”，没有看到生态在社会发展中的重要作用。发展包括经济、政治、文化、社会、生态等多方面，任何一方的发展质量不高都会影响到其他方面的提升甚至是全局的提升。领导干部如果仅仅将生态保护工作停留在相关文件和每年的工作报告上，而不落实到具体工作中，势必会影响农民参与生态道德建设的积极性和主动性。

其二，政府对生态道德培育工作支持力度的不足也是工作成效不显著的原因之一，这主要体现在资金投入不足上。生态道德培育工作是一项需要大量经费投入但又不能立刻见效的工作，这就造成有些地方政府不愿意把有限的经费过多地投入其中。在部分地方政府的财政支出计划中，用于建设专门环境保护机构的资金较少，用于支付环保工作者工资的资金较少，资金不到位就阻碍环保工作者和技术人员工作的深入开展。政府在环保工作方面的不重视，给农民传递的信号就是生态环境不重要，生态环境保护工作不重要。农民自然不会对投入较多但短期没有利益回报的工作感兴趣。政府加大对农民生态道德培育工作的资金支持会增加相应的财政支出，表面看、短期看是负担，但长远看、全局看，生态道德培育是一项利国利民的伟大事业，它所带来的效益不能单纯从经济增长数据来估值，要将其放在整个经济社会发展全局，由生态保护带来的效益必会成倍扩大。生态环境保护带来的效益不能以投资与回报比来衡量，也不能用金钱单纯衡量。政府相关部门应该认识到，这笔经费是必须的，资金不足不应该成为制约工作成效的瓶颈。

（三）培育的具体措施不科学影响农民生态道德素养提升

培育工作的具体措施是将生态保护理念落到实处的中介和桥梁，培育措施科学合理，就能够将生态保护理念与农民生产生活融合起来，农民生态道德素养容易提升；反之，培育措施假大空成分多，没有与农村、农民和农业的实际情况结合，就会阻碍农民生态道德素养提升。

1. 农民生态道德培育具体方式缺乏针对性

有些地方为追求快，通常选择拉横幅、贴标语、发宣传单等方式，但收效甚微。在农业生产中，农民没有过多时间去阅读甚至不愿意花时间去阅读，就更别说深入理解了。而且有些标语、宣传单的内容过于口号化，农民无法从其中得到具体信息，不明白生态环境被破坏的严重性，也不清楚生态保护工作具体应该怎么做，更别说为生态环境而放弃自身利益了。因此，即使农民认识到生态环境保护的长远效益，也不懂得如何与自身的生产生活结合起来。调查发现，部分农民不参与生态道德培育的重要原因是培育内容远离农村实际生活，培育方法简单、目标也不明确。知识的传授、情感的培育、意志的坚定和行为的养成没有融合在一起，难以帮助和引导农民树立起科学正确的生态道德观和生态价值观。

2. 理论与实际脱轨

生态道德培育的一般理论是相同的，在具体培育工作中需要与具体群体的特点相结合，体现其特殊性，方能见效果。但在实际中，部分培育工作者不了解农业、农村和农民的特殊性，简单将理论照抄照搬，培育效果自然受影响。一是生态环境保护知识的传授过于书面化。纵向看，农民的文化水平是提高了，但与发展要求还有差距。如果不将书面化的语言进行转化，农民就难以深入理解枯燥的知识。二是无法将生态道德情感和生态道德意志融入农民生产生活中，生态环境保护对农民而言有如浮云，农民容易被暂时的物质利益诱惑而放弃暂时建立起来的生态文明理念。三是在新型城镇化进程中，乡村秩序已经瓦解，新型城镇化秩序正在建立，与现代生活相适应的环保观念还没有确立起来，出现了真空地带。部分农民只是在身份上变为市民，但与之适应的生态文明理念没有形成。

3. 制度规范涣散

在农民群体中开展生态道德培育工作，对象的广泛性、内容的丰富性、层次的复杂性等特点表现明显，相应制度规范的制定也要遵循系统性原则，既有顶层设计的指导规划又有具体实施的保障措施，便于将制度落实到具体工作中。现实情况与要求还有差距，如没有明确的主管部门，培育工作没有长远规划；在培育内容安排上简单听从上级安排而不与当地实际情况结合；一些地方政府为提高政绩，将生态环境保护制度束之高阁，对污染严重的乡镇企业视而不见；奖惩制度落实不到位，应该奖励的没有及时奖励，应该处罚的也没有处罚，生态保护红线没有划清。这些现象的存在很大程度是因为制度规范没有形成完整的系统，在落实过程中没有执行力。

4. 相关政策和立法保障缺乏

迄今为止，按效力从低到高排列，我国已有 1000 多项地方性环境法规、400 多项环境标准、100 多项环保行政规章、40 多部环保与资源管理的行政法规、10 部自然资源管理法律以及 9 部环境保护法律。可见，国家对于生态保护问题还是重视的。然而，我们的相关政策和法律法规也存在一些问题，还要继续根据时代发展需要修改、完善并制定实施新的法律。例如《环境保护法》将当代人的利益放在首位，而对后代人的利益考虑较少，忽视了对长远利益的关注。涉及自然环境生态价值的方面较少，不能很好地体现今天所倡导的正义、公平、可持续发展理念。《刑法》中有关资源和环境保护犯罪方面的处罚规定也是将经济罚款放在第一位，生态的自然和环境价值较少考虑。从立法内容看，对公民环境权的重视和农村污染防治方面的立法内容还相对欠缺。环境权也是公民的一项基本权利，应该保障农民也享受到环境权。当前需要加强农村污染防治法律体系建设，填补关系到农村环保领域的法律空白，使农村环保工作有法可依。环保立法时还要把预防和惩治结合起来，以预防为主。因为生态环境遭到破坏后，处罚的严重程度和生态系统的恢复速度是不能画等号的，生态系统的修复需要相当长的周期。因此要以预防为主，把问题解决在萌芽状态。与此同时，也要做到执法必严。在有些情况下，破坏生态环境的行为没有及时被制止不是因为没有相关法律，而是因为执法没有严格按照规定进行。

第三节　农民生态道德观培育的路径与对策

农民生态道德培育的出发点就是引导农民在生产消费过程中正确处理自身与自然资源的关系。生态道德是新时代农民道德的重要内容，是时代赋予的新课题。乡村全面振兴内含生态要求，需要生态道德培育；全面建设社会主义现代化国家内含生态文明现代化，需要生态道德培育。新时代农民生态道德观培育，就是要解决在新发展阶段农民生态道德培育什么、为什么培育和怎样培育的问题。培育什么是内容要求，为什么培育是方向要求，怎样培育是途径要求。在回答了培育什么、为什么培育的基础上就要解决怎样培育的问题。

一、农民生态道德观培育的基本原则

改革开放后，农村的各方面发展可谓翻天覆地，但不平衡，其中生态就相对滞后。生态道德培育的滞后加上农民群体的特殊性，决定了培育工作的艰难。因此，不能盲目求快。农民生态道德培育良好效果的实现需要遵循以下原则。

1. 科学性原则

科学性原则不仅要求向农民普及生态科学知识，而且在普及过程中采用的方法也要遵循科学性原则。大多数农民破坏生态的行为是出于对生态环境知识的少知或无知，他们对生态科学知识的掌握几乎是空白，这也为相关部门向农民普及生态科学知识提供了契机，及时用科学的生态知识代替落后生态知识来占有农民的头脑，奠定农民形成正确生态道德观的知识基础。正因为农民少知或无知，培育方法更要遵循科学性原则，要循序渐进地进行。在遵循科学性原则的基础上，向农民进行生态道德基础知识的普及，表面看似进度慢、见效慢，但长期看，是有利于稳固农民的科学生态观的。

2. 实践性原则

新时代农民生态道德培育要坚持实践原则。对农民生态道德现状分析得是否全面准确的标准是实践，农民生态道德培育的对策是否有效的标准也是实践。“无论从微观还是宏观角度看，生态系统的美丽、完整和稳定都是判断人的行为是否正确的重要因素。”[1]实践是人、人类社会与自然界的纽带和桥梁。实践作为检验标准，具体表现为：农民的生态道德品行是否得到提升，人类社会及其成员在资源能源面前是否和谐相处；自然界能否得到持续健康发展。

3. 长期性原则

生态道德培育相对其他类型的道德培育来讲，是一项起步较晚的新工作；从周期上看，又是一项相对较长的培育工作。而农民群体是自身素质相对较低，生态环境知识基础相对较浅的群体。综合以上几点，新时代农

[1] 霍尔姆斯·罗尔斯顿.环境伦理学[M].杨通进，译.北京：中国社会科学出版社，2000：313.

民生态道德培育是一项长期的、复杂的新工作，需要在培育工作中有战略定力和长远眼光。农民的生态道德意识受主客观因素影响，存在较大的变动性和不确定因素，因此提高农民的生态道德素养，不是一朝一夕就能完成的，需要足够的决心、耐心、信心和持之以恒的努力，不能因为效果显现慢就随意中断。长期性原则要求我们时刻保持高度责任感，秉承耐心细致、常抓不懈的工作作风和工作精神，确保培育工作取得实效。

4. 系统性原则

系统性原则要求我们在进行农民生态道德培育时，不能用片面、静止和孤立的眼光，而是要坚持全面、发展和联系的观点，把生态道德认知、生态道德情感、生态道德意志和生态道德行为等作为综合整体来培育。如果过于关注一方面而放弃其他方面，效果难以可持续，应该统筹兼顾，并体现两点论与重点论的辩证统一。这既需要社会各个方面高度重视，更需要系统化、整体性的具体举措进行培育。主管部门围绕培育目标，将任务分解并无缝对接，扎实开展工作，逐步引导农民在生产生活实践中运用科学生态道德观思考和处理自身与生态资源的关系。

5. 典型性原则

农民生态道德培育还需要坚持典型性原则。在培育工作中，充分发挥正面典型的带头激励作用，要经常及时地表扬、奖励生态文明建设做得好的村镇和个人，发挥其良好的模范带头作用。激发农民参与生态文明建设的积极性和创造性，使农民看到并获得相应实惠，固化其参与动力，因为农民群体是最讲实际和实惠的。与此同时，也要重视反面典型的警示作用。对不重视生态文明建设的村镇和个人及时批评教育，对严重违反相关规定的更要按照相关规定处罚，这会警示农民生态保护红线坚决不能碰。

6. 多渠道共同培育原则

农民平时生产活动比较分散，本身主动系统学习生态环境知识的积极性不够强且机会又较少，所以单靠一条渠道是无法达到培育效果的，要遵循多渠道共同培育原则。如在整个培育过程中，农民自身要发挥主体作用，主动去学；政府相关部门要发挥组织者和决策者作用，做好整体规划，并发挥经济发展的物质基础作用和教育的知识基础作用；等等。如此一来，就可以将生态道德培育贯穿到生产消费过程中，将生态价值观念慢慢融入农民头脑中，以达到日用而不觉的效果。

二、农民生态道德观培育的对策

新时代农民生态道德培育就是引导农民正确认识自身与他人、社会、自然界的利益关系，将生态道德认识内化为个人信念，在生产生活实践中践行，并勇于承担相应生态道德责任，做与自然界和谐相处的生态农民。新时代农民生态道德培育要在习近平生态文明思想的指导下，从物质基础、组织保障、知识基础、媒介传播等方面多方施策，以提高农民生态道德培育的实效性。

（一）以习近平生态文明思想为指导，守正创新

习近平生态文明思想是在新时代、新境遇中提炼出的新思想，在吸收了中华优秀传统文化的生态智慧的基础上，继承、发展了马克思主义生态观，包含着丰富内容：生态自然观、生态经济观、生态民生观、生态法治观和生态全球观。新时代农民生态道德培育要以习近平生态文明思想为指导，守正创新。

1. 生态自然观要求新时代农民生态道德培育要以平等态度对待自然界

我们党历来重视生态文明建设，但必须承认，由于多年的经济高速增长和无序无节制的开发，我国生态环境恶化的形势已然严峻，已经影响到社会主义建设的可持续发展和人民美好生活的实现。在新的时空场域，习近平深化对人与自然界关系的认识，提出了“人与自然是生命共同体”的论断，围绕着“人与自然界的关系是什么，以什么态度处理人与自然界关系”等问题展开论述，形成生态自然观。习近平认为人与自然界的关系是和谐统一的。自然界的存在具有先在性和客观性，人是在自然界的孕育下生长的，人与自然界本就是生命共同体，因此人类要与自然界和谐相处，要视之有律。习近平还强调应该将自然界放在与人类平等的位置上，正因为自然界与人类是平等的，所以要取之有度，“不能只讲索取不讲投入，

不能只讲发展不讲保护，不能只讲利用不讲修复”[1]。习近平的生态自然观超越了人类中心主义和生态中心主义，没有将人类放在高于一切的位置上，也没有主张自然生态优越论，而是将人的尺度与自然尺度辩证统一起来，追求人与自然界的可持续发展。

习近平的生态自然观启示我们，新时代农民生态道德培育就是要引导农民坚守“人与自然界是生命共同体”理念，以平等的态度对待自然界，用之有节。否则，无节制的索取自然界的后果将会多倍地反噬到人类自身。同时也要对自然界有敬畏之心。敬畏不是盲目敬畏，而是要尊重自然规律，按照自然规律的要求开展生产生活实践，既满足人类自身需要也要考虑自然界的承载力，实现人与自然的健康互动。

2. 生态经济观要求新时代农民生态道德培育要坚持绿色理念

随着生态问题愈发严重，自然界的生态价值被愈发重视。怎样保持经济发展与生态存续的动态平衡成为新的时代课题。习近平围绕“生态的价值是什么，怎样维系生态的价值”等问题，提出了著名的“两山论”。其一，两山论明确了经济发展与生态保护的关系。以经济建设为中心什么时候都不动摇，但也要重视生态环境在经济社会发展全局中的基础地位。其二，两山论明确了生态文明建设的目标。天蓝地绿下的贫穷落后不是生态文明，生活富足下的生态恶化也不是生态文明，要走绿水青山和金山银山统筹发展之路。因为“绿水青山和金山银山绝不是对立的，关键在人，关键在思路”[2]。如果没有绿水青山，金山银山终将会消失；如果没有金山银山，绿水青山也就没有了价值。另外，习近平总书记继承发展了生态环境和生产力的辩证统一关系。他强调了“保护生态环境就是保护生产力，改善生态环境就是发展生产力”[3]。生态兴则文明兴。生态环境和生产力应该保持相互促进的关系，保护生态环境，能够存续经济发展得以可持续的资

[1] 习近平 . 推动我国生态文明建设迈上新台阶 [J]. 当代党员，2019（4）：4-10.

[2] 中共中央文献研究室 . 习近平关于社会主义生态文明建设论述摘编 [M]. 北京：中央文献出版社，2017：23.

[3] 中共中央宣传部 . 习近平总书记系列重要讲话读本（2016）[M]. 北京：学习出版社，人民出版社，2016：234.

源能源，就能促进生产力的发展；生产力的发展，科技水平的提升，能够为我们提供更好的保护生态环境的新思路和修复自然生态的新途径。

习近平的生态经济观启示我们，新时代农民生态道德培育引导农民坚持绿色理念，在生产生活中合理分配、使用资源能源，实现绿色发展和绿色消费，坚持绿色发展观。自然界本身的质与量直接影响到农民经济发展的质量。

3. 生态民生观要求新时代农民生态道德培育要“以农为本”

在物质生活比较匮乏的年代，民生主要指物质需要；在物质生活丰富的新时代，民生不仅包括物质需要，生态需要也被纳入其中了，湛蓝天空、干净水源、清新空气、舒适环境等，越来越成为使人们的获得感成色更足、幸福感更可持续、安全感更有保障的重要因素。生态需要成为人民美好生活的重要维度。“老百姓长期呼吸污浊的空气、吃带有污染物的农产品、喝不干净的水，怎么会有健康的体魄？”[1]习近平将生态环境置于了民生高度，提出了“环境就是民生”的重要论断，回答了“新时代的民生是什么，怎样实现新时代民生需要”等问题，以坚定态度向世人宣示了满足人民美好生活之生态需要的决心，让生态环境成为“最普惠的民生福祉”。习近平的生态民生观超越了物质中心主义和生态中心主义，将生态与民生统筹起来，在生态建设中满足民生需要，在满足民生需要中加强生态建设。习近平的生态民生观充分体现了中国共产党的初心和使命，是“以人民为中心”的发展思想和执政理念的具体执行，一切工作的出发点就是满足人民的需要。

习近平的生态民生观启示我们，新时代农民生态道德培育要“以农为本”，急农民之所急，想农民之所想，解农民之所忧，满足农民对美好生态环境的需要，建设美丽乡村。生态环境权也是农民的基本权利，农民在享受基本的生态权利的同时，也应该履行对自然界的非契约式的责任与义务。

[1] 中共中央文献研究室．习近平关于社会主义生态文明建设论述摘编 [M]. 北京：中央文献出版社，2017：90.

4. 生态法治观要求新时代农民生态道德培育要重视制度建设和法律监管

我国当前的自然环境保护形势严峻而且艰巨，要把生态文明建设看成是利国利民的千秋伟业。生态环境被破坏的形势已经很严峻了，但依然存在着部分人为了经济利益损害生态环境的现象。生态文明建设的任务非常艰巨，具体应怎么办？在关于生态文明的讲话中习近平多次强调制度和法治对生态文明建设的保障作用。他指出："只有实行最严格的制度、最严密的法治，才能为生态文明建设提供可靠保障。"[1]"推动绿色发展，建设生态文明，重在建章立制。"[2]生态法治观回答了"生态文明建设为什么需要制度和法治，在生态文明建设中怎样发挥制度保障和法律监管作用"等问题。在生态文明建设中，任何人都不可以跨越生态保护的红线，越过红线就要为破坏生态环境的行为付出应有的代价。生态环境没有替代品，用之不觉，失之难存。

习近平的生态法治观启示我们，新时代农民生态道德培育要重视制度建设和法律监管，引导农民在制度和法律的框架下从事农业生产生活，保护生态环境就是保护自己。在农民生态道德观培育过程中注重制度建设和法律监管也是为了保护生态安全，当下生态安全也是国家安全的重要内容。

5. 生态全球观要求新时代农民生态道德培育要面向世界

当前生态文明建设的重要性已经成为共识，各国都将生态建设放在了重要位置。我国在快速发展的同时也必须面对资源能源短缺和环境污染的问题。加强生态文明建设不仅是中华民族伟大复兴的需要，也可以为其他国家提供经验借鉴。因为生态环境问题不是某一个国家的特殊问题，而是世界各国都需要面对的普遍问题。习近平的生态全球观回答了为什么生态文明建设需要面向世界，怎样面向世界等问题。"人类是命运共同体，保护生态环境是全球面临的共同挑战和共同责任"[3]，没有任何国家可以独善其身。我国始终担负起大国责任，积极应对全球气候变化，对《巴黎协定》

[1] 习近平 . 习近平谈治国理政（第 1 卷）[M]. 北京：外文出版社，2018：210.
[2] 习近平 . 习近平谈治国理政（第 2 卷）[M]. 北京：外文出版社，2017：396.
[3] 习近平 . 推动我国生态文明建设迈上新台阶 [J]. 当代党员，2019（4）：4-10.

的坚决执行就是例子。习近平的生态全球观展现了我国在自然生态保护方面的大国使命和责任担当。

习近平的生态全球观启示我们，新时代农民生态道德培育需要面向世界，体现全球思维，坚持生态共赢的理念，体现人类命运共同体意识。地球是唯一能够提供给人类生存发展的能源和资源的星球，在地球上，不管国家制度好坏、国家大小、国家强弱、国家富贫等，在自然生态保护面前都是命运与共的。在经济全球化洪流中，各国之间的交流合作范围越来越广，频率越来越快，在自然生态保护方面也应该开放包容，共同合作积极应对全球生态危机。因为全球生态环境的恶化，受损的不是其中一个国家而是所有国家。

（二）提升农村经济发展质量，夯实农民生态道德观培育的物质基础

物质决定意识告诉我们，提高农民生态道德素养首要的是提升农村经济发展质量，增加农民实际收入，使农民在满满的获得感中自觉提升生态道德素养。“仓廪实而知礼节”，在新时代农民生态道德培育过程中仍具有现实意义。

我国改革开放40多年来，农村面貌日新月异，农民生活水平有了极大的提升，但和城市的差距仍然比较大。如果无视差距的存在，离开物质基础谈论生态道德培育，农民参与到生态道德建设中的积极性则不会高；如果正视差距的存在，提升农民经济发展质量，提高农民收入，这样就能够有效地激发农民的学习兴趣和热情，并能自觉宣传和运用生态知识和生态道德知识，因为他们看到且得到了参与生态道德建设的实惠。如果农民的生产和生活水平较低，生活需要仍然以物质生活需要为主，在物质基础薄弱的情况下要求农民被动接受属于精神文明范畴的生态道德培育是非常难的。在农民生态道德培育过程中，生态知识的传授必须建立在坚实的物质基础之上，农民参与生态文明建设的动力和信心才更足。因此，生态文明建设要与发展当地经济相结合。将生态道德知识、生态环保知识等融入农村经济的发展中，引导农民正确处理发展经济与环境保护的关系。在对环境承载力充分思考的前提下，降低资源消耗，实现可持续的健康发展。同

时，还要将生态知识等融入农村经济发展的各个环节，处理好局部发展与整体发展的关系。将经济效益、社会效益和生态效益统一起来，既要经济效益，也要社会效益，更要生态效益，以实现经济、社会和环境的有机融合。在新型城镇化过程中，越来越多的企业为节约生产成本和降低人力成本，将生产部门转移到农村，确实也促进了当地经济的发展，增加了农民的收入。当地政府需要做的就是加强监管，不能单纯为经济效益提升而批准污染环境的企业上马。相关企业也应该履行社会责任，在企业降低成本，提升经济效益的同时，也应该注意当地环境的保护，不能只要经济不要社会和生态。另外，农民生态道德培育还要融入农村文化广场等公共设施建设中。政府应投入一定的资金帮助农民更好地建设基础设施。实践证明，公共设施的建设可以增强农民的获得感。乡村公共设施等为农民的生态道德意识的巩固和深化提供了新型载体。全方位改善与农民生产生活相关的基础设施，也是有利于进一步坚定农民的生态道德理念的。如将农田水利建设好，依据当地地形做好小水利工程的修建，确保粮食产量不受影响，农民手中有粮，心中不慌；帮助农民改变燃料使用习惯，由原来做饭烧秸秆改为使用安全清洁的沼气，这就需要当地政府整体筹划，帮助农民安装配套设施；发展农村集体用水，安装自来水管道，并提高自来水利用效率；抓好村街的绿化建设，改善村容；做好垃圾分类整理工作，提高资源再循环利用的效率……在一系列行动中，农民生态道德素养就会在潜移默化中慢慢提升了。

（三）强化政府主导作用，提供组织保障

1. 加强政府对农民生态道德培育的资金投入

当前农民生态道德培育出现了“理想很丰满、现实很骨感”的尴尬局面，重要原因就是政府没有将足够的精力和财力投入到农民生态道德培育工作上，从而导致培育工作缺少顺利进行的基础设施和资金来源。改变农民生态道德培育资金困境的办法之一就是政府加大资金投入，使培育工作具备顺利开展的物质条件保证，政府作为决策者和组织者也应该将支持农民生态道德培育的资金落实到位。如果没有必要的开展工作的场所和设施，

就想通过单纯灌输生态科学知识和生态道德知识来提升农民生态道德素养，那是达不到实效的事情。因为任何群体道德素养的提升都需要根基保障。中央及各级地方政府确保在农民生态道德培育工作上给予适当且充足的财政资金是非常必要的。单纯依靠农民，单纯依靠保护自然界的决心和力量达到改善生态环境的实效，也是不切实际的。所以，必须加大用于农民生态道德培育工作的资金投入并保证落实，使培育工作真正得以贯彻落实。如政府出资加大农村公路、能源、农田水利等落后的基础设施的建设，以改善农村的生产生活条件，农民在良好的生态环境中，生态道德观念便会日益融入内心。还要保证每年一度的专门财政拨款如数落实到乡镇政府和村民委员会手中，确保专款专用，如用于生态道德培育场所的改造；用于相关教学设备：多媒体、桌椅、书籍、宣传册等的购买；用于相关生态科学知识专家的聘请；用于专职与兼职相结合的培育队伍的组建……培育场所有保证、培育设施有保障、培育师资力量有保证，那么生态道德培育工作的长久性、持续性和实效性就可以保证。

2. 加大政府对农民生态道德培育的政策支持力度

分析当前我国道德培育效果的整体状况，生态道德的培育效果是短板；就当前生态道德的培育效果来看，农民生态道德的培育效果是短板。为将短板加长优化，使农民生态道德培育不成为社会道德培育短板中的短板，各级政府应该在中央政府的统一领导下加大对农民生态道德培育的政策性支持，包括在必要的人力、物力和财力等方面，更好地引导农民走绿色生产和绿色消费之路。在有条件的地方，可以政策性支持发展既没有环境污染又增加农民收入的农业特色经济和旅游经济，既可以实现在保护生态环境的前提下提升农民的实际收入，又可以将生态科学知识、生态道德知识、情感、意志和行为渗透到生产，操作和运行中，使农民和培育者在生态环境保护上产生思想共振、情感共鸣，调动广大农民参与生态环境建设的积极性和主动性。这些单靠农民一己之力是不可能实现的。当地政府可以聘请专家针对不同村子的实际情况作出符合农民利益的科学规划，调整农村的产业结构布局，发展特色种植业、养殖业、草业、畜牧业等生态农业。生态农业不仅是绿色农业，还能吸引城镇居民来参观游玩。有条件的农民可以发展农业特色旅游，配套修建可吃饭住宿的农家院，可休闲娱乐、采摘认养的农家园，等等。同时，要培养农民的市场意识和服务意识，使农民的生态思想等更加丰富，生态道德素养也会得到全面提升。由此一来，市场就变成了农民生态道德培育的学校。这所无形的学校能发挥的作用将是不可估量的。可见，政府的倾斜性政策扶持是非常必要的，政府重视，生态道德培育工作就比较容易融进农民经济发展中，这样既增加了农民收入又提升了生态道德素养。长久看，生态道德素养的提升是可以帮助农民增加物质收入的。

3. 建立健全农村生态道德法律法规

道德培育工作需要相关法律法规的保驾护航，农民生态道德培育工作也不例外。道德与法律作为人类社会的两大行为规范，应该是相辅相成、互相促进的。道德发挥软约束的作用，依靠的是人的高度自觉性。但道德的软约束如果没有法律的硬约束作为后盾，在不良行为面前就显得苍白无力了。特别是对于被利益蒙蔽了良知的企业和个人，道德规范的软约束已经不能制约他们的不良行为，法律的刚性强制作用就应该发挥出来。因此，必须加强农村生态道德培育相关法律法规的机制建设，发挥二者在培育工作实践中的合力。改革开放以后，环境与资源保护的法律法规政策基本框架已初步形成，但对于广大农民而言，不会主动去学习。他们认为学习法律条款应该是政府工作人员的事情，和自身无关。因此，广大农民缺乏系统学习相关法律法规的主动性和自觉性。

农村生态道德法律法规健全并落实到位需要从立法方面和执法方面同时着手。一方面，相关法律法规应该根据形势发展进行修改、完善，确保做到有法可依。生态道德培育不只是针对农村地区，涉及我国每一个角落。应当及时颁布实施《生态道德培育法》，规范约束生态行为。在经济立法、刑事立法中也应适当增加生态和环保的分量，修补法律漏洞。也要根据不同地区不同情况，制定适应当地实际情况的地方性管理规定，农民生态行为的规范既有顶层设计，也有具体实际操作要求。同时，在立法程序的每个环节中都要善于倾听农民群体的声音。因为他们处在生态环境保护的第一线，具有最真实的体会。可以采用农民喜闻乐见的形式开展生态道德建设。喜闻乐见才能入脑入心。另一方面，执法必严。法律法规在科学制定后，执行过程必须严格，否则形同虚设。当企业或个人为获取物质利益做出破坏生态环境的行为后，必须依据相关法律法规对他们进行经济处罚和刑事处罚。这样做既是因为他们确实发生了失范行为，应该处罚；又是因为可以警示他人，使他人明确地知道什么是生态道德规范行为，什么是生态道德失范行为。否则生态道德法律法规的有无、轻重就是无关紧要的事情了，生态道德法律法规就成为虚设的空架了。另外，生态道德法律法规最大的特点就是以预防为主。生态科学告诉我们，生态环境的修复不是金钱能够换来的，更不是将违规人员关在监狱就可以自动修复的。因此，生态道德法律法规制定的初衷就是以预防为主，将生态道德失范行为纠正在发生之前，这是和其他法律最大的不同之处，这也为执法增加了不少困难。因此，生态道德法律法规要科学制定，严格执行。法律的生命力在于实施，法律的权威更在于实施。

（四）提升农村教育质量，夯实农民生态道德培育的知识基础

现代社会的生态问题从根本上还是人为造成的，必须从根本上提升人的素质，才可能杜绝或彻底解决生态问题。改革开放以来，农民的文化素质普遍提升，但与城镇居民相比，农民的文化素质整体水平偏低，生态道德相关知识更为缺乏。这势必会影响生态道德培育质量。

1. 要普及生态道德知识

从逻辑顺序讲，虽然知善不一定行善，但是人的道德实践结果大多数情况依赖于一定的道德知识。有了一定的道德知识，更容易践行与之相适应的道德行为。知识是行为的认知基础。普及生态知识是提升生态道德素养的基础性工作，内容包括两方面：一是日常生活环保基础知识。包括节水节电、节约能源与资源、生活垃圾分类与处理等，在公众场合禁止吸烟、乱扔果皮纸屑等，禁止随意丢弃生活垃圾和生产废弃物，禁止随意排放生产废水和生活污水，禁止乱砍滥伐等。同时，还要在农村倡导绿色消费方式，引导广大农民逐步摒弃非生态化的生活方式，走绿色可持续的乡村发展道路。二是专业化的生态农业知识。如过量使用农药、化肥的后果，过

量使用化学药品的后果等，生态农业知识，沼气生产和利用技术、生物防治技术、立体种养技术等生态技术知识等。

2. 提升农民生态道德培育队伍的数量和质量

（1）提升农民生态道德培育队伍的数量

生态道德素养是生态道德态度与行为的基础，其水平高低必然影响生态道德行为能力。农民生态道德素养的提升是一个潜移默化的长期过程，在过程中培育者的言传身教不可缺少。是否配备了数量充足且优质的培育队伍对农民进行言传身教式的培育，直接影响到培育工作的顺利与否与成效大小。可见，培育者的作用在整个培育实践过程中是必要且重要的。

农民生态道德素养的提升需要数量足够的专兼职培育队伍。生态道德培育队伍应该是多层次的，包括在农村专门从事培育工作的专职教师、相关领域的专家团、各级领导干部、企业代表、大学生志愿者、从事生态农业致富的榜样等。在农民生态道德素养提升的过程中，他们都可以从各自身份出发作出实质性贡献，都是农民生态道德培育的重要成员。但目前，我国大部分农村还没有建立起有组织、成规模的培育队伍，有必要去组建和扩充农民生态道德培育队伍。

首先，一定数量的专职生态道德培育教师是必要的。人数的多少可以根据人口的具体数量来确定。他们可以定期到乡村小学、乡村中学开展专门的生态道德课程和讲座，向农村学生传授生态道德知识。短期看，学生可以掌握更多的生态知识并向其父母传递；长期看，为将来将农业作为职业选择的部分学生做足了知识储备。平时也可以在村委会设置专门接待处，为前来咨询的农民提供解答。农闲时可以为村民开设生态道德课程，宣传国家的相关政策，引导农民主动学习相关知识，养成良好的生态道德习惯。

其次，聘请相关领域的专家。农民对于知识群体是崇尚的，对于专家的专题讲座和报告会也经常是慕名而来，会格外认真倾听专家的相关报告，愿意接受专家传授的相关知识。需要注意的是，专家的流动性比较大，不能长住村中，农民偶尔接受一两次生态道德培育，作用是有限的。将有限作用持续化就需要保证专家真正流转起来。

再次，领导干部、企业代表和榜样典范也应该是培育队伍的重要组成部分。在农民生态道德培育实践中，各级领导发挥组织者和决策者的作用，企业代表发挥指导农民认清市场导向的作用，榜样典范发挥模范带头作用。领导干部作为领导者和管理者，其保护生态环境的具体作为对广大农民具有培育作用；对凭借生态农业脱贫致富的典范进行适时褒奖更是一种直观性强和说服力佳的培育形式；企业代表因为了解市场行情，将农民领进培育生态道德的市场阵地。

最后，大学生志愿者也是培育队伍的有生力量。大学生相对来讲年轻，虽经验欠缺但干劲十足，朝气蓬勃，是一支新生力量。国家正在施行“招录大学生村官”“三支一扶”政策，这是鼓励支持大学生将先进思想包括生态科学知识向农村传播的重要举措。

（2）提升农民生态道德培育队伍的质量

培育队伍生态素养水平的高低直接影响到整个培育效果，因此培育队伍不仅要数量充足更要质量优化，既要保证数量的要求又要保证质量的提升，没有质量的数量和没有数量的质量同样没有任何意义。

首先，从事生态道德培育的专业教师应定期参加培训和进修，以提升自身生态道德修养。要聘请生态道德素养较高、底蕴深厚的专家和学者，帮助教育者从广度上拓展、从深度上精确生态文化知识，同时注意学习成果的检验。检验不是停留在书面考试上，更好的方式应该是深入农村的田间地头。考核合格者就可以继续从事培育工作；考核不合格的，也要给予再次参加培训的机会和参加考核的机会。这样一方面能够稳定在职培育者的信心，另一方面可以鼓励更多想从事培育工作的人加入队伍中。另外，根据工作需要，适当增加专业培育者外出学习进修的机会，拓宽生态科学文化的相关知识，建构牢固的知识体系，使他们成长为优秀的培育者。还可以通过共同研讨的方式进行交流学习，取长补短、共同提升，营造积极向上的生态文化知识学习氛围。

其次，领导干部提升其生态道德修养也是非常重要的。作为领导干部，一定要树立起保护生态环境的责任感、养成科学的生态价值观，领导干部一定要学好生态道德文化这门必修课，将应具备的环保知识和科学发展理念深入内心。也可以组织定期培训学习并考核，并把考核结果作为干部录用、晋升的重要考评依据。

另外，大学生志愿者的生态道德素养提升也要重视。通过了“大学生村官”“三支一扶”笔试和面试而扎根农村的青年大学生，他们的科学文化素养比较高，但在生态道德素养方面水平不一。青年志愿者如果想在农村的绿色生产和绿色消费中贡献力量，就需要有较强的科学生态文化知识、较硬的生态道德素质。应定期举行培训，因为青年志愿志的文化根基较厚、接受能力较强，培训的形式可以灵活多样。目的就是引导他们不但成为农村发展的科技人才和管理人才，也要成为生态道德修养高、生态责任感强、生态道德行为好的人才。

3. 健全农村培训机构，提高农民参与生态建设的技能水平

农民参与生态环境建设的积极性不高，是因为他们参与生态建设的技能水平有限。因此必须提升农民参与生态建设的能力。农民生态道德培育不是一次就可以完成或者说不是培育一次就一劳永逸的，而是要继续培育、终身培育，培育工作长期而复杂。设立机制健全的农村培育机构是保持长久实效性的重要途径。培训机构可以保证培育工作需要的师资、场所、设备、书籍等材料，还可以专门设立研究如何贴近农民、走进农村、靠近农业的研究中心，找出“农”的特色和规律，从而更有原则性、有针对性地做好培育工作。针对农民生产生活的灵活性和多样化，形式多样的培育方法是必需的，应做到因人而异。农村基层干部和党员队伍的素质较高，可以采取“专题培育＋集中面授”的形式开展，正面灌输科学生态知识和科学伦理知识。同时，考核也是必需的。这部分人在农村的作用就是示范。培训结构可以专门聘请专家对普通农民进行培育，可以通过扫盲培育，也可以在传授农业专业技术时将生态道德知识渗透进去，让农民既学了致富的技术，又提升了生态道德修养，两全其美。如此，农民不易反感，接受度较高。需要注意的是，农民的科学文化素养相对较低，讲解应通俗易懂、生动形象。如大理市妇联以基层“妇女之家”为阵地，在沿湖各乡镇建立了妇女“环保学校”，通过开展群众积极参与的才艺比赛、知识问答、手工展示、植树、捡拾白色垃圾、“家风家训”征集、“绿色家庭”创建、洱海保护宣传培训等活动，引导广大妇女养成科学、文明、健康、环保的生活

习惯，共同保护洱海，同时影响和带动其家庭成员主动参与到洱海保护治理各项工作中。由于避开了农忙时节、选取身边事例、语言通俗易懂等原因，这类洱海保护宣传培训活动受到了妇女群众的欢迎。农村生态道德培育还应和村民的日常生产生活紧密结合。农民大部分时间忙于农活，他们没有太多闲暇时间去听一些生涩难懂的讲座和培训，结合这一具体情况，把生态道德培育寓于日常生活之中。如大理市启动洱海流域城乡垃圾一体化处理示范工程，开展清洁家园、清洁水源、清洁田园活动，全面动员干部群众积极参与“三清洁”环境卫生整治，使一批环境卫生突出问题得到整治，田园远离“白色污染”，农村生活垃圾和污水处理体系形成，城乡垃圾清运率稳步提高，村容村貌大大改观。

（五）充分发挥媒介在生态道德培育中的作用

当前是信息共享的时代，信息的传播速度之快和范围之广令人难以想象。各种媒介是信息传播的载体和桥梁，农民生态道德培育既需要各种媒介传播知识也需要各种媒介营造氛围。

1. 利用大众传媒宣传生态道德知识

大众传媒几乎在社会中的所有领域都有较大的影响。大众传媒是指面向广大受众的传播媒体，既包括电视、广播、图书、报刊等传统媒体，也包括各种网络平台、App 等新技术媒体。大众传媒在宣传生态科学知识、生态道德知识和生态方面的法律法规等具有传播速度快，受众范围广等优势。因此，大众传媒将农民生态道德培育带入一个全新的信息共享时代。

首先，发挥大众传媒在营造氛围方面的优势。大众传媒可以通过各种形式宣传当下的生态道德培育形势，为农民营造了解国家政策的氛围、增加了解国家政策的途径、拓宽了解生态道德的知识面。

其次，利用大众传媒做好舆论先导工作。习近平总书记强调：“舆论的力量绝不能小觑，舆论导向正确是党和人民之福，好的舆论可以成为道德的‘风向标’。”[1] 为实现美丽中国目标，党和国家出台了一系列关于生态

[1] 杜尚泽. 习近平在党的新闻舆论工作座谈会上的讲话 [N]. 人民日报，2016-02-20（1）.

环境保护的措施。这些措施的出台可能会触及某些农村企业和个人的利益。这就需要大众传媒通过各种方式宣传政策，超前做好舆论先导工作，为政策的顺利实施营造氛围，做好铺垫。

再次，利用大众传媒发挥专家学者和领导干部的权威作用。当在农民生态道德培育实践中遇到困难时，专家学者和领导干部的权威作用就尤为重要了。专家学者的生态道德修养本身就高，对国家相关政策也十分了解，他们的专业解释更具有权威性和说服力。领导干部作为决策者和组织者，对国家有关生态环保方面的政策是第一接收人，对于政策的解读，领导干部同样具有权威性。

最后，利用传媒加大典型示范的宣传。模范的力量是难以想象的。要利用传媒平台及时宣传和表扬环保工作做得好的先进企业和个人，正面引导农民认识到生态环境好的益处。另外，也可以通过制作通俗易懂但道理深刻的广告、小品、相声等，将生态道德知识融入其中。农民越是喜闻乐见，就越容易接受，其生态道德修养提升的效果就会越好。

2. 建立乡村书屋普及生态道德知识

大众传媒在宣传生态科学知识方面非常有效，但就农民自身特点来讲，仅仅依靠大众传媒还是不够的。农民往往很实际、很现实，他们不愿也不想把太多的时间和精力投入到短期看不到实惠的生态道德知识的学习上。可以设置乡村书屋来解决这一问题。乡村书屋设置在农村中，具有距离近、时间随意等优势。因此，乡村书屋在农民生态道德培育工作中发挥着其他途径没有的作用。

乡村书屋是为提升农民科学文化素养而设置的。在有些地方，乡村书屋却成为滞销书倾销的地方，关键是这些书根本不是农民所需要的。也有些地方的乡村书屋成为应付上级检查的摆设品，没有发挥它的实效。乡村书屋可以采取“图书馆”的管理模式，政府相关部门应该支持乡村书屋建设，从政策和资金上都给予一定支持。政策支持是为了对乡村书屋进行正规化管理，资金支持是为了帮农民购买真正需要的书籍，如农业法律常识、生态农业、种植养殖技术、加工技术等，还适当对经常来看书学习的农民给予一定的物质奖励。另外，专业教师、专家学者、领导干部、企业代表、大学生村官等也可以做客乡村书屋，和前来学习充电的农民进行交流沟通。在互动中，农民对农业农村相关政策法律法规知识和生态道德知识的理解会加深，就会将这些知识主动融入自身生产生活实践中。在耳濡目染、潜移默化中，农民自身的生态道德素养就会提升、生态道德行为也会更加积极主动。

生态道德是调节人与自然界关系的行为规范和准则，是一种拓宽了传统道德的内涵和研究领域的新型道德。传统道德的调节范围限制在人与人的关系领域，生态道德将人与人关系的准则延伸和应用到人与整个生态的关系中。这不仅是社会历史发展的必然，也是人们再重新审视道德内涵后主动取得的突破与进步。特别是在全球性生态危机面前，任何国家都不能独善其身。所有人都应该去思考人与自然界应该怎样相处才能实现真正和谐。从习近平总书记提出“绿水青山就是金山银山”的重要论断后，我国的生态环境状况得到极大转变。但在农村地区，扭转环境污染和生态破坏局势的重任依然在肩。农民群体是生活在农村的主体力量，必然要承担这一历史任务，那就必须提升其尊重自然、善待自然和关爱自然的生态道德素养。因为，农民生态道德修养水平直接影响到农村生态环境建设的未来面貌。本书选取“农民”作为主体，研究其生态道德培育，目的就在于引导农民在接受生态道德知识、丰富生态道德情感、坚定生态道德意志的基础上，养成生态道德行为习惯，助力美丽乡村伟大目标的实现。